Amadeus Verlag GmbH & Co. KG
Birkenweg 4
74576 Fichtenau
Fax: 07962-710263
www.amadeus-verlag.com
Email: amadeus@amadeus-verlag.com

Druck:
CPI – Ebner & Spiegel, Ulm
Satz und Layout:
Jan Udo Holey
Umschlaggestaltung:
Atelier Toepfer, 85560 Ebersberg
Email: info@ateliertoepfer.de

ISBN 978-3-938656-14-3

Michael Morris

Jetzt geht's los!

Wir erschaffen eine neu

Wo wir stehen, we
und wer wir se

amadeus-

INHALTSVERZEICHNIS

VORWORT .... S. 9
EINLEITUNG .... S. 13

Teil 1 – WO WIR STEHEN

- Der moderne Mensch (Homo technicus) .... S. 22
- Umwelt .... S. 37
- Wirtschaft & Politik .... S. 52
- Ungleichheit .... S. 62
- Armut .... S. 75
- Globalisierung .... S. 87
- Selbstverwirklichung .... S. 97

Teil 2 – WER WIR SIND UND WER WIR SEIN KÖNNTEN

- Das Genom .... S. 111
- Die Evolutionstheorie .... S. 121
- Denken .... S. 130
- Gedächtnis .... S. 143
- Der freie Wille .... S. 151
- Gefühle & Emotionen .... S. 159
- Gefühllosigkeit .... S. 180
- Schmerz .... S. 186
- Gewalt .... S. 191
- Ego .... S. 196
- Bewusstsein .... S. 200
- Dualität .... S. 205
- Verantwortung .... S. 215
- Zeit .... S. 220
- Atmung .... S. 226
- Karma .... S. 234

Teil 3 – WAS WIR TUN KÖNNEN

- Bewusster Wandel ..... S. 244
- Bildung ..... S. 258
- Gesundheit ..... S. 271
- Wirtschaft ..... S. 283
- Geldwesen ..... S. 292
- Freie Energie ..... S. 306
- Im Einklang mit der Natur ..... S. 320
- Gewaltfreie Gesellschaft ..... S. 334

SCHLUSSWORT ..... S. 341

Zusammenfassung: Was jeder von uns tun kann ..... S. 346

Vorträge, Filmliste, Bücherliste ..... S. 351
Literatur- und Quellenverzeichnis ..... S. 352
Bildquellen ..... S. 359
Namenregister ..... S. 360
Sachregister ..... S. 361

VORWORT

Im April 2011 erschien mein Buch „*Was Sie nicht wissen sollen!*“, in dem ich beschrieb, was Geld ist, wie unser Geldsystem funktioniert, wem es letztlich dient und wie es zur Weltwirtschaftskrise führte, die 2008 offen ausbrach und uns noch lange beschäftigen wird.

Die Resonanz auf dieses Buch war überraschend groß, und das, obwohl sein Verkauf von zahlreichen großen Buchhandelsketten boykottiert wurde. Das Buch fand seine Verbreitung mittels Internet und Mundpropaganda. Viele Menschen berichteten mir, dass sie nach der Lektüre einiges in ihrem Leben verändert haben, was mir wiederum Mut macht, weiter zu schreiben, da das Verbreiten von Information offenbar Früchte trägt.

Was mich besonders überraschte war, dass es auch von vielen Bankiers gelesen und sogar weiterempfohlen wurde. Das hat meine Vermutung bestätigt, dass zahlreiche Personen, die im Sektor Banken- oder Finanzdienstleistung tätig sind, letztlich selbst nicht wissen, wie das System, dem sie dienen und das sie ernährt, eigentlich funktioniert. Durch die immer größer werdende Flut von Informationen überfordert, fokussieren sich die meisten von uns nur noch auf einen kleinen Ausschnitt, den sie dann versuchen, möglichst gut zu verstehen. Was uns dadurch immer mehr abhanden kommt, ist der Blick für das große Ganze, für die Zusammenhänge. Wir isolieren uns immer mehr, verlieren das Verständnis für einander, aber auch für uns selbst.

Die Weltwirtschaftskrise und ihre Folgen hat viele Menschen aufgerüttelt und dazu veranlasst, nachzudenken – somit hat sie auch ihre gute Seite. In den Jahren nach 2008 ist sehr viel in Bewegung gekommen, und diese Bewegung beschleunigt sich ständig, ähnlich einer Lawine. Nun ist es also Zeit für den nächsten Schritt. Wir alle haben verstanden, dass wir in vielen Bereichen des Lebens einen falschen Weg eingeschlagen haben und dass der Gesamtzustand auf Erden einen kritischen Punkt erreicht hat. Um jedoch weitreichende (und vor allem rasche) Veränderungen herbeiführen zu können, wird es nicht reichen, einige

Gesetze zu ändern oder einige neue Regeln aufzustellen. Was wir brauchen, ist ein großer Wurf, etwas, das in spirituellen Lehren als „Quantensprung im Bewusstsein der Menschheit" bezeichnet wird. Dafür müssen wir einige Schritte zurück machen, uns einen Überblick über die Gesamtlage verschaffen und uns wieder einige wichtige Fragen stellen. Die wichtigsten lauten: Wer sind wir eigentlich, und wer könnten wir sein, wenn wir unser gesamtes Potential entfalten würden? Was können wir tun, um einen neuen Weg einzuschlagen, der uns allen, also dem Wohle der Menschheit, der Natur und des Planeten dient? Die Antwort ist denkbar einfach: Wir müssen uns selbst und unsere Haltung ändern! Das wird nur funktionieren, wenn wir unser Verständnis von uns selbst ändern!

Das vorliegende Buch ist keine wissenschaftliche Arbeit, auch wenn ich darin viele Wissenschaftler zitiere. Es ist meine persönliche Annäherung an die aus meiner Sicht dringlichsten Probleme unserer Zeit. Ich denke, dass wir am Ende einer Sackgasse angekommen sind. Wir sollten dringend umkehren und uns rückbesinnen. Aber das schaffen wir nur gemeinsam. Der Karren unserer gesellschaftlichen Ordnung steckt so tief im Sumpf, dass wir ihn nur gemeinsam herausziehen können. Gelingt uns das nicht, dann werden wir alle zusammen untergehen. Wir müssen darauf achten, dass wir nicht den Punkt erreichen, an dem es zu spät ist, um uns gegenseitig aus dem Morast zu ziehen. Wenn uns allen der Schlamm erst einmal bis zum Hals steht, dann kann sich keiner mehr rühren. Wir müssen agieren, bevor es zu spät ist!

Manche Leser meines ersten Buches werden über dieses neue Buch überrascht, vielleicht sogar verwirrt sein, weil es sich nur noch am Rande mit Wirtschaft befasst und stattdessen den Fokus auf den spirituellen und auf den philosophischen Aspekt des Lebens lenkt. Für mich besteht darin aber eine klare Kontinuität, weil ich der Überzeugung bin, dass Wirtschaft und Spiritualität nicht getrennt von einander betrachtet werden können und dürfen. Im Gegenteil: Viel zu lange gab es in unserer modernen westlichen Gesellschaft eine Trennung der beiden Themen. Im 20. Jahrhundert gab es die einen Menschen, die sich ausschließlich den materiellen Aspekten des Lebens verschrieben, und andererseits diejenigen, die nichts vom „schnöden Mammon" wissen wollten, weil sie davon überzeugt waren, dass alles Materielle ihrem spirituellen Wachstum im Wege stehen würde.

Ich bin aber davon überzeugt, dass eine tiefgreifende Veränderung hin zu einer friedlichen, liebevollen und harmonischen Gesellschaft – nach der wir uns im Grunde alle sehnen – nur stattfinden kann, wenn wir **beide Seiten** verstehen und vereinen. War das 20. Jahrhundert das Zeitalter der Trennung und der empirischen Wissenschaft, so wird das 21. Jahrhundert hoffentlich das Zeitalter der Einheit und der Öffnung für alle Sinne sein. Tatsächlich ist nämlich nur ein ganz kleiner Teil, etwa 5 Prozent dessen, was existiert, sichtbar und somit auch beweisbar – der allergrößte Teil verschließt sich unseren Augen und ist nur erfühl- und erlebbar, wenn man die eigenen Sinne schärft und sein Bewusstsein erweitert. Und mit ein wenig Übung und Disziplin kann das wirklich jeder von uns!

Wir sind als Menschen eine Einheit aus Körper, Geist und Seele. Nur wenn wir es schaffen, diese „Heilige Dreifaltigkeit" in uns zu vereinen, werden wir in der Lage sein, die enormen Herausforderungen unserer Zeit zu meistern. Insofern verstehe ich das vorliegende Buch als Aufforderung, aufeinander zuzugehen und Vorurteile abzubauen. Ich hoffe, dass ich Sie, liebe Leserin, lieber Leser, mit diesem Buch aufrütteln, anregen, ja vielleicht sogar begeistern kann, denn wir brauchen wieder mehr Begeisterung und Lebensfreude, wir brauchen Perspektiven, Hoffnung und eine Gesellschaft, die jeden Einzelnen von uns mit offenen Armen empfängt. Wir müssen endlich akzeptieren und wirklich erfassen, dass wir bei aller Individualität und Einzigartigkeit dennoch gleichzeitig auch ein einziger großer, lebender Organismus sind, der von jedem seiner Einzelteile abhängig ist und nur dann sein volles Potential entfalten kann, wenn jeder Einzelne von uns gesehen, gefördert und geachtet wird, wenn jeder Einzelne von uns die gleichen Chancen und Möglichkeiten hat und wenn jeder Einzelne dadurch motiviert werden kann, sein Bestes zu geben, um mit Freude seine eigene Erfüllung zu finden und gleichzeitig dem großen Ganzen zu dienen.

Die Aufgaben, die vor uns liegen, fordern uns einiges ab und können nur bewältigt werden, wenn wir Brücken schlagen zwischen den unterschiedlichen Teilen unserer Gesellschaft. Wir sitzen letztlich alle im selben Boot. Es ist höchste Zeit, Verantwortung für die Gesellschaft und für unsere Erde zu übernehmen. Die Zeit ist mehr als reif für einen umfassenden Wandel unseres Selbstbildes. Wenn wir verstehen, wer wir wirklich sind, dann ergeben sich die Antworten auf viele offene Fragen von selbst. Veränderung findet statt, unentwegt, mit oder ohne uns. Es gibt viel zu tun! Packen wir's an!

Michael Morris im Mai 2013

EINLEITUNG

Wir lernten im 20. Jahrhundert, die Welt materialistisch und technisch zu betrachten. Wir wollten die Natur mittels Maschinen und Geräten beherrschen. Das führte dazu, dass wir jede Beziehung zu den Elementen verloren haben. Wir sahen Erde, Wasser und Luft nicht mehr als lebende Organismen an, sondern als die Summe ihrer einzelnen chemischen Bestandteile. Wir haben durch die industrielle Revolution jeden Respekt vor der Natur verloren. Wir haben das Wetter manipuliert, Flüsse begradigt und Gebäude an Stellen errichtet, an denen sie nie hätten stehen dürfen. Wir lachten über „einfache Völker", die im Einklang mit der Natur und dem Kosmos lebten, und wir zwangen ihnen unsere materialistische Sicht der Dinge auf. Mittlerweile haben wir aber schmerzhaft erfahren, dass wir nicht gegen die Natur arbeiten und sie auch nicht in die Knie zwingen können, denn sie ist stärker, ausdauernder und weiser als wir. Wir haben all unsere Energie dafür verwendet, gegen die Natur und letztlich gegen uns selbst zu arbeiten, denn trotz allem technischen Fortschritt ist das Ausmaß der Ungerechtigkeit, der Armut, des Hungers und des Elends auf Erden immer noch riesig, ja dieser Zustand wird sogar immer extremer, und er birgt gewaltigen sozialen Sprengstoff in sich. Dieser Planet könnte für alle Lebewesen der Himmel auf Erden sein, doch für die meisten Menschen wird er immer mehr zur Hölle auf Erden. Es würde uns gut zu Gesicht stehen, uns wieder als Teil der Natur und des Alles-Was-Ist zu begreifen, sonst wird die Natur uns immer mehr in unsere Schranken weisen. Die Erde braucht uns Menschen nicht, aber wir brauchen die Erde!

Viele von uns haben mittlerweile begriffen, dass „Lebensmittel" mehr sein sollten als Nahrungsmittel, die hübsch aussehen und lange haltbar bleiben. Wir erkennen immer häufiger, dass genetisch veränderte und mit chemischen Zusatzstoffen belastete Nahrung und Kosmetik unserer Gesundheit nicht förderlich ist. Wir begreifen immer mehr, dass künstliche Geschmack- und Farbstoffe echte Geschenke der Natur nicht ersetzen können. Es hat sich in den vergangenen zehn Jahren viel bewegt, aber wir sind noch weit davon entfernt, die Gesetze der Natur und des Kosmos zu verstehen. Tatsächlich sind einige von uns noch immer der festen Überzeugung, dass es solche Gesetze gar nicht gibt. Wir sind immer noch weit davon entfernt zu verstehen, wer wir selbst eigentlich sind, aber zumindest fangen viele von uns an, immer bessere Fragen zu stellen.

Wir wissen seit über hundert Jahren, dass es kostenlose, unbegrenzte, frei verfügbare Energie gibt, die jedem zur Verfügung steht, sobald die Industrie ihre Nutzung nicht mehr unterdrückt. Wir wissen, dass wir keine Abgase erzeugen bräuchten, dass Glühbirnen gesünder sind als die vermeintlichen „Energiesparlampen“ und dass sie nie kaputt gehen müssten. Wir wissen, dass man aus Plastikabfällen wieder ganz einfach Erdöl gewinnen kann, was nicht nur unsere Abhängigkeit vom Öl beenden würde, sondern auch eines unserer anderen ganz großen Probleme auf Erden lösen würde: das Müllproblem. Wir wissen, dass so viel mehr möglich wäre, als gegenwärtig zugelassen wird, aber die meisten von uns wissen nicht, wie man diesen Zustand der Blockade verändern kann. Durch die Fülle der Herausforderungen unserer Zeit fühlen sich die meisten Menschen überfordert. Als Folge ziehen sie sich zurück und resignieren. Wir erhalten heute in immer kürzerer Zeit immer mehr Informationen, treffen immer mehr Menschen, wir sind immer stärker vernetzt, werden immer mehr ins Außen und in die Selbstdarstellung gedrängt. Dadurch verlieren wir den Bezug zu uns selbst. Wir finden keine Ruhe mehr. Immer mehr Menschen erscheint ihr Leben heute als eine Last, als ein unüberwindbarer, unbezwingbarer Berg. Die meisten Menschen wurden darauf konditioniert, ihr Heil im Außen zu suchen. Doch sie erkennen, dass sie es dort nicht finden werden. Das Außen ist nur eine Reflexion unseres Inneren. Wenn mir das Außen nicht gefällt, dann muss ich das Innere ändern. Der Rest folgt von ganz allein. Ob etwas schwierig oder leicht, machbar oder unmöglich ist, liegt in unserer Betrachtung der Dinge. Wenn wir die Welt verändern wollen, dann müssen wir unser Denken und unsere Haltung verändern!

Das 20. Jahrhundert war eine Epoche unglaublicher Verantwortungslosigkeit. Niemand wollte mehr selbst für sein Schicksal oder auch für seine Gesundheit verantwortlich sein. Wenn jemand krank wurde, dann sollte das Problem mittels Pillen, dem Skalpell oder dem Laser beseitigt werden, damit der Patient danach wieder nachhause gehen und wie zuvor weitermachen konnte. Die Bedeutung der Lebensumstände, der Ernährung und der geistigen Haltung wurde lange verdrängt. Stattdessen wurde die Genom-Religion geschaffen und alles auf das Erbgut geschoben. Mittlerweile erkennen aber auch immer mehr Wissenschaftler, dass dies falsch war. Lange Zeit waren Wissenschaft und Religion gegensätzliche Pole, die unvereinbar schienen, doch vor allem die Quantenphysik, die Biophysik und die Biochemie öffnen sich der Vorstellung, dass „Gott" und die Materie nicht zwei gegensätzliche Modelle sind, sondern eine untrennbare Einheit.

Die moderne Medizin ist noch in weiten Teilen von Apparaten und chemischen Präparaten dominiert, weil einige Konzerne im Technik- und Pharmabereich im 20. Jahrhundert unvorstellbare Macht erlangten und diese freiwillig nicht mehr abgeben wollen. Aber diese Macht bröckelt, weil ein Umdenken einsetzt. Es gibt keine Pille zum Glücklichsein. Glück und Zufriedenheit können nur aus uns selbst heraus kommen. Sie sind eine Folge unseres Bewusstseins.

Wir erkennen immer mehr, dass all der materielle Überfluss, das Mehr an „Zeug", das wir ansammeln, uns nicht glücklich macht. Daher stellen wir uns immer häufiger die Fragen: *„Wer bin ich? Woher komme ich? Und wo will ich eigentlich hin?"*

Diese Fragen sind nicht neu, doch wurden sie in den zurückliegenden Jahrhunderten hauptsächlich von religiösen Führern beantwortet – wozu diese immer weniger in der Lage sind. Sie haben sich im letzten Jahrhundert kaum weiterentwickelt, deshalb driften sie immer mehr in die Bedeutungslosigkeit ab. Sie haben sich zu weit von den Menschen und deren Bedürfnissen und Realitäten entfernt. Sie klammern sich an ihre Macht, kreisen – wie die meisten politischen Parteien auch – nur noch um sich selbst, weshalb sie als moralische Instanzen versagen. Somit sind wir immer stärker aufgefordert, unsere eigene moralische Instanz zu sein.

Zwar wurden in der jüngsten Vergangenheit spontane Bürgerbewegungen, wie etwa *Occupy Wallstreet*, die rasant an Fahrt aufnahmen und sich über die gesamte Welt ausbreiteten, mit Polizeigewalt niedergeschlagen, aber es werden weitere folgen. Einige sehr mächtige Familien-Clans, die über die Wirtschaft und die Politik eines großen Teiles dieser Welt bestimmen, sind nicht gewillt, ihre Macht und ihren Traum von einer *Neuen Weltordnung*, von der absoluten Weltherrschaft aufzugeben. Aber sie werden den Lauf der Dinge letztlich auch nicht aufhalten können. Sie werden wie alle größenwahnsinnigen Despoten enden. Das fabelhafte Perserreich ging genauso unter wie das Reich Alexanders des Großen oder das Imperium Romanum. Die Sowjetunion verschwand ebenso von der Landkarte wie das Reich der Habsburger. Und keiner von ihnen hatte sein Ende rechtzeitig kommen sehen. Ich denke, dass sich diese globale Suche nach dem Sinn des Lebens auch bald auf unsere Institutionen, unsere Staaten und Schulen auswirken wird. Auch große, multi-nationale Konzerne werden bald begreifen, dass eine Bewusstseinsveränderung auf globaler Ebene stattfindet. Früher oder später wird sie nicht mehr zu unterdrücken sein.

Es gibt von allem genug auf Erden. Wir müssen es nur gerecht verteilen. Wir können eine friedliche, liebevolle Gesellschaft erschaffen, in der alle Menschen gleich sind und mit Respekt behandelt werden. Wir können modernste Technik nutzen und dennoch im Einklang mit der Natur leben. Wir können den Himmel auf Erden erschaffen! *„Nichts ist mächtiger als eine Idee, deren Zeit gekommen ist.“*, wusste schon der französische Schriftsteller Victor Hugo Mitte des 19. Jahrhunderts.

Das 20. Jahrhundert wurde von machthungrigen, rückwärts gewandten Despoten bestimmt, erst von Monarchen, dann von linken und rechten Diktatoren und schließlich vom Großkapital, von den Großbankern, die nicht mehr mit Armeen kämpften, sondern mit wirtschaftlichen und monetären Waffen. Alle Diktatoren des 20. Jahrhunderts beeinflussten das Bildungswesen dahingehend, dass sie Wahrheiten verdrehten und dem Menschen nach und nach wichtige Informationen über die Geschichte, sich selbst und über das Universum versagten. Unser Horizont wurde so immer kleiner. Gleichzeitig wurden wir angehalten, uns ausschließlich der Technik hinzugeben, was unsere Sinne und Instinkte, unsere wahren Kräfte schwächt. Aber alle Weltreiche sind bislang am eigenen Größenwahn gescheitert. Das Imperium der modernen Finanzdiktatoren wird da keine Ausnahme machen.

Die Frage: „*Wer sind wir wirklich*", schwebt im Raum, und sie wird beantwortet werden. Noch wichtiger ist aber die Frage: „*Wer könnten wir sein, wenn wir unser gesamtes Potential entfalten?*" Wir haben so viel mehr Macht und Wissen und Möglichkeiten, als sich selbst die Mutigsten unter uns vorstellen können. Wir können alles erreichen und verändern, wenn wir es nur wollen und unsere Vision verinnerlichen. Wir sind bereits auf einem guten Wege dorthin. Dafür müssen wir jedoch den intellektuellen Ballast des 20. Jahrhunderts abwerfen und uns wieder auf unser Gefühl und auf unsere Intuition konzentrieren. Wenn man sich die letzten hundert Jahre samt all ihren Dogmen und Irrungen als einen voll besetzten Personenzug vorstellt, der in vollem Tempo durch die Geschichte braust und irgendwo falsch abgebogen ist, dann sind wir jetzt an dem Punkt, an dem einer von uns die Notbremse gezogen hat, weil er verstanden hat, dass wir sonst mit Vollgas ins Verderben rasen würden. Das Abbremsen ist eingeleitet und nicht mehr rückgängig zu machen. Die Räder blockieren. Funken sprühen. Das schwere Monster ächzt und keucht, es quietscht an allen Ecken und Enden. Menschen laufen aufgeregt hin und her, schreien, stolpern, stürzen. Glas splittert, Entsetzen und Angst überall, Panik in vielen Gesichtern. Auch das Zug-Personal hat keine Ahnung, was passiert ist, aber es ist darauf gedrillt, Parolen der Beruhigung auszusprechen. Es versichert allen Beteiligten, dass alles im Griff sei und die Reise in Kürze wieder fortgesetzt würde. Aber sobald der Zug einmal anhält, steigen zahlreiche Menschen aus Neugierde aus, und sie stellen fest, dass wir hier falsch sind. Es mag vielleicht noch einige Diskussionen und ein wenig Geschrei geben, aber letzten Endes werden wir den Fahrer dazu bringen umzukehren.

Wir leben in einer Zeit großer Auseinandersetzungen, großer Verunsicherung, großer Angst. Aber die Geschichte lehrt uns, dass alle großen gesellschaftlichen Umbrüche mit Turbulenzen einhergingen, weil nie alle Menschen gleichzeitig zu Veränderung bereit sind. Es gibt immer eine große Gruppe von Menschen, die lieber am Altbekannten festhält, die Angst hat vor Neuem. Veränderung findet dennoch statt, und wer sich ihr entgegenstellt, wird von ihr überrollt.

Jetzt geht's los!

Dieses Buch gliedert sich in drei Teile. Der erste Teil ist eine Art Bestandsaufnahme, eine Inventur der meiner Meinung nach dringlichsten Herausforderungen unserer Zeit. Der Mittelteil befasst sich mit der Frage, wer wir sind und wie wir uns – und somit unsere Realität – verändern können. Der dritte Teil beschreibt in groben Zügen meine Visionen von einer besseren Welt, und er gibt zahlreiche praktische Beispiele dafür, wie wir eine Veränderung im Außen, im materiellen Bereich, mitgestalten können.

Das Buch beschreibt, welche Rollen wir ständig spielen, aber auch, wie wir sie ablegen und zu uns selbst finden können. Wer nicht nach einem Sinn im Leben fragt, der braucht auch gar nicht erst weiterzulesen. Wer sich nicht fragt, ob das bislang wirklich alles war, der soll dieses Buch weglegen. Der soll ruhig weiterhin seine Rollen spielen, sich in hübsche Kostüme hüllen und den Applaus der angepassten Masse über sich ergehen lassen. Wer aber bereit ist, außerhalb des vorgegebenen Pfades seinen eigenen Weg zu gehen, der wird Unglaubliches erleben. Die meisten Menschen begnügen sich damit, anderen im Fernsehen oder auf der Leinwand bei deren Abenteuern zuzusehen. Aber einige von uns wollen selbst hinausgehen und Überraschungen am eigenen Leibe erfahren.

Das „Gesetz der Wenigen“ besagt, dass eine kleine Gruppe – wenn sie stark und entschlossen genug ist – überproportional viel erreichen kann. Der Moment, an dem der *Tipping Point* (Umkehrpunkt) erreicht ist, an dem der Funke auf die Masse überspringt, ist nie genau vorhersehbar. Es kann jeden Moment so weit sein. Immer mehr Menschen erwachen aus ihrem Wachkoma. Sie sind zu einer umfassenden Bewusstseins-Veränderung bereit! Sie ist nicht mehr aufzuhalten!

Stellen Sie sich einen Ort vor, an dem Friede und Freude herrschen, an dem alle Wesen einander in bedingungsloser Liebe und mit tiefem Respekt begegnen, einen Ort, an dem alle Wesen die Gesetze der Natur und des Kosmos kennen und danach leben. Stellen Sie sich einen Ort vor, an dem Stille herrscht, angenehme, wohlige Stille, wo nichts anderes zu hören ist als das Rauschen der Blätter im Wind, der liebliche Gesang der Vögel, die Brandung des Meeres und das Lachen von Kindern. Stellen Sie sich vor, dass an jenem Ort alle Wesen heil sind, weil Heilung ein völlig selbstverständlicher Zustand ist, der unentwegt stattfindet. Stellen Sie sich vor, dass die größte Freude für alle Wesen ist, dem Anderen Freude zu bereiten. Und nun stellen Sie sich vor, dass dieser Ort die Erde wäre, Terra, unser Heimatplanet. Zweifeln Sie nicht, denn es ist die Vorstellung, die zählt, die alles ermöglicht! Wenn die Vorstellung möglich ist, dann ist alles möglich!

TEIL 1 – WO WIR STEHEN

Das 21. Jahrhundert unserer Geschichtsschreibung begann wenig ruhmreich mit Kriegen, Immobilienblasen und einer Weltwirtschaftskrise, deren Ausmaß der größte Teil der Menschen noch gar nicht erahnen kann. Die Wirtschaft und unser Schuldgeldsystem steuern weltweit auf eine gewaltige Implosion zu. Die Europäische Union und der Euro wurden angeblich geschaffen, um Frieden und Stabilität in Europa zu garantieren. In Wahrheit entfernen wir uns alle immer weiter voneinander.

Das Leben in der westlichen Welt des 21. Jahrhunderts ist eine Farce, eine Tragödie, die sich als heiteres Rollenspiel tarnt. Nichts ist, wie es scheint. Fast jeder der Hauptdarsteller, die unsere Präsidenten, Minister, religiösen Führer und Wissenschaftler spielen, lügt unentwegt. Sie sagen sinnlose Texte auf, die andere für sie geschrieben haben, und all das wird immer offensichtlicher.

Im 20. Jahrhundert sind wir zum Sklaven der Technik geworden. Gleichzeitig haben wir uns von der Natur, von unserer „Mutter Erde" entfernt. Die Zerstörung der Umwelt und der Artenvielfalt ist so gewaltig, dass heute das Überleben der Menschheit auf dem Spiel steht. Nun ist es an der Zeit, einen Schritt zurück zu machen und nur noch jenen Teil der Technik weiter zu nutzen und auszubauen, der wirklich ungefährlich und hilfreich für uns ist. Wir haben uns bereits viel zu lange der profitorientierten Technik untergeordnet und uns von ihr bestimmen lassen. Die Technik wurde zu einer Art Religion, der alle huldigten, ohne sie zu hinterfragen. Für technische Neuerungen und die dafür nötigen Rohstoffe, haben wir nicht nur unseren Planeten ausgebeutet und verunstaltet, durch die rasante Technisierung sind auch immer mehr Arbeitsplätze weggefallen. Dabei ist Arbeit für den modernen Menschen von größter Bedeutung, weil wir uns darüber ausdrücken und oft auch definieren. Unsere Zufriedenheit und unser Glück sind zu einem großen Teil von den Entfaltungsmöglichkeiten in der Arbeit abhängig und von der daraus resultierenden Bestätigung und Anerkennung. Und das Ersetzen von menschlicher Arbeit durch Maschinen schreitet unaufhörlich voran und entwickelt sich zu einem immer größeren sozialen und wirtschaftlichen Problem. Langzeitarbeitslose leiden überdurchschnittlich häufig an schwerer Depression. Arbeitslosigkeit und deren Folgen sind eine der Hauptursachen für gesellschaftliche Spaltung und für Unruhen. Extreme Ungleichheit in allen Erdteilen, aber auch innerhalb der einzelnen Gesellschaften ist eine andere. Wir sind als Menschheit zu Beginn des 21. Jahrhunderts in einer Sackgasse angelangt. Wir stehen an. Uns bleibt nur zurückzugehen, an jenen Ort in der Geschichte, an dem noch Vernunft und Anstand herrschten, und diesen Zustand mit unserem heutigen Wissen zu etwas Neuem und Besserem zu verbinden. Wir müssen aufhören, mit dem Kopf gegen die Wand zu laufen.

Den Status quo kritisch und offen zu beleuchten und zu hinterfragen, ist immer die Grundvoraussetzung für aktiv gestaltete Veränderung. Wir alle wünschen uns ein Leben in Frieden und Leichtigkeit. Wir alle sind hier, um uns selbst zu verwirklichen, um unser Licht leuchten zu lassen. Stattdessen aber bewegen wir uns immer mehr in Richtung Finsternis. Immer mehr Menschen leiden, erkranken und flüchten sich in virtuelle Scheinwelten, weil der andauernde Druck in unserer Gesellschaft so groß geworden ist und den Menschen die Freude am Leben nimmt.

Ehe wir uns in Teil 2 und Teil 3 des Buches damit beschäftigen, wie wir dies ändern können, befasst sich dieser erste Teil mit der Frage: *„Wo stehen wir als Menschheit?“*

DER MODERNE MENSCH (HOMO TECHNICUS)

> *„Ich fürchte den Tag, an dem die Technologie unsere Menschlichkeit überholt. Die Welt wird dann eine Generation von Idioten sein.“*
>
> Albert Einstein (1879-1955)

Unser Leben ist heute dank des technischen Fortschritts angenehmer und einfacher denn je. Wir leben immer länger, immer gesünder, immer zufriedener, haben immer mehr Zugang zu Informationen und Bildung. Der Mensch hat sich seit der industriellen Revolution gewaltig weiterentwickelt... Zumindest versucht man uns das immer wieder einzureden! Doch wie sieht die Wirklichkeit aus?

Bildschirme flimmern in Haushalten, Büros, Geschäften, U-Bahn-Zügen und in Bahnhöfen. Nachrichten und Werbung laufen als Endlosschleifen. Sie zeichnen ein eindringliches Bild von dem, was wir sein und was wir kaufen sollen. *Kaufe! Konsumiere! Gehorche!* Über alledem liegt Musik. Stampfende Beats untermalen jeden unserer Schritte. Ein ewiger Soundtrack aus Millionen von Lautsprechern, laut, treibend und aufdringlich. Großflächige Klanguntermalung für den modernen Menschen, der Stille so fürchtet, wie der Teufel das Weihwasser. An jeder Ecke ein neuer Film, neue Musik, ein anderer Rhythmus, neue Klänge. Das typische Merkmal unserer Zeit ist Lärm. Das Herz läuft oft unrund, wenn man durch die Straßen der Stadt geht, weil es nicht mehr in seinem eigenen Tempo schlagen kann. Jeder versucht seinen Rhythmus zu finden, sich gegen den der anderen abzuschotten – noch lautere MP3-player, noch größere Kopfhörer, noch stärkere Autolautsprecher.

Nahrungsmittel, Kleidung, Werkzeug – wir kaufen alles unter der Berieselung von Musik und Werbung. *Eins, zwei, drei, noch was ins Körbchen! Kaufe, konsumiere, gehorche!* Die meisten Menschen nehmen die Beeinflussung durch die fremde Stimme im Kopf gar nicht mehr wahr.

Millionen von Konsumenten rotten sich in Großstädten zusammen. Sie leben dicht an dicht, Haut an Haut, dennoch versuchen sie alles um sich herum auszublenden, denn sie halten es nicht mehr aus. Zu viel Lärm, zu viel Information, zu viele Energien. Sie wären gerne allein, aber sie können es nicht. Sie brauchen den Lärm und das Gruppengefühl, weil sie nichts anderes kennen. Sie sind Herdentiere. Sie vermissen die Stille, aber gleichzeitig halten sie das Fehlen von Lärm nicht mehr aus. Sie suchen den Schutz in der Herde und tun, was alle tun. Sie machen mit. Ein neues Mobiltelefon, ein neuer Klingelton, die neueste App – Hauptsache laut und schrill.

Wir werden alle mit Informationen und Eindrücken überflutet und sind kaum mehr in der Lage, sie zu verarbeiten. Wir haben kaum Zeit, um durchzuatmen, keine Zeit zu denken. Noch nie war es leichter, an Informationen zu gelangen als heute, doch genau diese Fülle stellt ein Problem dar. Die Technologie entwickelt sich rascher als unsere Fähigkeit, vernünftig damit umzugehen. Wo man hinsieht, starren Menschen auf kleine Bildschirme in ihren Händen, egal ob sie die Straße entlang gehen, einkaufen, Auto oder Fahrrad fahren, essen oder mit anderen Menschen an einem Tisch sitzen. Sie sind nie bei der Sache, sondern immer weit weg. Immer starren sie auf ein kleines, technisches Gerät, das ihnen vorgaukelt, wichtig zu sein, vernetzt zu sein, dazuzugehören. Ihr Geist ist nie da, wo ihr Körper ist. Sie sind in der Vergangenheit oder in der Zukunft, aber nie im Jetzt. Sie sind zerrissen, zerfahren, überfordert, leer und verzweifelt. „Multitasking" ist keine Errungenschaft mehr, sondern eine Krankheit, ein chronischer Mangel an Bewusstheit und Gegenwärtigkeit.

> *„Einer der betrüblichsten Aspekte des modernen Lebens ist, dass Entwicklungen in der Wissenschaft schneller voranschreiten als die geistige Entwicklung in der Gesellschaft."*
>
> Isaac Asimov (Science-Fiction-Autor, 1919-1992)

Alles beschleunigt sich zusehends. Durch zunehmende Mobilität und den Wegfall von Ländergrenzen begegnen wir im 21. Jahrhundert immer mehr Menschen, und wir haben für den Einzelnen immer weniger Zeit. Wir suchen Ersatzbeziehungen. Wer 1.500 „Freunde" oder mehr in sozialen Netzwerken wie *Facebook* hat, kann sich bestenfalls von einem Bruchteil davon überhaupt die Namen merken, geschweige denn sonst etwas. Aber man teilt oft intime Informationen mit ihnen. Man ist nicht mehr in der Lage, sich selbst abzugrenzen. Immer mehr Begegnungen, immer mehr Informationen. Wir sind gezwungen, unser Gegenüber immer schneller zu bewerten und einzuordnen. Dabei bleiben echte, tiefe menschliche Beziehungen auf der Strecke. Das Wort „Freund" wird völlig verzerrt und entstellt. Vieles bleibt an der Oberfläche. Es geht nur noch um den Schein, um die Hülle. Wir sammeln eMail-Adressen genauso wie Handys oder „Freunde". Hauptsache, von allem viel. Heute lassen bereits Minderjährige ihren Körper und ihr Gesicht operativ verändern. Viele Erwachsene sind von Botox so entstellt, dass sie zu keiner Mimik mehr fähig sind und glatt und ausdruckslos wie Zombies umherlaufen. Der moderne Mensch ist eine Karikatur seiner selbst.

Wir konsumieren, kaufen ein, verbrauchen und werfen weg. Mehr, immer mehr und immer schneller. Wir kaufen um des Kaufens willen, nicht, weil wir etwas brauchen. Wenn wir nichts kaufen, haben wir das Gefühl, wertlos zu sein, arm zu sein, nicht dazuzugehören. *Ich kaufe, also bin ich!*

Technologie veraltet so schnell, dass wir die Programme auf unseren Mikro- und Makrocomputern unentwegt „updaten" (erneuern) müssen, um nicht zurückzufallen, um nicht innerhalb weniger Tage um Generationen zu altern. Es muss immer das Neueste sein, unabhängig von seinem Inhalt. Um den Inhalt zu prüfen, haben wir ohnehin keine Zeit. Das gilt für Privatpersonen ebenso wie für die Presse. Wer das Tempo der Umzüge in diesem kafkaesken Schauspiel nicht mitgehen kann, wird mittels kleiner bunter Pillen für seine Rolle als Highspeed-Statist in „Zombie-Land" wieder „fit gemacht". Wir werden absichtlich mit Unmengen an sinnloser „Information" und bunten Pillen vollgestopft, damit wir nicht aufbegehren und alles weiter seinen Gang gehen kann. Schöne neue Welt. „*Gehorche! Kaufe ein! Gehorche!*"

Der Kampf um den Arbeitsplatz, um den Parkplatz, ums Überleben wird auf allen Ebenen immer härter. Der Konkurrenzdruck isoliert uns immer mehr von einander. Wenn junge Europäer einer Arbeitslosenrate von 50% gegenüberstehen, bleibt ihnen nichts anderes übrig, als beinhart alle Konkurrenz zu vernichten. Das Ganze nennt man dann fälschlicherweise „Freie Marktwirtschaft"!

In den letzten Jahren hat sich unsere Welt zu einem Überwachungsstaat orwell'schen Ausmaßes entwickelt. Jeder unserer Schritte wird virtuell überwacht und gespeichert. Millionen kleiner Kameras hängen in den Straßen der Großstädte. Gesichts-, Bewegungs- und Stimmerkennung findet in jedem Augenblick statt. Diese Daten werden benutzt, um uns noch besser kontrollieren zu können, um uns zu mehr Konsum anzuregen, um uns immer weiter zu unterwerfen. Immer größer wird die Herde, immer träger. Wir sind letztlich die Sklaven unserer eigenen Technik-Verliebtheit. Wir werden benutzt und nach Strich und Faden manipuliert. Und wir alle wissen es!

Kaum jemand lebt das Leben, das er gerne leben würde. Jeden Tag spielen wir unzählige Rollen, im privaten wie im beruflichen Leben. Viele, viele Rollen, die immer mehr von uns fordern. Die Zeit beschleunigt sich zusehends, dank moderner Technik sind wir ständig erreichbar und verfügbar. Die Rollenwechsel werden immer schneller, immer häufiger. Eigentlich wollen wir das nicht, aber wenn wir nicht ständig „connected" und „online" sind, wenn wir nicht ständig Kurznachrichten erhalten, dann haben wir das Gefühl „out" zu sein, nicht mehr dazuzugehören. Aber die meisten von uns wollen unbedingt dazugehören. Sie tun alles, um mitzuspielen, um sich einzufügen in die schnelle, fordernde, strahlende, moderne Digitalwelt. Sie bemühen sich, immer auf dem neuesten Stand zu sein. Sie wollen so gerne dabei sein! Sie schwimmen mit dem Strom, versuchen, dem gerecht zu werden, was die Werbung und die Medien als „modern" propagieren, sie strampeln, rennen, texten, twittern, bloggen, konsumieren und funktionieren – bis sie nicht mehr können. Der Journalist *Christian Stöcker* beschreibt seine Arbeit in der Spiegel-Online-Redaktion in einem 2009 erschienen Artikel[(1)] wie folgt: *„...zwischen all diesen Informations- und Kommunikationskanälen springe ich hin und her, immer in dem Bewusstsein, dass ich unmöglich alles aufnehmen und verarbeiten kann, was da minütlich an Neuem auftaucht... Wenn ich abends nach Hause komme, fühle ich mich geistig erschöpft, unkonzentriert, dümmer als am Morgen."*

Burnout, also totale Überforderung, ist mittlerweile zu einer „Volkskrankheit" geworden und wird sogar immer häufiger bei Studenten, ja sogar bei Zehn- bis Fünfzehnjährigen festgestellt. Kinder sind also bereits zu Beginn ihres Lebens ausgebrannt und völlig überfordert, weil sie mit Reizen und Informationen bombardiert werden und weil inmitten all der Technik ihr menschliches Heranwachsen zurückbleibt. Die Entwicklungen der letzten Jahrzehnte waren alles andere als ein Fortschritt. Sie waren pure Überforderung. Sie waren ein Rückschritt in vielerlei Hinsicht. Die permanente Anbindung an die „Cloud", an die virtuelle Welt der Matrix, hat den meisten von uns nur Nachteile gebracht. Sie hat uns in einen Strudel hineingezogen, der uns unsere Energie entzieht und uns nicht mehr zur Ruhe kommen lässt. Handy-Sendemasten und WIFI-Antennen senden unentwegt Mikrowellenstrahlen aus und manipulieren unseren Körper und unseren Geist. Immer mehr Menschen leiden unter Schlafstörungen, immer mehr Kinder an ADS. Wir sind in ständiger Alarmbereitschaft, in einem nicht enden wollenden Ausnahmezustand. Wir können uns nicht mehr konzentrieren. Wir sind nicht mehr wir selbst!

Aber hier kommt die gute Nachricht: Niemand muss dieses völlig kranke Spiel, das wir „das moderne Leben" nennen, tatsächlich mitspielen. Jedes Mobiltelefon hat eine Taste, mit der man es ausschalten kann. Tatsächlich brauchen die meisten von uns nicht mal eins. Man muss auch nicht fernsehen. Man kann seinen Fernseher einfach weggeben. Egal mit wem ich spreche, ich höre diesbezüglich immer das Gleiche: *„Im Fernsehen läuft heute nur noch Mist!"* Wer einmal länger im fernen Ausland war, wird bemerkt haben, dass er nach Wochen oder Monaten ohne deutschsprachiges Fernsehen absolut nichts verpasst hat. Die wenigen, wirklich wichtigen Dinge, die in der Welt passieren, erreichen ohnehin jeden von uns. Alles andere ist nichts als Ballast, nichts als gedanklicher, emotionaler, energetischer Müll!

Das Leben ist keine Reality-Show. Man kann nicht im Vorhinein nachlesen, was heute passieren wird. Man muss es selbst gestalten. Das Leben ist kein Videospiel. In einem Videospiel muss man keine Verantwortung übernehmen, man erlebt auch keine wahren Gefühle, sie werden einem nur vorgegaukelt. Immer mehr Menschen aber können nicht mehr zwischen Fiktion und Wirklichkeit unterscheiden. Sie wurden von klein auf in dieses System, in die Matrix, hineinerzogen, und nun halten sie dieses für die Wirklichkeit. Wer aber nicht in der Lage ist, die materielle Ebene zu meistern, der wird nie in höhere geistige oder spirituelle Ebenen vorstoßen können.

Es ist einfach, in einem Videospiel einen anderen Menschen zu erschießen, es aber im wahren Leben zu tun, hat schwerwiegende Konsequenzen für alle Beteiligten: Es führt zu Leid, Schmerz, psychischen Störungen und zu weiterem negativem Karma. Ein großer Teil der Soldaten, die aus dem Krieg heimkehren, leidet unter der posttraumatischen Belastungsstörung, unter Depression, Albträumen und ständigen Angstzuständen. Bei Kriegseinsätzen kommt es immer wieder zu unvorstellbaren Gräueltaten. Je schwieriger der Kampfeinsatz, desto unmenschlicher verhalten sich die beteiligten Personen. Neurowissenschaftler erklären, dass jene neuronalen Verknüpfungen, die beim Menschen im Gehirn für bewusste Selbstkontrolle verantwortlich sind, sehr empfindlich auf Stress reagieren. Wenn die Verbindungen unterbrochen werden, dann gibt es keine Kontrolle mehr über die niederen Triebe. Anders ausgedrückt: Wenn der Stress für einen Menschen übermächtig wird, wird er zum Tier. Genau das können wir in unseren modernen Großstädten immer deutlicher feststellen.

„Jugendgewalt kann als eine Art Fieberkurve der Gesellschaft bewertet werden“, sagt das „Kriminologische Forschungsinstitut Niedersachsen“. Demnach ist eines klar: Unsere Gesellschaft ist sehr krank, und sie wird von Jahr zu Jahr kranker. Wir alle kennen die Gewaltexzesse Jugendlicher in deutschen Großstädten, denen in den vergangenen zehn Jahren zahlreiche andere Jugendliche, aber auch zahlreiche Erwachsene zum Opfer fielen – bis hin zu brutalsten Tötungsdelikten. Die polizeiliche Kriminalstatistik 2007 notiert *„erhöhte Gewaltbereitschaft bei gesunkener Hemmschwelle“*. Jugendliche sind mit der Welt, die sie umgibt, immer stärker überfordert. Die einen gehen passiv damit um, die anderen aktiv. Die Folgen sind also entweder Depression und innerer Rückzug oder aber eine Entladung des aufgestauten Hasses gegen die Welt und die direkte Umgebung. Die einen schlucken Pillen, um sich ruhigzustellen, die anderen reagieren sich ab. *„Ihre Lebensbedingungen sind wesentlich besser als in vielen anderen Ländern der Welt – und doch sind viele*

Jugendliche in Deutschland unglücklich. Laut einer Unicef-Studie ist jeder Siebte zwischen elf und fünfzehn Jahren mit seiner persönlichen Situation unzufrieden", berichten deutsche Medien am 10. April 2013.[2]

Aber anstatt zu der Einsicht zu kommen, dass wir uns als Gesellschaft insgesamt verändern müssen, wird einfach der Druck auf das unzufriedene Volk erhöht. *„Sachlich betrachtet gibt es laut Studie für das Ergebnis kaum Argumente."*[3] Also intensiviert die Politik aus Angst vor Revolten der Bürger deren Überwachung. Mehr Kameras werden aufgestellt, Telefon- und Internetkommunikation noch stärker kontrolliert, und die Bankkonten aller Bürger werden überwacht.

So beklagt der Datenschützer Peter Schaar im Frühjahr 2013: *„Dabei überprüfen Finanzämter und Sozialbehörden immer mehr private Konten der Bundesbürger. Die Kontrollabfragen seien laut Schaar 2012 um 15,5 Prozent auf rund 72.600 gestiegen. Seit dem Jahr 2008 haben sich somit die Kontoüberwachungen mehr als verdoppelt."*[4]

Aber da all das nicht den erwünschten Erfolg bringt – wie auch? –, gehen sie noch einen Schritt weiter: Sie setzen statt Soldaten und Polizisten immer häufiger Roboter ein. Die haben kein Problem damit zu töten, und sie kennen auch keine posttraumatischen Belastungsstörungen. In Form von Flugdrohnen sind sie bereits seit Jahren an Kriegsschauplätzen, aber auch in Großstädten im Einsatz – entweder zur Aufklärung oder zum gezielten Töten. Menschen sitzen dann nur noch weit entfernt an sicheren Orten und lenken diese Waffen wie Spielzeuge per Fernsteuerung. Aber es geht noch besser: In Zukunft steuern sich die Waffen selbst.

An der Entwicklung von Robotersoldaten und Roboterpolizisten arbeitet die *Defense Advanced Research Projects Agency* (DARPA), die Forschungsbehörde der amerikanischen Streitkräfte, derzeit fieberhaft. Der US-Militärexperte Leutnant Colonel Douglas A. Pryer warnt in seinem Essay *„The Rise of the Machines – Why Increasingly ‚Perfect Weapons Help Perpetuate our Wars and Endanger Our Nation'*: *„Wenn wir nicht rasch umdenken, werden wir demnächst komplett von Maschinen beherrscht werden – und die kennen keine Gnade!"*

Angesichts der Kälte und der Unmenschlichkeit, mit der Politiker heute agieren, muss man sich fragen, ob all diese technischen Entwicklungen nicht schon viel weiter fortgeschritten sind, als wir meinen. Vielleicht sind ja unsere Politiker bereits alle Roboter? Das würde vielleicht das Fehlen jeglichen Anstandes und Mitgefühls erklären...

Falls Sie das für unbezogen halten, dann haben Sie vermutlich noch nichts vom *Transhumanismus* gehört. Diese Bewegung arbeitet fieberhaft daran, den Menschen mit der Maschine zu vereinen, zu verschmelzen, *Cyborgs* zu erschaffen, künstliche Wesen, die dank Mikrochip und Gentechnik unverwüstlich sind. Kranke, also defekte Teile, sollen wie Ersatzteile bei einem Auto einfach ausgetauscht werden oder sich selbst reparieren. Was wie *Science Fiction* klingt, ist aber bereits Realität. 2013 hat die EU den größten jemals für ein Forschungsprojekt verteilten EU-Etat von einer Milliarde an Steuergeldern in das transhumanistische „Human Brain Project" gesteckt, das ein „künstliches menschliches Gehirn" erschaffen soll. Die *Transhumanisten* sitzen in den größten Firmen der Welt wie Google, Microsoft, Apple und Nokia. Sie leiten die Forschung an den größten Unis, sie machen Politik.(5) Sie sind direkt mit der globalen Geldelite verflochten, die für ihre *Neue Weltordnung* leicht steuerbare menschliche Sklaven erschaffen möchte. Die Eugenik war die Vorstufe, der Transhumanismus ist ihre logische Weiterentwicklung. Seine Visionen fasst *Ray Kurzweil*, der Guru dieser neuen „Religion", wie folgt zusammen:

> *„Die ‚Singularität' ist eine Zukunft, in der das Tempo des technologischen Wandels so schnell und weitreichend voranschreitet, dass die menschliche Existenz auf diesem Planeten irreversibel verändert wird. Wir werden die Macht unserer Gehirne, all die Kenntnisse, Fähigkeiten und persönlichen Macken, die uns zu Menschen machen, mit unserer Computer-Macht kombinieren, um auf eine Art zu denken, zu kommunizieren und zu erschaffen, die wir uns heute noch nicht vorstellen können. Diese Verschmelzung von Mensch und Maschine, mit der plötzlichen Explosion der Maschinen-Intelligenz, wird, im Verbund mit rasend schneller Innovation in*

den Bereichen der Gen-Forschung sowie der Nanotechnologie, zu einer Welt führen, wo es keine Unterscheidung mehr zwischen dem biologischen und dem mechanischen Leben oder zwischen physischer und virtueller Realität gibt. Diese technologischen Revolutionen werden es uns ermöglichen, unsere gebrechlichen Körper mit all ihren Einschränkungen zu überwinden. Krankheit, wie wir sie kennen, wird ausgerottet. Die menschliche Existenz wird einen Quantensprung in der Evolution durchlaufen. Wir werden in der Lage sein, zu leben, solange wir wollen."[(6)]

Die „Singularität" ist jener Moment, an dem die Maschinen die Herrschaft über den Menschen übernehmen – auch beschrieben als der Punkt, an dem unsere heutige Vorstellungskraft versagt. Kein Mensch kann sich vorstellen, was jenseits dieses Punktes geschieht. Berühmt wurde dieser Begriff durch den Mathematiker und Sci-Fi-Autor Vernor Vinge, der 1993 in einem Essay („The Coming Technological Singularity") voraussagte, dass wir in 30 Jahren in der Lage wären, übermenschliche Intelligenz zu erschaffen – das wäre also im Jahr 2023. Und weiter führte er aus: *„Kurz darauf wird die menschliche Ära zu Ende sein!"*[(7)]

„Offiziell" sollen die ersten „künstlichen Menschen", *Avatare*, Mitte dieses Jahrhunderts fertig sein. Intelligente Roboter, die etwa Einkäufe erledigen, Kinder betreuen oder selbständig Operationen am Menschen durchführen, soll es bereits in den nächsten Jahren geben. Wenn man aber bedenkt, dass der militärisch-industrielle Komplex alle neuen Entwicklungen und Technologien schon etwa dreißig bis fünfzig Jahre vor dem Rest der Welt hat, dann weilen die als Menschen getarnten Roboter bereits längst unter uns! Auch die Verschmelzung der physischen mit der virtuellen Realität hat, wenn man die heutige Jugend betrachtet, längst stattgefunden. Sind also alle Science-Fiction-Filme von *Star Wars* über *Star Trek* bis hin zu *I, robot* immer nur sich selbst erfüllende Prophezeiungen? *Erschaffen unsere Gedanken etwa gar unsere Realität?*

Die Transhumanisten behaupten übrigens, dass ihre Entwicklungen die Einzigen sind, die künftig irgendeine Form von „menschlichem Leben" auf diesem Planeten erhalten kann, denn ohne sie würde der

Mensch sich selbst und die Erde bald zerstört haben. Haben sie damit recht? Ich hoffe nicht!

Immer mehr Kinder sind jedenfalls sozial gestört und hyperaktiv, weil sie ihre ersten Jahre in der virtuellen Welt verbringen. Sie werden vor dem Fernseher oder dem Computer geparkt, wo sie immer dann, wenn es ihnen zu viel wird, einfach den Stecker ziehen oder die Simulation abbrechen können. Bekommen sie es aber mit echten Menschen zu tun, die ihnen fremd sind, so sind sie heillos überfordert. Viele Kinder leiden heute massiv unter nicht erlernter sozialer Kompetenz, fälschlicherweise unter den Namen „ADS" oder „ADHS" als „Krankheit" bezeichnet.

Die industrielle Revolution des 19. Jahrhunderts brachte einen Wandel weg von der Agrar-, hin zur Industriegesellschaft, weg von der Natur, hin zur Technik. Moderne Errungenschaften schienen unser Leben zu bereichern und zu erleichtern. Neue Technologien und Erkenntnisse brachten anfangs deutliche Verbesserungen im wirtschaftlichen und im sozialen Bereich. Die Kommunikation über weite Strecken wurde vereinfacht und einer großen Zahl von Menschen zugänglich gemacht. Die kindliche Begeisterung des Menschen für all das neue technische Spielzeug führte zu einer Flut an immer neuen technischen Geräten, die immer mehr unserer Zeit konsumieren und uns immer weiter von einander und von uns selbst entfernen. Es gibt immer mehr Menschen, die den größten Teil ihrer Zeit mit Maschinen, anstatt mit anderen Lebewesen verbringen. Millionen von Menschen leben dicht gedrängt in Großstädten, aber sie sprechen nicht miteinander, sondern mit kleinen Geräten aus Metall und Plastik, die sie in ihren Händen halten.

Es gab noch nie so viele Soziopathen wie zu Beginn des 21. Jahrhunderts. Wer mit Maschinen aufwächst, anstatt mit Menschen, kann kein gesundes Gefühlsleben entwickeln, kann so etwas wie Mitgefühl oder Liebe nicht erfahren. Wir stumpfen ab, Kälte bestimmt unsere Zeit, da Menschen heute tagtäglich im Fernsehen und in ihrer virtuellen Welt mit einem unvorstellbaren Maß an Brutalität und Grausamkeit konfrontiert werden.

Wir sind heute so dermaßen technik-hörig, dass die meisten Menschen im Westen sich ein Leben ohne Smartphone und Internet nicht mehr vorstellen können. Diese Spielzeuge sind ein Teil des modernen Menschen geworden, ein Teil dessen, wie wir uns definieren. Die meisten Menschen sind rund um die Uhr mit der virtuellen Welt verbunden – selbst im Schlaf.

Wir verbrauchen immer mehr Strom, erzeugen immer mehr Wegwerfprodukte, vergeuden wertvolle Ressourcen, obwohl wir das Wissen und die Technologie hätten, Geräte zu bauen, die nahezu ewig halten. Technische Geräte, die vor zwanzig, dreißig Jahren gebaut wurden, waren wesentlich besser und langlebiger als alles, was man heute kaufen kann. Die Industrie baut absichtlich Müll! Dafür gibt es sogar einen hübschen Fachausdruck: ***geplante Obsoleszenz!***

> *„Am 24. Dezember 1924 gründen Vertreter von Osram, Philips, International, Tungsram und anderen Unternehmen in Genf die Aktiengesellschaft Phoebus. Dahinter versteckt sich das erste internationale Kartell. Unter dem Beinamen Apollons machen sich die Herren damit ein ganz besonderes Geschenk: Ihre hergestellten Glühbirnen sollen statt 2.500 Stunden nur noch maximal 1.000 Stunden leuchten und so den Umsatz nach oben treiben. Phoebus ist ein weltumspannender Erfolg, erst 1942 fliegt das Kartell auf.“*[8]

Seit jener Zeit baut die Industrie immer mehr Ramsch mit der Begründung, dass sich Billigprodukte besser verkauften – was klar ist, wenn man weiß, dass etwa alle Toaster, unabhängig von Preis und Namen, nahezu dasselbe Innenleben haben, alle gleich wenig taugen und gleich schnell kaputtgehen. Wer ein solches Gerät dann reparieren (lassen) möchte, der wird feststellen, dass es absichtlich so gebaut ist, dass sich das nicht lohnt, oder aber es ist sogar unmöglich.

> *„Ähnlich motiviert handelten Zahnpastaproduzenten, als sie die Öffnungen der Tuben vergrößerten. So kommt schon bei leichtem Druck eine größere Menge Zahnpasta aus der Tube, als eigentlich*

benötigt wird. Seit Jahrzehnten bereits liegen Patente für die quasi unkaputtbare Nylonstrumpfhose vor. Es ist naheliegend, dass niemand sie vertreibt. Im Rahmen von anonymen Befragungen gaben Industrie-Insider wiederholt an, dass bessere Qualität ihrer Einschätzung nach zu gleichen Kosten möglich wäre. Berechnungen zufolge könnten jährlich zehn Millionen Tonnen Abfall vermieden und mehr als hundert Milliarden Euro in Deutschland freigesetzt werden, wenn es keine geplante Obsoleszenz gäbe. Demnach wird jeder zehnte Euro durch geplanten Verschleiß verschwendet.“[9]

Wir haben uns in vielen Bereichen des Lebens zurückentwickelt. Wir sind mittlerweile von billiger Wegwerf-Technik besessen. Gleichzeitig geben wir bereitwillig alle Informationen über uns selbst an Konzerne und Regierungseinrichtungen weiter, die diese wiederum benutzen, um uns noch besser und effektiver manipulieren zu können. Mittels *Mind-Twisting* und *Mind-Control* macht man uns glauben, dass wir keine andere Wahl hätten als mitzuspielen. Das Karussell dreht sich immer schneller, die Musik wird immer lauter, verkrampft halten wir uns am Smartphone fest, und hoffen, dass wir weiter in der Masse untertauchen können. *Gehorche! Konsumiere! Kaufe ein!!*

Viele von uns gehen dort hin, wo sie ihr Smartphone hinführt. Der moderne Mensch ist im Grunde lebensunfähig und wird, statt von Liebe, Schönheit und Freude, vorwiegend von Batterien und Aufladegeräten gespeist. Kommunikation wird in immer größerem Ausmaß abgehackt und bruchstückhaft, Sprache verkommt zur Idiotie. *☺. Lol. 143. BF. Krass. EOM:) ☹... Lall, stammel, sabber...*

Wir sind heute komplett von Energie abhängig, wir sind Strom-Junkies. Wenn ein Sonnensturm, ein Hackerangriff, ein Computerfehler oder schlicht eine technische Panne das Stromnetz lahmlegt, dann geht nichts mehr. Ohne Strom läuft heute keine Heizung, keine Zapfsäule, kein Verkehrsmittel, keine Kasse. Man kann nicht heizen, nicht tanken, nicht einkaufen. Man kann auch kein Bargeld abheben.

Im Februar 2013 etwa legte der Schneesturm *Nemo* die Ostküste der USA lahm. 650.000 Haushalte waren mitten im Winter für Wochen ohne Strom. Dutzende Menschen erfroren. Im selben Monat kam es auch in Berlin immer wieder zu Stromausfällen, jeden Tag in einem anderen Bezirk, zum Glück immer nur für wenige Stunden. Aber unsere Unfähigkeit heute, ohne Strom auch nur Kaffee zu mahlen und aufzubrühen, ist grotesk.

Die Menschen in der westlichen Welt werden immer dicker und immer dümmer. Sie bewegen sich viel zu wenig – geistig wie körperlich. Sie haben in großen Teilen jeden Bezug zu logischem Denken verlernt. Es gibt so gut wie keinen Bereich unseres Lebens mehr, der nicht von Elektronik bestimmt wird. Wenn heute ein Auto den Geist aufgibt, dann gibt es niemanden mehr, der ihm mit einfachen Mitteln wieder Leben einhauchen kann. Es muss ein Computer angeschlossen und befragt werden, was zu tun ist! Eine solche Entwicklung hin zum Sklaven der Technik war von der breiten Masse sicher nicht so gewollt, aber sie ist passiert.

Jeder Mensch sucht in der Tiefe seines Herzens nach Aufmerksamkeit, nach Liebe, Schutz und Geborgenheit. Keines dieser elementaren menschlichen Bedürfnisse kann durch Maschinen befriedigt werden. Wir können diese Grundvoraussetzungen zur Entfaltung eines Menschen nur in Menschen, also in uns selbst oder in anderen finden. Maschinen werden uns in unserer Entwicklung immer nur im Weg stehen. Sie können bestenfalls als Unterstützung hilfreich sein, aber sie dürfen unser Leben nicht so dominieren, wie sie es gegenwärtig tun und vermutlich in naher Zukunft noch viel stärker tun werden!

Die große Krise des beginnenden 21. Jahrhunderts ist wesentlich mehr als nur eine Weltwirtschafts- und Währungskrise. Sie ist eine Sinnkrise biblischen Ausmaßes, eine tiefe spirituelle Krise, in der sich immer mehr Menschen von den traditionellen Kirchen abwenden, andere radikalisiert werden. Immer mehr Menschen fallen vom Glauben ab, weil sie erkennen, dass die alten Glaubenslehren und deren Vertreter hohl und unehrlich sind. Gleichzeitig fehlt aber vielen jungen Menschen eine neue Perspektive – vor allem, weil sie nicht gelernt haben, selbständig zu denken, eigene Modelle, eigene Überzeugungen zu entwickeln und diese auch gegen die alten Traditionalisten durchzusetzen. Die Rollenbilder von Mann und Frau sind seit den 1970er-Jahren durcheinander. Wir haben die alten Ordnungen zerstört – was nicht verkehrt ist –, aber wir haben noch keine neuen gefunden. Wir befinden uns in Unordnung oder im Übergang. Wir sitzen zwischen den Stühlen.

Egal, ob wir es wahrhaben wollen oder nicht, wir stehen an der Schwelle zu massiven Veränderungen in der Welt. Sie werden mit oder ohne uns geschehen. Ich persönlich möchte sie lieber selbst aktiv mitgestalten. Sinnvolle Umgestaltung setzt jedoch voraus, den Ist-Zustand zu kennen und ihn realistisch einzuschätzen. Der 21. Dezember 2012 war nicht das Ende der Welt, aber es war das Ende der Welt, wie wir sie kannten. Der viel zitierte Maya-Kalender war oft absichtlich falsch interpretiert worden. Dieses berühmte Datum benannte das Ende eines großen und vieler kleiner Zyklen, das Ende einer Zeitrechnung und somit den Beginn einer neuen Zeit, die durch eine neue Energie und eine neue Schwingung gekennzeichnet ist. Bereits die ersten Monate dieser neuen Epoche haben gezeigt, dass durch diese neue Energie viel Staub aufgewirbelt wird, viele dunkle Machenschaften aufgedeckt werden. Wir haben im technischen Bereich enorme Fortschritte gemacht. Jetzt ist es an der Zeit, dass wir uns geistig und spirituell weiterentwickeln. Dafür sollten wir wieder lernen, innezuhalten und nach innen zu blicken.

UMWELT

„Wir Historiker sind keine Propheten. Ich kann nur sagen: Wir kommen wohl noch nicht an den Jüngsten Tag. Aber Teile der Welt können untergehen.“[(10)]

Eric Hobsbawm (Historiker, 1917-2012)

Wenn wir mit dem Abholzen von Wäldern, mit dem aggressiven Abbau von Rohstoffen und mit der Verschmutzung unserer Umwelt in dem Tempo und in dem Ausmaß weitermachen wie bisher, wird die Erde innerhalb weniger Jahrzehnte für Menschen unbewohnbar sein. Die Schätzungen der Experten und Umweltschutzorganisationen lauten: Machen wir so weiter, dann werden wir zwischen 2040 und 2100 das Ende erreicht haben. Dann wird die Bevölkerungszahl dank Unfruchtbarkeit, Seuchen und einem Mangel an Trinkwasser und Lebensmitteln rapide sinken. Anders ausgedrückt: Nur wenige von uns würden überleben – und es ist unklar, wie lebenswert die Bedingungen dann für diese „Glücklichen“ sein würden! Selbst wenn die Natur und der Mensch zäher sein sollten als alle Experten annehmen, ist unser bisheriger Kurs ein Selbstmordkommando. So wie bisher können und dürfen wir nicht weitermachen!

Im Moment scheinen alle Politiker, großen Organisationen und die Industrie dank falscher Daten vom Klimaforschungszentrum der *University of East Anglia* (was als „Climate-Gate-Skandal“ bekannt wurde) ihre Aufmerksamkeit auf eine angebliche Erderwärmung und auf die Reduzierung der weltweiten CO_2-Emissionen zu richten. Warum? Weil das ein gigantisches Geschäft ist. Es ist erstaunlich, wie viel über dieses Thema gelogen wird. Der 2011 verstorbene Physiker *Prof. Harold Lewis* (University of California, Santa Barbara & American Physical Society) schrieb dazu klar und deutlich:

„Es ist natürlich der Betrug mit der globalen Erwärmung, welcher von Billionen von Dollar angetrieben wird, der so viele Wissenschaftler korrumpiert hat und der wie eine Riesenwelle die APS (American Physical Society) *vor sich hergetrieben hat. Es ist der*

größte und erfolgreichste pseudowissenschaftliche Betrug, den ich in meinem langen Leben als Physiker gesehen habe. Jeder, der nur den geringsten Zweifel darüber hat, sollte sich zwingen, die Climate-Gate-Dokumente zu lesen, welche dies offenlegen."[(11)]

Nicht, dass ich nicht auch dafür wäre, den CO_2-Ausstoß zu reduzieren, aber die ganze Debatte ist von profit-orientierten Interessen getrieben. Der CO_2-Ausstoß ist definitiv nicht unser größtes Umweltproblem, das ist gewiss!

Als Hauptprobleme sehe ich den Raubbau an der Natur, vor allem die Abholzung der Wälder, den massiven Einsatz gentechnisch veränderter Nutzpflanzen (GVOs) und die Nutzung der nuklearen Energie. Kohlendioxid (CO_2) ist kein Problem, sondern es ist die Grundlage allen Lebens, denn in der Photosynthese wird es, grob gesagt, durch Grünpflanzen in Kohlenstoff und Sauerstoff aufgespalten. Der weitaus größte Teil dieser Arbeit wird oberirdisch von Bäumen erledigt. Sie benötigen den Kohlenstoff (den sie in Zucker umwandeln) für ihr Wachstum und stellen uns als Nebenprodukt kostenlos Sauerstoff zur Verfügung, den wir zum Leben brauchen. *Kein CO_2 = kein Leben!*

Aber die Sturköpfe im IPCC (International Panel on Climate Change), oft auch „Weltklimarat" genannt, haben sich mit ihren „bösen Treibhausgasen" in den zurückliegenden Jahrzehnten so weit aus dem Fenster gelehnt, dass sie nun nicht mehr zurückrudern können, weil sie Angst haben, sich komplett lächerlich zu machen. Außerdem würde dann das große Geschäft mit den Emissions-Zertifikaten nicht mehr funktionieren. Also tut man so, als würde die Erde sich erwärmen, was schon lange nicht mehr der Fall ist. Am 17. April 2013 berichteten die Deutschen-Wirtschafts-Nachrichten unter dem Titel „Forscher haben sich blamiert: Der Klimawandel findet nicht statt": *„Das Vertrauen in die Klimaforschung ist aufgrund ihrer falschen Prognosen weiter geschwunden. Das Klima-Panel der UNO (IPCC) musste einen Bericht aus dem Jahr 2007 korrigieren."* Der Ausstoß an Treibhausgasen steigt ständig weiter, während die Temperaturen aber im Weltdurchschnitt sinken. Spätestens nach mehreren extrem langen und harten Wintern hintereinander sollte das den meisten Menschen aufgefallen sein. Die Falschmeldung einer *„durch CO_2 verursachten Erderwärmung“* wurde aber so oft wiederholt, dass sie sich in die Köpfe der Menschen eingefressen hat. Es wäre wichtig, die dafür verantwortlichen Wissenschafter – die übrigens in der Minderheit sind – nicht lächerlich zu machen, sondern sie irgendwie erhobenen Hauptes aus der Sache rauszulassen, damit wir uns den wahren Ursachen des Klimawandels widmen können, auf die ich hier im Buch noch mehrfach eingehe. Sollten wir auf Erden zu viel CO_2 haben, dann könnte man auch sagen, dass wir zu wenig Bäume haben, die es wieder aufspalten können. Man muss nicht immer um drei Ecken denken.

Die Fläche an Regenwald, die jährlich abgeholzt wird, entspricht in etwa zweieinhalb Mal der von Österreich! Etwa ein Fünftel des Regenwalds am Amazonas ist bereits vernichtet[(12)] – fast die gesamte Zerstörung geht auf das Konto der Fleischproduktion für die Industrieländer. Wir sollten also dringend unseren Fleischkonsum reduzieren – das wäre effektiver als jede CO_2-Reduktion! Ein durchschnittlicher Amerikaner isst jährlich etwa 123 Kilo Fleisch, ein Spanier 121 kg, ein Österreicher 112 kg, ein durchschnittlicher Deutscher 88 kg. Weltweit stieg der Fleischkonsum zwischen 1961 und 2001 von 23 kg auf 38 kg pro Kopf und Jahr, in den Industrieländern von 57 kg auf 91 kg.[(13)] Während 1950 in Deutschland ein Kilogramm Schweinefleisch 1,6% des monatlichen Nettoverdienstes kostete, waren es 2002 nur noch 0,28%, also knapp 1/6. Fleisch ist heute viel zu billig, und das auf Kosten der Umwelt und der Masttiere.

> *„...fordert Bundesagrarministerin Ilse Aigner (CSU) die Deutschen auf, weniger Fleisch zu essen – als Beitrag zum Klimaschutz. Sie will in der Landwirtschaft umweltfreundlichere Produktionsmethoden etablieren. Aber auch die Verbraucher müssten sich ‚an die eigene Nase fassen...' Hintergrund: Laut UN-Studien entstehen rund 18 Prozent aller Treibhausgase weltweit durch die Fleischproduktion, etwa durch den Methan-Ausstoß von Rindern. Das ist mehr, als der gesamte Verkehr (Autos, Flugzeuge, Züge, Schiffe etc.) auf der Erde verursacht.“*[(14)]

Diese Aussage von Landwirtschaftsministerin Aigner im Dezember 2009 sorgte für Aufsehen und Unmut in den eigenen Reihen. Weder die Bauern noch die Industrie wollten solche Aussagen hören. Deshalb ruderte Aigner kurz darauf wieder zurück und relativierte ihre eigene Aussage – leider!

Aber nicht nur wegen unseres viel zu hohen Fleischkonsums werden Regenwälder abgeholzt, sondern auch für die Holzgewinnung und seit einigen Jahren auch ganz massiv für den Anbau von Soja und Zuckerrohr zur Erzeugung von Ethanol! In einer Welt, in der Millionen Menschen hungern, roden wir Wälder ab, um Nahrungsmittel anzubauen, die wir dann aber als Treibstoff für Fahrzeuge nutzen. Perverser geht es kaum mehr!

Weltweit wurde in den vergangenen 2.000 Jahren bereits ein Drittel aller Waldflächen auf Erden durch den Menschen vernichtet. Das heißt jedoch nicht, dass wir noch weitere 4.000 Jahre haben bis es keine Bäume mehr gibt, denn der Raubbau ist in den vergangenen Jahrzehnten exponential angestiegen. Der Natur wird heute dreimal soviel entnommen, wie sie durch natürliche Erneuerung wieder bereitstellen kann.[(15)]

Wenn wir Bäume abholzen, können sie kein CO_2 mehr speichern, zusätzlich aber gibt auch der nun freiliegende Boden gespeichertes CO_2 ab – ein zweifach negativer Effekt also!

Viele der Bäume, die wir noch haben, sind durch Schadstoffe und Chemikalien, durch Übersäuerung der Böden und durch die Verwendung von Streusalz so geschwächt, dass sie immer anfälliger gegen Schädlinge und Krankheiten werden. Statt die Ursachen für die Schwächung zu beheben, bekämpft man – wie in der Humanmedizin – nur die Symptome. So wird in vielen Städten im Herbst das Laub von Bäumen verbrannt, in der Hoffnung, dadurch die Schädlinge der Bäume zu töten. Ja, man kann ein Pferd auch von hinten aufzäumen, aber man muss schon ziemlich bescheuert sein, um das zu tun.

Wir lernen in der Schule sehr wenig darüber, was ein Wald ist und welche Bedeutung er hat. Die wenigsten Menschen sind sich dessen bewusst, dass wir in Europa nur noch ganz wenige Urwald-Relikte oder naturnahe Bewaldungen haben. Wälder sind keine geordneten Ansammlungen von Bäumen, sondern ein Ökosystem, bestehend aus sehr vielen unterschiedlichen Tier- und Pflanzenarten aller Größen und Formen und unterschiedlichen Alters. Das, was wir in Europa großflächig sehen, sind Forste, meist Monokulturen von Nadelbäumen (Fichten & Föhren/Kiefern), alle in gleicher Höhe und in Reih und Glied. Sie sind meist so dicht gepflanzt, dass kein Licht den Boden erreicht und es keinen Unterwuchs (Sträucher & Stauden) gibt. Diese Monokulturen führen zu völlig ausgelaugten und übersäuerten Böden und zu Erosion. Solche Böden mit einem pH-Wert von unter 6 bringen nicht nur wenig Ertrag und schlechtes, minderwertiges Holz, sondern sie speichern auch hervorragend radioaktive Strahlung, die dann durch die Nahrungskette bei Tieren und beim Menschen landet.

Monokulturen und der Einsatz von schweren Maschinen zerstören auch immer mehr landwirtschaftlich genutzte Böden. Im 20. Jahrhundert kam es zu einem immer massiveren Einsatz von Chemikalien (Kunstdünger, Pestizide, Herbizide), was zu einem immer geringeren Anteil organischer Bestandteile, also zu weniger Leben in vielen Böden führte. Mit anderen Worten: Sie sind tot. Künstliche Bewässerung tat ihr Übriges dazu, denn sie führte in vielen trockenen Gebieten zur Versalzung der Böden und ließ gleichzeitig die Grundwasserspiegel dort absinken, wo das Wasser entnommen wurde. Monokulturen auf Feld und im Forst sowie das Abholzen von Wäldern führen zu starker Erosion, zur Abtragung von Boden durch Wind und Wasser, was so in der Natur (bei gesunden Böden) kaum vorkommt. Die weltweite Erosion wird heute auf über 25 Milliarden Tonnen pro Jahr geschätzt[(16)] – Böden, die so für immer für die Landwirtschaft verloren sind.

Es ist höchste Zeit, in der Land- und Forstwirtschaft umzudenken, aber die Bauernschaft ist vielerorts träge und tut, was EU und Verbände ihr vorschreiben, weil sie durch Subventionen und Verträge indirekt Sklave der chemischen Industrie und der Verwaltung wurde.

Die Chemie-Lobby verdient so gut an der Umweltzerstörung, dass sie wenig Interesse an der Veränderung des Ist-Zustandes hat. Dennoch setzte hier in der jüngsten Vergangenheit durch die ökologische Landwirtschaft, dank junger, aufgeschlossener Bauern und dank kritischer Konsumenten, ein Umdenken ein. Immer wieder wird zwar durch falsche Berichterstattung (von Seiten der Chemieriesen lanciert) versucht, die Bio-Bewegung als Lüge und Bio-Produkte als minderwertig darzustellen, aber immer mehr Menschen durchschauen dieses üble Spiel und geben zu Recht ein wenig mehr Geld für gesunde, nachhaltig produzierte Lebensmittel aus. Zwar gibt es regionale Unterschiede in der Qualität von Bio-Produkten, abhängig vom jeweiligen Land und Bio-Verband, aber allen ist eines gemeinsam: Sie stammen aus ökologisch kontrolliertem Anbau, dürfen nicht gentechnisch verändert sein, werden ohne Einsatz von Chemie oder Abwasserschlamm angebaut, und sie werden nicht bestrahlt! Bio-Fleisch stammt von artgerecht gehaltenen Tieren und enthält deutlich weniger Antibiotika und Wachstumshormone als konventionell produziertes Fleisch. Wer gar keine Antibiotika in der Nahrung möchte, der sollte auf Fleisch ganz verzichten.

Mit solchen Aussagen macht man sich die mächtige Chemie- und Pharma-Lobby zum Feind, aber gegen eine weltweite Basisbewegung, wie es die Bio-Bewegung ist, sind auch sie letztlich machtlos. Erst wenn niemand mehr billige, leblose und umweltschädliche Nahrungsmittel kauft, werden sie auch nicht mehr produziert werden. Wenn wir in diesem Bereich auf die Politik und die Industrie hoffen, sind wir verloren. Wir müssen als Verbraucher selbst handeln!

Ein sehr deutliches Warnsignal über den katastrophalen Zustand unserer Umwelt gibt uns das Bienensterben, das um die Jahrtausendwende einsetzte und weltweit einen großen Teil der Bienenbestände ausgerottet hat. Aber ohne Bienen gibt es keine Bestäubung von Blüten, somit keine Früchte und keine Samen. Sollten die bereits stark geschwächten und dezimierten Bienen aussterben – was dank Pestiziden, Monokulturen, der Varroa-Milbe und dem regen internationalen Handel unterschiedlicher Bienenvölker und Bienenköniginnen über Kontinente hinweg leicht möglich wäre –, dann wäre das unser aller Tod. In China ist es teilweise bereits so weit, dass die Blütenbestäubung bei Obstbäumen aufgrund des Bienensterbens von Heeren von Menschen mit Pinseln und Leitern erledigt wird – eine Alternative, die sich jedoch außer den Chinesen wohl niemand wird leisten können.

„Die Pestizid-Konzerne vertreiben hochgiftige Mittel zum Pflanzenschutz. Sie enthalten sogenannte Neonicotinoide, hochwirksames Insektengift. Sie greifen das zentrale Nervensystem von Insekten an und verursachen Lähmungen und Tod. Umweltschützer und Imkervertreter machen die Mittel seit langem für ein rätselhaftes, massives Bienensterben verantwortlich... Den Umsatz mit den Neonicotinoiden lassen sich die Pflanzenschutzmittel-Hersteller aber nicht kampflos wegnehmen. 1,5 Milliarden Euro betrage dieser weltweit pro Jahr, sagte Helmut Burtscher, Umweltchemiker bei Global 2000.“[(17)]

Wir müssen uns dessen bewusst werden, dass wir die Erde nicht grenzenlos ausbeuten, die Natur nicht völlig zerstören können, ohne dafür die Rechnung präsentiert zu bekommen. Der eingeschlagene Weg ist ein Selbstmordkommando. Wir müssen umkehren!

Die Frage ist aber: Wollen wir das überhaupt? Wollen wir als Menschheit überleben, oder wollen wir uns ganz bewusst selbst zerstören? Sie, lieber Leser, halten das für eine dumme Frage? Nun, ich persönlich halte sie für sehr bedeutend. Wir wissen, dass gentechnisch veränderte Nutzpflanzen schädlich für den Menschen und für die Natur sind. Sie bringen weniger Ertrag, brauchen aber gleichzeitig mehr Dünger und Pflanzenschutzmittel – zufällig kommen diese von den gleichen Firmen, die auch das manipulierte Saatgut anbieten... Wenn künstlich veränderte Pflanzen sich mit natürlichen kreuzen – was durch Wind passiert –, dann unterliegt die natürliche Pflanze oft, was die Artenvielfalt reduziert und die Pflanzen anfälliger macht. Bauern werden zu Knechten, weil GVO-Saatgut (GVO = Gentechnisch veränderte Organismen) patentiert ist und nicht von Privatpersonen weiter vermehrt werden darf. Hat ein Bauer früher einen kleinen Teil seiner Ernte zum Aussähen für das nächste Jahr aufgehoben, so muss er das Saatgut nun jedes Jahr aufs Neue wieder von derselben Firma kaufen. Zuwiderhandeln wird mit drastischen Strafen belegt. Weltweit haben so bereits zahlreiche Bauern ihr Land an die großen Konzerne verloren. Teilweise sind diese GVO-Saatgute aber auch gar nicht mehr weiter vermehrbar. Sie zerstören sich gewissermaßen nach der Ernte selbst. Diese Technologie nennt sich offiziell „Gentechnische Beschränkung der Wiederverwendbarkeit“ (*Genetic Use Restriction Technologies, GURT*), inoffiziell aber besser verständlich „Terminator-Technologie“. Diese wird seit 2007 genutzt, das Patent dazu gehört *Monsanto*, gemeinsam mit der Regierung der USA.[18]

Warum ich das erwähne? Nun, GVOs sind schädlich für den Menschen und für die Umwelt, dennoch wird mit Nachdruck versucht, deren Anbau weltweit auszubauen. Gleichzeitig sammeln aber alle, die an der GVO-Verbreitung beteiligt sind, natürliches Saatgut, um es in Bunkern zu lagern. Warum wohl? Über die Pläne der Familien Rockefeller, Rothschild und Gates zur Reduktion der Weltbevölkerung habe ich im ersten Buch ausführlich berichtet. Hier sei nur ergänzt, was Henry Kissinger 1972 offen aussprach: *„Wer das Öl kontrolliert, der kontrolliert das Land, wer die Nahrung kontrolliert, kontrolliert das Volk...“*

Die GVOs gehören weltweit einigen wenigen Firmen und deren mächtigen Familiendynastien im Hintergrund. Genau die haben zusammen mit der norwegischen Regierung 2008 den „Weltweiten Saatgut-Tresor auf Spitzbergen“ errichtet, der die größte Sammlung an Nutzpflanzen-Samen weltweit darstellt. Warum also sammeln die Firmen, die wissentlich und willentlich die Natur und unser aller Lebensgrundlage zerstören, gleichzeitig alle Samen? Steckt ein böser Plan dahinter oder ist es einfach nur Dummheit gepaart mit Vorsicht?

Während Düsenjets früher Kondensstreifen hinter sich herzogen, weiße Streifen, die sich innerhalb von Sekunden wieder verflüchtigten, wird heute dem Treibstoff vieler militärischer und ziviler Flugzeuge ein chemischer Cocktail beigemischt, der hauptsächlich aus Aluminium, Barium, Stronzium und Titanium besteht. Diese Chemikalien hinterlassen in der Stratosphäre die sogenannten *Chemtrails* (zu deutsch „chemische Pfade"), also weiße Streifen, die am Himmel stehen bleiben und deren Bestandteile langsam zu Boden sinken. Oft bilden sie – wenn sie noch mit anderen Chemikalien, wie Silberjodid, versetzt werden – künstliche Wolken. All das dient offiziell der Wetterkontrolle, um die Einstrahlung der Sonne zu vermindern – weil sich die Erde ja angeblich durch das viele böse CO_2 erhitzt.

Diese Metalle gelangen ins Trinkwasser und führen zu zahlreichen Krankheiten bei Mensch und Tier. Aber sie sammeln sich auch im Boden an und schwächen dort die Pflanzen. Der pH-Wert steigt, vor allem durch die enormen Mengen an Aluminium, das für den Menschen nachweislich für diverse Krebsarten mitverantwortlich ist.

> *„In Siskiyou County (Kalifornien) ist die Konzentration im Boden und im Wasser innerhalb von fünf Jahren um das 50.000fache gestiegen! Der erhöhte pH-Wert im Boden hat vor allem eine entscheidende Auswirkung: Es wird für herkömmliche, natürlich vorkommende Pflanzen immer schwieriger, auf diesen Böden zu gedeihen. Auf Hawaii etwa, auch ein beliebtes Anschlags-Ziel, werden die Rinden der Bäume zusehends weich und weiß und faulen langsam ab. Wenig überraschend ist in dem Zusammenhang, dass Monsanto ein genmanipuliertes Saatgut (#7582809) entwickelt und patentiert hat, das Pflanzen auch auf mit Aluminium verseuchten Böden gedeihen lässt.“*[(19)]

Egal, ob hinter all dem Wahnsinn der Wetterkontrolle und der gentechnischen Veränderung von Pflanzen ein teuflischer Plan steckt oder ob es sich – wie viele Menschen lieber glauben möchten – um reine Verantwortungslosigkeit oder Dummheit handelt: All das muss ein Ende haben, wenn wir als Menschheit überleben wollen!

Wir wissen auch seit Jahrzehnten, spätestens aber seit der Reaktorkatastrophe von Tschernobyl im Jahr 1986, dass die Atomkraft nicht beherrschbar ist und dass sie vermutlich das Gefährlichste ist, das der Mensch je hervorbrachte. Dennoch brauchte es eine zweite große nukleare Katastrophe in Fukushima im Jahr 2011, um zumindest ein wenig Umdenken herbeizuführen und die Nutzung der nuklearen Energie in Frage zu stellen. Dabei waren die Folgen des Reaktorunglücks von Tschernobyl so horrend, dass eigentlich jede halbwegs intelligente Spezies sofort die Notbremse hätte ziehen müssen. Nicht so der Mensch!

Durch die Reaktorkatastrophe in Tschernobyl wurde eine Fläche von etwa 150.000 km^2 (verteilt auf Weißrussland, die Ukraine und Russland) so stark kontaminiert, dass sie für immer unbewohnbar sein wird – das entspricht einem Gebiet halb so groß wie Italien. Etwa 400.000 Menschen mussten umgesiedelt werden, etwa 800.000 Menschen (vorwiegend Soldaten) mussten seitdem an und um den Reaktor arbeiten, um die Folgeschäden einzugrenzen. Hunderttausende dieser Menschen sind innerhalb weniger Jahre an den direkten Folgen der „technischen Panne" gestorben, Millionen weiterer Menschen in Nord-, Mittel- und Osteuropa sind vermutlich im Lauf der darauf folgenden 20 Jahre an den indirekten Folgen gestorben. Bis heute nehmen wir alle in Europa noch beachtliche Mengen von Cäsium-137 über die Nahrung zu uns, besonders durch Waldpilze und Wild. Denn die oft sauren Böden binden das Cäsium besser als basische (alkalische) Böden, wie es die meisten landwirtschaftlichen Flächen sind.

Die Folgen der Reaktorkatastrophe von *Fukushima* sind noch überhaupt nicht einschätzbar. Wir wissen lediglich, dass sie verheerend sind, schon allein deshalb, weil sehr viel Radioaktivität ins Meer gelangte, was sich direkt auf die Nahrungskette und somit auf uns alle auswirkt. Wir werden erst nach und nach das gesamte Ausmaß dieser Tragödie begreifen. 2013 sind weltweit immer noch 437 Kernkraftwerke in Betrieb, und 68 weitere Reaktoren befinden sich im Bau. Der radioaktive Abfall der Atomkraftwerke beträgt allein in Deutschland jährlich rund 230 Tonnen an abgebrannten Brennelementen.[20]

Atomkraftwerke werden nun schon seit fast 60 Jahren betrieben und noch immer weiß niemand, wo der Müll einmal bleiben kann, noch wie man mit ihm umgehen muss. Er kommt von einem unsicheren Zwischenlager ins nächste. Das ist im Grunde unvorstellbar! Weltweit entstehen in den etwa 440 Atomkraftwerken schätzungsweise 8.300 Tonnen hochradioaktivem Atommülls pro Jahr.[21] Eine beliebte Art der Entsorgung von Atommüll ist der Einsatz von abgereichertem Uran (*depleted uranium*) als Kriegsmunition. Etwa 300 Tonnen dieser Munition sollen in Irak, Kuwait und Saudi-Arabien verstreut herumliegen, wie der Mediziner Prof. Dr. Siegwart-Horst Günther berichtet. In diesen Gebieten gab es in den letzten zwei Jahrzehnten eine extrem hohe Rate missgebildeter Kinder – teilweise haben sie zwei Köpfe oder mehrere Arme. Auch die Rate von Leukämie, aplastischer Anämie und von zahlreichen Krebsarten ist dort ungewöhnlich hoch.[22] Auch Soldaten leiden oft unter den Folgen des Hantierens mit Uran-Munition.[23]

Aber wir haben noch ein ganz anderes gewaltiges Problem: Kunststoff. Jährlich werden weltweit rund 250 Millionen Tonnen Kunststoff aus Erdöl produziert.[24] Wir verschwenden knappe Ressourcen für absolut Unnötiges und verseuchen die Erde und die Meere mit unseren künstlich geschaffenen Abfällen. Dabei kann man längst Kunststoffe auf Bio-Basis herstellen, etwa aus Schlachthausabfällen. Man kann seit Jahrzehnten erdöl-basierten Plastikmüll wieder in Erdöl zurückverwandeln. Aber all das geschieht kaum, weil Industrie-Lobbys solche Neuerungen unterdrücken und weil sie von der Politik nicht zu einem Umdenken gezwungen werden – was über Gesetze, Verordnungen und Strafen für veraltete Produktionstechniken sehr leicht möglich wäre.

Wir alle haben mittlerweile Kunststoff im Blut und im Fettgewebe abgelagert. Weichmacher und Bisphenol-A stören den Hormonhaushalt und führen zu Fettleibigkeit, Unfruchtbarkeit, Leberschäden und zu Krebs. Daher ein kleiner Tipp: Trinken Sie nicht mehr aus Plastikflaschen![25] Weltweit nimmt die Bio-Diversität (Artenvielfalt) rapide ab. Das Artensterben ist gewaltig. Im Jahr 2006 waren bereits rund 15.500 Arten weltweit vom Aussterben bedroht, darunter 23% aller Säugetiere, 12% aller Vögel und 31% aller Amphibien. Die Gesamtzahl aller Tier- und Pflanzenarten auf Erden hat sich zwischen 1970 und 2000 um 40% verringert.[26]

Jeder von uns kann einen Beitrag dazu leisten, den Reichtum der Natur zu erhalten. Der teilweise Verzicht auf Fleisch, sinnvoller Umgang mit Ressourcen, ein möglichst umfassender Verzicht auf Kunststoffverpackungen sowie das Unterstützen der biologisch-dynamischen Land- und Forstwirtschaft durch unser Kaufverhalten können in kurzer Zeit sehr viel bewegen. Und wir müssen uns einen alten Slogan wieder auf unsere Fahnen schreiben: *Atomkraft, nein danke!*

Als ob sie bislang noch nicht genug Schaden angerichtet hätte, hat sich die Erdöl- und Erdgas-Lobby nun etwas Neues einfallen lassen, etwas das sowohl umwelttechnisch, als auch wirtschaftlich der absolute Wahnsinn ist, nämlich die Öl- und Gasgewinnung aus Schiefergestein, das so genannte ***Fracking***.

Auf einem riesigen Gebiet an der amerikanisch-kanadischen Grenze (Montana, North Dakota, Saskatchewan) ist der Schiefergas- und Schieferöl-Boom („Shale-Boom") ausgebrochen. Ein Land, das wirtschaftlich darniederliegt, legt all seine Hoffnung auf diese neue Fördertechnik. Präsident Obama frohlockte, dass die USA dank Fracking für die nächsten 100 Jahre Energie-Selbstversorger wären, und sie bezeichneten sich schon selbst als das neue Saudi-Arabien. Hunderttausende Arbeitsplätze sind seit 2010 in einer sonst wirtschaftlich unterentwickelten Gegend entstanden. Aus dem ganzen Land kommen die Arbeiter in die Region. Zehntausende neuer Häuser wurden eilig errichtet, Straßen gebaut, Zeltstädte, Wohnwagenparks, Gastronomien und Vergnügungsviertel sind entstanden. Tauende Bohrtürme verdrängten unberührte Natur. Das Ganze erinnert an den Goldrausch der 1850er-Jahre. Dieser endete so abrupt, wie er begonnen hatte. Zurück ließ er Geisterstädte, Müll und geplatzte Träume. Genau dasselbe dürfte sich hier ereignen, nur dass die Folgen für die Umwelt viel gravierender sind.

Umweltschutzorganisationen und Wissenschafter auf der ganzen Welt laufen gegen das Fracking Sturm. Warum? Beim Fracking wird ein Gemisch aus Wasser, Sand und Chemikalien unter sehr hohem Druck in (oft tiefe) gashaltige Erdschichten gepumpt, wodurch feine Risse im porösen Gestein entstehen. Danach wird das Wasser wieder an die Oberfläche gepumpt. Chemikalien und Sand bleiben zurück, damit sich die Risse nicht wieder verschließen, denn durch sie werden das Gas oder das Öl an die Oberfläche gepumpt. Der Druck beim Einpumpen ist so hoch, dass es regelmäßig zu teils starken Erdbeben kommt. Darüber hinaus gelangen die Chemikalien ins Grund- und somit ins Trinkwasser.

Aber das ist noch nicht alles. Nein, das Fracking ist darüber hinaus völlig unrentabel, und die Vorkommen reichen auch nicht für die nächsten hundert Jahre, sondern bestenfalls für die nächsten zehn bis zwanzig Jahre. *„Der Shale-Boom basiert auf einer Blase, einem Hype, der von den üblichen ‚Strippenziehern' an der Wall Street konstruiert wurde"*, erklärt *Uli Pfauntsch* in seinem im April 2013 auf *Goldseiten.de* erschienen Artikel mit dem Titel „Schneeballsystem Fracking". Die dort engagierten US-Gasproduzenten machen mit den Schiefergasfeldern in Wahrheit einen Verlust von rund 10 Milliarden Dollar im Jahr, allen voran *Chesapeake Energy*, *„dessen komplexe Bilanzierungsmethoden es selbst für Analysten und Aktionäre unmöglich machen, exakt zu bestimmen, wo die Risiken liegen."*

Warum sollten sich Firmen bei einem solch schlechten Geschäft engagieren? Nun, weil sie offenbar die Kosten unterschätzen und die riesigen Grundstücke einige Jahre vor 2008, also auf der Höhe des US-Immobilien-Booms aus heutiger Sicht viel zu teuer gekauft haben. Außerdem konnte die US-Wirtschaft, sowohl psychologisch als auch finanziell, nur durch einen neuen Hype einige weitere Jahre überleben. Man brauchte etwas, woran die Menschen glauben können. Darüber hinaus kann man als großes Unternehmen bei einem Hype immer leicht andere, kleinere Unternehmen mit hineinziehen, die man dann, nach dem Platzen der Blase mittels M&A (Fusionen und Übernahmen) sehr günstig übernehmen kann. Man kann Verluste abschreiben, Steuern sparen, Förderungen und Vergünstigungen einstreichen.

Es handelt sich also um das gleiche Spiel, das die Geldelite in den letzten Jahren auch schon auf dem Immobilien- und auf dem Bankensektor mit großem Erfolg – auf dem Rücken der Bürger – gespielt hat: *Erfinde ein neues Schneeballsystem, fuchtle mit viel Geld herum, um kleinere Mitspieler anzulocken, zieh ihnen ihr Geld aus der Tasche, dann lasse die Blase platzen und kassiere alles ein. Solltest du dabei Verluste machen, wälze sie auf den Staat ab, und erfinde ein neues Schneeballsystem.*

Der Shale-Boom wird bald vorbei sein. Zurück bleiben werden tausende Quadratkilometer zerstörter Natur, verseuchtes Wasser, Geisterstädte und Milliardenlöcher, die dann wieder die öffentliche Hand stopfen muss. Die USA machen es uns wieder einmal vor, und Europa hechelt wie ein braver Hund immer hinterher. Auch die EU-Führung ist Feuer und Flamme für diese tolle neue Fördermethode und bereitet zahlreiche Bohrungen vor. Statt die Autohersteller zu zwingen, sparsamere Autos zu bauen, statt die Industrie zur Einsparung im Energieverbrauch zu zwingen, statt extrem lange Transportwege für Produkte zu verbieten, quetschen wir lieber die letzten Reserven aus der Erde heraus. Wir pressen sie aus, werfen sie achtlos weg, spucken darauf und sind bereit für den nächsten Irrsinn. Wie etwa die *Northern Gateway Pipeline*, die Bitumenschlamm über 1.000 Kilometer quer durch Kanada bis an die Pazifikküste leiten soll, wo mitten in einem der letzten Naturparadiese dieser Erde künftig riesige Tanker anlegen sollen, um den leicht ölhaltigen Sand aufzunehmen, und nach China zu verschiffen, wo er zu Treibstoff raffiniert werden soll...

> *„Erst wenn der letzte Baum gerodet, der letzte Fluss vergiftet, der letzte Fisch gefangen ist, werdet ihr merken, dass man Geld nicht essen kann.“*
>
> Weissagung der Cree

Wir sollten uns dessen bewusst werden, dass gegenwärtig im gesamten Universum gewaltige Veränderungen stattfinden. Sie haben massive Auswirkungen auf die Energien in unserem Sonnensystem und auf unsere Erde. Geophysiker und die NASA bestätigen, dass unser Sonnensystem in einen „plasma-reichen Bereich des Weltraums“ eingetreten ist, was zu irreversiblen Veränderungen in den uns bekannten Energiezuständen im Universum führt und somit auch zu den Wetterextremen und der Klimaveränderung, die wir auf unserem Planeten in den vergangenen Jahren beobachtet haben – ich gehe in Teil 3 des Buches näher darauf ein.

Diese massiven Veränderungen im Energiefeld stellen uns vor gewaltige Herausforderungen. Die werden wir nur lösen können, wenn wir unser Bewusstsein verändern, wenn wir lernen, zusammenzuarbeiten, wenn wir nicht länger gegen die Natur, gegen unseren Planeten arbeiten. Nur wenn wir uns dieser neuen Schwingung des Universums und unserer Erde – die definitiv keine Einbildung von Esoterikern ist – anpassen, werden wir als Menschheit überleben können. Ein Teil der Menschheit hat das bereits verstanden, aber ein anderer Teil wehrt sich vehement gegen alles Neue, er will mit Kratzen und Beißen am Altbekannten festhalten und verteidigt seine vermeintlichen Errungenschaften. Es wird sich also zeigen, was stärker ist: unser Wille zu überleben oder unsere Trägheit!?

WIRTSCHAFT & POLITIK

„...Aber eine große Sache ist es dennoch, dieses Prinzip Hoffnung. Auch wenn die ideale Gesellschaft, wie Max Weber glaubte, jenseits unserer Möglichkeiten liegt, ist nichts Ernsthaftes in der Politik zu erreichen, wenn man nicht an sie glaubt. Der Mensch hat die Anlagen zum Guten wie zum Schlechten – und wie er sich benimmt, das kann man wohl ändern! Dass unsere Welt, immer noch oder endlich mal Heimat für alle werden kann – das ist doch ein schönes Ziel!"

Eric Hobsbawm (Sozialhistoriker und Philosoph)

Ja, die Hoffnung stirbt zuletzt, die Realität gibt aber wenig Anlass zur Hoffnung. Stellen Sie sich vor, jemand würde aus 1.000 Metern Höhe ohne Fallschirm aus einem Flugzeug springen! Das wäre ziemlich dumm, oder? Man könnte natürlich hoffen, dass ihn ein Schwarm Gänse unterwegs auffängt und sanft zu Boden trägt, man könnte sich alles mögliche ausdenken, was zu einem Happy End beitragen könnte, aber wenn wir ehrlich sind, ist klar: Er wird am Boden aufprallen, und er wird diesen Aufprall nicht überleben. Das Ganze wird sogar ziemlich unappetitlich werden.

Unser Währungssystem ist dieser Todesspringer. Es hat seine Höchstgeschwindigkeit erreicht und befindet sich nur noch wenige Meter über dem Boden. Der Aufprall steht kurz bevor. Die Politik ist der Pilot des Flugzeuges. Sie hat den Flieger betankt und in die Lüfte hochgezogen, und sie gibt die Funksprüche an den Tower ab: *„Alles bestens! Läuft hervorragend! Bislang ist alles gut gegangen!"*

2008 bekamen wir die Auswirkungen einer weltweiten Währungs- und Schuldenkrise zu spüren, die sich so seit Jahrzehnten aufgebaut hatte und noch lange nicht ausgestanden ist. Alles, was von Seiten der Politik seitdem getan wurde, war nur eine Bekämpfung der Symptome, nicht aber der Ursache. Die Ursachen liegen darin, dass unser weltweites Geldsystem auf Schulden und auf Zinsnahme aufgebaut ist, was in regelmäßigen Abständen dazu führt, dass unser gesamtes Wirtschaftssystem zusammenbrechen muss.

Das Geldwesen müsste in den Händen des Staates, also in den Händen der Bürger liegen, stattdessen aber liegt es in den Händen der Besitzer der Banken, deren alleiniges Interesse das Erzielen von Gewinn und der Ausbau von Macht ist. Unser Wirtschaftssystem beruht auf Wachstum. Also muss das System immer dann zusammenbrechen, wenn das Ende des möglichen Wachstums erreicht ist. Das geschieht entweder durch einen wirtschaftlichen Kollaps (siehe Jan van Helsing, „*Politisch unkorrekt*", Seite 299ff) oder durch einen großen Krieg.

> *„Es ist ganz einfach: Entweder hören wir mit der Ideologie des grenzenlosen Wachstums auf oder es passiert eine schreckliche Katastrophe. Entweder wandelt sich die Gesellschaft, scheitert aber dieser Versuch, dann kommt die Finsternis. Heute geht es um das Überleben der Menschheit!"*
>
> Eric Hobsbawm

Wenn Banken Kredite vergeben, um in der Wirtschaft und im privaten Sektor Wachstum zu generieren (neue Häuser, Fabriken, Maschinen, Autos usw.), dann verlangen sie die Rückzahlung des geliehenen Geldes durch den Schuldner. Die Bank hatte das verborgte Geld vor der Kreditvergabe aber gar nicht. Sie muss tatsächlich nur einen ganz kleinen Teil des verborgten Geldes besitzen (Eigenkapital), den Rest darf sie frei erfinden, weil die Politik ihr das Recht dazu eingeräumt hat. Das funktioniert ganz reibungslos, weil heute ja niemand mehr wirkliches, physisches Geld will, sondern sich mit bloßen Zahlen auf dem Papier zufriedengibt. Also schreibt die Bank irgendeinen x-beliebigen Betrag auf einen Zettel, den der Kunde dann unterschreibt. Das nennt man dann „Kredit". Durch den Kredit entsteht neues Geld, das vorher nicht existierte, das nennt sich dann „Geldschöpfung". Durch mehr Investition generiert man mehr Wachstum. Zusätzlich zu der Rückzahlung der Kreditsumme verlangt die Bank vom Schuldner aber auch noch die Rückzahlung von Zinsen, welche die Bank aber nicht mitgeschöpft hat – sie stehen nicht auf dem Zettel, der Kunde muss sie sich irgendwoher besorgen, denn dieses Geld existiert de facto nicht. Dennoch soll es bezahlt werden. Die einzige Chance für den Schuldner ist es nun, den zusätzlichen Betrag für die Zinsen irgendwie zu erwirtschaften. Doch wie, wenn er nicht existiert? Ganz einfach: Er muss es einem anderen wegnehmen, denn selbst darf er kein Geld erfinden. Das darf nur eine Bank. Warum? Weil die Politik das so bestimmt. Sie könnte das per Gesetz von heute auf morgen ändern, aber das tut sie nicht. Warum wohl?

Wenn also eine Bank – vereinfacht gesagt – 10 Personen jeweils 1.000 € leiht, dann sind 10.000 € zusätzlich in den Kreislauf gekommen. Dank Zinsen (und Zinseszinsen) muss aber jeder Kreditnehmer jeweils 2.000 € zurückzahlen, was insgesamt 20.000 € macht. Somit kann schon rein rechnerisch nur jeder zweite Kreditnehmer seine Schulden tilgen. Die anderen müssen pleite-gehen, weil ihnen von den braven Rückzahlern das Geld weggenommen wurde. Am Ende haben also 5 Personen einen Mehrwert von je 1.000 €, sie haben dafür aber jeweils 2.000 € an die Bank zurückgezahlt. De facto haben sie also einen Verlust von 1.000 € gemacht. Die anderen 5 Personen sind pleite. Die Bank hat jetzt 10.000 €, die sie zuvor nicht hatte – plus die Sicherheiten (Hypotheken) für den Kredit, wie etwa Immobilien! Die 5 Personen, die noch liquide sind, müssen nun die anderen 5 verarmten Personen mittels Transferzahlungen (Sozialleistungen) mitfinanzieren, was sie aber auf Dauer nicht können, weil durch das viele neue Geld (das bei der Bank landet) das bisherige Geld an Wert verloren hat (Inflation). Am Ende hassen die 5 Nettozahler die anderen 5 „Schmarotzer" und die hassen sie wieder zurück. Letztlich gehen sie sich an die Gurgel und hauen alles kurz und klein. Dann fangen alle wieder bei Null an, weil sie nun wieder Wachstum generieren dürfen und von der Bank wieder neuen Kredit bekommen, um wieder alles aufzubauen. Der Chef-Banker und seine skrupellosesten Mitarbeiter bekommen Boni, weil sie aus Sicht der Bank alles richtig gemacht haben.

Dieses kranke Spiel spielen wir nun schon seit hunderten von Jahren, und wir werden es so lange weiterspielen, bis wir das System ändern und das Geldwesen wieder in die Hände des Staates legen. Ich habe alle Details und Zusammenhänge darüber in meinem Buch „*Was Sie nicht wissen sollen!*" ausführlich erklärt und möchte deshalb an dieser Stelle nicht weiter darauf eingehen, aber ich halte diese kurze Zusammenfassung für wichtig, weil von Seiten der Politik, der Banken und der Medien immer wieder die Gründe für die Krise verschleiert werden und alle sich nur mit der Bekämpfung der Symptome befassen.

Da Politiker meist weder das System verstehen, noch ausreichend unabhängig und moralisch integer sind, wird den Bürgern nichts anderes übrig bleiben, als die Sache selbst in die Hand zu nehmen und ein neues System mit Nachdruck einzufordern. Immer deutlicher zeigt sich, dass im Grunde keine einzige der etablierten politischen Parteien in der Lage ist, zum Wohle der Bürger zu handeln. Jede einzelne der großen, alten Parteien hatte in den zurückliegenden Jahrzehnten mehrfach Regierungsverantwortung, und keine einzige von ihnen ist dieser Verantwortung gerecht geworden, keine einzige Partei brachte entscheidende Verbesserungen für die Menschen oder für die Umwelt.

Die Unterschiede zwischen den einzelnen etablierten Parteien sind mittlerweile so marginal, dass sie bedeutungslos sind. Sie alle sind im Lauf der Jahrzehnte Erfüllungsgehilfen diverser Lobbys geworden, deshalb kann sinnvolle Veränderung heute nur vom Volk und von Basisbewegungen ausgehen.

Es sind die Bürger, die bestimmen müssen, mit welchen Themen sich die Politik zu befassen hat und wie die Lösungen für Probleme aussehen müssen. Politiker sind Angestellte des Volkes, und es scheint dringend nötig, dass wir sie immer wieder daran erinnern. Sie sind dazu da, in unserem Sinne abzuarbeiten, was wir als wichtig erachten. Nahezu alle Berufspolitiker scheinen heute unter maßloser Selbstüberschätzung zu leiden, sie nutzen ihre Ämter und Privilegien zur Selbstdarstellung und zu ihrem eigenen Vorteil. Wenn die Angestellten des Volkes gegen die Interessen ihrer Arbeitgeber handeln, dann müssen sie entlassen und zur Rechenschaft gezogen werden. Alle westlichen Regierungen der letzten Jahrzehnte haben nichts anderes gemacht, als immense Schulden aufzuhäufen. Sie sind völlig unfähig, vernünftig zu handeln. Sie sind weit entfernt von den Menschen und weit entfernt von deren Realität. Politiker leben in ihrer eigenen Welt, in großem Luxus. Abgeschirmt vom Volke, beziehen sie ihre Informationen nur aus zweiter Hand, von Lobbyisten, die im Auftrag großer Konzerne agieren. Allein in der EU-Hauptstadt Brüssel gibt es etwa 2.500 Organisationen, die sich mit mehr als 15.000 hochbezahlten Mitarbeitern nur dem Lobbyismus widmen, die also dafür bezahlt werden, Politiker gegen die Interessen des Volkes zu beeinflussen.[27]

Zudem haben die meisten Politiker wenig Ahnung von dem Ressort, in dem sie arbeiten, da sie fast durch die Bank alle Karrieristen, Profipolitiker sind, die in nichts anderem Erfahrung haben als in Politik – also im Verkaufen von Inhalten, die andere erarbeiten und die nur einem Zweck dienen: wieder gewählt zu werden.

Ich denke prinzipiell nicht, dass alle Menschen im Bankwesen und in der Politik unehrlich sind, aber wir haben über die Jahrhunderte ein System geschaffen, das eine Eigendynamik entwickelt hat, das sehr undurchsichtig scheint und das denjenigen, die brav mitspielen, große Annehmlichkeiten und Vorteile verschafft. Ich denke, dass dieses verkorkste System nur dadurch abzuschaffen ist, dass wir große, Welt umspannende Konzerne (Globalisierung) und Staatenbünde (Unionen) abschaffen. Jedes System funktioniert dann am besten, wenn es überschaubar ist und von unten her bestimmt und kontrolliert wird. Das gilt für Firmen genauso wie für Staaten. Das ehemalige Jugoslawien, das British Empire oder die Sowjetunion sind dafür Paradebeispiele. Ich finde die Idee einer grenzenlosen, offenen Welt prinzipiell wunderbar, aber ich sehe nicht, dass wir dazu schon bereit sind. Noch haben wir als Kollektiv nicht das Bewusstsein, das dafür nötig wäre.

Alles ist in stetem Wandel begriffen. Doch dieser Wandel hat im 20. Jahrhundert gewaltig an Fahrt aufgenommen. Gegenwärtig scheint er uns wie eine Lawine zu überrollen. Aus Monarchien wurden Demokratien, Gewerkschaften entstanden und erstritten bessere Arbeitsbedingungen für die wachsende Zahl an Arbeitern. Wo es zuvor nur eine kleine Schicht extrem reicher Aristokraten und eine große Zahl armer Arbeitssklaven gab, entstand nun eine immer größer werdende Mittelschicht. Immer mehr Menschen konnten sich immer mehr Dinge leisten, und der Wunsch nach „mehr“ wurde eine treibende Kraft. Immer sollten es die Kinder noch „besser“ haben als ihre Eltern, sie sollten mehr Geld, mehr Bildung, mehr Urlaub, mehr Zeug haben als ihre Vorfahren, und diese Entwicklung wurde als Verbesserung der Lebensumstände angesehen.

Mittlerweile schrumpft die Mittelschicht in der westlichen Welt wieder rasant, die Armut aber nimmt zu. In Kürze werden wir – wenn wir uns nicht verändern – wirtschaftlich dort sein, wo wir vor genau einhundert Jahren standen. Die EU und der Euro haben Europa gespalten und Not und Elend über die Menschen gebracht. Wir müssen umdenken! Die Menschheit läuft wie die Lemminge einem Götzenbild hinterher, das völlig irrsinnig ist und nur in den Abgrund führen kann: *Wachstum*. Wachstum war und ist bis heute das Credo der modernen Gesellschaft. Aber unendliches Wachstum kann es auf einem endlichen Planeten nicht geben – außer im geistigen Bereich, und genau dort verarmen wir. Das können, müssen und werden wir ändern!

> *„Sehen Sie, materiell hat sich die Welt für sehr viele Menschen verbessert. Man ist größer, lebt länger, man ist gesünder. Aber geistig, politisch, moralisch – da kommt der Mensch nicht hinterher, vielleicht entwickelt er sich sogar im Augenblick noch weiter zurück. Was sind die Werte des Lebens? Warum leben wir? Wozu?"*[(28)]
>
> Eric Hobsbawm

Demokratien wichen Oligarchien. Heute wird die westliche Welt von Bankern regiert. Auch wenn manch einer es noch nicht begriffen hat, aber es gibt heute weder in Europa noch in Nordamerika wahre Demokratie. Wir – das sind die unteren 90% der Bevölkerung – werden von einer neuen Aristokratie beherrscht, von einem Geld- und Bildungsadel, über dessen Zugehörigkeit nicht Leistung oder Intelligenz entscheiden, sondern so wie vor hundert Jahren die Gnade der Geburt. Diese Elite beherrscht das gesamte Bank- und Geldwesen, die gesamte Wirtschaft – und die Politik, welche die Gesetze zu deren Vorteil erlässt. Im Grunde ist die neue Aristokratie dieselbe wie die alte. Die Herrscherhäuser haben ihre Macht, ihre Ländereien, ihre Banken und ihre Verbindungen behalten. Es sind nur ein paar neue Familien, der

Geldadel, mit in den erlauchten Kreis aufgenommen worden. Die Spieler sind dieselben. Sie tragen nur andere Masken.

Die Schere zwischen arm und reich geht immer weiter auseinander. Die Zahl der Milliardäre wächst stetig, ebenso die Zahl derer, die hungern und verhungern, mittlerweile jedoch nicht nur in fernen, exotischen Ländern, sondern mitten in Europa und in den USA. Die Bildung wird für Arme immer schlechter, für Reiche hingegen immer besser. In Deutschland gab es 2011 etwa 7,5 Millionen Analphabeten! 14,5 Prozent der erwerbsfähigen Bevölkerung konnten demnach kaum lesen und schreiben![29] In Europa ist im Jahr 2012 etwa ein Drittel aller jungen Menschen arbeitslos und hat keinerlei Aussicht darauf, dass sich dies jemals ändern wird. Die Sozialdemokratie ist, ebenso wie der Kommunismus und die Freie Marktwirtschaft, gescheitert. Die Errungenschaften unserer Großeltern wurden in den vergangenen drei Jahrzehnten von der herrschenden Klasse, der die Mehrheit an allen großen globalen Konzernen gehört (mehr dazu in meinem Buch „*Was Sie nicht wissen sollen!*") klammheimlich zunichte gemacht. Während man uns weiter vom Aufschwung, von Demokratie und Chancengleichheit für alle erzählt, befinden wir uns längst in einer Diktatur des Großkapitals.

> *„Alles ist möglich: Inflation, Deflation, Hyperinflation. Wie reagieren die Menschen, wenn alle Sicherheiten verschwinden, sie aus ihrem Leben hinausgeworfen, ihre Lebensentwürfe brutal zerstört werden? Meine geschichtliche Erfahrung sagt mir, dass wir uns – ich kann das nicht ausschließen – auf eine Tragödie zubewegen. Es wird Blut fließen, mehr als das, viel Blut, das Leid der Menschen wird zunehmen, auch die Zahl der Flüchtlinge. Und noch etwas möchte ich nicht ausschließen: einen Krieg, der dann zum Weltkrieg werden würde – zwischen den USA und China."*[30]
>
> Eric Hobsbawm

Während Steuern und Abgaben aller Art für die einfache Bevölkerung, für Einzelunternehmer oder kleine bis mittelgroße Firmen steigen, während unser Geld inflationiert wird, Preise steigen und 90% der

Bevölkerung so immer ärmer werden, zahlen die größten Spieler am globalen Markt, wie *Starbucks, Google* oder *Amazon*, nahezu gar keine Steuern. Eine OECG-Studie mit dem Titel „Addressing Base Erosion and Profit Shifting" enthüllte im Februar 2013, dass *Google* in 2011 insgesamt nur 3,2 Prozent Steuern zahlte, obwohl es im selben Jahr geschätzte 10 Milliarden Dollar Gewinn machte. Der US-Energie-Riese *General Electric* zahlte sogar gar keine Steuern – und das bei einem Gewinn von 14 Milliarden Dollar![(31)]

Wenn man das Beispiel Amazon hernimmt, dann muss man sich vor Augen führen, dass jeder normale Buchhändler, der einen physischen Laden betreibt, Angestellte und Bücher hat, die man tatsächlich anfassen kann, also einen viel größeren Aufwand betreibt als ein Online-Buchhändler wie Amazon. Ein physischer Buchhändler geht nicht nur ein viel größeres unternehmerisches Risiko ein als z.B. Amazon, sondern er hat auch keine Möglichkeit, seiner Steuerlast zu entgehen.[(32)]

Wenn man weiß, dass Amazon beim Verkauf eines Buches etwa 50 Prozent des Verkaufspreises einbehält, dann muss man sich als denkender Mensch zwingend die Frage stellen: Will ich wirklich mit meinem Buchkauf ein Unternehmen unterstützen, das gewaltige Einnahmen auf dem Rücken von Autoren und Verlegern generiert – also von den Kreativen, von den Schöpfern der Bücher –, sich aber seiner gesellschaftlichen Verantwortung entzieht und in Deutschland oder Österreich keine Steuern zahlt? Will ich ein solches Schmarotzertum tatsächlich mit meinem Geld belohnen? Oder will ich meine Bücher lieber bei Unternehmern kaufen, die sich ihrer Verantwortung bewusst sind und danach handeln?

> *„Schaltet man beispielsweise eine Google-Adwords-Anzeige, so fließt das Geld direkt nach Irland. Von dort wird es an eine irische Tochter mit Steuersitz in Bermuda überwiesen. Um die sowieso schon niedrige irische Steuer zu vermeiden, erfolgt die Überweisung nach Bermuda über eine niederländische Google-Tochter."*[(33)]

So oder so ähnlich verfahren die meisten multinationalen Konzerne, was uns unausweichlich zu der Frage bringt: Warum kaufen wir nicht mehr bei lokalen, kleinen Anbietern, die unsere Unterstützung brauchen, aber auch für uns da sind, wenn wir sie brauchen?

Es ist wichtig zu betonen, dass wir als Verbraucher im Grunde die größte und mächtigste Lobby der Welt sind, wir gleichzeitig aber von dieser Stärke vor allem in Deutschland noch sehr wenig Gebrauch machen. In anderen europäischen Staaten sind die Menschen deutlich stärker für die Themen Ungerechtigkeit und Steuerflucht sensibilisiert als in Deutschland. In Großbritannien etwa gab es in 2012 Demonstrationen vor Starbucks-Filialen, weil das Unternehmen keine Steuern in Großbritannien bezahlte. Druck als Verbraucher auszuüben, ist so viel einfacher und effizienter als alles andere. Wenn wir mit dem Produkt, der Politik oder dem Verhalten eines Konzerns nicht einverstanden sind, dann müssen wir diesen einfach nur boykottieren, indem wir dort nicht mehr kaufen. Wenn das genügend Menschen beherzigen, dann ist das Unternehmen in kürzester Zeit gezwungen, sein Verhalten zu ändern, oder es wird zugrunde gehen.

Es sind immer Basisbewegungen, die am meisten erreichen, einfache Menschen mit einem einfachen, aber klaren Ziel. Der Wahlspruch aller Graswurzelbewegungen (Basisbewegungen) lautet „Global denken, lokal handeln". („Think Globally, Act Locally.") Das bedeutet, dass wir zwar für die Welt offen sind, aber uns zuallererst um unsere direkte Umgebung kümmern müssen. Wir müssen vor der eigenen Tür kehren und Veränderungen im Kleinen vorantreiben. Wir müssen Verantwortung für unsere direkte Umgebung übernehmen. Wenn jeder vor seiner eigenen Tür kehrt, werden alle Straßen sauber!

Ein wunderbares Beispiel für die Macht des Konsumenten ist die vegetarische Bewegung. Wer in den 1990ern als Vegetarier unterwegs war, konnte in Mitteleuropa entweder nur zum Italiener essen gehen, oder aber er musste sich mit gemischtem Tiefkühlgemüse oder einer Salatplatte zufriedengeben. Die Tatsache, dass immer mehr Menschen fleischlose Kost bevorzugten, führte innerhalb nur eines Jahrzehntes dazu, dass heute im Grunde jedes Wirtshaus, und sei es noch so abgelegen, eine kleine Rubrik „Vegetarische Speisen“ auf der Karte hat. In Großstädten gibt es heute zahlreiche rein vegetarische Restaurants. Das war eine kleine Revolution, oder besser eine Evolution, eine großflächige Veränderung, die nur darauf beruhte, dass immer mehr Menschen Lokalbetreibern die Frage stellten: *„Haben Sie denn nichts ohne Fleisch?“*

Es gibt so viele Beispiele dafür, wie wir als Kunden den Markt und das Angebot ganz einfach und ohne Anstrengung beeinflussen können. Wir müssen nur mitdenken und nach unserem Wissen und Gewissen handeln. Es gibt so viele Menschen, die gerne etwas verändern würden, aber denken, dass sie alleine nichts ausrichten können. Das ist falsch! Jeder Einzelne kann extrem viel bewirken, man muss nur penetrant und konsequent genug sein. Steter Tropfen höhlt den Stein! Außerdem ist niemand allein! Wir müssen wieder mehr aufeinander zugehen, uns austauschen, solidarisieren und auch gemeinsam aufbegehren, wenn es nötig ist!

Wenn wir mehr *Fair-Trade-Produkte* kaufen und Ausbeuter-Firmen boykottieren, verbessern sich die Lebensbedingungen zahlreicher Menschen weltweit. Viele können dann ihre Kinder zur Schule schicken, diese können dann lesen und schreiben und selbst etwas gegen die Armut und die Ungerechtigkeit in ihrem Land unternehmen.

Glücklicherweise aber hat bereits in weiten Teilen der Bevölkerung ein Umdenken eingesetzt. Dem Zentralismus und der Gigantomanie in Wirtschaft und Politik (Großkonzerne, Staatenbünde) stehen immer häufiger kleine, einfache, aber sehr effiziente Bewegungen gegenüber, wie etwa das *Transition Town Movement* oder Initiativen wie auch *Voluntary Simplicity* (Freiwillige Einfachheit) oder *Downshifting* (Runterschalten), die sowohl bewusste Akzente im wirtschaftlichen wie im sozialen, wie auch im Umwelt-Bereich setzen. Immer mehr Menschen geben ihrem Leben so einen neuen Sinn und finden zurück zu den Werten kleiner, überschaubarer Gemeinschaften. Immer mehr Menschen übernehmen in ihrem Rahmen Verantwortung.

UNGLEICHHEIT

> *„Das wichtigste Prinzip der Gewalt-Verhinderung ist Gleichheit! Der signifikanteste Faktor, der die Gewaltrate beeinflusst, ist das Verhältnis von Gleichheit zu Ungleichheit in einer Gesellschaft.“*[(34)]
>
> James Gilligan (US-Psychiater und Autor zum Thema *Gewalt*)

Wir alle wissen, dass es in weiten Teil der Welt immer noch Zustände von krasser Ungleichheit gibt. Wenn wir an Ungleichheit oder Benachteiligung denken, dann fallen uns zuerst etwa die rund 240 Millionen „Unberührbaren“ in Indien ein, die etwa ein Viertel der indischen Bevölkerung stellen und bis heute als Menschen zweiter Klasse behandelt werden. Sie werden nicht nur benachteiligt, sondern oft auch verfolgt, enteignet und missbraucht. Oder wir denken an die *Apartheid* in Südafrika, die erst 1994 offiziell beendet wurde und unter deren Folgen die farbige Bevölkerungsmehrheit vermutlich noch viele Generationen lang leiden wird. Vielleicht denken wir auch an Südamerika, wo bis heute vor allem die Indios unterdrückt und oft menschenunwürdig behandelt werden. Weite Teile der Bevölkerungen leben in Slums oder Favelas, oft nur wenige hundert Meter von den Stadtteilen der Reichen entfernt. Wie einst bei uns im Mittelalter blickt das arme, hungrige Volk hinauf zu den Burgen und Schlössern der Reichen. Südamerikanische Oberschichtkinder leben in stark gesicherten „Barrios“, die von hohen Mauern umgeben sind und von privaten Armeen gesichert werden. Sie sind ein Symbol für die Unüberwindbarkeit der Kluft zwischen arm und reich.

Solche Zustände wähnen die meisten Europäer weit weg. Viele glauben, dass „bei uns“ im Grunde so etwas wie Gleichheit herrscht. Aber das ist eine Illusion. Wir sind 2013 auch in Europa noch sehr weit von Gleichheit und somit von Gerechtigkeit und Frieden entfernt. Genauer gesagt entfernen wir uns sogar immer weiter davon.

Die Allgemeine Erklärung der Menschenrechte der Vereinten Nationen, Artikel 1 Satz 1, *„Alle Menschen sind frei und gleich an Würde und Rechten geboren“*, kann angesichts dessen, was wir tagtäglich erleben, nur als Farce, bestenfalls als frommer Wunsch bezeichnet werden. Solche oder ähnliche Sätze finden sich im Grundgesetz eines jeden vermeintlich demokratischen Landes. Doch wie sieht die Wirklichkeit aus?

Zwar wurde in den meisten Teilen der Welt die Segregation (Rassentrennung) mittlerweile offiziell aufgehoben, aber das bedeutet nicht, dass sich die Situation für die Benachteiligten wirklich entscheidend geändert hat.

> *„Obwohl der Grad an Ungleichheit maßgeblich auf Marktkräfte zurückgeht, ist es die Politik, die diese Marktkräfte gestaltet. Ein Großteil der heute bestehenden Ungleichheit ist das Ergebnis staatlicher Politik: dessen was die Regierung tut sowie dessen, was sie unterlässt. Die Regierung hat die Macht, Geld von oben nach unten oder in die Mitte umzuverteilen oder den umgekehrten Weg zu gehen."*
>
> Joseph Stieglitz (Wirtschaftswissenschaftler)[35]

Gleichheit ist eine der Grundvoraussetzungen für dauerhaften Frieden auf Erden, aber sie wird von einigen Interessengruppen, vor allem von einigen Regierungen und großen Konzernen, systematisch verhindert. Um die Mär von der Gleichheit als Lüge zu entlarven, bedarf es nur einiger weniger Zahlen: In Deutschland besitzen die unteren 50% in der Einkommenspyramide lediglich ca. 1,4% allen Vermögens, die obersten 10% hingegen ca. 66,6%. Die obersten 1% haben gar knapp 36% allen Vermögens angehäuft. Das Nettogesamtvermögen hat sich in den letzten 20 Jahren verdoppelt – jedoch nur für die oberen 10%. Die unteren 90% der Bevölkerung (also die absolute Mehrheit!) ist konstant ärmer geworden.[36]

Die 3,9 Millionen unselbständig beschäftigten Österreicher erzielten 2010 ein mittleres Bruttojahreseinkommen von 24.516 Euro. Die Einkommen der Frauen erreichten durchschnittlich 18.270 €, was nur 60% des Einkommens der Männer (30.316 €) entsprach.[37]

Dass jeder Österreicher 2011 durchschnittlich um die 50.000 € an Geldvermögen besessen haben soll, ist wenig aussagekräftig, denn in Wahrheit besaßen in der Alpenrepublik über zwei Drittel der Bürger überhaupt keine nennenswerten Geldvermögen. Die Hälfte der privaten Haushalte verfügte gar nur über 8% des gesamten Geldvermögens. Das oberste Zehntel besaß hingegen 54% des gesamten Geldvermögens. Das reichste 1 Prozent der Haushalte hielt 27% des gesamten Geldvermögens.[(38)]

Diese Zahlen stammen alle von öffentlichen Institutionen. Ihre Interpretation wird aber von Politikern stets zu ihrem eigenen Vorteil ausgelegt. So heißt es meist etwa nur, dass die Deutschen und die Österreicher immer reicher würden, was natürlich de facto nicht stimmt, da dieser Reichtum nicht gleichmäßig auf alle verteilt ist. Ganz im Gegenteil! Die Reichen werden immer reicher und die Armen immer ärmer. Frauen verdienen nach wie vor für gleiche Arbeit weniger als Männer, und Zuwanderer (und deren Nachkommen) haben auch in Österreich und Deutschland bis heute nicht dieselben Bildungs- und Aufstiegschancen wie „Eingeborene".

Am extremsten aber ist die Ungleichheit in der Schweiz, dort besitzt das oberste 1 Prozent mehr Vermögen als die restlichen 99 Prozent zusammen! In Australien, Kanada, Frankreich, USA und England etwa sind die Normalbürger bis zu dreimal reicher als der durchschnittliche Eidgenosse. Das einzige Land der Welt, das sich in Sachen Ungleichheit mit der Schweiz messen kann, ist Singapur.[(39)]

Der Hauptgrund für die ungerechte Verteilung von Einkommen und Vermögen ist nach wie vor eine städtische Segregation, also eine Konzentration armer Menschen in bestimmten Stadtteilen, was automatisch mit schlechterer Bildung, geringerem Zugang zu kulturellen Veranstaltungen und geringem Zugang zum Leben, den Bräuchen und der Kultur der alteingesessenen Mitbürger einhergeht. Wenn Zuwanderer in ihrer neuen Heimat „unter sich" bleiben oder bestenfalls Zugang zu den Armen der „Eingeborenen" haben, dann leidet darunter nicht nur die Sprachentwicklung, sondern auch die Identifikation mit der neuen Heimat. Ein Großteil dieser Probleme ist von der Politik verschuldet, da eine Regelung der Mietpreise innerhalb von Städten, ebenso wie die frühe Förderung von Sprach- und Kulturkenntnissen helfen könnte, die ärmste Bevölkerung aus ihren Ghettos heraus zu holen und ihnen besseren Zugang zu Bildung und kulturellen Einrichtungen zu ermöglichen. Nach wie vor sollen in Deutschland jedes Jahr mehr als 3.500 Mädchen und Frauen mit einem ihnen fremden Mann zur Ehe gezwungen werden – dabei sind sie zwischen 14 und 18 Jahre alt.[(40)]

Gleichheit wird von den Privilegierten in unserer Gesellschaft verhindert, weil sie Angst um ihre Privilegien haben. In allen ungleichen Gesellschaften blicken Menschen verächtlich auf die hinab, die weniger haben, während sie die anhimmeln, die finanziell und im Status besser gestellt sind als sie selbst. In ungleichen Gesellschaften definieren sich alle über die Abgrenzung. Unabhängig von der Schicht wächst jeder automatisch in dieses System hinein und hält es für normal. Deshalb kommt es immer wieder zu Klassenkämpfen.

Nicht nur Migranten, sondern auch das oberste 1 Prozent der Bevölkerung, also die Superreichen in unserer Gesellschaft, bleiben im Grunde immer unter sich. Sie heiraten untereinander und verteilen die Jobs in Aufsichtsräten und Vorständen untereinander. Wer nicht reich geboren wurde, hat auch in der heutigen Zeit in Europa quasi keine Chance, der „niedrigen Klasse“ in die er/sie hineingeboren wurde, zu entkommen. Mit Fleiß und Anpassungsvermögen kann man die eine oder andere Sprosse auf der sozialen Leiter emporklettern, aber wer etwa in die „Kaste“ der unteren 20% hineingeboren wird, wird im Grunde niemals in die Oberliga aufsteigen. Zahlen belegen das ganz eindrucksvoll. Geld kommt zu Geld – der alte Spruch war nie wahrer als heute.

> *„Während sich Disparitäten im elterlichen Einkommen und Bildungsniveau direkt in ungleichen Bildungschancen niederschlagen, beginnt die Chancengleichheit bereits vor der Schule, in den Lebensverhältnissen, denen arme Menschen unmittelbar vor und nach der Geburt ausgesetzt sind, sowohl was die Ernährung als auch beispielsweise den Kontakt mit Umweltschadstoffen angeht – Unterschiede, die sich lebenslang auswirken können. Für diejenigen, die in Armut geboren werden, ist es so schwer, der Armut zu entfliehen, was Wirtschaftswissenschaftler auch als ‚Armutsfalle‘ beschreiben.*

Auch wenn die Daten das Gegenteil belegen – die Amerikaner glauben noch immer an den Mythos der Chancengleichheit.“

Joseph Stieglitz[41]

Auch in Europa ist dieser Irrglaube immer noch weit verbreitet. Die Wunschvorstellung einer intakten Mittelschicht geistert noch immer durch viele Köpfe, auch wenn Zahlen klar belegen, dass in den Jahren ab 2008 alle Bürger, die in den unteren 90% der Einkommenspyramide zu finden sind, dank hoher Inflation, geringerer Lohnanpassung oder sogar dank Lohneinbußen klar verloren haben, wohingegen die oberen 10% klar gewonnen haben. Dieser Verlust an realem Einkommen führt nicht nur zu Einschränkungen im täglichen Leben, sondern fördert auch Stress und Verlustängste, was zu mehr Krankheit und früherem Tod führt. Wenn Eltern mehr mit dem Überlebenskampf befasst sind, länger arbeiten müssen, sich permanent sorgen, dann haben sie weniger Zeit und weniger Energie für ihre Kinder – was diese ein Leben lang mit sich tragen werden.

„Es hat sich zum Beispiel gezeigt, dass Kinder mehr zu Suchtverhalten neigen, wenn deren Mütter in der Schwangerschaft großem Stress ausgesetzt sind. Das liegt daran, dass die Entwicklung durch das psychologische und das soziologische Umfeld bestimmt wird. Also wird die Biologie eines Menschen sehr stark durch die Erfahrungen im Mutterleibe beeinflusst und programmiert.“[42]

Gabor Mate (US-amerikanischer Arzt und Autor)

Kinder, die in wohlhabenden Verhältnissen aufgewachsen sind, sind nicht zwangsläufig glücklicher, aber sie sind von Anfang an einem wesentlich geringeren Grad an Stress ausgesetzt, sie bekommen meist mehr Aufmerksamkeit (wenn auch oft nur von eigens dafür angestellten Personen), sie haben Zugang zu besseren Schulen, Universitäten und Förderprogrammen, sie bekommen leichter eine gute Anstellung, sie haben Zugang zu besseren Ärzten, zu Kultur und Unterhaltung, und sie können sich in weitaus höherem Maße Freizeitaktivitäten leisten, die ihrem Gesamtbefinden förderlich sind. Vor allem aber wachsen sie meist mit einer gewaltigen Portion Selbstsicherheit auf, die daher rührt, dass sie niemals Mangel kennen lernten. Daher fürchten sie ihn auch nicht. Da sie nur ein Leben in Fülle kennen, ist all ihr Denken und Handeln auch nie auf etwas anderes als Fülle ausgerichtet. Wie wir aufwachsen und erzogen werden, bestimmt, wie wir denken – und unsere Gedanken bestimmen unsere Realität, sie entscheiden über unser Schicksal.

> *„Es gibt eine israelische Studie über Kinder, deren Mütter bei Ausbruch des Krieges von 1967 schwanger waren. Bei diesen Kindern gibt es eine auffällig höhere Rate von Schizophrenie als bei anderen Jahrgängen. Es gibt also reichlich Beweise dafür, dass pränatale Einflüsse große Auswirkungen auf die Entwicklung des Individuums haben.“*[(43)]
>
> Gabor Mate

In den USA ist die Ungleichheit in der Bevölkerung sogar noch extremer als in Europa. Sie bewegt sich in etwa auf dem Niveau vieler Entwicklungsländer. Da die Illusion des „amerikanischen Traums“ (nach dem jeder angeblich alles erreichen kann, wenn er sich nur genügend anstrengt) den Menschen unentwegt eingebläut wird, da die Lüge der Chancengleichheit im „Land der unbegrenzten Möglichkeiten“ immer wieder wie ein Mantra wiederholt wird, glauben tatsächlich die meisten Amerikaner daran – selbst viele der Ärmsten der Armen verteidigen ein System, das ihnen nie eine Chance gegeben hat.

Zwischen 2005 und 2009 sank das Vermögen eines durchschnittlichen afroamerikanischen Haushaltes in den USA um 53%, das eines Latino-Haushaltes gar um 66%, das eines durchschnittlichen weißen Haushaltes hingegen „nur“ um 16%.[(44)] Da die obersten zehn Prozent – die fast durchweg weiß sind – aber kräftig zugelegt haben, bedeutet das de facto auch für die untere weiße Einkommensschicht gewaltige Verluste. Da die Geldmenge in den USA im gleichen Zeitraum um etwa 45% angestiegen ist, kann man folgern, dass sich das Vermögen der obersten zehn Prozent der Amerikaner im selben Zeitraum fast verdoppelt hat.

In den USA werden Schwarze und Latinos überdurchschnittlich oft von der Polizei kontrolliert und überdurchschnittlich oft misshandelt. Wenn bei weißen Mitbürgern bei Fahrzeugkontrollen kleine Mengen an Drogen gefunden wurden, dann kommen diese meist mit einer Verwarnung davon, wohingegen farbige Amerikaner dafür meist ins Gefängnis wandern. Dies sind Fakten, die es zu ändern gilt. Diese Tatsachen schüren den Hass der Benachteiligten gegen die Privilegierten, aber auch gegen die Polizei und die Justiz. Die Privilegierten fürchten die Benachteiligten, weil sie Angst vor deren Rache haben. Das Prinzip „Fressen oder gefressen werden" ist eine Katze, die sich in den Schwanz beißt, denn weil es lange so war, glauben die meisten Menschen, dass es auch so sein muss. Aber das ist falsch! Nichts muss so sein! Alles ist so, wie wir es gestalten. Es ist genau so, wie wir es wollen!

„Man muss ein Problem erzeugen, um Profit zu erzielen. In unserem gegenwärtigen System macht es keinen Sinn, Leben zu retten, ein Gleichgewicht auf dem Planeten herzustellen, Gerechtigkeit und Frieden zu schaffen, weil das keinen Profit bringt. Es gibt diesen alten Spruch: ‚Erlasse ein Gesetz, schaffe Arbeit.' – egal ob es die Anwälte sind, die von einem Gesetz profitieren oder andere Gruppen. Kriminalität ist ein Geschäft, ebenso wie die Zerstörungen auf Haiti. In den USA sind gegenwärtig etwa 2 Millionen Menschen in Haft, die meisten davon in privat geführten Gefängnissen, wie denen von Corrections Corporation Of America oder Wackenhut, deren Aktien an der Wallstreet gehandelt werden und deren Wert sich daran bemisst, wie viele Menschen inhaftiert sind. Das ist krankhaft. Aber es ist ein Spiegel für dieses wirtschaftliche Paradigma."[(45)]

Michael C. Ruppert (Journalist und Autor)

Wir kennen ähnliche Probleme der Polizei mit schwarzen Mitbewohnern und Migranten auch in Deutschland und Österreich. Stereotype und Vorurteile sind so tief in unserer Gesellschaft verankert, dass selbst geschulte und gebildete Menschen immer wieder auf ihre Automatismen hereinfallen. Schließlich werden sie von verschiedenen Interessengruppen auch immer weiter geschürt. Es gibt vor allem von Seiten der Politik ein klares Interesse, die Menschen auseinander zu dividieren – so lassen sie sich leichter kontrollieren.

Ja, es gibt einzelne Gruppen von Migranten, die deutlich durch unsoziales Verhalten auffallen, wie etwa Bruno Mertens in *„Durchs wilde Kurdistan“*[(46)] schildert, aber generelle Vorbehalte gegenüber Migranten sind heikel. In Europa arbeiten sicher mehr Afrikaner als unterbezahlte illegale Küchenhilfen und Erntehelfer, denn als Drogendealer.

Und ja, in Deutschland begehen laut der Polizeilichen Kriminalstatistik (PKS) Ausländer und Menschen mit Migrationshintergrund mehr „Verbrechen“ als Deutsche. Aber die Polizei gibt selbst zu, dass diese Statistiken irreführend sind, weil nämlich nicht die Verurteilten gezählt werden, sondern die Anzahl der Tatverdächtigen, demnach müsste es eigentlich „Polizeiliche Tatverdachtsstatistik“ heißen. Und da nur ein Drittel derer auch verurteilt wird, stellt sich die Frage, ob die Polizei willkürlich festnimmt oder das Justizsystem äußerst mangelhaft ist? Vielleicht ist es ja eine Kombination aus beidem.

Ich kann jedenfalls aus meiner persönlichen Erfahrung berichten, dass ich als Weißer in den USA immer wieder erlebe, dass ich gegenüber Afroamerikanern und Latinos deutlich von anderen Weißen bevorzugt behandelt werde, auch bei Behörden. Diese Bevorzugung hat nach 9/11 ganz extrem zugenommen.

Wir dürfen nicht vergessen, dass in den USA sowohl die schwarze Bevölkerung als auch die Ureinwohner (Indianer) bis in die 1970er-Jahre hinein offiziell als minderwertig angesehen und auch so behandelt wurden. Bis vor vierzig Jahren hat man Indianerfrauen ihre Kinder zur Umerziehung weggenommen und die Frauen selbst oft gegen ihren Willen und teils ohne ihr Wissen sterilisiert, damit sie sich nicht weiter fortpflanzen konnten. Das passiert heute nicht mehr. In den letzten vierzig Jahren hat sich also etwas getan. Doch dafür brauchte es jahrzehntelange Bemühungen von Bürgerrechtsbewegungen (American Indian Movement, Black Power Movement). Es brauchte Streiks, Sit-ins, Boykotte, bis hin zu gewaltsamen Aktionen. Und es gibt noch sehr viel zu tun!

Doch auch in Europa ist Gleichberechtigung erst seit kurzem ein Begriff, der überhaupt angedacht wird. So erhielten Frauen in der Schweiz erst 1971 das Wahlrecht, in Spanien dürfen Frauen erst seit 1975 ein eigenes Konto führen. All das ist noch nicht lange her. Aber diese Veränderungen sind möglich! Wir müssen sie nur wollen!

„In Brasilien, das in großem Stil Soja und andere landwirtschaftliche Produkte exportiert, gehen manche Schätzungen davon aus, dass ein Bevölkerungsanteil von bis zu 25 Prozent hungert. Das Land ist hier extrem ungleich verteilt – 2 Prozent der Landbesitzer verfügen über 56 Prozent der landwirtschaftlichen Flächen. Dies ist in Verbindung mit brachliegenden Ländereien und einer export-orientierten Landwirtschaft von entscheidender Bedeutung für die unsichere Ernährungslage."[47]

Ungleichheit ist einer der Hauptgründe für Krankheit und frühen Tod unter den Benachteiligten, sie ist aber auch einer der Hauptgründe für Spannungen, Auseinandersetzungen und Kriege. Ziel dieser Ausführungen ist es nicht, eine Neiddebatte vom Zaun zu brechen. Natürlich sollen fleißige Menschen, kreative Menschen, die einen besonderen Beitrag an die Allgemeinheit leisten, auch besser bezahlt werden und Wohlstand genießen können. Das gibt den reichen Familienclans aber noch lange nicht das Recht, ihre Macht mittels Lobbying oder weniger legaler Mittel dahingehend zu nutzen, dass sie Gesetze und Regelungen zu ihrem eigenen Vorteil beeinflussen, was ihnen die Möglichkeit gibt, aus allem und jedem Kapital zu schlagen.

„Es ist historisch belegt, dass die dominante intellektuelle Kultur einer jeden Gesellschaft die Interessen der jeweils dominierenden Gruppe dieser Gesellschaft widerspiegelt. In einer Sklaven haltenden Gesellschaft wird die Ansicht über Menschen und Menschenrechte die Ansicht der Sklavenhalter reflektieren."[48]

Gabor Mate

Die Tatsache, dass reiche Menschen mehr Steuern bezahlen als arme, wird oft als Argument dafür hergenommen, dass unser Steuersystem gerecht und ausgeglichen sei – und oft auch dafür, dass die reichsten 10 Prozent ihren moralischen Aufgaben gegenüber der Gesellschaft mehr als gerecht werden. Das ist rundum falsch. Zwar deckt in Deutschland ein Drittel der Haushalte, das am meisten verdient, 62 Prozent der Finanzierungslast des Staates, doch hat gerade diese Gruppe in den letzten Jahren von den Entwicklungen an den Aktienmärkten, von Immobilienblasen und Bankenrettungen am meisten profitiert. Auch sind die Gehälter in den oberen Regionen der Wirtschaft teils so absurd hoch, dass sie in keinem wie auch immer gearteten Verhältnis zur Leistung der Akteure stehen. Viele deutsche Spitzenmanager etwa haben jedes Maß verloren, wenn es um die eigene Entlohnung geht. So verdienten deutsche Vorstandsvorsitzende in 2011 durchschnittlich 5,5 Millionen Euro pro Nase und Einstecktuch[(49)] – und das obwohl die meisten von ihnen keinerlei Verantwortung tragen. Denn im Falle einer Schieflage der Firma müssen nicht sie, sondern ihre einfachen Angestellten auf Gehalt verzichten. Damit verdienen deutsche Spitzenmanager teils bis zum 140-fachen ihrer Mitarbeiter. Teamwork und Mitarbeitermotivation sehen anders aus.

Nochmals: Es geht mir nicht um eine Neiddebatte, sondern darum, die Relationen aufzuzeigen. Auch geht es darum, dass wir uns die Frage nach der Moral im Berufsleben und bezüglich der Bezahlung bestimmter Tätigkeiten stellen sollten. Ich bin der Meinung, dass es eine gewaltige Schieflage in der Betrachtung der Bedeutungen einzelner Berufsgruppen gibt.

Ist es gerecht, dass ein Müllmann, der ohne Zweifel einen wichtigen Dienst für die Allgemeinheit leistet und harte körperliche Arbeit verrichtet, nur rund 1.800 € netto verdient; ein Polizist der Mitte vierzig, verheiratet ist und zwei Kinder hat, bestenfalls 3.000 € netto verdient[(50)] – und das obwohl er tagtäglich seine Gesundheit und sein Leben für die Allgemeinheit aufs Spiel setzt?

Generell sind alle Sozialberufe, insbesondere Alten- und Krankenpflegepersonal, unterbezahlt, ebenso Bauarbeiter, Bauern und Reinigungskräfte – insgesamt also alle Menschen, die harter, ehrlicher Arbeit nachgehen und einen wichtigen Beitrag zum gesellschaftlichen Leben leisten.

Das Thema Gleichheit ist unmittelbar mit Begriffen wie Gerechtigkeit, Anstand, Moral und Mitgefühl verknüpft. Solange Teile einer Bevölkerung sich ungerecht behandelt und übervorteilt fühlen, kann es kein friedliches und entspanntes Zusammenleben geben. In Deutschland waren nach Schätzung der *Bundesarbeitsgemeinschaft Wohnungslosenhilfe* im Jahr 2010 etwa 248.000 Menschen obdachlos. Hinzu kamen mehr als 100.000 Personen, die akut von Wohnungslosigkeit bedroht waren.[(51)] Seit 2011 steigt die Zahl beider Gruppen stark an, auch durch die massive Zuwanderung von Wirtschaftsflüchtlingen, vor allem aus Süd- und Südosteuropa.

Im Grundgesetz der Bundesrepublik Deutschland (Art. 1 Abs. 1) heißt es: *„Die Würde des Menschen ist unantastbar. Sie zu achten und zu schützen ist Verpflichtung aller staatlichen Gewalt.“*

Menschenwürde ist in dem Zusammenhang ein Begriff der Rechtslehre. Er hat nichts mit dem umgangssprachlichen Begriff „Würde“ zu tun, der eher für erhaben, schön, respektvoll und anständig steht. Gleich welche Art von Würde gemeint ist, wenn jemand in einer Welt des Überflusses lebt, aber kein Dach über dem Kopf und nichts zu essen hat, wenn er sich nicht waschen kann und keine Privatsphäre hat, dann hat ein solches Dasein nichts mit Würde zu tun. Insofern wird das Grundgesetz weder in Deutschland, noch in sonst einem anderen Land bis heute eingehalten.

Es ist wichtig zu begreifen, dass diese Menschen, die unter die Räder kommen, oft wenig dafür können, dass sie zu den Verlierern gehören, da wir in einem System leben, in dem es immer Gewinner und Verlierer geben muss. Unser Schuldgeldsystem ist so aufgebaut, dass es aufgrund des Zinseszinses nie möglich ist, dass alle Kreditnehmer ihre Kredite zurückzahlen, weil dafür gar nicht genügend Geld existiert. Etwa die

Hälfte aller Kreditnehmer muss langfristig pleitegehen, damit die anderen sich deren Geld unter den Nagel reißen können, um die eigenen Verbindlichkeiten zu begleichen. Im gegenwärtigen System muss man also jedem Menschen dankbar sein, wenn er verliert, weil sich dadurch die Chance, selbst zu den Gewinnern zu gehören, erhöht. *Das ist krank!*

Statt sich immer nur die Frage zu stellen: „*Wer von uns wird der nächste Verlierer sein?*“, sollten wir lieber ein System erschaffen, in dem es keine Verlierer und Gewinner, sondern nur gleichberechtigte Bürger gibt, die alle die gleichen Chancen und Möglichkeiten haben. Wie das funktionieren soll? Etwa dadurch, dass man den Zinseszins gesetzlich verbietet – was er übrigens von Seiten aller Religionen seit jeher ist –, oder etwa dadurch, dass man sehr hohe Erbschaften (im Wert mehrerer Millionen Euro) auch sehr hoch besteuert und die so gewonnenen Einnahmen nach unten umverteilt. Das halten manche Menschen für ungerecht. Ich aber halte es für ungerecht, dass Menschen übermäßig von etwas profitieren, für das sie selbst überhaupt nichts geleistet haben. Die Gnade der Geburt sollte nicht über Glück und Unglück einer menschlichen Existenz entscheiden! Je größer die Ungleichheit innerhalb einer Gesellschaft ist, desto stärker ausgeprägt sind auch Rivalität und Misstrauen. Ungleichheit ist die Grundlage für jede Form von Kriminalität und Verbrechen.

> „*Ich hatte die letzten vierzig Jahre beruflich mit den gewalttätigsten Menschen zu tun, Mörder, Vergewaltiger, usw. und habe versucht zu verstehen, was die Ursachen für diese Gewalt sind. Ich habe entdeckt, dass die gewalttätigsten Kriminellen in unseren Gefängnissen selbst Opfer von Kindesmissbrauch waren – auf eine Art, die man kaum noch als Kindesmissbrauch bezeichnen kann. Ich hatte keine Vorstellung vom Ausmaß dessen, wie unglaublich abartig in unserer Gesellschaft oft mit Kindern umgegangen wird. Die gewalttätigsten Menschen, die ich sah, waren selbst Überlebende von Mordversuchen ihrer eigenen Eltern oder von Menschen in ihrem nahen Umfeld. Oder sie hatten erlebt, wie Familienmitglieder von anderen getötet worden waren.*“[52]
>
> James Gilligan (Psychiater)

Was können wir tun, um wieder auf den Pfad der Vernunft zurückzufinden? Ich hoffe, dass der Rest des Buches dazu einige Anregungen und Inspirationen liefern kann, denn es ist höchste Zeit, dass wir den kollektiven Irrsinn endlich ablegen, der unsere Gesellschaft seit Jahrhunderten gefangen hält und so viel Potential in Menschen unterdrückt, die schlichtweg nie eine Chance bekommen, sich zu entfalten. Die Tatsache, dass die meisten herausragenden Persönlichkeiten, die besten Künstler, die größten Sportler fast immer aus einfachen oder gar aus armen Verhältnissen stammen, verrät uns, dass Reichtum nicht gerade die Kreativität fördert. Die meisten extrem reichen Personen sind vorwiegend damit beschäftigt, ihren Reichtum gegen die Armen zu verteidigen. Dadurch sind auch sie letzten Endes in gewisser Weise sehr eingeschränkt.

Wir sind eindeutig ein Produkt unserer Umgebung, unserer Erziehung, unserer Vorbilder und Bezugspersonen, nicht ein Produkt unserer Gene. Wenn wir das Umfeld ändern, dann ändern wir auch die Menschen. Viele reiche Menschen sind der Meinung, dass ihre ärmeren Mitbürger einfach nur faul sind. Viele arme Menschen sind der Überzeugung, dass alle Reichen Betrüger sind. All das sind Vorurteile, die darauf beruhen, dass letztlich alle Menschen – egal ob arm oder reich, alteingesessen oder Migrant – stets (mehr oder weniger erzwungen) unter sich bleiben und letztlich nichts von der Realität des anderen wissen. Ihr gesamtes Weltbild beruht auf Vorurteilen und Vermutungen. Je länger dieser Zustand aufrechterhalten wird, desto tiefer werden die Gräben zwischen den einzelnen Gruppen.

Kein Mensch ist von Grund auf schlecht. Aber wenn jemand sein ganzes Leben lang nur Schmerz, Elend und Erniedrigung erlebt hat, dann ist es sehr schwer, diese emotionale und psychische „Vergiftung“ wieder völlig zu neutralisieren und diesem Menschen einen Neustart zu verschaffen. Wir müssen dringend dafür sorgen, dass es künftig keine Menschen mehr gibt, die vom Start weg chancenlos sind. Jeder Mensch hat eine ehrliche Chance verdient, wenn nötig auch zwei oder drei!

ARMUT

„Meine Grundprämisse war von Anfang an, dass Armut nicht von den Armen geschaffen wird, sondern von der Politik und von Institutionen. Und die Hauptverantwortung für die Festsetzung von Politik und Institutionen trägt die Regierung."

Muhammad Yunus
(Begründer der Mikrofinanz-Kredite; Friedensnobelpreis 2006)[53]

Armut ist neben schlechterer Gesundheit, schlechteren Bildungschancen und einem höheren Maß an Gewalt eine der gravierendsten Folgen von Ungleichheit. Weltweit verbreitete, teils extreme Armut ist aus meiner persönlichen Sicht eines der größten Verbrechen auf unserem Planeten. An diesem Verbrechen sind wir alle beteiligt, zumindest wegen unterlassener Hilfeleistung. Niemand müsste arm sein, denn es ist unbestreitbar von allem genug für alle da! Wir leben in einer Welt absoluten Überflusses! Er müsste nur gerecht verteilt werden. Aber jährlich landen allein 1,3 Milliarden Tonnen Lebensmittel im Abfall. Das ist viermal so viel wie es bräuchte, um das Hungerproblem in der Welt sofort zu lösen![54]

Die globale Landwirtschaft könnte laut der *UN-Organisation für Ernährung und Landwirtschaft* (FAO) beim heutigen Stand der Technik 12 Milliarden Menschen ausreichend ernähren. Wenn wir weitestgehend auf Fleisch verzichten, noch viel mehr. Wir können sogar davon ausgehen, dass wir diese Marke von 12 Milliarden vermutlich nie erreichen werden. Das liegt vor allem daran, dass der Bevölkerungszuwachs in China deutlich abgenommen hat und voraussichtlich weiter abnehmen wird. Alle Prognosen der zurückliegenden Jahrzehnte über das Bevölkerungswachstum waren immer deutlich zu hoch gegriffen. Seit Ende der 1980er-Jahre nimmt das Weltbevölkerungswachstum auch in absoluten Zahlen ab. Die meisten Prognosen gingen von deutlich steigender Erwartung des Lebensalters aus, wobei wir mittlerweile wissen, dass die durchschnittliche Lebenserwartung vor allem bei ärmeren Menschen wieder sinkt.[55]

Menschen hungern nicht, weil nicht genug für alle vorhanden ist, sondern weil die Ressourcen extrem einseitig verteilt sind. Indien, das Land mit den meisten Hungernden in der Welt etwa, gehört zu den zehn größten Getreide-Exporteuren und hat 2004 mit der Ausfuhr von Getreide über 2 Milliarden US-Dollar erwirtschaftet.

> *„Wir können eine von Armut freie Welt schaffen. Wenn man es sich nicht vorstellt, bekommt man es nie. Die Vorstellung kommt zuerst. Wir kommen dort an, wo wir hinwollen. Wenn wir nicht definieren, wohin wir wollen, kommen wir nie an."*
>
> Muhammad Yunus[(56)]

Die Frage, wer als arm gilt, ist eine Frage der Definition von Armut, und es gibt dazu unterschiedliche Ansätze. Für die Menschen, die nicht genug zu essen haben, die sich keine medizinische Hilfe leisten können, die nicht genug Geld haben, um ihre Kinder zur Schule zu schicken, ist diese Frage jedoch bedeutungslos. Armut ist längst kein Dritte-Welt-Land-Phänomen mehr. Wer Augen hat, um zu sehen, der weiß, dass auch in europäischen Städten die Armut immer offensichtlicher wird. Gerade in Großstädten sieht man seit Beginn des 21. Jahrhunderts von Monat zu Monat mehr bettelnde, hungernde, in Mülltonnen stöbernde und auf der Straße schlafende Menschen.

In Europa hat die Armut seit 2008 explosionsartig zugenommen. Vor allem in Südosteuropa hungern immer mehr Menschen. Seit Ende des Zweiten Weltkriegs gab es in Europa nicht mehr so viele hungernde Menschen und so große Armut. Allein in Spanien waren in 2012 über drei Millionen Bürger auf Lebensmittelspenden vom Roten Kreuz und von anderen Organisationen angewiesen. In vielen Städten stehen dort die Menschen in langen Schlangen bei Essensausgaben für einen Teller Suppe an.[(57)]

Geht es nach den Vereinten Nationen und der Weltbank, dann gilt ein Mensch als arm, wenn er weniger als 1,25 US-Dollar am Tag zur Verfügung hat. Das Statistische Bundesamt in Wiesbaden definiert Personen als arm, deren Nettoeinkommen weniger als 60 Prozent des nationalen Durchschnitts beträgt. Für Singles in Deutschland liegt diese Schwelle derzeit beispielsweise bei 952 Euro pro Monat.[58]

Im Grunde sind diese Definitionen unsinnig, weil Armut keine absolute Größe ist, sondern in weiten Teilen subjektives Empfinden. Es ist also schwer zu sagen, ab welchem Einkommen, ab welchem Maß von Wohlstand oder Nichtwohlstand Armut beginnt, denn das hängt von der Umgebung ab. Armut beginnt im Grunde bereits bei der Angst vor der Armut. Entscheidend ist das Gefälle zwischen den Spitzen- und den Geringverdienern innerhalb einer Gesellschaft.

Je ärmer ein Mensch ist, desto kranker ist er und desto früher stirbt er. Das sind Fakten. Arme Menschen haben eine höhere Neigung zu Alkoholismus und zu Drogenabhängigkeit, was durch Studien klar belegt ist. Das liegt jedoch nicht an mangelnder Bildung oder an mangelndem Zugang zu medizinischer Versorgung, denn das Prinzip ist in reichen Ländern dasselbe wie in armen.

> *„Und ja, diese Faktoren haben einen Einfluss, aber gründliche Studien haben gezeigt, dass diese Faktoren das Gefälle bestenfalls zu einem Drittel bestimmen. Was sind also die anderen zwei Drittel? Ganz einfach: der Stress, der durch die Armut selbst hervorgerufen wird! Mit jedem Dollar, den man weniger verdient als Bill Gates, sinkt also die Wahrscheinlichkeit, gesund zu sein. Es geht also nicht darum, arm zu sein, sondern darum, sich arm zu fühlen!“*
>
> Dr. Robert Sapolsky (Neurowissenschaftler, Autor)[59]

Je ärmer man im Vergleich zu seinem Umfeld ist, desto kranker wird man. Was vor allem krank macht, ist das Gefühl, arm zu sein, also im Vergleich zur Umgebung weniger zu haben. Dabei spielen subjektive Faktoren wie das Gefühl von Unterlegenheit, von Minderwertigkeit, von Unfähigkeit eine große Rolle. Wie soll sich jemand selbst lieben, wenn er von seiner Umgebung keine Liebe, keine Anerkennung und kein Mitgefühl erfährt? Wie soll jemand, der sich selbst nicht liebt, Liebe an seine Mitmenschen oder seine Kinder weitergeben?

Ein armer Mensch in Deutschland kann reich sein verglichen mit einem armen Menschen in Äthiopien, aber er fühlt sich nicht reicher, weil er gemessen an seinem Umfeld arm ist. Wir bringen armen Menschen wenig Respekt entgegen, weil wir großteils noch immer den Fehler machen zu denken, dass der- oder diejenige im Grunde selbst an ihrer Situation Schuld ist. Diese Vorstellung ist (wie wir schon gesehen haben) schlicht falsch. Man kann aufgrund des sozialen Status eines Zehnjährigen dessen Gesundheitszustand einige Jahrzehnte später vorhersagen. Fettleibigkeit etwa – eines der größten Probleme der jungen Generationen in der gesamten westlichen Welt – liegt zum einen an schlechter Ernährung und an den Zusatzstoffen im Essen, zum anderen aber auch an der Angst, die Menschen aus unteren Einkommensschichten bereits im Mutterleib mitbekommen und die sie ein Leben lang begleitet. Ein Paradebeispiel dafür ist der so genannte „Holländische Hungerwinter" (dutch hunger winter). 1944 herrschte in Holland (wie in zahlreichen anderen Kriegsgebieten auch) extreme Lebensmittelknappheit, die jedoch noch dadurch verstärkt wurde, dass die deutschen Besatzer die wenigen vorhandenen Lebensmittel nach Deutschland schickten. Innerhalb weniger Monate verhungerten zehntausende Menschen.

> *„Der Holländische Hungerwinter-Effekt bedeutet: Wenn du ein Fötus im zweiten oder dritten Drittel der Schwangerschaft während dieser Hungersnot warst, dann hat dein Körper etwas sehr Eigenartiges in dieser Zeit gelernt. Denn es ist so, dass unser Körper in dieser Zeit versucht, viel über seine Umgebung zu lernen. Wie bedrohlich ist die Welt da draußen? Wie üppig? Wie viele Nährstoffe bekomme ich durch den Kreislauf meiner Mutter? Wenn du ein Fötus bist, der in dieser Zeit hungern musste, dann ist dein Körper für immer darauf programmiert, sehr knausrig mit Zucker und Fett zu haushalten und du lagerst so viel davon ein wie möglich. Wenn du ein Holländischer-Hungerwinter-Fötus warst, dann hast du im Alter von 50 Jahren ein sehr hohes Risiko, unter Bluthochdruck, Fettleibigkeit oder dem metabolischen Syndrom zu leiden.*"[(60)]
>
> Dr. Robert Sapolsky

***Anmerkung:** Das metabolische Syndrom wird manchmal auch als tödliches Quartett, Reavan-Syndrom oder Syndrom X bezeichnet. Es wird heute als der entscheidende Risikofaktor für koronare Herzkrankheiten angesehen. Es ist charakterisiert durch diese vier Faktoren: abdominelle Fettleibigkeit, Bluthochdruck (Hypertonie), veränderte Blutfettwerte (Dyslipidämie) und Insulinresistenz.*[61]

„Man erkennt die Gewinner und die Verlierer bereits am Start!“ Selbst wenn einzelne Menschen es schaffen, ihrer angeborenen Armut zu entfliehen, werden sie ihr Leben lang (meist unbewusst) weiter darunter leiden, weil diese Erfahrungen sich tief in ihren Körper und Geist einbrennen. Diese Erfahrungen geben sie an ihre Kinder weiter. Genau deshalb entkommen auch so wenige Menschen der strukturellen Armut. Sie ist ein Teufelskreis, den es zu durchbrechen gilt. Grundvoraussetzung dafür ist aber ein ehrlicher und offener Umgang mit dem Thema, was jedoch von Seiten der Politik immer wieder verhindert wird. Im Herbst 2012 wollte die deutsche Bundesregierung ihren Armuts- und Reichtumsbericht vorstellen, dessen Veröffentlichung jedoch auf Druck der FDP mehrfach verschoben wurde. Kritische Passagen zur wachsenden Kluft zwischen arm und reich, wie: *„Die Privatvermögen in Deutschland sind sehr ungleich verteilt.“* und *„Die Einkommens-Spreizung hat zugenommen.“*, wurden, wie auch der Hinweis auf vier Millionen Arbeitnehmer mit Stundenlöhnen unter sieben Euro, einfach gestrichen.[62]

Dreiviertel der unterernährten Menschen auf diesem Planeten leben auf dem Land und sind im Agrarsektor tätig. Ihr Einkommen ist jedoch so gering, dass sie sich kaum selbst ernähren können. Sie bekommen von klassischen Banken meist nicht die Kredite, die sie bräuchten, um in neues Saatgut, in mehr Land oder in bessere Geräte zu investieren. Die USA und die EU subventionieren zudem das eigene Obst und Gemüse, sodass es auf fremden Märkten – etwa in Afrika – zu geringeren Preisen angeboten werden kann als die Produkte der lokalen Bauern. Das treibt weltweit immer mehr Menschen vom Land in die Städte.

2007 lebten erstmals in der Geschichte mehr Menschen in Städten als auf dem Land. Des Weiteren zwingt es Bauern in Afrika dazu, illegal, unter Einsatz ihres Lebens, nach Europa zu flüchten, um dann (etwa in Spanien) als Erntehelfer in der Landwirtschaft zu arbeiten, um ihre zurückgelassenen Familien zu ernähren. Sie müssen am Ende das Gemüse pflücken und verpacken, das dann billigst in Afrika verkauft wird und ihnen die Existenz geraubt hat. Abgesehen von der Perversität solcher politischer Zustände ist es bestenfalls nur zu erahnen, was in den Köpfen und Herzen der armen Schwarzarbeiter vorgeht, die sich ihr eigenes Grab schaufeln müssen, um ihre Familien zu ernähren...

Diese Subventionspolitik des Westens ist ein bewusster Schritt, die Menschen in unterentwickelten Ländern in Armut zu halten! Anstatt sie zu unterstützen, werden alle ihre Versuche, sich selbst zu ernähren, untergraben, was sie zwangsweise zu Almosenempfängern macht. Würden wir diese Subventionen stoppen, würden wir verhindern, dass unser Gemüse nach Afrika gelangt, würde sich die Situation für die Bauern dort sofort schlagartig verbessern!

> *„Jeder Staat hat ein Wohltätigkeitsprogramm aufgelegt und es Hilfsprogramm genannt. Das ist keine Abhilfe gegen die Armut, weil es die Initiative der Menschen schädigt. Einem Menschen Essen und andere Dinge vorzusetzen und zu sagen: ‚Bleib am Leben, bleib gesund, wir versorgen dich', ist wie wenn man einen Menschenzoo erschafft. Im Zoo füttert man die Tiere, versorgt sie, behandelt sie, wenn sie krank sind – aber das ist nicht ihr normales Leben. Im menschlichen Leben geht es um Kreativität. In allen Menschen steckt all die Kreativität, die ein Mensch nur haben kann. Man muss nichts anderes tun, als sie herauszuholen – die Person dazu bringen, sich zu entfalten, damit sie vorankommen kann. Wohltätigkeit nimmt ihnen diese Chance.“*[(63)]
>
> Muhammad Yunus

Wenn wir für arme Menschen in fernen Ländern spenden, dann tun wir dies zumeist, um unser schlechtes Gewissen zu beruhigen. Man könnte natürlich sagen: Zumindest haben einige von uns noch ein Gewissen – das gibt Grund zur Hoffnung! Aber das wäre zynisch, oder? Schätzungsweise 580.000 Vereine und 19.000 private Stiftungen nehmen allein in Deutschland gerne Spenden entgegen.[(64)] Es gibt sogar Firmen, die reiche Menschen darin beraten, wie sie ihre großzügigen Spenden taktisch klug anlegen können – und wie sie dieses Engagement möglichst medienwirksam verkaufen. Spenden ist chic. Deshalb engagieren sich auch so viele Prominente immer wieder gerne für Charity-Veranstaltungen – und berichten darüber dann in der Klatschpresse. Verstehen Sie mich nicht falsch: Ich stelle nicht in Abrede, dass manche Menschen im privaten Rahmen oder auch in großen Organisationen tatsächlich hehre Motive beim Spenden haben. Aber wir müssen uns darüber klar werden, dass die meisten dieser Milliarden von Euro, die über die Jahrzehnte gespendet wurden, kaum dauerhafte Verbesserungen für die Leidenden brachten. Aus einer hehren Idee wurde ein beinhartes Geschäft, nach dem Motto: *„Ich gebe euch das Geld, aber ihr müsst mein Produkt kaufen, meine Berater einstellen oder meine Idee übernehmen.“*

Organisationen wie die UNO, die Welthungerhilfe, die Weltbank oder der IWF erzielen erbärmlich schlechte Resultate in der Bekämpfung der Armut, aber die meisten Ökonomen und Politiker versuchen dies auf mangelnde Strukturen zurückzuführen. Die wenigsten Menschen trauen sich jedoch, den entscheidenden Schritt weiter zu gehen und die Integrität dieser Organisationen in Frage zu stellen.

Menschen, wie etwa Henry Kissinger, der sein Leben lang als Berater und Vertrauter der reichsten Amerikaner tätig war, heucheln immer wieder ihr Interesse an der Beendigung des Hungers, aber alles, was sie tatsächlich tun, ist, die Reichen reicher und die Armen ärmer zu machen. Es gibt viele Konferenzen und flotte Sprüche, aber keine Resultate. *„In zehn Jahren wird kein Mann, keine Frau und kein Kind mehr hungrig zu Bett gehen“*, äußerte der damalige US-Außenminister Kissinger vollmundig auf der Welternährungskonferenz im Jahre 1974, und die Presse und die Politik huldigten ihm und zitierten ihn immer wieder. Kissinger hätte seit damals viele Gelegenheiten gehabt, seinen geheuchelten Worten Taten folgen zu lassen, aber er tat es nicht. Die westliche Politik hatte bislang kein Interesse daran, die Armut in der Welt zu beenden. Warum? Weil sie ein gutes Geschäft für einige große Konzerne ist.

Armut ist der Hauptgrund für alle verhaltensbedingten Formen von Gewalt. Armut macht Menschen unglücklich, unsicher, ängstlich, wütend, aggressiv und krank. Armut macht Menschen kriminell, weil sie, wenn sie sich ihrem Schicksal nicht ergeben wollen, gezwungen sind, sich das zu holen, was sie brauchen. Armut macht Menschen (vor allem in der westlichen Welt) kriminell, weil sie wissen, dass sie auf legalem Wege keine Chance haben, ihrer Armut zu entkommen.

Die übliche Vorgehensweise des Westens in Bezug auf die Bekämpfung von Armut ist, Kredite an ärmere Länder zu vergeben und diesen gleichzeitig vorzuschreiben, wofür sie die Gelder zu verwenden haben. Das ist ein perfekter Kreislauf, der die Armen immerfort in Armut hält. Wir sammeln Spenden von den Bürgern in der Ersten und Zweiten Welt ein, um die Menschen in der Dritten Welt in Armut zu halten. Davon profitieren dann die Großkonzerne in der Ersten und Zweiten Welt. Als Beispiel: 75% der Spenden, die Bangladesch über die Jahre erhielt, sind in Form von Dienstleistungen und Gehältern wieder an die Geberländer zurückgeflossen. Die verbliebenen 25% flossen zum Teil an örtliche Berater und Vertragsfirmen. So haben die Privilegierten unter dem Deckmantel der Wohltätigkeit das Geld unter sich aufgeteilt.[(65)]

Unter der Federführung der Weltbank betreiben zahlreiche vermeintlich karitative Organisationen und Tochterorganisationen der UNO Hilfsprojekte, die zu nichts anderem dienen, als sich selbst zu bereichern und die „beglückten" armen Länder in noch tiefere Abhängigkeit zu treiben. 2006 erschien das Buch *„Confessions of an Economic Hit Man" (Bekenntnisse eines Economic Hit Man)*, in dem der Autor, *John Perkins,* beschreibt, dass er viele Jahre lang als Chefökonom der Beraterfirma *Chas. T. Main* für die US-amerikanische *National Security Agency* (NSA) tätig war. Seine Aufgabe war es, arme Länder mit reichen Rohstoffvorkommen zu erpressen, diese Vorkommen gegen einen Kredit der Weltbank (den sie nicht brauchten) an seine Firma und somit an die NSA abzutreten. Wenn er bei seinen „Verhandlungen“ keinen Erfolg hatte, so Perkins, dann wurden die „Schakale“ losgeschickt, die Menschen zum Nachdruck Gewalt antaten oder sie ermordeten.

Vermeintliche „Experten“, die oft sehr viel Einfluss auf die Politik und die öffentliche Meinung haben, sprechen häufig von *„komplexen Leiden von Volkswirtschaften, die eine differenzierte, häufig komplexe Diagnose und Behandlung erforderten.“* – so wie etwa *Jeffrey Sachs*, Experte für internationale Wirtschaft, Direktor des *Earth Institute* an der Columbia Universität und Berater des UN-Generalsekretärs Kofi Annan sowie zahlreicher Regierungen und hochrangiger internationaler Instanzen. Laut Sachs muss zur Bekämpfung der Armut in Dritte-Welt-Ländern *„eine Basisinfrastruktur mit Straßen, Strom und Häfen errichtet werden, und das Humankapital (der Mensch) muss durch bessere Gesundheit und Bildung gefördert werden.“*[(66)]

Wenn wir Menschen als „Humankapital“ bezeichnen, dann wird deutlich, dass es an jeglichem Mitgefühl, an jeglicher Menschlichkeit mangelt, dass Menschen nur als Statisten für Statistiken gesehen werden – und genauso werden sie auch behandelt. Wir können Wissen über andere Länder und Kulturen nicht aus den Medien beziehen, weil diese Berichte gefärbt und gefiltert sind und meist wenig mit der Wirklichkeit zu tun haben. Was genau hält uns davon ab, auf Migranten, auf Menschen aus anderen Kulturen zuzugehen, sie auf eine Tasse Tee einzuladen und sie zu bitten, uns ihre Geschichte zu erzählen?

> *„Auf mein Herz eingraviert steht: Es gibt niemanden, den man nicht lieben kann, wenn man erst einmal seine Geschichte gehört hat!“*
>
> Mary Lou Kownacki (Nonne des Benediktinerordens)

Wer anderen helfen möchte, der muss helfen, Ungerechtigkeiten abzubauen, der muss auf die anderen zugehen, ihnen zuhören, muss versuchen, die Welt aus ihrer Perspektive zu sehen. Es ist so einfach, miteinander zu sprechen, wenn man in der Lage ist zuzuhören. Jeder Mensch freut sich darüber, wenn er „seine Geschichte“ erzählen kann, denn jeder von uns will gesehen und wahrgenommen werden. Jeder hat nämlich seine eigene Wahrheit. Wir gehen meist davon aus, dass es so etwas wie eine einzige Wahrheit gibt. Aber die gibt es nicht. Es gibt so viele unterschiedliche Wahrheiten, wie es Menschen gibt.

Jeder Einzelne von uns kann das Seine dazu tun, um Armut in der Welt zu minimieren. Dafür müsste sich unser Konsumverhalten daran orientieren, wie und unter welchen Bedingungen Güter hergestellt worden sind. Es gibt zahlreiche Listen und Berichte über Firmen und Konzerne, die ihre Produkte in Billiglohnländern herstellen lassen und ihren (direkt oder indirekt) Angestellten keinen angemessenen Lohn bezahlen. Zahlreiche dieser Tochterfirmen und Sweat-Shops schlagen und missbrauchen ihre „Arbeitssklaven", die teilweise 7 Tage pro Woche mehr als 12 Stunden täglich arbeiten müssen, um sich ein bisschen Reis für die Familie leisten zu können. Wer kann wirklich mit seinem Gewissen vereinbaren, diese Zustände mit seinem Kaufverhalten zu unterstützen? Warum denken wir nicht gelegentlich darüber nach oder informieren uns, bevor wir einkaufen gehen? Das kostet nur wenige Minuten unserer Zeit. (Es gibt im Internet zahlreiche Listen über die schwarzen Schafe in allen Branchen – siehe [(67)].)

Es gibt so Vieles, was jeder von uns tun könnte, um andere aus der materiellen wie aus der geistigen Armut zu befreien. Als erstes müssten wir arme Menschen endlich als gleichwertig betrachten und aufhören, ihnen die Schuld für ihre Situation zu geben und sie zu bemitleiden. Statt Almosen brauchen die Ärmsten in unserer Gesellschaft Aufmerksamkeit und Anerkennung sowie Hilfe zur Selbsthilfe.

Ein herausragendes Beispiel von vielen ist das des bangladeschischen Wirtschaftswissenschaftlers Muhammad Yunus, der mit seiner *Grameen Bank* einer der Begründer des Mikrofinanz-Gedankens ist, wofür er 2006 den Friedensnobelpreis erhielt – der leider seit der Vergabe an Barack Obama und an die EU zur Farce verkommen ist. Aber selbst das kann Yunus' Leistung nicht schmälern:

„Im Grunde wollte ich herausfinden, ob ich den armen Menschen helfen könnte, sich selbst zu helfen. Es begann in einem Nachbardorf der Universität, an der ich Mitte der 1970er-Jahre lehrte. Als ich feststellte, dass sie für einen sehr geringen Betrag zum Geldverleiher gehen mussten, ging ich mit einem Studenten in das Dorf und machte eine Liste der Leute, die in dieser Weise litten. Als die Liste vollständig war, standen darauf 42 Namen, und der Gesamtbetrag, den sie Geldverleihern schuldeten, belief sich auf 27 Dollar. Das war ein Schock für mich – der Betrag war so winzig. Und die Strafe, die ihnen die Geldverleiher auferlegten, war so hoch, dass ich sagte: ‚Ich kann dieses Problem lösen; ich kann ihnen die 27 Dollar geben. Sie müssen nicht zum Geldverleiher gehen, und sie werden frei sein.' Also tat ich genau das, und sie waren begeistert."[(68)]

Muhammed Yunus

Das Prinzip, Mikro-Kredite an die Ärmsten der Armen zu vergeben, ist eine unglaubliche Erfolgsgeschichte und hat Millionen Menschen dabei geholfen, sich zumindest selbst zu versorgen, ihre Existenz zu sichern, was diesen Menschen wiederum sehr viel Selbstvertrauen zurückbrachte und ihnen ein Stück ihrer verlorenen Würde wiedergab. Heute hat die Grameen Bank 6,4 Millionen Kreditnehmer, und 96% davon sind Frauen. Die Rückzahlungsquote liegt bei 99% – ein Wert, von dem jede westliche Großbank nur träumen kann. Da die Kreditnehmerinnen auch die Eigentümerinnen der Bank sind, bedarf es keiner Absicherung. Im Grunde geht das Prinzip der Mikrofinanzinstitute auf das vor 150 Jahren entwickelte Genossenschaftsmodell von Friedrich Wilhelm Raiffeisen zurück.

Die Grameen Bank vergibt Kredite an Bettler, damit diese Waren kaufen können. Die durchschnittlichen Darlehen betragen 12 US-Dollar. Wenn sie von Tür zu Tür gehen, halten sie nun nicht mehr den Hut auf, sondern sie verkaufen Süßigkeiten oder Spielsachen. So wurden aus Bettlern Händler. Auch die Mitarbeiter der Grameen-Bank gehen in Bangladesch von Tür zu Tür und sehen sich die Lebensumstände jedes ihrer Kunden persönlich an. So finanzieren sie etwa Nähmaschinen, damit Frauen Kleider nähen und weiterverkaufen können, oder Handkarren, damit Bauern ihre Produkte zum Markt bringen können. Mit einer einfachen Idee hat Muhammed Yunus Millionen von Menschen glücklich gemacht, ihnen ihre Würde zurückgegeben, sie unabhängig gemacht.

Jeder von uns kann einen wichtigen Beitrag dazu leisten, die Armut zu besiegen, indem wir dafür sorgen, dass wir selbst nur solche Firmen unterstützen, die ihre Mitarbeiter anständig behandeln. Die meisten von uns, die wir im Westen leben, haben sehr, sehr viel Zeug angesammelt. Es gibt für uns keinen Grund, immer nur das Billigste zu kaufen, denn billig kommt durch Billig-Arbeitskräfte. Natürlich muss ich nicht mehr bezahlen als gerechtfertigt ist, aber die Jagd nach Schnäppchen, nach Billigangeboten ist bei uns in Europa geradezu zur Sucht geworden. Egal ob ich Kleidung oder Aktien kaufe, ich habe immer die Möglichkeit, mich darüber zu informieren, ob die entsprechende Firma Umwelt- und arbeitsrechtliche Vorschriften einhält oder nicht. Warum sollte man das Smartphone, das vielen jüngeren Menschen mittlerweile angewachsen zu sein scheint, nicht auch einmal dafür nutzen, um anderen Gutes zu tun?

> *„Jeder Mensch auf diesem Planeten ist sehr wichtig. Er oder sie hat alle Kraft und Fähigkeit der Welt. Wenn ich also glaube, dass ich im Leben anderer Menschen etwas ausrichten kann, dann kann ich es. Und soziale Unternehmen können dabei sehr hilfreich sein. Ich kann die Unternehmen suchen, die den Menschen Gutes in Bezug auf Gesundheit oder Einkommen tun, die aus Armut oder rechtlichen Problemen heraushelfen oder notwendige Medikamente liefern; dann kann ich in diese Firmen investieren, denn ich weiß, es ist eine Investition – es ist keine Spende. Ich verschenke mein Geld nicht, ich kaufe Anteile an diesem Unternehmen, damit ich mehr für die Menschen tun kann.“*[(69)]
>
> Muhammed Yunus

Es gibt sowohl in der Entwicklungshilfe, aber auch im wirtschaftlichen und sozialen Bereich eine klare Tendenz zum *Empowerment,* also zur Hilfe durch Selbsthilfe. Das schließt auch mehr *bürgerschaftliches Engagement* ein. Nach Jahrzehnten, in denen wir alles auf „den Staat" abwälzten und Politikern blind vertrauten, erkennen wir, dass letztlich nur das klappt, was man auch selbst überblicken kann. Außerdem hat jeder von uns etwas zu geben, das andere brauchen können, egal ob es ein altes Fahrrad ist, eine bestimmte Erfahrung oder handwerkliche Fähigkeiten. Es gibt immer mehr kleine, lokale Initiativen, in denen Menschen ihren direkten Nachbarn und Mitmenschen helfen, was einen Gewinn für beide Seiten darstellen kann. Nach Jahren, in denen wir alles sogenannten „Experten" überließen, kommen wir nun dazu zurück, dass der Bürger sein Leben in die eigenen Hände nimmt. In der Fachsprache nennt sich das abschätzig „Laienkompetenzen", ich würde es Verantwortung oder das Ende der „heißen Luft" nennen. Denn ich denke, dass im Grunde jeder Mensch in irgend etwas Erfahrung und Kompetenz hat und dass es wichtig ist, diese Erfahrungen an andere (vor allem an die nächste Generation) weiterzugeben – so, wie es früher ganz selbstverständlich war.

GLOBALISIERUNG

Unter „Globalisierung" versteht man den Vorgang der weltweiten Verflechtung von Organisationen und Interessen über die Grenzen von Ländern hinweg, vorwiegend in den Bereichen Wirtschaft und Politik. Diese haben deutlichen Einfluss auf alle Kulturen und Gesellschaften der Erde – und auf die Umwelt. Der Gedanke der Globalisierung, Organisationen aufzubauen, die sich über Ländergrenzen und regionale Gesetze hinwegsetzen, sie aushöhlen und ersetzen, ist sehr alt.

Wenn früher ein Land ein anderes eroberte – egal ob durch Krieg oder Heirat –, dann wurden die Ländergrenzen ganz offiziell neu definiert und jeder wusste, woran er war. Der Geist der Globalisierung aber lautet, Länder nicht militärisch, nicht offiziell zu erobern, sondern sich ihrer Machtzentralen heimlich zu bemächtigen, indem man flächendeckend regionale Firmen aufkauft und sie (oft ohne dies zu deklarieren) in das eigene Unternehmen integriert, indem man lokale Politiker und andere einflussreiche Persönlichkeiten auf die eigenen Gehaltslisten setzt (etwa als Berater), um sukzessive und ohne großes Aufsehen mehr und mehr Einfluss in allen Teilen der Erde zu gewinnen. So haben sich einige große Unternehmen Quasi-Monopole in ihrem Bereich „erarbeitet".

Je mehr Einfluss man im Verborgenen hat, desto mehr kann man regionale Gesetze aushebeln und sich weitere wirtschaftliche Vorteile verschaffen, um auf diese Weise nach und nach alle Konkurrenz von kleineren Unternehmen zu beseitigen. Begründet wird dies offiziell meist mit dem Kampf ums Überleben, dem auch große Konzerne ausgesetzt sein sollen – es geht also um das alte archaische Prinzip „fressen oder gefressen werden". Der Gedanke dahinter lautet, dass der Mensch von Natur aus Konkurrenz sucht und braucht, dass wir um unser Überleben kämpfen müssen, was natürlich Unsinn ist, weil klar ist, dass alle funktionierenden Gemeinschaften immer auf einem Miteinander, auf Teilen und Unterstützen basieren, anstatt auf einem Gegeneinander.

Die erste Organisation, die den Gedanken der Globalisierung erfolgreich in die Tat umsetzte, war die katholische Kirche, als sie im 12. Jahrhundert ihre Kreuzzüge startete, um den Menschen weltweit ihr Produkt – den katholischen „Glauben" – aufzuzwingen. Dass es dabei vor allem um Macht und Geld ging, dürfte heute kein großes Geheimnis mehr sein. Ihr Werkzeug waren die Tempelritter. Die „Templer" taten sich im Geheimen mit Mönchen der Benediktiner und der Zisterzienser zusammen, sie nutzten deren Klöster heimlich als Verstecke, Verpflegungsstätten, Spitäler und Waffenlager auf ihren Kreuzzügen rund um die Welt. Die Templer waren die erste weltweite Großbank, und sie hatten im Verborgenen ihre Hände in allen wichtigen lukrativen Geschäften, immer unter der Duldung des Papstes, was ihnen in kürzester Zeit unfassliche Schätze, Besitztümer und Ländereien einbrachte, ohne dass jemand offiziell wissen konnte, was und wie viel sie eigentlich wo wirklich besaßen. Somit waren sie der erste wirkliche multinationale Konzern. Als sie den Mächtigen in der Politik zu gefährlich wurden, zwang man den Orden jedoch Anfang des 14. Jahrhunderts, sich aufzulösen. Die Güter der aufgelösten Templer gingen auf die Johanniter über – also auf eine andere katholische Organisation, die wieder dem Papst unterstand.

Dieser kleine Ausflug in die Geschichte ist wichtig, um die Prinzipien der Globalisierung und des Neoliberalismus, also den Rückzug des Staates aus der Wirtschaft, besser zu verstehen. Globalisierung bedeutet im Grunde die Schaffung eines geheimen undemokratischen Staates im Verborgenen. Dieser „heimliche Staat" erschafft seine eigenen Gesetze, seine eigenen Umweltstandards, seine eigenen Sozialtarife, und vor allem: Dank eines Monopols oder eines Kartells kann er mangels Konkurrenz die Preise für seine Waren bestimmen, wie er will. Globalisierung ist also das Gegenteil von „Freier Marktwirtschaft", das Gegenteil von offener und transparenter Preisgestaltung.

Regiert wird der geheime Staat von den Leitern des betreffenden multinationalen Konzerns, also von Vorständen. Diese müssen (außer vielleicht gegenüber ihren Großaktionären) niemandem Rechenschaft ablegen, weil sie von niemandem gewählt wurden. Im Grunde handeln sie wie die Parteisekretäre einer kommunistischen Diktatur – mit einem Unterschied: Sie leben nicht mitten unter Ihresgleichen, unter Menschen, die zumindest dieselbe Sprache sprechen wie sie, sondern sie sitzen in irgend einem Hochhaus in Manhattan oder Mainhattan und regieren über Millionen oder Milliarden von Menschen, die sie nicht kennen und die ihnen daher auch völlig fremd und völlig egal sind.

Im zwanzigsten Jahrhundert kam es zu einer unglaublichen Konzentration von Macht in den Händen einiger weniger Familien, denen die größten Unternehmen dieser Welt gehören. Diese Unternehmen setzen sich – wie oben bereits erwähnt – dank eines ausgeklügelten Systems an miteinander verflochtenen Firmen und Tochterfirmen über alle regionalen staatlichen Gesetze hinweg, und sie bezahlen keine oder nur sehr wenig Steuern, was in letzter Konsequenz zur Aushöhlung aller Staaten führt und somit zur Abschaffung jeglicher Demokratie. Wenn die großen Multis keine Steuern bezahlen, muss der Bürger umso mehr davon abliefern, denn irgend jemand muss den Staat und seine Vertreter erhalten. Wir leben schon lange nicht mehr in Demokratien, denn all unsere Politiker sind letztlich nur Lakaien der Großbanken und anderer multinationaler Konzerne.

Zu Ende des 19. und zu Beginn des 20. Jahrhunderts war die wohl mächtigste und größte Firma der Welt Rockefellers *Standard Oil Company*, der im Grunde die gesamte Erdölversorgung der Welt gehörte – und bis heute gehört (siehe „*Was Sie nicht wissen sollen!*“, Seite 199ff). Es gab immer wieder einzelne wirtschaftliche Imperien, die in ihrem Bereich die Welt regierten, doch die meisten davon zerfielen auch irgendwann wieder. Im ganz großen Stil aber erblühte die Globalisierung nach dem Zweiten Weltkrieg dadurch, dass große, mächtige Konzerne immer mehr führende Mitarbeiter einsetzten, die Mitglieder in geheimen oder halbgeheimen Bünden und Organisationen wie Freimaurerlogen oder dem *Council on Foreign Relations* (CFR) waren. Der CFR stellte im Zweiten Weltkrieg die Weichen für die weltweite Globalisierung und den Neoliberalismus. Dadurch wurden die nationalen Grenzen Schritt für Schritt aufgehoben, kleinere und mittlere Unternehmen wurden zerstört oder übernommen oder von innen durch Einflussnahme oder Spionage ausgehöhlt. Die Welt wurde den großen, vorwiegend amerikanischen Konzernen überlassen (siehe „*Was Sie nicht wissen sollen!*“, Seite 160 & 181). Es ist die Eitelkeit des einfachen Geistes, die ein solches System im Verborgenen ermöglicht. Man schafft einen Kult um geheime Männerbünde und nimmt dann nach und nach diejenigen darin auf, die man braucht, um sein Netzwerk zu erhalten und auszubauen. Da alles geheim ist, weiß auch keiner innerhalb der Organisationen, wer sich auf welcher Stufe befindet, wer wie viel weiß. Solange man aber allen das Gefühl gibt, dass sie besonders wichtig sind, solange man ihnen schmeichelt und ihnen Vergünstigungen und Annehmlichkeiten angedeihen lässt, solange werden sie stillschweigend mitspielen und stolz darauf sein, zum Kreis der Auserwählten zu gehören. In Wahrheit wissen aber nur die ganz oben an der Spitze alles über alle. Im Fall der

Freimaurer etwa sind das diejenigen, die über den 33 Graden beim Schotten-Ritus oder über den 10 Graden im York-Ritus stehen, auch wenn die meisten einfachen Mitglieder nicht einmal wissen, dass es über diesen Graden noch etwas gibt... Die Globalisierung ist untrennbar mit den Freimaurern verbunden, also mit einer Organisation, die offen das luziferische Prinzip, die dunkle Seite der Macht anbetet.

Dieses alte Pyramidensystem in Verbindung mit Heimlichkeiten funktioniert seit Jahrhunderten genauso bei Geheimdiensten und in der Politik. *Divide et impera*, also „teile und herrsche", lautet diese Strategie, die seit Jahrtausenden gepflegt wird: Teile die Menschen ein, spalte sie untereinander, gib jedem das Gefühl, dass er besonders wichtig ist, dann kannst du sie nach Belieben gegeneinander ausspielen. Eine beliebte Methode, die Menschen gegeneinander auszuspielen, ist eben auch, auf verschiedenen Wegen Menschen-Gruppen in anderen Regionen und Kulturen anzusiedeln, in die sie nicht wirklich passen, um gezielt Zwietracht zu schüren. Solange die Menschen, die in der Pyramide der Macht ganz unten stehen, miteinander beschäftigt sind, kümmern sie sich nicht um die ganz oben.

Das Prinzip „Zwietracht" findet jedoch nicht nur im Geheimen statt. Man kann manche Menschen auch sehr leicht zu unmoralischem Handeln verführen, indem man sie offen reichlich belohnt oder sie vor allen Mitarbeitern besonders hervorhebt. Oft reicht ein größerer Dienstwagen oder ein größeres Büro als Anreiz, um die eigenen Skrupel beiseitezulegen. Solange es unterschiedliche Klassen von Menschen gibt, solange wir Darwins Märchen vom „survival of the fittest" glauben, wird jeder danach streben, in die nächst höhere Klasse aufzusteigen, weil jeder Angst hat, unter die Räder zu kommen. Je größer ein Markt oder ein Unternehmen ist, desto undurchsichtiger, desto geringer ist die Identifikation der einzelnen Teilnehmer mit ihren Mitmenschen, desto größer ist die Angst aller Beteiligten, auf der Strecke zu bleiben. Mit der Größe der Konzerne steigt auch ihre Unmenschlichkeit.

„In einer Gesellschaft, in der Wettbewerb dominiert und oft ein Mensch den anderen rücksichtslos ausbeutet, in der vom Leid anderer profitiert wird, oft sogar Probleme bewusst geschaffen werden, um davon zu profitieren, wird die herrschende Ideologie zumeist dieses Verhalten rechtfertigen, oft dadurch, dass sie sich auf die fundamentale menschliche Natur beruft, die nicht zu verändern sei. Der Mythos in unserer Gesellschaft lautet also, dass der Mensch von Natur aus Konkurrenz sucht, individualistisch und selbstsüchtig ist. In Wahrheit ist das Gegenteil der Fall!“(70)

Gabor Mate (US-amerikanischer Arzt und Autor)

Laut der *United Nations Conference on Trade and Development* (UNCTAD) lag die Zahl der *Transnationalen Unternehmen* (TNU) Ende der 1960er-Jahre bei etwa 10.000. Im Jahr 2008 lag sie dann bei 82.000, also mehr als 8 Mal so hoch. Die Anzahl der Tochterunternehmen dieser „Multis“ lag im selben Jahr bei 807.000.(71)

In dem Maße, wie die Transnationalen Unternehmen wuchsen, verdrängten und zerstörten sie kleine Firmen und Unternehmen. *Corporate Identity* ersetzte Vielfalt und Kreativität.

Auf die Tochterunternehmen der Multis dürfte heute rund ein Drittel aller weltweiter Waren- und Dienstleistungsexporte entfallen.(72) Durch immer weitere Übernahmen und Zusammenschlüsse, durch das Aushebeln von Gewerkschaften, durch die „Übernahme“ von lokalen Politikern erhalten diese Unternehmen immer mehr Macht, was es ihnen ermöglicht, immer schlechtere Löhne zu bezahlen und somit immer kostengünstiger zu produzieren. Das führt (neben der Angst um den Verlust des Arbeitsplatzes) zu immer mehr Billigprodukten weltweit, was auch nötig ist, weil durch die Einsparungen der Multis immer mehr Menschen immer weniger Geld verdienen. Am Ende steht zunehmende Verarmung im materiellen, geistigen und gesundheitlichen Sinne. Die Globalisierung hat also nur für eine Handvoll von Menschen Vorteile, nämlich für die Superreichen. Alle anderen verlieren dadurch massiv in allen Lebensbereichen.

Am Ende werden aber auch die Profiteure dieses kranken Systems darunter leiden, weil die Masse der Menschen irgendwann wieder aufbegehrt und den Reichen Ärger macht, was wiederum für diese ungesund ist. Dieses Prinzip können wir immer und immer wieder in der Geschichte beobachten, seien es Sklavenaufstände, der Sturm auf die Bastille oder die Revolutionen in der arabischen Welt heute.

Darum also die Frage: Warum beenden wir diese Farce nicht einfach? Die Globalisierung schafft Armut, Ungleichheit, Umweltzerstörung. Sie fördert skrupelloses und verantwortungsloses Verhalten. Die Globalisierung findet aber nicht nur in der Produktions- und Dienstleistungswirtschaft statt, sondern auch und vor allem in der Geldwirtschaft. Das Bankwesen ist international verlinkt und so verworren, dass kein Politiker und kein Bürger mehr begreift, was da eigentlich vor sich geht, wer bei wem Schulden hat und wie viel. Dies führte zur gegenwärtigen Weltwirtschafts- und Währungskrise.

> *„Diese Krise hat eine völlig neue Qualität. Das Einzige, an dem sich die Politiker ein wenig orientieren können, ist die Zeit zwischen 1929 und 1933... Ja, und das macht die Sache so schrecklich ungemütlich: Sie wissen einfach nicht, was sie tun sollen! Was wir im Augenblick erleben, ist ja etwas, was es nach der radikalen Moraltheologie des Marktes gar nicht geben kann und darf, es ist also etwas, was das Denkvermögen der Akteure sprengt. Wie ein blinder Mann, der durch ein Labyrinth zu gehen versucht, klopfen sie mit verschiedenen Stöcken die Wände ab, ganz verzweifelt, und sie hoffen, dass sie so irgendwann den Ausgang finden. Aber ihre Werkzeuge funktionieren nicht.“*[73]
>
> Eric Hobsbawm (Historiker)

Die Antwort auf die Frage, was eine völlig aus dem Ruder gelaufene Globalisierung stoppen kann, ist einfach: Es gibt drei Möglichkeiten.

1.) Krieg oder Bürgerkrieg – man treibt das Spiel solange auf die Spitze, bis die Menschen so wütend sind, dass sie ihren Unterdrückern an den Kragen gehen. Wer nichts mehr hat, hat auch nichts mehr zu verlieren. Diese Variante haben wir schon zu oft erlebt.

2.) Rückbesinnung auf einfache Weisheiten und Werte, wie etwa: *„Kaufe nichts, von dem du nicht weißt, woher es kommt und wie es produziert wurde"*. Kaufe regionale Produkte, die kurze Transportwege haben. Erkundige dich über die Produkte, die du kaufst. Wenn derjenige, der sie dir verkaufen will, keine Auskunft geben kann oder will, dann kaufe nichts bei ihm, sondern gehe woandershin. Investiere kein Geld in Finanzprodukte, die du nicht verstehst. Kaufe keine Aktien von Firmen mit schlechter Firmenpolitik.

3.) Ein Quantensprung im Bewusstsein aller Menschen, der dazu führt, dass keiner mehr das Verlangen verspürt, andere zu übervorteilen. Wie wir dem ein Stück näher kommen können, versuche ich im zweiten Teil dieses Buches zu erkunden.

Über Jahrzehnte hinweg wurde uns das Mantra eingetrichtert, dass die Globalisierung unumkehrbar sei. Geschichtlich betrachtet ist das aber falsch. So gab es zu allen Zeiten immer wieder den Versuch einzelner Gruppen, die Welt durch Handel zu beherrschen. Waren es im 14. Jahrhundert Fürsten, die den Tempelrittern den Garaus machten, so war es im 15. Jahrhundert der Kirchenmann Martin Luther, der den weltweiten Handel in seinen Traktaten anprangerte: *„Die Gier ist die Wurzel allen Übels."*[(74)] Im 18. Jahrhundert bereitete die Französische Revolution dem englischen und dem französischen Handels-Imperium ein jähes Ende.

> *„Der heutige Rückschlag in der Globalisierung wird von zwei Kräften vorangetrieben: von praktischen, interessengetriebenen Reaktionen und von tief empfundenen moralistischen Argumenten. Für sich genommen, blieben sie wohl oberflächlich, doch zusammen erzeugen sie eine gewaltige Wirkung."*[(75)]

Wir waren bereits mehrfach in der Geschichte an genau demselben Punkt wie heute: Wir haben erkannt, dass dieses System nichts taugt, und wir haben es gewaltsam zerstört. Wie ich im Buch *„Was Sie nicht wissen sollen!“* (Seite 45ff) beschreibe, ist der am weitesten verzweigte und gefährlichste aller Sektoren der Wirtschaft das Bankwesen, dessen heutige Form im Grunde dreihundert Jahre alt ist und auf *John Law*, einen Zocker und Betrüger zurückgeht.

Was ist die eigentliche Ursache für die Globalisierung? Die Gier Einzelner nach Macht, nach mehr und noch mehr Macht. Dieser Wille, immer mehr zu besitzen, scheint jedoch nur oberflächlich im Menschen verankert zu sein. Er ist tatsächlich eher die Ausnahme. Die meisten Menschen sind bereits mit sehr wenig zufrieden.

Es gibt einige wenige Menschen, die große Freude dabei empfinden, andere zu übervorteilen, ihnen etwas wegzunehmen. Das kann deren Land oder deren Kultur sein, es können materielle Güter wie Bodenschätze sein, es kann sich dabei aber auch um die Frau eines anderen Alpha-Männchens handeln. Diese Menschen wollen im Außen Besitz anhäufen, weil sie im Inneren leer sind. Sie wollen immer mehr haben als andere, weil es ihnen das Gefühl gibt, „besser“ zu sein. Diese völlig kranke Eigenschaft – die man auch „Raffgier“ nennt – könnte man als typisch männliches Verhalten bezeichnen. Wenn jemand immer mehr will und kein Ende kennt, dann nennt man das auch „Sucht“. Ein solches Verhalten wird in Bezug auf Drogen und Alkohol als Krankheit bezeichnet, aber nur selten in Bezug auf Macht und Raffgier.

Es gibt den Mythos, dass Drogen süchtig machen sollen. Aber das ist falsch, wie wir heute wissen. Was Menschen in die Sucht treibt, in jede Form der Sucht, ist eine eklatante Leere in ihrem Inneren, die sie durch ein permanentes Auffüllen im Außen zu kompensieren versuchen. Es gibt keinen Alkoholiker, keinen Drogensüchtigen, keinen machtbesessenen Menschen, der eine glückliche Kindheit hatte und ein glückliches Leben führt, der mit sich und seinem Leben wirklich zufrieden ist. Geistige Leere ist der Grund für alle Arten obsessiven Verhaltens. Sie ist auch der Grund für all das Elend und für all den Schmerz, den wir einander immer wieder zufügen. Wir werden all diese Probleme nur auf geistiger Ebene lösen können. Kein Gesetz und keine Regulierung wird diesen Zustand beenden können.

> *„Keine Substanz, keine Droge an sich macht süchtig, und kein Verhalten macht an und für sich süchtig. Viele Menschen können einkaufen gehen, ohne in Kaufsucht zu verfallen. Nicht jeder wird süchtig nach Essen, nicht jeder, der ein Glas Wein trinkt, wird Alkoholiker. Die entscheidende Frage lautet also: Was macht Menschen suchtanfällig? Es ist die Kombination aus einem anfälligen Menschen und einer Substanz, die Suchtpotential hat, die Sucht gänzlich zur Entfaltung bringt. Anders ausgedrückt: Es ist nicht die Droge, die süchtig macht, sondern die Anfälligkeit des Einzelnen, nach einer Substanz oder einem Verhalten süchtig zu werden.“*[(76)]
>
> Gabor Mate

Niemand kann die Leere in einem anderen Menschen füllen! Das muss jeder für sich selbst erlernen! Aber wir alle können dazu beitragen, dass wir ein Klima des Umgangs miteinander schaffen, das es allen Menschen leichter macht, über Schwierigkeiten, Ungerechtigkeiten, Ungleichheiten hinwegzukommen. Grundlage dafür ist, den anderen, jedes andere Wesen als gleichwertig zu betrachten und nicht zu urteilen, ohne die ganze Geschichte zu kennen.

„There's a hole in my soul, you can see it in my face, it's a real big place...“ („Da ist ein Loch in meiner Seele, wie du an meinem Gesicht ablesen kannst, es ist riesig groß...“) Mit wenigen Worten fasst der britische Musiker Robbie Williams das Problem unserer Zeit zusammen: die innere, geistige, spirituelle Leere, die den heutigen Menschen kennzeichnet. Leere entsteht dadurch, dass man Menschen zur Oberflächlichkeit erzieht und sie von ihrer Seelenverbindung, ihrer Verbindung zum Universum abschneidet. Das ist einer der Gründe dafür, dass wir uns immer wieder als Gesellschaft im Kreis drehen und nicht weiterkommen.

„Unsere ganze Gesellschaft hat gewissermaßen kollektiv die Begeisterungsfähigkeit verloren. Es fehlt ihr sichtbar an Kreativität, Lebensfreude, Entdeckerlust und Gestaltungskraft. Daher dümpelt sie in eingefahrenen Routinen mit festgefügten Verwaltungsstrukturen dahin. Sie hat alles scheinbar im Griff und lässt sich sogar von Krisen kaum noch erschüttern. Sie funktioniert noch, aber sie lebt nicht mehr.“[(77)]

Prof. Dr. Gerald Hüther (Hirnforscher, Uni Göttingen)

SELBSTVERWIRKLICHUNG

Jeder Mensch strebt nach Entfaltung, nach Glück und Zufriedenheit. Jeder Mensch sucht nach Antworten auf die wirklich großen Fragen der Menschheit. Wir alle möchten im Grunde Gutes tun, einen sinnvollen Beitrag für die Gesellschaft leisten, uns weiterentwickeln. Niemand von uns möchte nur arbeiten, um Geld zu verdienen, sondern um sich zu entfalten. Jeder von uns möchte seine eigenen Talente und Begabungen erkunden und anderen zur Verfügung stellen, sich selbst verwirklichen, um das eigene Licht erstrahlen zu lassen. Dennoch sind auch im frühen 21. Jahrhundert die meisten Menschen immer noch mit dem nackten Überleben beschäftigt, was Selbstverwirklichung für sie in unerreichbare Ferne rückt.

Die meisten Menschen arbeiten in einem Beruf und in einem beruflichen Umfeld, mit dem sie unzufrieden sind. Warum arbeiten sie? Weil sie Geld verdienen müssen, um sich Dinge leisten zu können, von denen man ihnen einredet, dass sie diese bräuchten. „Haben“ und „wollen“ bestimmen unser Leben, wie schon Erich Fromm Mitte des 20. Jahrhunderts bemängelte. Dem entgegen stellte er das „Sein“, also den Zustand, in dem man sich am „Selbst“, am eigenen Dasein und an dem „was ist“ erfreut, ohne etwas zu vermissen, zu verlangen, zu erwarten.

Zur selben Zeit entwickelte der US-amerikanische Psychologe Abraham Maslow seine bis heute in der Psychologie und in der Wirtschaft häufig zitierte *Hierarchie der Bedürfnisse.* Maslow fand, dass der Mensch von Grund auf gut ist. Damit widersprach er (genau wie Erich Fromm) Sigmund Freuds These, wonach der Mensch vorwiegend von seinen Instinkten gesteuert wurde. Maslow stellte das Streben des Menschen über dessen Triebe, erkannte aber, dass es vorrangige Bedürfnisse gibt, die bei jedem Menschen befriedigt werden müssen, ehe er sich seinem „Selbst" widmen und sich so entfalten kann. Nahrung, Behausung, Wärme und Sicherheit müssen gegeben sein, damit ein Mensch in der Lage ist, nach Höherem zu streben. Nur wenn diese elementaren Vor-

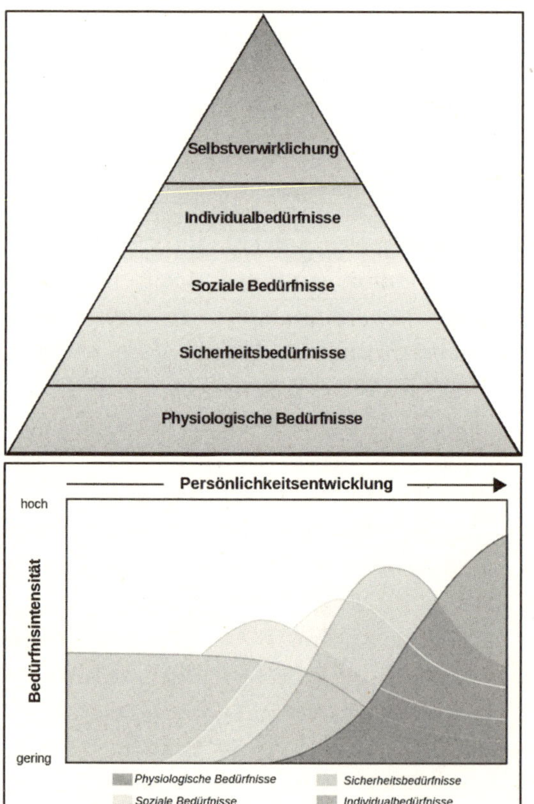

Abb. 1:
Die bekannte *Pyramide* ist eine Interpretation von Maslows Bedürfnishierarchie.

Abb. 2:
Dynamische Darstellung der Bedürfnishierarchie – Überlappungen sind dabei möglich und zu einem Zeitpunkt oft mehrere Bedürfnisse (aus verschiedenen Kategorien) aktiv.

aussetzungen erfüllt sind, wird der Mensch eigentlich erst zum Menschen, zum höheren Wesen, das nach Perfektion, nach Harmonie, nach Selbstverwirklichung strebt.

Maslow erkannte, dass Gewalt, Hass, Negativität keine genetisch vorbestimmten Eigenschaften sind, sondern Reaktionen darauf, dass einem Menschen seine Grundbedürfnisse verwehrt werden – damit war er den meisten Wissenschaftlern seiner Zeit weit voraus: *„Destruktivität, Sadismus, Grausamkeit sind nicht inhärent, sondern wesentliche Reaktionen auf Frustrationen unserer inhärenten Bedürfnisse.“*[(78)]

Maslow war klar, dass ein Bedürfnis nur so lange für unser Leben bestimmend ist, solange es unbefriedigt bleibt. Mit zunehmender Befriedigung eines Bedürfnisses nimmt also dessen treibende Kraft ab – wenn ich genug zu essen habe, muss ich nicht ständig nach Nahrung suchen, ich werde nicht von der Furcht vor Hunger und Nahrungsmangel getrieben sein. Stattdessen werde ich mich anderen Aufgaben widmen. Wenn ich ausreichend Liebe und Anerkennung bekomme, dann werde ich mich nicht ständig beweisen und rechtfertigen müssen, sondern kann anderen zuhören, auf andere eingehen. Das „Ich“ wird nicht mehr permanent im Vordergrund stehen. Die Übergänge zwischen diesen einzelnen Bedürfnissen sind natürlich fließend, sie überlappen einander und kennen keine scharfen Grenzen (siehe Abb. 2). Dennoch sind sie klar erkennbar.

Seit langer Zeit schon ist denkenden Menschen bewusst, dass es einen Sinn im Leben geben muss, der über die Befriedigung der niederen Triebe und über das bloße Überleben hinausgeht. Die Tatsache aber, dass noch immer so viele Menschen (vor allem im Westen) all ihre Kraft aufwenden, um sich dem „Haben“ hinzuwenden, anstatt sich mit dem „Sein“ zu befassen, ist erschütternd. So dachte schon Karl Marx (1818 bis 1883) zu seiner Zeit, dass das kapitalistische System am Ende sei, aber er irrte sich, weil wir uns heute – also gut 140 Jahre später – immer noch in derselben Lage befinden und uns immer noch mit genau denselben Problemen herumschlagen, die er zu seiner Zeit kritisierte.

Das „Habenwollen“, der Materialismus, bestimmt unsere Welt und steht in Opposition zur Entwicklung des Menschen, dem Erreichen und Entfalten einer höheren Bewusstheit.

Seit jeher strebten Menschen nach der Verbindung zu Gott (oder den Göttern), zu etwas, das größer war als sie selbst. Sie erkannten, dass das Universum und der Lauf der Gestirne ihr Leben beeinflussten. Sie verstanden sich als Teil eines großen Ganzen, was ihr Denken und ihr Verhalten prägte. Seit der Industrialisierung aber meint der Mensch, dank der von ihm entwickelten Technik über allem anderen zu stehen, was zu einer gewaltigen Trennung zwischen dem Menschen und allem anderen (der Natur, der geistigen Welt) führte und dadurch zu einer großen inneren Leere.

Wir befinden uns als Masse, als Gesellschaft, als Kollektiv in einem Zustand geistiger Umnachtung und großer Verzweiflung. Wir suchen unser Heil in immer mehr Technik, obwohl wir tief drinnen wissen, dass wir es dadurch nicht finden werden. Wir wissen, dass auf diesem Planeten vieles schief läuft, aber wir unternehmen nichts dagegen. Wir sind in einer selbst geschaffenen Matrix, in einem kalten, virtuellen Raum gefangen, und wir finden nicht wieder hinaus. Wie im gleichnamigen Film halten sogar viele von uns die Matrix tatsächlich für die Wirklichkeit. Diese Menschen befinden sich in einer Art Wachkoma, manche ihrer Körperfunktionen sind aufrecht, aber sie haben keine Gefühle und kein Bewusstsein.

Anstatt uns wirklich mit uns selbst auseinanderzusetzen, konsumieren wir, kaufen ein, gehorchen dem Diktat des Kapitalismus. Werbung und Medien erklären uns ständig aufs Neue, wer wir gerade eben zu sein haben, was wir zu tragen, was zu kaufen haben. Wir sind Instrumente der Wirtschaft, Sklaven des Konsums, Sklaven der Banken, Sklaven der modernen Medien. Alles dreht sich um Schuld und Schulden, und die Frage lautet: Wie können wir wieder zu unserer Unschuld zurückfinden, um uns wieder unserer geistigen, seelischen und spirituellen Entwicklung zu widmen – also dem, was schon Marx „das gute Leben“ nannte?

„Ich bezweifle, dass die Wissenschaft je fähig sein wird, uns die spirituellen und emotionellen Dinge zu geben, nach denen wir hungern. Darum denke ich, dass der Glaube immer da sein wird. Ich hoffe nur, dass wir dies in unserer wachsenden Spiritualität so kanalisieren können, dass wir das Schlechte aus der alten, traditionellen Religion entfernen und die spirituellen und emotionellen Dinge behalten, die gut für uns sind. Ich sehe keinerlei Problem in einer wachsenden, sich wandelnden Spiritualität, aber ich spreche als Naturwissenschaftler, der nie etwas anderes sieht als ein veränderliches Bild.“(79)

Nahum Arav
(Professor für Astrophysik an der Universität von Colorado)

Die westliche Welt soll – so wurde es uns allen in der Schule vermittelt – christlich geprägt sein. Aber wie sieht die Realität aus? „Christlich“ bedeutet, nach den Prinzipien von Jesus Christus zu leben. Das wären Nächstenliebe, Mitgefühl, Bescheidenheit und der Verzicht auf Macht über andere. Jesus Christus forderte die Menschen jedoch auch auf, Macht über sich selbst zu erlangen. Er predigte, dass alle Menschen gleich seien. Er kümmerte sich vor allem um die Armen und Ausgestoßenen aus unserer Gesellschaft. Christus stand für bedingungslose Liebe gegenüber allem, was ist, aber er war auch ein Kämpfer, ein „Licht-Krieger“. Er warf die Händler aus dem Tempel und schickte die weg, die unehrlich waren.

Ist unsere heutige westliche Welt also christlich geprägt? Ich denke, man kann sagen, dass wir kaum weiter davon entfernt sein könnten! Wer oder was also sind wir? Wie sollen wir uns entfalten, wenn wir keine Ahnung haben, wer wir sind? Vor über einem halben Jahrhundert bereits formulierte Erich Fromm, dass wir in einer Gesellschaft notorisch unglücklicher Menschen leben.

„Die Normalsten sind die Krankesten, die Krankesten sind die Normalen. Der Mensch, der ‚krank‘ ist, zeigt, dass bei ihm gewisse menschliche Dinge noch nicht so unterdrückt sind, dass sie in Konflikt kommen mit bestimmten Mustern der Kultur und dass sie da-

durch Symptome erzeugen. Der Schmerz ist nur ein Anzeichen dafür, dass etwas nicht stimmt. Die sogenannten Normalen aber sind so angepasst, die haben alles, was ihnen eigen ist, verlassen, die sind so roboterartig geworden, dass sie keinen Konflikt mehr empfinden, ihr wirkliches Gefühl nicht mehr empfinden – was das Bild leichter Schizophrenie bildet.“[80]

Erich Fromm (Psychoanalytiker, 1900-1980)

Selbstverwirklichung hat nichts mit Egoismus zu tun, sie muss nicht – besser gesagt, *darf* sie nicht! – auf Kosten anderer stattfinden. Die Verwirklichung unseres wahren Selbst bedeutet, dass wir füreinander da sind und unser Ego überwinden. Selbstverwirklichung bedeutet, dass wir einander so akzeptieren, wie wir sind, ohne in bestimmte Rollen und Funktionen hineingezwängt zu werden, ohne uns „verbiegen“ zu müssen, nur um in der Gemeinschaft überleben zu können. Im Grunde bedeutet „Selbst-Verwirklichung“ nichts anderes, als uns „selbst“ so zu zeigen, wie wir „wirklich“ sind!

Erst wenn die Grundbedürfnisse erfüllt sind, wir alle genug zu essen haben und in Frieden, ohne Existenzangst leben können, sind wir in der Lage, uns die komplexe Frage zu stellen: *„Wer sind wir?“*

Wir alle sehnen uns nach Liebe, nach Geborgenheit, nach Anerkennung, nach Schönheit und nach einem Sinn im Leben. Im Grunde glaubt niemand daran, dass er nur „ein“ Leben hat und dieses auch noch sinnlos ist, jeder einzelne Mensch ahnt, dass da so viel mehr sein muss. Aber viele von uns schrecken davor zurück, sich wirklich zu öffnen, in den Spiegel zu sehen und das zu sehen, was hinter der Fassade steckt. Da ist diese unbestimmte Angst vor dem Unbekannten. Viele haben Angst, sich selbst zu zeigen, weil sie nur gelernt haben, als Herdentier zu funktionieren und nicht weiter aufzufallen. Die meisten Menschen haben heute keine reale Vorstellung davon, wer oder was sie eigentlich wirklich sind. Dennoch gibt es ein starkes Bedürfnis danach, dies herauszufinden. Daraus ist in den vergangenen vier Jahrzehnten eine neue, sehr vielfältige spirituelle Bewegung entstanden. Immer mehr Menschen wollen keine Rollen mehr spielen, sie wollen sie selbst sein. Immer mehr Menschen erwachen aus ihrem Tiefschlaf, und sie erkennen, was alles schiefläuft. Sie suchen auf unterschiedliche Weise nach Gott und nach sich selbst in Gott. Sie sind bereit für einen globalen Bewusstseinswandel, und sie unterstützen ihn aktiv.

Im gleichen Maße steigt aber auch die Zahl derer, die sich komplett in eine Scheinwelt aus Konsum und Unterhaltungselektronik zurückziehen, die den Blick auf die wahren Zustände auf Erden verweigern und die alle Verantwortung von sich weisen. Teilweise geschieht eine solche Realitätsverweigerung unbewusst aus der Angst heraus, mit der Realität und all ihren bizarren Auswüchsen nicht fertig zu werden. Teilweise geschieht dies aus einem Mangel an Bildung, zum Teil aber auch, weil uns die Wissenschaft im 20. Jahrhundert mit ihrer Genom-Religion in die Irre führte und somit immer mehr Psychopathen und Soziopathen hervorbrachte, also Menschen, denen jegliches Mitgefühl mit anderen, jegliches Einfühlungsvermögen fehlt.

Aber auch dieser Umstand ist wieder umkehrbar! Immer mehr Menschen halten die Farce, die um uns herum gespielt wird, nicht mehr aus und sagen entschieden: *„Es reicht!“* Sie durchschauen immer öfter die Lügen, die ihnen von Seiten der Wirtschaft, der Politik und von Seiten vieler Religionsvertreter aufgetischt werden. Sie beginnen, die Welt mit anderen Augen zu sehen. Es fühlt sich an, als ob sie aus einem Traum erwachen, den sie bislang für ihr Leben gehalten hatten. Für eine Weile sind sie benommen, verwirrt, orientierungslos. Sie fühlen sich einsam und isoliert. Sie haben Angst. Oder sie fühlen überhaupt nichts mehr.

Sie denken oft, der oder die Einzige zu sein, der/die nicht dazugehört. Sie laufen durch ein Labyrinth aus Gefühlen, durch einen Irrgarten aus Gedanken und Konventionen, aber sie finden den Ausgang nicht. Sie sind so besessen von dem Wunsch herauszukommen, dass sie fast den Verstand verlieren. Sie greifen nach jedem Strohhalm, aber keiner weist ihnen wirklich den Weg. Sie hadern, zweifeln, kritisieren sich selbst, sie versuchen dazuzugehören, schaffen es aber nicht. Sie benebeln sich selbst mittels Drogen, Alkohol oder belanglosem Sex. Bis sie das einzige tun, was weiter hilft: Sie hören auf, dagegen zu kämpfen. Sie lassen sich fallen, vertrauen, leisten keinen Widerstand mehr. Sie akzeptieren, dass sie so sind, wie sie sind, dass sie genau da stehen, wo sie stehen. Erst wenn ich es leid bin zu suchen, bin ich bereit zu finden!

> *„Wer nicht in die Welt passt, der ist immer nahe daran, sich selber zu finden."*
>
> Hermann Hesse (Schriftsteller, 1877-1962)

Manche von uns müssen hart daran arbeiten aufzuwachen, sie hadern und kämpfen mit sich selbst, sie sind unglücklich, sie werden krank, aber sie spielen lange weiter – so lange, bis sie nicht mehr können. Ausgebrannt!

Für andere fällt der Schleier plötzlich und ohne Vorwarnung, ohne dass sie es wollten. Es war ihnen bestimmt. Auf einmal drückt ihnen jemand (symbolisch gesprochen), wie in John Carpenters Film *„Sie leben"*, eine Brille in die Hand, mit der sie hinter die Fassade schauen können. Dann gibt es in der Regel kein Zurück mehr. Wer einmal wirklich guten Wein getrunken hat, der mag sich nicht mehr mit billigem, gepanschtem Fusel zufriedengeben. Wer die Wahrheit kennt, gibt sich nicht mehr mit Lügen zufrieden.

Egal wie auch immer der Ausstieg aus der Matrix passiert, das Ergebnis ist in beiden Fällen dasselbe: Man hat eine geistige Ebene verlassen und ist reif für die nächste. Es gibt kein Zurück mehr. Jetzt will man mehr. Wer sich selbst verwirklichen möchte, muss sich die Frage stellen, was das „Selbst" eigentlich ist. Was von all dem, das ich zu sein glaube, bin ich wirklich? Wer nicht fragt, bekommt auch keine Antworten. **Alles beginnt mit einer Entscheidung, mit der Entscheidung und dem unbedingten Willen zur Veränderung!**

Stellen Sie sich vor, dass in Ihnen ein Feuer brennt, eine Flamme lodert, die unauslöschlich ist, die Ihnen gehorcht, die sowohl wärmen als auch kühlen kann, die Ihnen immer den Weg heimleuchtet, alles transformiert, was Sie nicht mehr um sich wollen oder brauchen, und deren Farbe Sie allein bestimmen! Stellen Sie sich vor, dass alles um Sie herum genau so ist, wie Sie es haben wollen, ohne wenn und aber, ohne Einschränkungen. Stellen Sie sich vor, Sie sind der Schöpfer Ihrer eigenen, ganz persönlichen Welt, und es gibt nichts, was Sie nicht erschaffen können, einfach nur durch die Kraft Ihres grenzenlosen, unbändigen, freien Willens. Ob Sie sich das vorstellen können oder nicht: Genau das ist die Wahrheit! Genau das tun Sie seit Anbeginn aller Zeiten, ob Sie es wollen oder nicht! Und nun stellen Sie sich vor, dass Sie es wollen, dass Sie diesen Umstand mit all Ihrer Macht und Kraft umarmen und so zum bewussten Schöpfer Ihrer eigenen Realität werden! Alles ist möglich, wenn wir daran glauben, dass es so ist!

TEIL 2 – WER WIR SIND UND WER WIR SEIN KÖNNTEN

Die Frage: „*Wer bin ich?*“, ist seit jeher eine der zentralen Fragen der Philosophie und plagt die meisten Menschen aus unterschiedlichen Gründen und zu unterschiedlichen Zeiten in ihrem Leben. Zuerst taucht diese Frage meist in der Pubertät auf, wenn sich unser Körper und unsere Hormone verändern und wir gezwungen sind, uns neu zu definieren. Weitere Meilensteine im Leben der meisten Menschen sind Jubiläen, runde Geburtstage, die uns an unsere Vergänglichkeit erinnern und daran, dass wir oft nicht das erreicht haben, was wir uns vorgenommen hatten – oder daran, dass wir es erreichten, es uns aber nicht die Erfüllung brachte, die wir uns einst davon versprochen hatten. Dann stellen wir uns oft die Fragen: Warum bin ich hier? Was will ich eigentlich wirklich? Hat das Leben irgendeinen Sinn?

Es können einschneidende Erlebnisse sein, wie eine schwere Krankheit oder ein Unfall, die wir am eigenen Leib erfahren können oder an Menschen, die uns nahestehen. Manche Menschen aber werden noch auf ganz andere Weise gezwungen, über sich selbst nachzudenken, etwa wenn sie – gewollt oder ungewollt – Zeugen paranormaler Ereignisse werden, die sie sich nicht erklären können und die ihr gesamtes Weltbild auf den Kopf stellen – sei es der Kontakt mit Toten oder mit Geistern, seien es außerkörperliche Phänomene wie Zeit- oder Astralreisen oder einfach, weil sie Dinge sehen können, die andere nicht sehen, wie die Aura von Menschen oder Naturwesen.

Wenn wir durch einen schweren Schock, etwa während eines Unfalls oder während einer schweren Operation, unseren Körper verlassen und erleben, dass die Zeit stehen bleibt, wenn wir innerhalb weniger Sekunden linearer Zeitrechnung unser gesamtes Leben nochmals durchleben und all seine einzelnen Stationen gleichzeitig besuchen, dann wird uns klar, dass das meiste, was wir in der Schule gelernt haben, blanker Unsinn war oder bestenfalls nur einen ganz kleinen Ausschnitt dessen zeigt, was in Wahrheit existiert. Wenn uns klar wird, dass wir unseren Körper verlassen haben und immer noch existieren, dann haben wir verstanden, dass es keinen „Tod" im herkömmlichen Sinne gibt, dass das, was wir „sterben" nennen – also das Verlassen unseres physischen Körpers für immer –, nur der Übergang in einen anderen Aggregatzustand ist.

Ich persönlich kenne mehrere Menschen – mich eingeschlossen –, die im Grunde bereits gestorben waren, sich aber dann entschieden, wieder zurückzukommen, weil sie ihre Aufgabe noch nicht erfüllt hatten. Ich selbst war damals Anfang zwanzig, als ich während eines schweren Autounfalls aus meinem Körper austrat und mein gesamtes Leben nochmals vor mir ablief. Ich wurde nochmals Zeuge aller wichtigen Stationen dieses bisherigen Lebens, jedoch ohne selbst im Mittelpunkt zu stehen. Ich war außenstehender, stiller, neutraler Beobachter. Ich verstand die Grundsituationen und Stimmungen, aber ich selbst empfand dabei nichts. Ohne Drama, ohne Schmerz, ohne Emotionen entfaltete sich alles noch einmal vor mir – während ich gleichzeitig im Auto saß und über dem Auto schwebte. Ich befand mich in ein und demselben Moment in mehreren Realitäten und auf mehreren Zeitebenen. Da wusste ich, dass das nicht alles gewesen sein konnte. Also entschied ich mich weiterzumachen. Ich überstand den Unfall ohne einen Kratzer, obwohl mein wunderschöner, kleiner, roter Alfa Romeo völlig zerstört war.

Dieser Moment hat mein Leben verändert. Er war der Anstoß, mich auf die Suche nach mir selbst zu begeben. Es wurde zu einer nie enden wollenden Reise, die geprägt ist von immer neuen Überraschungen und von wundervollen Begegnungen mit mir selbst und mit anderen.

Wer dies oder Ähnliches erlebt hat, weiß, dass der Tod nicht das Ende ist, sondern nur das Ablegen einer oder mehrerer Rollen, die man nicht mehr länger spielen möchte. Wer bereits in diesem Leben an diesem Punkt war, der hat keine Angst mehr vor dem Tod. Ich habe einen Freund, der sich immer zu Irland hingezogen fühlte, obwohl er in diesem Leben noch nie dort war. Er kannte seit seiner Kindheit Details von historischen Orten in einer irischen Kleinstadt, von den Eingängen zu unterirdischen Tunneln bis hin zu Geheimnissen in einer Kirche, die man nirgendwo recherchieren konnte. Und als er eines Tages – nach längerem Zögern – hinfuhr, fand er alles ganz genau so vor, wie er es immer wieder in seinen Träumen gesehen hatte. Er weiß für sich, dass er an jenem Ort vor mehreren hundert Jahren einmal gelebt hatte, er kennt die Zeit, seinen Beruf, viele weitere Details. Er erinnert sich an eines seiner früheren Leben. Wie viele andere Menschen auch. (Es gibt zahlreiche Fälle von Kindern, die sich detailliert an ihre Vorleben erinnern können, die heute dort Muttermale tragen, wo sie im Leben zuvor tödlich verletzt wurden. Solche und viele andere Fallbeispiele finden Sie in Trutz Hardos Buch *„Reinkarnation aktuell – Kinder beweisen ihre Wiedergeburt"*.)

Grundsätzlich könnte man sagen, dass es auf die Frage *„Wer bin ich?"* keine allgemein gültige Antwort geben kann, sondern jeder Einzelne sich diese Frage selbst beantworten muss. Dabei könnte man zwei unterschiedliche Herangehensweisen unterscheiden: die intellektuelle und die sensitive. Die Frage: *„Was macht uns zu Menschen?"*, hat eine Vielzahl von Antworten materialistischer und nichtmaterialistischer Wissenschaftler sowie religiöser Denker hervorgebracht. Eigenschaften vom „Ich-Bewusstsein" sowie die Möglichkeit, über uns selbst zu reflektieren, sollen das sein, was uns von den restlichen Lebewesen auf diesem Planeten unterscheidet.(81) Oft wird dieser Unterschied – so er denn tatsächlich bestehen sollte – auch als „Menschenwürde" bezeichnet. Ich persönlich bin mir sicher, dass auch mein Hund über sich selbst reflektierte. Ich konnte ihm sogar beim Nachdenken und beim Träumen zusehen. Er erkannte sich auch selbst im Spiegel wieder.

Cogito ergo sum („Ich denke, also bin ich") ist der erste Grundsatz des Philosophen René Descartes, den er nach radikalen Zweifeln an der eigenen Erkenntnisfähigkeit als nicht weiter kritisierbares Fundament 1641 formulierte und methodisch begründete: *„Da es ja immer noch ich bin, der zweifelt, kann ich an diesem Ich, selbst wenn es träumt oder phantasiert, selber nicht mehr zweifeln."* Von diesem Fundament aus versuchte Descartes dann, die Erkenntnisfähigkeit wieder aufzubauen.(82)

„Descartes sah zwei Formen des Seins, Geist und Materie; und er versuchte, diese irgendwie in Beziehung zu setzen, was ihm jedoch nie wirklich gelungen ist. Materie ist räumlich ausgedehnt. Man kann sie anfassen. Geist ist unstofflich, man kann ihn erfahren. Die Auffassung, sie seien getrennte Seinsformen, wobei die Naturwissenschaft das Materielle zu untersuchen habe, während die Religion und die Geisteswissenschaft für das Denken zuständig seien, hat tatsächlich eine künstliche Spaltung in der abendländischen Kultur bewirkt, die negative Folgen hatte. Im besten Fall hat sie sich überlebt."[(83)]

Jeffrey M. Schwartz (Hirnforscher und Autor)

Descartes trennte den mechanischen Körper von der denkenden Seele, die uns seiner Meinung nach von den Tieren unterschied. In seiner Vorstellung hatten Tiere keine Seele. Er vermutete die Seele außerhalb des Körpers und hielt die Hypophyse für die Verbindung zwischen den beiden. Damit war er der moderne Begründer des Dualismus, also der Überzeugung, dass wir nicht nur von einander und der Natur getrennt seien, sondern auch innerhalb unseres Selbst eine Trennung besteht. Dem widersprach die englische Philosophin Anne Conway einige Jahrzehnte später, indem sie Materie und Geist als zwei unterschiedliche Erscheinungsformen der einen Substanz – unseres Selbst – bezeichnete. Immanuel Kant nahm an, dass es eine unsterbliche Seele geben müsse, und Hegel definierte verschiedene Stadien des Seelenzustandes. Ab dem 18. Jahrhundert gab es viele unterschiedliche Versuche der Annäherung an dieses schwierige Thema, jedoch fast alle waren rein intellektueller Prägung, was etwa im Gegensatz zu der Herangehensweise vieler Urvölker steht. Zwar konnten sich im Lauf der Zeit viele Wissenschaftler unterschiedlicher Disziplinen auf die Existenz einer Seele einigen, doch gingen die meisten von ihnen stets davon aus, dass diese mit dem Tod des Körpers ebenfalls das Zeitliche segnen würde.

Die meisten spirituellen Lehrer sprechen von einer Einheit aus Körper, Geist und Seele, wobei die Seele der „Ort" ist, an dem all unsere Erfahrungen – aus diesem wie auch aus früheren Leben – gespeichert werden, was die Seele unsterblich macht. Der Geist ist demnach unser Bewusstsein, das sich aus den Erfahrungen der eigenen Seele speist, aber auch auf Erfahrungen anderer Ebenen – etwa von höheren Bewusstseinsstufen – zurückgreifen kann, je nachdem, welche Rolle wir in unserer jeweiligen Inkarnation spielen. Eine „Inkarnation" bezeichnet den Zustand, in dem sich eine Seele in einem menschlichen Körper aufhält – sie ist inkarniert (lat. *in carne = im Fleisch*), um sich selbst auf der materiellen Ebene auszudrücken und zu erfahren. Als „Reinkarnation" bezeichnen wir den Vorgang, bei dem eine Seele nach dem physischen Tod des betreffenden menschlichen Körpers (nach einer Phase der Erholung und Verarbeitung der gemachten Erfahrungen) wieder in einen anderen Körper inkarniert, um weitere Erfahrungen zu sammeln.

Der Zustand unseres Geistes ist veränderbar und hängt davon ab, wie sehr wir uns mit uns selbst auseinandersetzen. Demnach können wir uns jederzeit verändern, wenn wir es wollen und genügend Energie darauf verwenden. So, wie wir unseren Geist beeinflussen und verändern können, so können wir auch unseren Körper in bestimmtem Maße verändern. Die Wissenschaft versucht uns immer wieder klar zu machen, dass wir in unseren Möglichkeiten beschränkt seien, aber es gibt zahlreiche Beispiele, die belegen, dass wir im Grunde alles können, wenn wir es nur vermögen, unseren Geist dahin zu beeinflussen, dies auch tatsächlich für die unumstößliche Wahrheit zu halten. In Ausnahmesituationen, in schierer Verzweiflung, im Angesicht des Todes sind Menschen zu unvorstellbaren Kraftakten und zu übermenschlichen Taten fähig. Warum also nicht auch im täglichen Leben?

Wenn wir die Welt verändern wollen, dann müssen wir uns selbst verändern, denn die Welt ist nur ein Spiegel unseres Selbst!

DAS GENOM

Die Wissenschaft ist darum bemüht, Fragen mittels Beweisen und mathematischer Formeln zu beantworten. Sie versucht, aus der Analyse der Bestandteile Rückschlüsse auf das Ganze zu ziehen. Daraus resultierte die Genforschung und das Bestreben, den Menschen über seine Gene, also über einzelne seiner Bestandteile zu definieren. Das 20.

Jahrhundert könnte man getrost als das „Jahrhundert des Genoms" bezeichnen. Doch es gibt mittlerweile auch zahlreiche Wissenschaftler, die einen völlig neuen Weg gehen und sich anderen Dimensionen öffnen.

Die Erbinformation des Menschen, das *Genom*, soll demnach in den Jahren 1998 bis 2005 vollständig entschlüsselt worden sein. Insgesamt soll das Genom demnach rund 20.000 bis 25.000 Gene enthalten. Unsere nächsten Verwandten sollen demnach die Bonobos, gemeine Schimpansen, Gorillas und Orang-Utans sein.[(84)] Nun, wer's glauben mag...

Demgegenüber steht die Frage, warum es Jahrtausende alte Höhlenzeichnungen gibt, die Raumschiffe und außerirdische Wesen zeigen, die auf die Erde herabstiegen und bei den Menschen weilten? Jedes Naturvolk hat seine eigene, ganz spezielle Vorstellung davon, wie die „Götter" ihr Volk erschaffen hatten. Diese Geschichte wird seit Jahrtausenden an die Nachfahren weitergegeben und wie ein Schatz gehütet. In keiner einzigen dieser Geschichten stammt der Mensch vom Affen ab, sondern immer von den „Göttern". Es gibt tatsächlich sehr viele Hinweise darauf, dass zu allen Zeiten unserer Existenz Wesen von anderen Sphären (anderen Planeten) hierher kamen und sich mit den Menschen mischten, sein Erbgut und sein Wissen beeinflussten – aber das ist eine Vorstellung, die Wissenschaftlern und Theologen Angst macht, weil sich dadurch alles, was sie zu glauben meinen, in Luft auflösen würde. Dieser „absurden Vorstellung" Raum zu geben, würde automatisch ihr Selbstbild vernichten. Ihr Ego fürchtet, der Lächerlichkeit preisgegeben zu werden. Also, *muss* der Mensch vom Affen abstammen! Basta!

Dabei ist aber genau diese Annahme zahlreicher Wissenschaftler völlig unwissenschaftlich, denn es gibt dafür keinerlei Beweise. Der Übergang vom Primaten zum ***Homo sapiens***, also zum modernen Menschen, hätte dann viel rasanter stattgefunden als alle anderen Übergänge. Auch gibt es keinerlei fossile Funde, die einen solchen Übergang vom *Homo erectus* belegen könnten. Diesen Mangel an Beweisen nennt man den *„missing link"* (fehlende Verbindung). (siehe Abb. 3)

Abb. 3:
Den Darwinisten und Naturwissenschaftlern bereitet es Kopfzerbrechen, dass zwischen dem Übergang vom Primaten zum Menschen, also zum ***Homo sapiens***, ein viel zu kurzer Zeitraum liegt. Dieser Übergang wird in Fachkreisen als ***missing link*** bezeichnet.

Gerade in diesem Punkt, nämlich dem plötzlichen Auftreten des **Homo sapiens**, liefern uns die mesopotamischen Schriften (Gilgamesch-Epos) eine mögliche Erklärung. So sollen die Anunnaki – in der mesopotamischen Mythologie die *Götter der Unterwelt* – den Menschen erschaffen haben, um ihn als Sklaven oder Soldaten gegen die Igigu, die *Götter des Himmels* zu benutzen. Demnach wären Adam und Eva „künstlich" erschaffen worden – was sich wiederum mit der Bibel, also dem Buch Genesis, decken würde. Zahlreiche Menschen gehen aber davon aus, dass die Anunnaki keine Götter, sondern eine außerirdische Rasse waren (oder sind), die von Nibiru oder von den Plejaden kamen. Ich kann weder das eine noch das andere belegen, aber das Vorhandensein extraterrestrischer Intelligenz, die sich in die Entwicklung auf Erden einmischte, macht mehr Sinn für mich, als die Abstammung vom Affen oder die Behauptung, dass Jahwe sie aus Lehm geschaffen hätte!

Dennoch wird der Mensch (Homo sapiens) in der biologischen Systematik als höheres Säugetier aus der Ordnung der Primaten bezeichnet, Unterordnung der Trockennasenaffen, Familie der Menschenaffen. Nach Meinung der modernen Wissenschaft sind wir die einzig überlebende Art der Gattung Homo. Die ältesten Funde dieser Gattung werden auf 200.000 Jahre geschätzt. Da es heute weit mehr als 7 Milliarden von uns gibt, sind wir aus Sicht der Wissenschaft das Säugetier mit der größten Population auf Erden. Das alles ist nicht uninteressant, beantwortet uns aber weder die Frage, wer wir sind, noch warum wir tun, was wir tun.

Die Untersuchung einzelner Chromosomen, Gene oder DNS-Abschnitte hat Ergebnisse zu Tage gefördert, die analytische Menschen dazu veranlasste zu glauben, dass der Schlüssel zu allen Fragen der Menschheit im Erbgut läge. Daher wird auf vielerlei Weise versucht, dieses Erbgut zu beeinflussen oder zu verändern – angeblich zum Wohle der Menschheit. Vielleicht aber auch nur, weil die meisten Menschen so gerne basteln? Oder weil sie keine Verantwortung für ihr eigenes Verhalten übernehmen wollen?

Die Wissenschaft war im 20. Jahrhundert weitestgehend der Meinung, dass man Krankheiten, aber auch vermeintlich menschlichem Fehlverhalten durch Eingriffe in das menschliche Erbgut entgegenwirken könnte. Es entstand eine Art von Genom-Religion, die sehr viele Anhänger fand, weil sie wie alle Religionen einfachste Antworten auf brennende Fragen gab und den Menschen von der eigenen Verantwortung für sein Tun freisprach. Begabungen, Krankheiten, kriminelles Verhalten, alles wurde dem Erbgut zugeordnet.

> *„In der Wissenschaft herrschte lange der Irrglaube vor, dass wir das Ergebnis von Genen, von unserer DNS, von geheimen Codes seien, die es zu entschlüsseln gelte. So wurde oft davon gesprochen, dass diese oder jene Verhaltensweise genetisch bedingt wäre, was impliziert, dass man diese speziellen Eigenschaften nicht ändern kann. Demnach würde es auch keinen Sinn machen, Ressourcen dafür einzusetzen, um das Verhalten von Menschen zu ändern, da sie nicht veränderbar sind. Das ist blanker Unsinn.“*[(85)]
>
> Dr. Robert Sapolsky (Neurowissenschaftler, Autor)

Wenn eine bestimmte Personengruppe überdurchschnittlich viele Gewalttaten verübte, dann wurde nach einem Gen gesucht, das dafür verantwortlich sein musste. Wenn in einer Personengruppe eine bestimmte Krankheit besonders oft auftauchte, dann suchte man so lange, bis man ein gemeinsames Gen fand, dem man alles in die Schuhe schieben konnte. Dabei ist etwa aus der Zwillingsforschung belegt, dass sich selbst bei eineiigen Zwillingen die Gene im Laufe des Lebens immer weiter von einander unterscheiden.[86]

> *„Gene mögen die Bereitschaft eines Organismus auf bestimmte Stimulanzen zu reagieren beeinflussen... aber was bei dem Satz ‚es ist genetisch bedingt' mitschwingt, ist letztlich nicht weit von der Geschichte der Eugenik entfernt. Daher handelt es sich um einen weit verbreiteten Irrglauben, der nicht ungefährlich ist."*[87]
>
> Dr. Robert Sapolsky

Die *Eugenik* (Erbgesundheitslehre), die genetische Auslese von Menschen, war eines der zentralen wissenschaftlichen und ideologischen Themen des 20. Jahrhunderts. Die Überzeugung, dass manches Leben wertvoller sei als anderes, war und ist quer über alle Kontinente, quer durch alle Gesellschaften und Gesellschaftsschichten verbreitet, wurde und wird aber bis heute vor allem von einer gewissen kleinen, selbst erkorenen Elite am Leben erhalten, um ihr eigenes, krankes Verhalten vor sich und anderen zu rechtfertigen.

Die Genom-Religion war (und ist) nicht nur ein tolles Betätigungsfeld für zahllose Wissenschaftler, sondern sie kam auch der herrschenden Klasse und der Politik sowie den Großkonzernen sehr gelegen. Niemand war mehr für irgendetwas verantwortlich – außer natürlich den bösen Genen. So konnte man Sklavenhaltung, Rassentrennung, Euthanasie, Kriege und Genozide rechtfertigen.

> *„Es wird weithin angenommen, dass Störungen wie ADHS (Aufmerksamkeitsdefizit- oder Hyperaktivitätsstörung) oder Schizophrenie genetisch vorprogrammiert wären. Das Gegenteil ist der Fall: Nichts ist genetisch programmiert – einige ganz wenige, sehr seltene Krankheiten ausgenommen. Die meisten komplexen Krankheitsbilder aber können zwar eine genetische Prädisposition haben, die ei-*

nen Teilaspekt des Ganzen ausmacht, aber genetische Prädisposition ist noch lange keine genetische Festlegung."[(88)]

Gabor Mate (Arzt und Autor)

Anfang des 20. Jahrhunderts zerfielen mit den Monarchien auch die alten Strukturen. Der „einfache Mensch" strebte nach immer mehr Freiheit und Individualität, was die herrschende Klasse, die wir heute als das oberste 1 Prozent bezeichnen würden, in Bedrängnis brachte, weil sie Gefahr lief, ihre Macht und ihren Einfluss zu verlieren. Die Herrscher mussten Zugeständnisse an das Volk machen, wie etwa Demokratie oder Gewerkschaften zulassen. Aber sie waren bestrebt, die Macht nicht zu sehr aus den Händen zu geben.

Lange spielte in der schulmedizinischen Behandlung von Krankheiten eine Frage stets die zentrale Rolle: „*Welche Erkrankungen traten bislang in ihrer Familie auf?*" Es dauerte nicht lange, bis die meisten Menschen davon überzeugt waren, dass sie zum größten Teil ein Produkt ihrer Gene waren, also ein genetisches Abbild ihrer Vorfahren. In dem Zusammenhang muss die Frage erlaubt sein: Wenn Affen unsere Vorfahren sind, warum gehen wir dann so schändlich mit ihnen um? Würden Sie persönlich Ihren Großvater einem Pharmakonzern für Medikamentenversuche zur Verfügung stellen? Würden Sie wollen, dass ihre nächsten Verwandten (Tanten, Onkel, Cousins, Cousinen) in Käfigen gehalten und bestialisch gequält werden?

„*Die ganze Suche nach der Ursache von Krankheiten im Genom war von vornherein zum Scheitern verurteilt, weil die meisten Krankheiten nicht genetisch vorbestimmt sind. Herzkrankheiten, Krebs, Schlaganfälle, Rheuma, Autoimmunkrankheiten, psychische Krankheiten, Suchtprobleme, nichts davon ist genetisch vorbestimmt. Zum Beispiel Brustkrebs: Von 100 Frauen mit Brustkrebs tragen nur 7 das Brustkrebs-Gen in sich, die anderen 93 nicht. Und von denen, die das Gen in sich tragen, bekommen nicht alle Brustkrebs.*"[(89)]

Gabor Mate

Das Vorhandensein von „Erbkrankheiten“ war allgemein akzeptiert, und es gab zahlreiche Menschen, die freiwillig keine Kinder mehr in die Welt setzten, weil man ihnen eingeredet hatte, dass ihre Kinder definitiv dieselben Krankheiten bekommen würden wie sie selbst. Wir wissen schon lange, dass dies blanker Unsinn ist und die meisten Krankheiten durch äußere Einflüsse entstehen und maßgeblich durch den Faktor „Angst“ verstärkt werden. Wenn also Kinder dieselben Krankheiten bekommen wie ihre Eltern, dann deshalb, weil sie in denselben Umständen wie diese leben, etwa dieselbe schlechte Nahrung zu sich nehmen oder denselben Umweltgiften ausgesetzt sind oder dieselbe konstante Lärm- und Stressbelästigung erfahren. Aber auch die Angst vor einer bestimmten Krankheit ruft genau diese hervor oder führt gemeinsam mit den anderen Stressfaktoren zu dieser bestimmten Krankheit.

Lassen Sie sich in Gesundheitsfragen nicht bevormunden, holen Sie ruhig immer mehrere Meinungen ein, und fragen Sie nach. Lassen Sie sich von Ihrem Arzt alles so lange erklären, bis Sie das Gefühl haben, es verstanden zu haben. Sollte Ihr Arzt nicht willens oder nicht fähig sein, Ihnen alles ausreichend zu erklären, dann wechseln Sie den Arzt!

Der Onkologe Dr. Frank Gansauge, mit dem ich im März 2013 ein Interview für ein anderes Buchprojekt führte, erklärte mir Folgendes:

> *„Kinder zwischen 3 und 5 Jahren haben das beste Immunsystem überhaupt. Wenn ich aber Kindern, die wussten, dass sie operiert würden, vor der OP Blut abnahm, dann waren diese Blutwerte katastrophal. Schuld daran war die Angst dieser Kinder vor der OP!“*

Unser Leben wird von unserem Umfeld bestimmt und davon, worauf wir unsere Energie lenken. Wir wissen von zahlreichen Blind-Studien (Placebo-Tests), dass die Überzeugung alles ist. In ihrem Buch *Genome* erklären Jerry E. Bishop und Michael Waldholz: *„Abnorme Gene verursachen nicht aus sich selbst heraus Krankheiten. Im Großen und Ganzen ist ihr Einfluss auf die Gesundheit eines Menschen minimal, bis die Person in ein schädliches Umfeld platziert wird. Die Bedeutung* *abnormer Gene hängt daher von Wohnort und Lebenswandel ab, also von geographischen Faktoren.“*

Dazu kommt, dass unsere heutige Ernährung in weiten Teilen extrem ungesund ist und aus „Lebensmitteln“ vielfach tote Nahrungsmittel wurden, die nicht nur wenig Energie enthalten, sondern unter anderem durch gentechnische Manipulation den menschlichen Organismus schädigen, die Abwehrkräfte schwächen und zu Anomalien führen. Eine Untersuchung von Dr. Robert Gramling, Professor für Familienmedizin am medizinischen Zentrum der Universität von Rochester, hat entdeckt, dass nicht der Krebs vererbt wird, sondern eher die Verhaltens- und Ernährungsweisen, die schließlich zum Krebs führen können.[90] Kunststoff, den wir seit Jahrzehnten konstant mit der Nahrung zu uns nehmen, hat offenbar einen Einfluss darauf, ob ein bestimmtes Gen „getriggert“, also an- oder ausgeschaltet wird.

> *„So dringt beispielsweise seit Jahrzehnten unbemerkt ein Stoff aus Lebensmittelverpackungen in die Nahrung, der im Körper wie ein Hormon wirkt und möglicherweise verantwortlich für eine immer früher einsetzende Pubertät und eine lebenslange Neigung zur Fettleibigkeit sein könnte. Auch schwere Krankheiten wie Krebs, Typ-2-Diabetes, Herzinfarkt, Schizophrenie und Autismus können offenbar durch diese ‚Schalterstellungen' ausgelöst werden.“*[91]

Die Besessenheit der Wissenschaft mit dem Genom reichte bis hin zur Theorie des *egoistischen Gens* (The Selfish Gene), die 1976 von *Richard Dawkins* aufgestellt wurde und besagte, dass unterschiedliche Stränge von Erbinformationen (etwa von mütterlicher und väterlicher Seite) um die Vorherrschaft im Individuum kämpfen würden. Viele dieser Gentheorien waren interessant, ließen aber völlig die emotionale Komponente der menschlichen Existenz, also den Einfluss des eigenen Denkens und Fühlens auf die eigene Realität außer Acht. Auch diese Tatsache kam der „Elite“ sehr gelegen. Würde die Wissenschaft zu dem Schluss kommen, dass wir ein Produkt unserer Gedanken sind, und würde sich diese Meinung als Tatsache in der Weltbevölkerung verbreiten, dann wäre die Menschheit nur noch sehr schwer zu regieren und zu manipulieren.

Auch wenn man uns immer wieder anderes erzählen will: Wir sind kein genetisches Abziehbild unserer Vorfahren, sondern werden durch deren Einfluss und Erziehung bestimmt! Unsere Eltern geben ihre Erfahrungen, Empfindungen, Ängste, Freuden, ihre Sicherheit oder Unsicherheit, ihre Begeisterung oder ihre Gleichgültigkeit an uns weiter. Davon werden wir geprägt. Wir wissen, dass Kinder kein Produkt ihrer DNS sind, sondern ihres nächsten Umfeldes. Sie saugen alles auf, was um sie herum geschieht, und definieren sich nach und nach darüber.

> *„Doch diese frühe Sensitivität ist kein Fehler der Evolution. Sie existiert in vielen unterschiedlichen Gattungen, auch Pflanzensämlinge passen sich von Anfang an ihrer Umgebung an. Bei Menschen gibt es eine Anpassung an die Qualität sozialer Beziehungen. Wie viel Pflege, wie viel Streit, wie viel Zuwendung du erfährst, gibt dir (als Kind) einen Vorgeschmack von der Welt, die dich vielleicht erwartet. Wächst du in einer Welt auf, in der du um alles kämpfen musst, was du brauchst, in der du niemandem trauen kannst, oder wächst du in einer Welt des Zusammenhaltens, der gegenseitigen Unterstützung auf, in der Mitgefühl eine zentrale Rolle spielt, in der deine Sicherheit durch gute Beziehung zu anderen Menschen entsteht? Diese zwei Szenarien erfordern sehr unterschiedliche emotionale und kognitive Entwicklungen. Genau darum geht es in dieser frühen Sensitivität. Die Kindererziehung ist, nahezu unbewusst, das Weiterreichen dieser eigenen Erfahrungen über die Welt an die Kinder.“*[92]
>
> Gabor Mate

Man könnte die eigenen Gene als eine Art Werkzeugkiste bezeichnen, mit der jeder von uns geboren wird. Diese Kiste wird von den Eltern an die Kinder weitergereicht, und sie enthält die Werkzeuge, die unsere Eltern kennen und selbst benutzten. Es ist jedoch nicht gesagt, dass wir nun für den Rest unseres Lebens genau diese Werkzeuge benutzen müssen. Wenn wir feststellen, dass wir gerne andere Werkzeuge hätten, dann können wir sie dazu erwerben, wir können mit anderen tauschen, und wir können alte Werkzeuge, die wir nicht mehr wollen, wegwerfen. Wenn wir kreativ sind, dann können wir auch eigene neue Werkzeuge entwickeln, die unseren Bedürfnissen besser gerecht werden. Natürlich hat die Auswahl der Werkzeuge, die wir bei der Geburt überreicht bekamen, unsere Entwicklung geprägt. Wie sich unsere Werkzeugkiste aber im Lauf unseres Lebens verändert, hängt von unseren äußeren Einflüssen ab, davon, wie sehr wir bei der Entwicklung neuer Teile gefördert und ermutigt werden.

Die eigenen Gene zu verändern ist *eine* Sache, die anderer Lebewesen aber eine ganz andere. Wie fänden Sie es, wenn jemand aus Ihrer Werkzeugkiste einfach einige Teile herausnehmen würde, ohne Sie zu fragen, oder wenn jemand einfach den Griff Ihres Hammers absägen oder anschneiden würde?

Die Natur war ursprünglich ein ausgewogenes System, das sich über Jahrmillionen entwickelt hat. Wenn wir nun mit unserem beschränkten Verstand und unserem Ego mittels Gentechnik in diesen Kreislauf eingreifen, dann kann man dies wohl nur als Spiel mit dem Feuer beschreiben. Wie kleine, unbedarfte Jungs mit ihrem Chemie-Baukasten, so „basteln" auch hochbezahlte, völlig verantwortungslose Wissenschaftler an Genen herum, um ihr eigenes Ego zu befriedigen. Wenn man das Erbgut von Pflanzen verändert, was heute in ganz großem Stil durch Megakonzerne wie Monsanto und Bayer geschieht, dann beeinflusst das auch das Erbgut der Tiere und der Menschen, die diese Pflanzen essen. *„Du bist, was du isst!"*

In der Wissenschaft setzt sich nicht das durch, was für den Menschen gut wäre, sondern das, was patentierbar und gut verkäuflich ist, da die wissenschaftliche Forschung von den Geldern einiger Großkonzerne abhängig ist. Es ist bekannt, dass GVOs (gentechnisch veränderte Organismen) beim Menschen zahlreiche Krankheiten und Allergien auslösen und den Hormonhaushalt stören. Als der Biochemiker *Arpad Pusztai* in den 1990er-Jahren Kartoffelsorten gentechnisch veränderte, stellte er fest, dass dies schwerwiegende gesundheitliche Folgen für die Versuchstiere hatte, an die er sie verfütterte. *Pusztai* trat am 10. August

1998 in der britischen Fernsehsendung *World in Action* zum Thema Gentechnik-Nahrung auf und sagte auf die Frage, ob er selbst GVOs essen würde, deutlich: „*Wenn ich die Wahl hätte, würde ich sie sicher nicht essen. Als Wissenschaftler, der in diesem Bereich tätig ist, finde ich es sehr unfair, unsere Mitmenschen als Versuchskaninchen zu missbrauchen.*“

Dass er daraufhin seinen Posten verlor und aus der wissenschaftlichen Gemeinde ausgeschlossen wurde, war vielen anderen „genetischen Bastlern“ eine Warnung. Seitdem manipulieren sie fleißig weiter und halten den Mund, obwohl sie wissen, dass gentechnisch veränderte Nahrung gefährlich für den Menschen und für das gesamte Ökosystem ist. „*Herr, vergib ihnen, denn sie wissen nicht, was sie tun!*“

Mittlerweile verändern Wissenschaftler in aller Welt nicht nur Pflanzen, sondern auch Tiere, vom Fisch bis hin zu Stechmücken. Es ist Zeit, dass die Besessenheit mit dem Genom und das dümmliche Bedürfnis, alles manipulieren zu wollen, ein Ende findet! Die Genom-Religion, die Lüge vom Gen, das Macht über uns hat, wurde erschaffen, um uns in Angst und Willenlosigkeit zu halten. Es gibt – von einigen ganz seltenen Gen-Defekten abgesehen – keine genetisch bedingten, vererbbaren Krankheiten. Wir sind ein Produkt unserer Umwelt und Erziehung.

Gene haben nur auf eine einzige Weise Macht über uns: durch genmanipulierte Organismen (GVOs)! Der Versuch von *Monsanto & Co* 2013, das gesamte Saatgut der Welt zu kontrollieren und die Verwendung natürlichen Saatgutes zu verbieten, ist ein Ausdruck von Geisteskrankheit und Machtbesessenheit einiger weniger verirrter Geister. *Dem können und müssen wir Einhalt gebieten!*

DIE EVOLUTIONSTHEORIE

„*Wie jedes andere Tier ist auch der Mensch ohne Zweifel auf seinen gegenwärtigen hohen Stand durch einen Kampf um die Existenz gelangt, und wenn er noch höher fortschreiten soll, muss er einem heftigen Kampf ausge-*

setzt bleiben. Es muss für alle Menschen offene Konkurrenz bestehen...“[93] – so Charles Darwins Zusammenfassung seines im Jahre 1871 erschienenen Werkes „Die Abstammung des Menschen“. Diese Aussagen hatten schwerwiegende Folgen für die Menschen im 20. Jahrhundert. Der *Darwinismus* besagte im Grunde, dass nicht jeder gleich ist und auch nicht jeder das Recht hat zu überleben. Darwin mag einige seiner Aussagen nicht so gemeint haben, wie er sie schrieb, dennoch waren sie Grundlage und Rechtfertigung für die Unterdrückung bestimmter Gruppen und für ganze Genozide. Wir wissen heute, dass der permanente Kampf völliger Unsinn ist und daraus nur Angst und Krieg entstehen, dass hingegen die Förderung aller Menschen, besonders der schwächeren, ein ganz anderes kreatives Potential für die gesamte Menschheit freisetzen kann. Der Spruch: *„Alles, was mich nicht umbringt, macht mich härter!“*, stimmt, ich frage mich jedoch, ob es erstrebenswert ist, hart zu sein, weil Härte dicht, undurchlässig und unsensibel macht. Härte hilft uns in einer harten Gesellschaft zu überleben. Wer nichts fühlt, kann auch nicht verletzt werden. Aber ist es wirklich das, was wir wollen?

> *„Menschliche Berührung ist essentiell wichtig für die Entwicklung eines Kleinkindes. Kleinkinder, die nie in den Arm genommen, nie berührt werden, sterben. Gehalten zu werden ist ein fundamentales Bedürfnis jedes Menschen.*“[94]
>
> Gabor Mate

Lange Zeit galt der Mensch als egoistisches Einzelwesen. Ein falsches Verständnis der Evolutionstheorie und jüngere Theorien wie die vom „egoistischen Gen“ stützten diese Auffassung. Mittlerweile wissen wir aber, dass das Leben in der Gruppe der entscheidende Faktor für unsere bisherige Entwicklung war. Der Mensch wurde klug, weil er lernen musste, sich in seiner Umwelt, nämlich der anderer Menschen, anzupassen. Die Zuwendung von Mitmenschen macht uns zu dem, was und wer wir sind. Wie wir „funktionieren“ hängt davon ab, wie in frühem Alter unsere Neuralbahnen im Gehirn, vor allem die der wichtigen grauen Substanz der Großhirnrinde (die für die höheren kognitiven

Aufgaben zuständig ist) stimuliert und dadurch ausgebaut werden. Nobelpreisträger Gerald Edelman nennt das „Neuronalen Darwinismus".[95]

> *„Das Konzept des Neuronalen Darwinismus besagt einfach, dass die Schaltzentralen, die angemessene Informationen aus der Umgebung erhalten, sich optimal entwickeln werden, während diejenigen Bereiche, die nicht optimal oder gar nicht mit Informationen gefüttert werden, sich entweder mangelhaft oder gar nicht entwickeln. Wenn etwa ein Kind bei der Geburt einwandfreie Augen hat und man es für fünf Jahre in einen dunklen Raum sperrt, wird es danach für den Rest seines Lebens blind sein, weil die Nervenbahnen der Augen Licht brauchen, um sich zu entwickeln. Ohne Licht werden sogar die rudimentären Bahnen, die bei der Geburt aktiv waren, verkümmern und sterben, und es werden sich keine neuen bilden."*[96]
>
> Gabor Mate

Das ist der Grund, warum junge Menschen ihr Verhalten während der Pubertät verändern: Die Wege, auf denen ihre Informationen und Emotionen transportiert und verarbeitet werden, werden neu justiert. Das Hirn reift zu einer effizienten Denk- und Kontrollmaschine mit zahlenmäßig geringeren, dafür aber schnelleren Verbindungen. Es wird erwachsen.

Darwins Idee vom „Überleben des Stärkeren" ist völliger Unsinn, weil die Frage, wer der Stärkere ist, letztlich nur lauten kann: Wer hat die besten Lebensbedingungen? Wer wird am meisten geliebt und gefördert? Wer bekommt die meiste Aufmerksamkeit? Wer darf sich frei entfalten? Damit sind wir wieder beim Thema Ungleichheit.

In Deutschland leiden etwa eine Million Kinder am Aufmerksamkeitsdefizit-Syndrom ADS und an der ADHS-Variante mit Hyperaktivität. Jungen sind drei bis vier Mal so häufig betroffen wie Mädchen. Beide Formen zusammengenommen sind heute die häufigste psychische Erkrankung von Kindern und Jugendlichen und die von allen psychiatrischen Störungen an Kindern am meisten erforschte. Die Symptome lassen sich mithilfe von Psychopharmaka unterdrücken. Etwa 300.000 Kinder nehmen deshalb allein in Deutschland Medikamente, die tief in den Gehirnstoffwechsel eingreifen. Das ist der absolute „Wahnsinn“, weil sich Fachleute schon lange einig sind, dass diese Auffälligkeiten rein psychische, besser gesagt erzieherische Gründe haben.

Das moderne Leben mit zu viel Medienkonsum, zu wenig Bewegung und Naturerlebnissen sowie zunehmend gestörte Familienverhältnisse verursachen demnach ADS. Hirnbiologisch nachweisbare Fehlfunktionen sind nicht die Ursache, sondern die Folge. Der Neurobiologe Prof. Dr. Gerald Hüther, der sich viele Jahre intensiv mit dieser „Störung“ beschäftigte und viele Kinder betreute, ist der Auffassung, dass all diese Kinder nie gelernt haben, ihre Aufmerksamkeit zusammen mit anderen auf etwas Gemeinsames zu lenken. Sie haben zu wenig gemeinsame Aktivitäten mit anderen Menschen erlebt. Neben der Vereinsamung vor dem Fernseher oder dem Computer liegt das auch an unseren veränderten Familienstrukturen. Früher lebten Menschen in größeren Gruppen, mit mehreren Generationen unter einem Dach, und jeder lernte von klein auf, sich auf andere einzustellen. Bis vor 20 Jahren etwa konnten Kinder auch in der Großstadt noch alleine auf die Straße, um mit anderen Kindern zu spielen. Die Zustände in unseren Großstädten führten allerdings inzwischen dazu, dass Kinder heute kaum noch die Wohnung verlassen dürfen. Eltern werden von Angst getrieben, ebenso wie von dem Wahn, ihre Kinder von klein auf mit „Früherziehung“ drillen zu müssen. Die Zunahme von Kleinfamilien, immer mehr Alleinerziehende sowie die Tatsache, dass es immer mehr Einzelkinder gibt, führten dazu, dass Kinder immer unfähiger werden, sich in Gemeinschaften zu integrieren.

ADS wird in der Schulmedizin vorwiegend durch die Verabreichung von Methylphenidat (kurz: MPH) behandelt, einem Stoff, der im weitesten Sinne ein Amphetamin ist und niedrig dosiertem Kokain entspricht. MPH wird auch bei Narkolepsie eingesetzt und als Ergänzung zu Antidepressiva, um deren Wirkung zu verstärken. Es kann Gehirnschäden hervorrufen und laut Beipackzettel auch tödlich sein. Das Präparat wird von der Schweizer Firma *Novartis* unter dem Namen *Ritalin* vertrieben. Inzwischen werden damit weltweit geschätzte zehn Millionen Kinder und Jugendliche behandelt. In Deutschland allein sollen es etwa 600.000 Kinder sein. Wird die Firma *Novartis* daran interessiert sein, dass ADS als Erziehungs-Symptom eingestuft wird, anstatt als psychische Krankheit? Wohl kaum.

Ritalin kann bei regelmäßiger Einnahme zu Wahnvorstellungen, Wachstumsstörungen, Appetitlosigkeit, massiven vielfältigen Hautproblemen, Schlaflosigkeit, Kopfschmerzen, Mundtrockenheit und Übelkeit führen, ebenso zu Nervosität, Angstgefühlen, Unruhe, Agitiertheit, Aggression, Zähneknirschen, Depression, Verwirrung, Spannung, Schwindelgefühl, Zittern, verschwommenem Sehen, Drehschwindel und zahlreichen weiteren Symptomen. Es wird auch unter dem Namen *Concerta, Daytrana, Equasym, Medikinet, Metadate* und in Form diverser Generika an Millionen von Menschen verabreicht.[(97)] Prof. Dr. Gerald Hüther gibt an, dass der Verbrauch des Wirkstoffs Methylphenidat zwischen 1993 und 2008 von 34 auf 1617 Kilo hochschnellte!

> *„Wenn man anfängt, seine Affekte mit einer Pille zu kontrollieren, ist man kein Mensch mehr. Dann ist man ein Roboter.“*[(98)]
>
> Prof. Dr. Gerald Hüther

Dazu kommt, dass Ritalin seit Jahren eine Modedroge unter Studenten sein soll. Viele sollen es zur Leistungssteigerung und zur besseren Konzentration nehmen, sie trinken, schnupfen oder spritzen es sogar. In Amerika soll dieses Amphetamin angeblich jeder vierte Student und sogar jeder fünfte Professor „konsumieren“.

Bis heute hat Darwins Idee vom „gesunden Konkurrenzkampf“ schwerwiegende Auswirkungen auf unsere Gesellschaft. Schon von klein auf wird der moderne Mensch darauf vorbereitet, sich mit anderen messen zu müssen, besser, schneller, härter, erfolgreicher als andere zu sein. Dafür müssen wir gegen unsere Natur arbeiten und unsere Gefühle unterdrücken – was meist nur mittels Drogen gelingt.

> *„Die Ritalin-Kinder von heute sind die Menschen mit einem IQ von unter 50 von morgen. Ritalin-Kinder sind die Opfer ihrer El-*

tern, die sie auf chemische Weise zügeln und vom Lernen abhalten.“[99]

Interessant ist, dass Ritalin und diverse, weit verbreitete Antidepressiva, die damit gemeinsam oder wechselweise eingesetzt werden, wie **Prozac** (Fluoxetin), **Zoloft** (Sertralin) und **Luvox** (Fluvoxamine), seit Ende des 20. Jahrhunderts immer öfter an Jugendlichen angewandt wurden. Zur selben Zeit nahm die Zahl der Amokläufe in Schulen („school shootings“) auffällig zu. Angeblich sollen alle diese jugendlichen Amokläufer über lange Zeit eines der oben genannten oder ein artverwandtes Präparat eingenommen haben. Die Frage stellt sich also, ob es die Waffen sind, die Gewalt auslösen oder die massiven Drogen, die ganz offiziell in gewaltigem Umfang an der heutigen Jugend angewandt werden? Ich befürchte, dass die Kombination dieser Drogen, gemeinsam mit verfügbaren Waffen, einer weit verbreiteten Sinnleere und Vereinsamung sowie mit gewalttätigen Videospielen und Filmen eine Bombe ist, die sehr, sehr große Sprengkraft hat.

Der amerikanische Waffenproduzent John Noveske hatte Ende Dezember 2012 eine Liste veröffentlicht, die alle Jugendlichen nannte, die jemals in US-Schulen Amok gelaufen waren. Daneben schrieb er jeweils das ihnen verordnete Medikament, das der Amokläufer eingenommen hatte. Jeder einzelne dieser Täter stand demnach unter Medikamenteneinfluss! Nur sechs Tage, nachdem Noveske seine Recherchen veröffentlichte, am 4. Januar 2013, starb er bei einem seltsamen Autounfall.[100] Das Leben ist voller merkwürdiger „Zufälle“...

Jugendliche wachsen heute in einer Welt auf, die von Leistungsdruck und Angst geprägt ist. Ihre oberste Aufgabe ist es, von Anfang an zu funktionieren und sich unterzuordnen. Was für eine kalte, grauenvolle Welt! Während man in den 1960er- und 1970er-Jahren noch Drogen nahm, um sein Bewusstsein zu erweitern und um auszubrechen, so müssen viele Menschen heute Drogen nehmen, um als kleines Zahnrad in einer hohlen Leistungsgesellschaft zu funktionieren – anders halten sie es einfach nicht mehr aus!

Darwins Theorie, nach der nur die Fittesten überleben und in der Natur eine natürliche Selektion stattfindet, mag früher einmal auf die Pflanzen- und Tierwelt zugetroffen haben, ehe der Mensch massiv in den natürlichen Kreislauf eingriff. Auf den Menschen war diese Theorie niemals anwendbar, da bei uns nicht die genetische Prädisposition, sondern eindeutig die Geburtsfamilie und deren finanzieller und geistiger Hintergrund entscheidend sind. Bei uns setzen sich meist nicht die Fittesten durch, sondern die am meisten Beschützten und Geförderten, diejenigen mit der Zugehörigkeit zum richtigen „Verein". Darwins Theorie wurde jedoch von der Wissenschaft allgemein aufgesogen und ständig weiterentwickelt. Im 20. Jahrhundert wurde sie dann mit der Genom-Religion verflochten und *Synthetische Evolutionstheorie* genannt.

> *„Buddha behauptete, dass alles mit allem zusammenhängt. Er sagte: ‚Das Eine enthält das Viele, und das Viele enthält das Eine.' Man kann nichts von seiner Umgebung isoliert verstehen. Das Blatt enthält die Sonne, den Himmel, die Erde. Das wurde mittlerweile als wahr erkannt. Auf den Menschen bezogen nennt man dies die ‚bio-psycho-soziale Natur' der menschlichen Entwicklung.“*[(101)]
>
> Gabor Mate

Die Biologie des Menschen ist stark von der Interaktion mit seinem sozialen und psychologischen Umfeld abhängig. Der Psychiater und Forscher Daniel Siegel von der UCLA nennt das „interpersonelle Neurobiologie". Von der Zeugung bis hin zum Tod hat alles um uns herum starken Einfluss auf unsere Biologie, somit auf unsere Gesundheit, auf unseren Geist, auf unser Denken, auf unseren Erfolg und auf unsere Zufriedenheit. Kein Mensch sucht von sich aus die Konkurrenz mit anderen – rivalisierendes Verhalten ist anerzogen! Kinder werden heute durch kindliche Früherziehung zu Höchstleistern mit spitzen Ellenbogen geformt.

Neben Darwin versuchten sich auch zahlreiche andere Denker an einer eigenen Evolutionstheorie. Alle haben eines gemeinsam: Sie gehen davon aus, dass es keinen Gott oder keine „Götter" gibt, und sie sind allesamt unbewiesen. Kein einziger Wissenschaftler konnte bis heute schlüssig beweisen, wie sich etwa Aminosäuren oder die DNS aus dem Nichts heraus bilden konnten!

> *„Als Darwin ‚Die Entstehung der Arten' schrieb, stammten die ältesten bekannten Fossilien aus einer geologischen Periode namens Kambrium... Doch das kambrische Fossilmuster passte nicht zu Darwins Theorie. Statt mit einer oder wenigen Arten zu beginnen, die sich allmählich über Jahrmillionen in Familien auseinander entwickelten, in Ordnungen, dann in Klassen, dann in biologische Stämme, beginnt das Kambrium mit dem abrupten Vorhandensein vieler voll ausgeformter Stämme und Klassen von Tieren... Darwin wusste das und sah darin eine der Hauptschwierigkeiten für seine Theorie... Er nannte es ein ‚ernstes Problem', das ‚gegenwärtig unerklärbar bleiben muss und durchaus als gültiges Argument gegen die hier vertretenen Ansichten vorgebracht werden kann'."*[102]
>
> Jonathan Wells (Molekularbiologe)

In den letzten 150 Jahren wurden Millionen von Fossilien gefunden, aber Darwins Problem wurde dadurch nicht beseitigt. Die Evolutionstheorie ist vermutlich nichts anderes als eine weitere Irrung in der Wissenschaft, die stets versucht, einfache, mechanische Erklärungen für alles zu finden, um die Existenz des göttlichen Prinzips ausschließen zu können – oder aber auch die Existenz außerirdischen Lebens, das höher entwickelt ist als das unsere.

Wenn ein Mensch etwa eine neue Rosensorte in einer neuen Farbe züchtet, dann weiß die Rose vermutlich nicht, dass sie ganz bewusst und gezielt von einem ihr überlegenen Wesen geschaffen wurde. Was, wenn es dem Menschen genauso geht?

Das gesamte Wesen der modernen Wissenschaft ist auf Konkurrenz aufgebaut, also muss aus deren Sicht Konkurrenz auch gerechtfertigt werden. Millionen von Wissenschaftlern müssen sich jedes Jahr aufs

Neue um einige wenige Fördertöpfe prügeln; sie müssen, um an diese Fördergelder zu kommen, zumindest hin und wieder in einer der zwei wichtigsten wissenschaftlichen Fachblätter Neues und Bahnbrechendes veröffentlichen. Konkurrenz ist alles, was sie kennen. Aber wohin die Konkurrenzhaltung führt, zeigt uns heute sehr eindrücklich der Spitzensport. Dort bekommen Sportler viel Geld dafür, dass sie sich schinden und mit verbotenen Substanzen (die ihrem Körper schaden) vollpumpen, nur um am Ende ein paar hundertstel Sekunden schneller zu sein als die Konkurrenz. Das verschafft ihnen ein paar Minuten Aufmerksamkeit und Bestätigung – und einige Werbeverträge. Sie sind so lange obenauf, bis sie des verbotenen Dopings überführt und dann öffentlich geächtet werden.

Wenn wir alle nur die Hälfte der Zeit und der Energie, die wir für Passivsport – also fürs Zusehen – aufwenden, in unsere eigene persönliche Entwicklung investierten, würde sich die Welt schlagartig zum Besseren wandeln. Sich über den Erfolg einer bestimmten Mannschaft zu freuen, ist schön, sich aber über den Misserfolg eines anderen Teams zu freuen oder ein anderes Team gar zu bekämpfen, erschafft negative Gefühle und Dramen.

Wir brauchen keine Konkurrenz, sondern Gemeinschaft. Was wir brauchen, sind Liebe, Mitgefühl und Verständnis. Was uns am meisten fehlt, sind echte Freude und Begeisterung. In einem Wettkampf Zweiter zu sein, ist keine Niederlage, sondern eine große Leistung.

Es geht darum, alle Leistungen als solche anzuerkennen, unabhängig von Vereins-Trikots, Parteibüchern, Hautfarben, von Staatsangehörigkeiten oder ähnlichen äußerlichen Banalitäten. Was für den einen eine leichte Übung ist, kann für den anderen eine gewaltige Leistung sein. Erfolg in Zeit oder Punkten zu messen, Menschen in Gewinner und Verlierer zu unterteilen – wobei irgendwelche Verbände die Definitionen liefern –, ist völlig unsinnig, weil wir uns damit klein und minderwertig machen. Wir setzen uns selbst herab. Es ist dasselbe Prinzip wie bei der Kreditvergabe von Banken: Wir unterstützen ein Prinzip, bei dem die meisten von uns auf der Strecke bleiben *müssen*! Und da wir nicht zu den Verlierern gehören wollen, leben wir unterschwellig in ständiger Angst.

Es ist doch viel produktiver, sich mit anderen über deren Erfolge (wie „klein" oder „groß" sie auch immer sein mögen) zu freuen, als ihnen ihren Erfolg zu neiden. Wer das nicht glaubt, soll es doch einfach einmal ausprobieren. Jede Anerkennung, jedes Kompliment, jede Aufmerksamkeit, die man anderen schenkt, ist ein großer Beitrag zu einer besseren und friedlicheren Welt!

> *„Unsere Wünsche sind die Vorboten der Fähigkeiten, die in uns liegen!"*
>
> J. W. von Goethe

DENKEN

Unsere Gedanken formen und bestimmen unser Leben. Unsere Gedanken manifestieren sich in zweierlei Hinsicht: zum einen durch das Gesetz der Resonanz, das besagt, dass wir energetisch das anziehen, was wir aussenden. Zum anderen durch einen Filter, den wir durch unsere Gedanken und unser Bewusstsein über alles legen, was uns widerfährt. Wir bewerten alles, was uns begegnet, abhängig von unserem Bewusstsein und unserem Gedächtnis, das wiederum ein Spiegel unserer Gedanken ist.

> *„Achte auf deine Gedanken, denn sie werden deine Worte.*
> *Achte auf deine Worte, denn sie werden deine Taten.*
> *Achte auf deine Taten, denn sie werden deine Gewohnheiten.*
> *Achte auf deine Gewohnheiten, denn sie werden dein Leben!"*

Dieses alte jüdische Sprichwort besagt eigentlich schon alles. Die meisten Menschen denken unentwegt. Umso faszinierender ist es, dass sie ihre Gedanken nicht kontrollieren können. Sie sind Sklaven ihres

Denkens. Wir lernen viele unterschiedliche Dinge in der Schule. Aber wir lernen nicht, unsere Gedanken zu kontrollieren. Stattdessen kontrollieren sie uns. Die meisten von uns haben die Erfahrung gemacht, dass es sowohl in der Schule als auch oft später im Berufsleben hilfreicher ist, nicht selbständig zu denken, da eigene Ansichten und Meinungen, die von der Norm abweichen, oft nur Ärger einbringen. Wir leben in einer Welt, in der selbständiges, bewusstes Denken nicht immer erwünscht ist – und daher auch nicht gelehrt wird.

Doch selbst wenn wir nicht bewusst denken, denken wir (fast) immer – egal ob wir es wollen oder nicht. Unendliche, ineinander verwobene Gedankenketten, die nie abreißen, jagen unentwegt durch unseren Kopf und befeuern sich gegenseitig – es sei denn, wir erlangen ein höheres Bewusstsein und damit die Fertigkeit, unsere Gedanken zu kontrollieren, den Denker in uns auszuschalten. Oder aber wir befinden uns in einem absoluten Ausnahmezustand, in maximalem Stress, dann kann selbst das Denken gelegentlich aussetzen.

Alles, was wir sehen, hören, riechen, schmecken, löst Gedanken in uns aus. Ein Gedanke ergibt den nächsten, weil wir alle Wahrnehmung mit unseren Erfahrungen in Verbindung setzen, also mit der Vergangenheit, und daraus Rückschlüsse auf die Zukunft ziehen. Jeder Gedanke löst ein bestimmtes Gefühl aus, das wir mit ihm verbinden. Dieses Gefühl verstärkt den Gedanken noch und beeinflusst so den nächsten. Wir vergleichen, bewerten und speichern ab. Wir reflektieren darüber und reagieren darauf, alles abhängig von unseren persönlichen Erfahrungen, unserem Wissens- und Bewusstseinsstand. Dabei halten wir uns meist in der Vergangenheit und in der Zukunft auf. Das bedeutet, dass unsere Gedanken nicht dort sind, wo wir sind, wo sich unser Körper befindet, nämlich in der Gegenwart.

Je öfter wir einen bestimmten Gedanken wiederholen, desto mehr formt er unser Bewusstsein, desto mehr brennt er sich in unsere Gene, in unser Unterbewusstsein und in unsere Seele ein. Jeder Gedanke hinterlässt Spuren und hat Konsequenzen – vor allem auf die Zukunft und die Vergangenheit, denn beide werden durch unsere Gedanken massiv beeinflusst und verändert. So kann ein einzelner Gedanke – woher auch immer er kommt – unsere Erinnerung an Vergangenes für immer verändern. Denn beide, Vergangenheit und Zukunft, existieren ausschließlich in unseren Gedanken. Ein vergangenes Ereignis, das in unserer Erinnerung positiv war, kann durch eine neue Information – etwa über eine beteiligte Person – völlig verändert werden und dazu führen, dass wir dieses Ereignis nun nicht mehr als positiv erinnern. All das passiert jedoch ausschließlich in unserem Kopf. Es hat nichts mit der Realität eines längst vergangenen Momentes zu tun.

> *„Freiheit beginnt, wenn du erkennst, dass du mit dem Verstand, dem Denker, der dich im Zustand der Besessenheit hält, nicht identisch bist. Die Erkenntnis befähigt dich, den Denker zu beobachten. Sobald du beginnst, den Denker zu beobachten, wird eine höhere Bewusstseinsebene aktiviert. Dann beginnst du zu erkennen, dass es einen enormen Bereich von Intelligenz jenseits des Denkens gibt, dass dein Denken nur einen winzigen, kleinen Aspekt dieser Intelligenz ausmacht. Du erkennst auch, dass alles, was dem Leben wahren Wert verleiht – Schönheit, Liebe, Kreativität, Freude, innerer Friede – seinen Ursprung jenseits des Verstandes hat. Du beginnst zu erwachen.“*[(103)]
>
> Eckhart Tolle (spiritueller Lehrer und Bestsellerautor)

Wenn ich immer wieder denke: *„Das schaffe ich nicht!“*, dann wird das kurz- ebenso wie langfristig große Auswirkungen auf mein Leben haben – genauso wie der Gedanke: *„Ich kann alles schaffen!“* Abgesehen vom Inhalt meiner Gedanken – die zu kontrollieren ich erlernen kann – ist eine Frage von entscheidender Bedeutung: Welcher Gedanke ist mein eigener, und welcher Gedanke stammt von anderen?

Entspringt der Gedanke *„Das schaffe ich nicht!“* wirklich meiner tiefsten inneren Überzeugung, und wenn ja, warum? Oder habe ich diesen Gedanken zum Beispiel von meiner Mutter übernommen, weil sie stets ängstlich war und sich selbst – und somit auch mir – nicht viel zutraute? Kann er daher stammen, dass ich in der Schule von einem Lehrer immer wieder „zur Schnecke“ gemacht wurde oder dass mir sonst jemand immer wieder erklärte, „ich sei blöd“? Entspricht dieser Gedanke tatsächlich empirischen Fakten? Anders ausgedrückt: Wenn ich mich einmal hinsetze und mir die Zeit nehme, aufzuschreiben, was ich bislang alles in meinem Leben erlernt und geschafft habe und woran ich gescheitert bin, überwiegt dann wirklich die negative Seite? Vermutlich nicht.

> *„Denken ist zu einer Krankheit geworden. Krankheit entsteht, wenn Dinge aus dem Gleichgewicht geraten... Der Verstand ist ein hervorragendes Instrument, wenn er richtig benutzt wird. Bei falschem Gebrauch kann er allerdings sehr destruktiv werden. Genauer gesagt ist es nicht so, dass du deinen Verstand falsch gebrauchst – du gebrauchst ihn normalerweise überhaupt nicht. Er gebraucht dich. Das ist die Krankheit. Du hältst dich für deinen Verstand. Das ist die Wahnidee. Das Instrument hat die Macht über dich gewonnen.“*[104]
>
> Eckhart Tolle

Descartes’ Identifikation mit seinem Verstand ist repräsentativ für einen großen Teil der Menschheit, der völlig vergeistigt, intellektualisiert und „verkopft“ ist. Weite Teile der Bevölkerungen der westlichen Welt sind völlig von ihrem höheren Bewusstsein, das über dem mechanischen menschlichen Denken steht, sowie von ihrer Intuition abgeschnitten. Sie sind kalt und emotionslos, ohne Mitgefühl und ohne menschliche Wärme. Solche Menschen sind in einem Irrgarten aus Gedanken gefangen, Gedanken, die sich gegenseitig stützen und rechtfertigen, die alles Nichtintellektuelle in Zweifel ziehen und lächerlich machen wollen. Sie versuchen, sich ausschließlich auf die Wissenschaft, auf das Beweisbare zu stützen, doch genau dies versagt gänzlich, wenn es um so feinstoffliche Dinge wie „Gedanken“ geht. Stephen Morse, Professor für Psychologie an der Universität von Pennsylvania, formulierte das sehr schön: *„Ich verrate Ihnen ein schmutziges kleines Geheimnis: Wir haben keine Ahnung, wie das Gehirn das Denken ermöglicht.“*

Tatsächlich sind die meisten unserer Gedanken nicht unsere eigenen. Wir wiederholen und imitieren als Kinder Ausdrücke, Gesten, Verhaltensweisen und Gefühle unserer Bezugspersonen – und langfristig dadurch auch deren Gedanken. Wir schlüpfen in ihre Rollen, wir kopieren sie, wir spielen unser Umfeld nach. Sobald wir die Frage: „*Wer bin ich?*“, stellen, kommen wir nicht drum herum, uns intensiv mit unseren Gedanken und mit deren Ursprung zu befassen.

Abgesehen von den Gedanken unserer Bezugspersonen, Freunde, Mitarbeiter, Partner, Idole, finden sich in uns auch Gedanken, die Werbung, Medien, Politik und Kirchen in uns hineingepflanzt haben, ohne dass wir es wollten – oft auch ohne dass wir es bemerkten.

Und dann gibt es noch eine dritte Art von fremden Gedanken, die zu lokalisieren und abzustellen etwas schwieriger ist, die über die Manipulation durch Werbung noch hinausgeht: Solche, die uns durch absichtliche Gedankenkontrolle eingepflanzt wurden. Es gibt tausende Menschen weltweit, die mittels Hypnose, Mikrowellen oder Ultrakurzwellen absichtlich beeinflusst werden – manche von ihnen, um sie ruhigzustellen, andere, um sie als Werkzeuge (Schläfer, Agenten) zu benutzen, wieder andere einfach zum Zweck des Experimentes, also als Versuchskaninchen.

Unsere mentalen Fähigkeiten – also die Möglichkeit, klar zu denken – hängen vom Grad unserer Bewusstheit ab. Klares Denken kann durchaus trainiert werden, und das sollte es auch – dringend! Es gibt zahlreiche Methoden, um die eigenen mentalen Fähigkeiten zu schärfen und zu verbessern. ***Autosuggestion*** ist ein eher rationaler, wissenschaftlicher Ansatz, durch den mittels Selbsthypnose und Affirmationen das eigene Unterbewusstsein trainiert und stimuliert wird. Die Wirksamkeit der autosuggestiven Gedankenformeln kann durch mentale Visualisierungen des erwünschten Ziels oder durch das Betrachten von Bildern erhöht werden.[(105)]

Diese Technik wird oft auch als *autogenes Training*, als *mentales Training* oder als *positives Denken* bezeichnet und wird sehr oft im Spitzensport angewandt.

Die Autosuggestion – sich selbst von etwas zu überzeugen – geht offiziell auf den französischen Apotheker Émile Coué zurück, der im 19. Jahrhundert bemerkte, dass die Wirkung der Medikamente, die er seinen Kunden gab, davon beeinflusst wurde, mit welchen Worten er sie ihnen überreichte. Genau das Gleiche tun Medizinmänner und Schamanen seit Jahrtausenden: Sie benutzen Rituale, Symbole, Zeremonien, Musik, um den eigentlichen Vorgang eines Heilungsprozesses nachdrücklich durch starke audiovisuelle Eindrücke zu verstärken. Das festigt den Glauben des Patienten an die Heilung. Genau dasselbe passiert bei Anhängern der Schulmedizin, wenn sie eine teure, stilvoll eingerichtete Arztpraxis oder Klinik betreten. Der äußere Eindruck stärkt ihren Glauben an die Heilung: *„Der macht so viel Geld als Arzt, der muss gut sein! Der wird mir bestimmt helfen!“*

Im Grunde bräuchte es weder das eine noch das andere, weil jeder sich selbst heilen könnte, indem er an seine Heilung glaubt und sein Heil visualisiert. Aber da die meisten von uns diese mentale Stärke noch nicht erreicht haben, brauchen wir ein wenig „Hokuspokus“, um unseren Glauben an die Heilung zu verstärken.

Eine andere Form der Gedankenkontrolle ist das **Gebet**. Durch das fortwährende Wiederholen bestimmter Sätze – im indischen Raum auch *Mantras* genannt – werden Gedanken im Gehirn gefestigt und andere, nicht erwünschte Gedanken blockiert. Je öfter ein bestimmter Gedanke wiederholt wird, desto mehr verknüpft er bestimmte Bahnen in unserem Gehirn.

Wenn man sich der Macht und Kraft solcher Mantras (Gebete) bewusst wird, dann muss man zwangsläufig bestimmte Formulierungen, die viele von uns einfach übernommen haben, hinterfragen. Wer etwa die Sätze: *„Herr, ich bin nicht würdig...“* oder: *„Durch meine Schuld, durch meine Schuld, durch meine große Schuld...“* ständig wiederholt, der darf sich nicht wundern, wenn er Zeit seines Lebens von Gewissensbissen und Unsicherheit geplagt wird. *Achte auf deine Gedanken, denn sie werden dein Leben!*

Ein bewusst eingesetztes Mantra, das einen bestimmten, gewünschten Zustand bejaht, wird als ***Affirmation*** bezeichnet. Es ist ein klar formulierter Gedanke, ein Satz, der (mit Bestimmtheit formuliert) zusammenfasst, was ich in meinem Leben erreichen, materialisieren möchte: „*Ich bin glücklich und zufrieden!*" oder etwa: „*Ich bestehe diese Prüfung mit Bravour!*" Solche Affirmationen haben große Kraft. Man kann sie für sich selbst (laut oder still) aufsagen, man kann sie aber auch aufschreiben und sie bei sich oder vor sich haben, um sich selbst stets an den gewünschten Zustand zu erinnern: „*I am the victory of spirit enbodied!*" (Diejenigen, deren Englisch nicht gut genug ist, um dies zu verstehen, mögen mir verzeihen. Ich habe lange an einer eleganten Übersetzung für diesen kraftvollen und wunderschönen Satz gefeilt, aber sie ist nahezu unmöglich. Am ehesten könnte man ihn folgendermaßen übersetzen: „*Ich bin der lebende Beweis (Triumph) des (heiligen) verkörperten Geistes!*")

Dr. Joseph Murphy schrieb Mitte des 20. Jahrhunderts zahlreiche Bücher über die Macht des Gebetes und der Affirmation und brachte viele Beispiele über deren mögliche positive wie negative Wirkung. In der Populärwissenschaft fand jedoch leider eher die zweite Kategorie als „Murphys Gesetz" Niederschlag. Es besagt demnach, dass alles, was schiefgehen kann, auch schiefgehen wird, wenn ich nur daran glaube. Murphys durchaus empfehlenswerte Bücher hatten aber eher die Intention, die Kraft des positiven Gedankens zu verstärken und den Leser darin zu bestärken, dass er alles erreichen kann, wenn er es denn nur will und denkt und aus tiefstem Herzen darauf vertraut, dass es genauso ist.

In den letzten Jahren gab es eine Reihe von Büchern, die vom „Bestellen beim Universum" und Ähnlichem handeln, vom Bitten und vom Glauben daran, dass die eigenen Bitten von Gott oder vom Universum erhört werden. Im Grunde ist all das richtig. Im Grunde weiß auch jeder von uns, dass er seine Wirklichkeit mittels der eigenen Gedanken beeinflusst – nur der Grad, das Ausmaß des Einflusses ist den meisten Menschen nicht klar. Es funktioniert bei fast jedem mit: „*Bitte, bitte, bitte, um einen Parkplatz direkt vor der Tür!*" An kleine Dinge wagen sich sehr viele Menschen heran, aber vor den großen Dingen haben sie zu viel Respekt. Es übersteigt ihre Vorstellung, dass sie die Macht haben, alles – inklusive jeglicher Materie – zu beeinflussen und zu erschaffen.

Dabei haben viele Menschen Erfahrung mit **Telepathie**, also mit der Übertragung von Gedanken an andere, etwa wenn sie wissen, dass im nächsten Moment das Telefon klingeln wird und auch, wer dran ist. Viele Menschen wissen, wenn andere Personen, die ihnen nahestehen, in Schwierigkeiten sind oder sterben – selbst wenn sie sehr weit entfernt sind. Dann sagen sie oft: *„Genau zu dem Zeitpunkt hatte ich so ein Gefühl!“* Die meisten Menschen haben ständig „solche Gefühle“, aber sie unterdrücken diese viel zu oft. Im Grunde ist jedes Kind hellsichtig und hellhörig, doch werden den meisten „diese Flausen“ im Laufe der Erziehung ausgetrieben. Es ist wie mit einem Muskel. Wenn man ihn viele Jahre lang ignoriert und nie benutzt, dann verkümmert er völlig. Die meisten Kinder sehen Geister und Naturwesen (wie Elfen, Feen oder Devas) oder auch Verstorbene, aber wenn man ihnen lange genug einredet, dass sie mit solchem „Unsinn“ aufhören sollen, dann sind sie irgendwann selbst davon überzeugt, sich alles nur eingebildet zu haben. Viele Menschen empfangen ständig Botschaften von anderen oder haben übersinnliche, *para*-normale Wahrnehmungen, aber sie wagen es nicht, mit anderen darüber zu sprechen, aus Angst, sich lächerlich zu machen.

Für die Aborigines in Australien war und ist Telepathie eine ganz normale, selbstverständliche Form der Kommunikation, ebenso wie für andere „Urvölker“, deren Sinne nicht durch intellektuellen Wahn vernebelt wurden. Sie brauchen kein Telefon, um miteinander zu sprechen. In dem bemerkenswerten Buch *„Transylvanian Sunrise“* von Radu Cinamar erklärt der Protagonist, der über außergewöhnliche Fähigkeiten verfügt und für den rumänischen Geheimdienst arbeitet:

> *„Wenn man intensiv und hartnäckig genug trainiert, dann ist die telepathische Übertragung von Gedanken überhaupt kein Problem... Nimm an, Person A ist Teil einer Gruppe von Personen. Ihre Gedanken, die nicht sehr stark sind, mischen sich mit den Gedanken*

der anderen Personen, was zu einer Art ‚geistigem Nebel' führt, da all diese Gedanken zumeist sehr schwach, unklar und schlecht definiert sind... weil die Menschen einander auf dieser Ebene nicht wahrnehmen können und einem Boot gleichen, das im Nebel ohne Ruder auf offener See treibt... Meist nehmen sie diese Einflüsse von außen unbewusst wahr, als bloße Veränderungen in ihrem Gemütszustand... Aber wenn eine Person einen wirklich konzentrierten Gedanken aussendet, dann gleicht dieser Gedanke einem Laserstrahl. Mehr noch, wenn diese Person den gedanklichen Strahl mit großer Präzision auf eine Person B richtet, dann wird diese ihn spüren und mental ‚sehen' können, wie ein starkes Licht, das den Nebel durchbricht, wie das Licht eines Leuchtturms oder eines Richtstrahls, der Schiffe ans Ufer lenkt. Der Vorgang ist im Grunde sehr einfach, aber es bedarf sorgfältigen Trainings."(106)

Radu Cinamar, „Transylvanian Sunrise"

Gedanken sind (wie alles andere auch) reine Energie, Licht, das in seiner höchsten Form für uns nicht sichtbar ist, sogenanntes Hyper-Licht. Vermindert man die Schwingungsrate dieses Lichtes so weit, dass es immer langsamer und dichter wird, dann wird es irgendwann für uns sichtbar. Das nennt man dann „Materialisation". So wie unsichtbarer Wasserdampf durch Abkühlung zu flüssigem Wasser wird, werden Gedanken zu sichtbarer Materie. Je langsamer, je unbewusster und dumpfer, desto dichter. So wird aus flüssigem Wasser durch weitere Abkühlung festes, hartes, gut erkennbares Eis – solide, anständige Materie. So soll Albert Einstein, einer der „hellsten Köpfe" des 20. Jahrhunderts, gesagt haben: *„Es sieht immer mehr so aus, als ob das ganze Universum nichts anderes ist als ein einziger, grandioser Gedanke!"*

Im Grunde sind also alle Dinge Gedanken auf unterschiedlichen Energie-Niveaus. Die Qualität aller Dinge, insbesondere, ob etwas sichtbar oder unsichtbar ist, wird nur durch die Frequenz oder Schwingungsrate der Gedanken bestimmt – Materie ist dabei nur gleichsam geronnener, in Form erstarrter Gedanke.

Deshalb ist die Aussage in der Bibel: „*Im Anfang war das Wort, und das Wort war bei Gott, und Gott war das Wort*" (Johannes 1,1-2) nicht richtig, denn am Anfang war der Gedanke, der erst das Wort formte.

> „*Im Anfang war alles die Unendlichkeit des Gedankens. Diese Unendlichkeit des Gedankens werde ich Gott, den Vater, nennen. Was ihr Gott nennt, ist in einem weniger begrenzten Verständnis Gedanke – der Urgrund und das Fundament allen Lebens. Alles, was ist, was jemals sein wird, ist vom Gedanken hergeleitet, von der Intelligenz, die der Geist Gottes ist. Folglich war im Anfang der unendliche Raum des Gedankens.*"[107]
>
> Ramtha (geistige Wesenheit)

Gedanken sind elektronische Licht-Energie, deren Quanten sich mit beliebiger Über-Lichtgeschwindigkeit bewegen. Spirituelle Meister nennen diese Quanten aus reiner Licht-Energie, aus reinem Geist *Ze'on* oder *Zi'on*, unsere Wissenschaftler bezeichnen ihren materiellen Aspekt als *Sub-Quark*. Die Meister nennen folglich Menschen, die sich der Macht des reinen Geistes bewusst sind und mit Zi'on arbeiten, das wahre Volk Zions – was nichts mit der jüdischen Religion zu tun hat.[108]

Vom Grad unseres Bewusstseins hängt unsere eigene Frequenz und somit auch die unserer Gedanken ab. Wer wahre Meisterschaft erreicht, der kann seine Frequenz beliebig erhöhen, was Astralreisen, also außerkörperliche Fortbewegung, möglich macht. Wenn der Rotor eines Propellers seine Drehzahl erhöht, wird er für das Auge unsichtbar, aber das Flugzeug hebt ab – bis es ebenfalls für das Auge nicht mehr sichtbar ist. Erst wenn der Rotor wieder langsamer wird, können wir ihn irgendwann wieder wahrnehmen.

Die Wissenschaft hat bereits vieles über den Zustand von Gedanken erfahren, vor allem durch die Quantenphysik. Was jedoch der Wissenschaft bislang ein Rätsel ist und vielleicht aufgrund ihrer Herangehensweise auch immer bleiben wird, ist die Tatsache, dass Gedanken in Kombination mit starken Gefühlen wesentlich größere Wirkung haben, als wenn sie ohne Emotion gedacht werden. Damit sind wir wieder beim Gebet, bei der Affirmation und beim Faktor „Hingabe“ oder „Liebe“, auf den Dr. Joseph Murphy immer hingewiesen hat. Hingabe, Freude, Begeisterung erhöhen die Drehzahl unseres geistigen Rotors um ein Vielfaches. Oder um es mit den Worten des Hirnforschers Prof. Gerald Hüther zu sagen: *„Der Dünger für das Wachstum und die Entfaltung unseres Gehirnpotentials heißt: Begeisterung!“*

> *„Auf die Dauer der Zeit nimmt die Seele die Farbe der Gedanken an.“*
>
> Mark Aurel (römischer Kaiser und Philosoph, 121-180)

Die Komplexität unseres Gehirns stellt jeden Computer in den Schatten. Seine 100 Milliarden Nervenzellen (Neuronen) entsprechen der Anzahl der Sterne in der Milchstraße.[(109)] Unzählige elektrische Impulse, Verschaltungen, Vernetzungen finden während jedes Denkvorganges statt. Ähnlich wie früher „das Fräulein vom Amt“ Telefonverbindungen gesteckt hat, so laufen bei uns unentwegt zahllose Verbindungen. Forscher können heute Gedanken mittels Computer hörbar machen. Manche sehr sensible, hellsichtige Menschen aber können die Formen und Farben von Gedanken tatsächlich sehen! Manche dieser hochsensiblen Wesen können mit dieser Gabe ganz normal leben, andere tun sich schwer, sich ins gesellschaftliche Leben einzufügen.

An dieser Stelle kann ich jedem nur den Dokumentarfilm „Kopfleuchten“[(110)] empfehlen, in dem viele Menschen zu Wort kommen, die anders wahrnehmen als andere und die deshalb oft in psychiatrischen Anstalten verweilen. Was sie zu sagen haben, ist aber vielfach extrem spannend und inspirierend.

> *„Der menschliche Schädel stellt die Unendlichkeit für die Bewegung der Vorstellungen dar. Er gleicht der Unendlichkeit des Weltalls, kennt wie sie keine Decke, keinen Boden und bietet Raum für einen Projektionsapparat, der leuchtende Punkte als Sterne im Raum erscheinen lässt. Wie groß das Vorgestellte sein mag, es findet Platz im Schädel genau wie im Weltall, obwohl der Raum des Schädels von*

einer knöchernen Wand umschlossen ist. Was bedeutet dann aber Raum, Größe, Gewicht, wenn alles zusammen in so einem kleinen Behälter Platz findet...?"

Kasimir Malewitsch (russischer Maler)

Vielen Menschen wird ihr „sechster Sinn" aberzogen, oder sie blenden ihn von selbst aus, um in einer Welt zurechtzukommen, wo Menschen, die mehr sehen als andere, als „Spinner" oder „Verrückte" bezeichnet werden und oft genug deshalb auch in Psychiatrien landen und mit Medikamenten vollgestopft werden.

Es wäre jedoch in vielerlei Hinsicht sehr von Vorteil für uns, sowohl unsere eigenen Gedanken zu kontrollieren, als auch die anderer lesen zu können. Computer, und somit die Organisationen, denen sie gehören, können das nämlich bereits. So wurde unter dem Namen *Braingate* ein kleiner Chip entwickelt, der Menschen ins Gehirn implantiert wird. Er deutet die Aktionen, die der Mensch ausführen will, indem er elektrische Impulse misst und interpretiert. Die Idee dahinter war, körperbehinderte Menschen durch die Macht ihrer Gedanken künstliche Gliedmaßen steuern zu lassen. Doch das Ganze funktioniert auch andersherum und wird bereits auch so angewandt.

Unter dem Namen *The Audio* wird, etwa bei Querschnittgelähmten, ein kleiner Sensor von außen über den Stimmbändern angebracht. Er liest die elektrischen Impulse der Gedanken und setzt sie dann mittels Computer in Sprache um.

Der Russe *Igor Smirnow* entwickelte unter dem Namen *SSRM Tek* (Semantic Stimuli Response Measurements Technology) ein Computerprogramm, das die Gedanken des Unterbewusstseins von Menschen lesen kann. So kann es etwa die Reaktionen auf einzelne Bilder, die in einen Film zwischengeschoben werden (sogenannte „Subliminals" oder unterschwellige Botschaften), beurteilen, ohne dass die beurteilende Person überhaupt bemerkt, was mit ihr geschieht. Weder weiß sie von den unterschwelligen Bildern, noch von ihrer Reaktion darauf, noch davon, dass andere diese Daten auswerten können. Das System soll angeblich vor einigen Jahren an die US-Heimatschutzbehörde verkauft worden und dort zur Früherkennung von Terroristen weiterentwickelt worden sein. Wenn man also am Flughafen in die überall aufgestellten Monitore sieht, dann läuft in Wahrheit vielleicht ein völlig anderes Programm ab als das sichtbare.[111]

Descartes' Ansatz *„Ich denke, also bin ich"* ist falsch, denn das Denken allein macht uns zu nichts Besonderem. Auch mein Hund denkt, und ich kann ihm dabei zusehen. Das Besondere ist, wenn man seine Gedanken kontrollieren kann, wenn man also nur dann denkt, wenn es nötig ist, und ansonsten Frieden hat. Den permanenten, unentwegten reißenden Fluss von Gedanken anzuhalten, wann immer man will, ist die eigentliche Kunst. Nur wenn ich das kann, kann ich klar denken.

Eine einfache Übung, um die endlose Gedankenkette im Kopf aufzuhalten, unterrichtet Eckhart Tolle: Schließen Sie die Augen, und konzentrieren Sie sich auf die folgende Frage: *„Was wird mein nächster Gedanke sein?"*

Das Ergebnis ist erstaunlich, weil diese simple Frage bei jedem, den ich kenne, immer denselben Effekt hat. Es gibt keine Antwort! Der innere Denker wird durch diese simple Frage überlistet und verstummt. Für wenige Augenblicke herrscht Stille. Was für ein heilsamer und angenehmer Zustand! Wer diesen Zustand über längere Zeiträume erleben möchte, dem rate ich zur Meditation. Meditation muss nicht unbedingt bedeuten, lange regungslos im Lotussitz zu verharren – obwohl ich persönlich diese Form des Innehaltens nicht missen möchte. Auch Ausdauersport oder andere Beschäftigungen, die unsere volle Aufmerksamkeit erfordern und erhalten, können uns in einen meditativen Zustand innerer Stille versetzen. Für mich persönlich setzt manchmal beim Langstreckenlauf nach einer gewissen Zeit ein Zustand des absoluten Friedens und der Freude ein. Dann höre ich auch auf zu denken und habe das Gefühl, für immer ohne Anstrengung weiterlaufen zu können. Aber auch die Arbeit im Garten, die Beschäftigung mit der Natur, kann uns in einen meditativen Zustand versetzen. Jeder von uns ist anders. Wie auch immer wir es anstellen, innerlich Ruhe zu finden, es ist eine der Grundvoraussetzungen, um uns weiterentwickeln zu können.

„Die meisten Menschen wollen nicht eher schwimmen, als bis sie es können. Ist das nicht witzig? Natürlich wollen sie nicht schwimmen! Sie sind ja für den Boden geboren, nicht fürs Wasser. Und natürlich wollen sie nicht denken; sie sind ja fürs Leben geschaffen, nicht fürs Denken!“

Hermann Hesse, „Der Steppenwolf“

Erst wenn wir erlernt haben, unsere Gedanken zu kontrollieren, sind wir in der Lage, alles, was uns begegnet, anzunehmen, ohne es zwanghaft bewerten zu wollen – was eine der Voraussetzungen für Frieden und für Gleichheit ist. Wir können andere nur so sein lassen, wie sie (in ihrem tiefsten Inneren wirklich) sind, wenn wir ihnen nicht in jedem Moment reflexartig Etiketten wie „schön“ oder „hässlich“, „klug“ oder „dumm“, „falsch“ oder „richtig“ umhängen. Jeder wertende Gedanke ist der Versuch, die Unendlichkeit des Universums zu beschneiden.

GEDÄCHTNIS

Unser Gedächtnis ist der Speicher all unseres Wissens, unserer Erfahrungen, die wir bislang gesammelt haben, in diesem wie in früheren Leben – wobei die Wissenschaft mit der zweiten Behauptung verständlicherweise so ihre Probleme hat. Frühere Leben sind wissenschaftlich nämlich nicht beweisbar. So gab es zu unterschiedlichen Zeiten in unterschiedlichen Kulturen unterschiedliche Vorstellungen davon, was Gedächtnis ist und wo es seinen Sitz hat. So glaubte Aristoteles schon (vor mehr als 2.300 Jahren), dass die Seele das Zentrum unseres Gedächtnisses sei. Demgegenüber stehen neuere wissenschaftliche Ansätze, die das Gehirn als Zentrum des Gedächtnisses ansehen. Doch auch da ist man sich nicht mehr so sicher.

Ich denke, man könnte sagen, dass es eine Kombination aus beiden ist. Es gibt bestimmte, eher neutrale Informationen, die irgendwo im Körper abgelegt werden, die etwa ein Telefon – wenn wir es sehen – sofort intellektuell als Telefon wiedererkennen und uns alle dazugehörigen Informationen wie eine Betriebsanleitung mitliefern. Es gibt aber auch Erinnerungen, die mit wesentlich mehr Emotion verbunden sind, die vermutlich vorwiegend in der Seele abgespeichert werden.

> *„Die Seele sichtet das Gefühl, das durch die Erfahrung des Gedankens im ganzen Körper gespürt wurde und sucht in den Speichern der Erinnerung nach Ähnlichem, nach etwas, was die logischen Bereiche Deines Gehirns wiedererkennen können, damit Dein Intellekt ein Wort findet, um das Gefühl zu beschreiben. Wenn die Seele das passende Gefühl gefunden hat, schickt sie diese Information zurück zum Gehirn, um anzuzeigen, dass der Gedanke überall im Körper vollkommen verstanden wurde – Dein Intellekt findet dann das passende Wort, um das Gefühl zu beschreiben. Ein Gedanke wird also nicht nur im Gehirn, sondern in der Gesamtheit des Körpers verstanden.*“[(112)]

Unser Gedächtnis besteht grob aus drei Hauptsystemen: Das *sensorische Gedächtnis* speichert eintreffende Reize für Bruchteile von Sekunden. Was wichtig ist, wird im *Kurzzeitgedächtnis* abgespeichert. Hier bleibt die Information einige Sekunden lang erhalten – unser Zwischenspeicher sozusagen. Zeit genug, um etwa einen Satz zu begreifen, ohne seinen Anfang schon wieder zu vergessen. Was besonders wichtig oder beeindruckend ist, schafft es bis ins *Langzeitgedächtnis*, wo es dauerhaft auf unserer „Festplatte“ abgelegt wird. Dieses kann noch weiter unterteilt werden: Gespeicherte Informationen stehen uns entweder bewusst oder unbewusst zur Verfügung.[(113)] Wir speichern unentwegt ab, ohne es direkt wahrzunehmen. Frühe Lebenserfahrungen formen im großen Maße das Verhalten des späteren Erwachsenen – selbst solche, an die man sich später nicht mehr bewusst erinnern kann.

Es stellt sich heraus, dass es zwei Arten von (Langzeit-)Gedächtnis gibt:

1. Das **explizite** (klare, eindeutige) **Gedächtnis,** welches wieder abrufbar ist. Hiermit können wir uns an Fakten, Details, Vor-

gänge, Umstände erinnern – an Inhalte, über die wir verbal berichten können. Es wird auch das autobiographische- oder Episoden-Gedächtnis genannt.

2. Das **implizite** (stillschweigende) **Gedächtnis**, welches ein emotionales Gedächtnis ist, in dem die emotionalen Eindrücke und Interpretationen der emotionalen Erfahrungen des Kindes abgespeichert sind, ohne dass sie jedoch ins Bewusstsein treten – sie beeinflussen uns unbewusst.

Der *Hippocampus*, der Bereich im Gehirn, der das abrufbare Gedächtnis verschlüsselt, entwickelt sich erst mit eineinhalb Jahren und ist erst viel später vollständig ausgebildet. Deshalb kann sich auch niemand wirklich an etwas aus seinen ersten achtzehn Lebensmonaten erinnern. Ein Bestandteil des impliziten Gedächtnisses ist das *prozedurale Gedächtnis*, in dem automatisierte Handlungsabläufe wie Gehen, Radfahren usw. abgelegt sind.(114)

Das explizite Gedächtnis entspricht mehr den Erinnerungen unseres Gehirns, wohingegen die Informationen, die in unserer Seele gespeichert sind, eher dem impliziten Gedächtnis entsprechen.

> *„Nach meiner Recherche und wissenschaftlichen Erfahrung waren so gut wie alle Süchtigen als Kinder misshandelt worden oder haben schweren, emotionalen Verlust erlitten. Ihr emotionales oder implizites Gedächtnis entstammt einer Welt, die nicht sicher und nicht hilfreich ist. Den Pflegenden (Bezugspersonen, Verantwortlichen) konnte man nicht trauen. Beziehungen waren nicht sicher genug, um sich gänzlich öffnen zu können. Als Reaktion darauf werden sie sich nicht (oder nur schwer) auf wirklich intime Beziehungen einlassen und... ganz allgemein die Welt als einen unsicheren Ort ansehen. All dies ist ausschließlich eine Funktion des impliziten Gedächtnisses und hat oft mit Erlebnissen zu tun, an die sie sich gar nicht mehr erinnern können.“*(115)
>
> Gabor Mate

Menschen etwa, die adoptiert wurden, haben oft lebenslang das Gefühl, abgelehnt zu werden. Sie können sich nicht an die Adoption und an die Trennung von ihrer leiblichen Mutter erinnern, weil es nichts gibt, worauf sie Zugriff hätten. Aber die emotionale Erinnerung an die Trennung und Ablehnung ist tief in ihrem Gehirn eingebrannt. Daher werden sie sich öfter zurückgewiesen fühlen und emotional heftig reagieren, wenn sie meinen, von anderen Menschen abgelehnt zu werden. Das passiert nicht ausschließlich bei adoptierten Personen, aber bei dieser Gruppe ist dieses Gefühl besonders ausgeprägt.

> *„In unserer Gesellschaft gibt es eine Tendenz, weinende Kleinkinder nicht in den Arm zu nehmen, um sie nicht zu verwöhnen, um sie daran zu gewöhnen durchzuschlafen – was genau das Gegenteil ist von dem, was das Kind braucht. Diese Kinder schlafen vielleicht wirklich wieder ein, aber nur weil sie aufgegeben haben und ihr Gehirn abschaltet, um sie gegen die Verletzung durch die Zurückweisung der Eltern zu schützen. Aber in ihrem impliziten Gedächtnis wird sich abspeichern, dass sie in einer Welt leben, die auf sie pfeift.*"[(116)]
>
> Gabor Mate

Natürlich kann man sowohl das Kurzzeit- als auch das Langzeitgedächtnis trainieren, hauptsächlich dadurch, dass man es immer wieder (auf bestimmte Weise) benutzt und nicht nachlässt. Vermutlich kennt jeder das Spiel *Memory*, das Kinder sehr gerne und meist auch sehr gut spielen. Das gibt es auch in erweiterter Form im Großen bei diversen Gedächtnismeisterschaften, bis hin zu den *World Memory Championships*, in denen sich die weltbesten Gedächtnis-Akrobaten miteinander messen.

Das sogenannte *fotografische Gedächtnis* beschreibt die Fähigkeit, Dinge wie Fotos vor dem geistigen Auge abzuspeichern und wieder abzurufen, was den meisten Menschen jedoch nur für wenige Sekunden gelingt. Seltene Fälle sollen dies auch über lange Strecken können, meist ist dies jedoch auf die sogenannte *Inselbegabung* (auch Savant-Syndrom genannt) zurückzuführen. Inselbegabung beschreibt das Phänomen, dass Menschen, die eine kognitive Behinderung oder eine anderweitige (häufig tiefgreifende) Entwicklungsstörung aufweisen, sehr spezielle außergewöhnliche Leistungen in einem kleinen Teilbereich („Inseln") vollbringen können. 50 Prozent der bekannten Inselbegabten sind Autisten, wie etwa der US-Amerikaner *Kim Peek*, der die Vorlage für den Film *Rainman* war.

Für hellsichtige Menschen (manchmal auch „Medien" genannt) ist es ohne Weiteres möglich, alle Informationen über eine andere Person abzurufen, also Zugriff auf deren Gedächtnis zu erlangen. Freiwillig geschieht das in „Readings" oder „Channelings". Natürlich können geschulte Menschen auch ohne mein Wissen auf meine Festplatte zugreifen, wenn ich mich nicht zu schützen weiß. Ziemlich einfach geht das etwa bei einem langen Händedruck: In der Kuhle zwischen Daumen und Zeigefinger sitzt der Zugang zum Gedächtnis eines Menschen. Wenn sich diese beiden Kuhlen treffen, fließt die Information. Daher sollte man bei langem Händeschütteln mit Fremden vorsichtig sein.

Aber nicht nur Menschen und Tiere haben ein Gedächtnis, sondern alle lebenden Organismen. So hat der japanische Alternativmediziner Masaru Emoto bewiesen, dass Wasser eine Art von Gedächtnis hat. In zehntausenden Versuchen hat Emoto herausgefunden, dass Wasser nicht nur gute und schlechte Informationen, Musik und Worte, sondern auch Gefühle und Bewusstsein speichert – also alle Arten und Formen von Schwingung. Es ist durch Gedanken beeinflussbar und veränderbar. Er beeinflusste Wasser – mittels Gedanken, Worten, Musik –, kühlte es dann ab und fotografierte die Eiskristalle, die je nach Beeinflussung völlig unterschiedlich aussahen. So bildet etwa gesundes Wasser sechseckige Kristallstrukturen, während Wasser, das mit dem Wort „Hass" oder brutaler Hardrockmusik bestrahlt wird, unregelmäßig ausfranst. Das Wasser merkt sich also auch, wenn es seinen Aggregatzustand ändert, was es zuvor „gelernt" hat. Wasser ist ein lebendiger Organismus, zumindest wenn es frisch aus einer Quelle entspringt. Wenn man es unter so großen Druck setzt, dass man es durch Kilometer lange Leitungen pressen kann, dann zerstört man seine Struktur und es kommt am anderen Ende als fast tote Flüssigkeit heraus. Mit der richtigen Information aber lässt es sich wiederbeleben. Weil es sich daran erinnert, was es ist oder einmal war.

Eine Form des Gedächtnisses, die uns alle bestimmt, ist die des ***kollektiven Gedächtnisses***, das als vermeintliches Wissen die Erinnerung ganzer Gruppen von Menschen bis hin zu ganzen Staaten oder Kulturen prägt. Mit Feiertagen, Denkmälern, Straßennamen, Schulbüchern, Filmen und Fernsehsendungen versuchen Staaten oder aber auch private Interessengruppen, bestimmte Ereignisse in der Vergangenheit wachzuhalten, uns diese Erinnerung nach ihrer eigenen Vorstellung zu gestalten. Dieses kollektive Gedächtnis formt das vermeintliche Wissen einer Gruppe über Generationen hinweg. So glauben die meisten von uns zu wissen, wer Jesus Christus war, was er sagte, was er tat und wofür er stand. In Wahrheit aber sind alle Aufzeichnungen, die wir über ihn haben, mehrere hundert Jahre nach seinem Tod verfasst und später mehrfach überarbeitet worden. Dennoch hat jeder von uns eine ziemlich ähnliche Vorstellung des Jesus von Nazareth, der in Wahrheit den aramäischen Namen Yeschua Ben Joseph trug.

Aber selbst bei Ereignissen, die nicht lange zurückliegen, kann das kollektive Gedächtnis sehr trügerisch sein. Ein hervorragendes Beispiel sind die angeblichen Terroranschläge vom 11. September 2001 (*„9/11“*). Fast jeder Mensch auf diesem Planeten glaubt gesehen zu haben, wie zwei Flugzeuge in die beiden Türme des World Trade Center flogen. In Wahrheit aber hat das niemand gesehen, weil es gar nicht möglich ist. Kein Flugzeug – das vorwiegend aus Aluminium, Kunststoff und Karbon besteht – kann die massive Stahlkonstruktion eines Wolkenkratzers durchschlagen. Es würde daran zerschellen und in vielen kleinen Einzelteilen zu Boden fallen. Bestenfalls die Triebwerke wären schwer genug, um ihren Weg fortzusetzen und vieles mit sich zu reißen. Der Rest, vor allem die Flügel, aber nie und nimmer. Die Bilder des 11. September 2001, die zeigen, wie Flugzeuge in die beiden Türme des WTC fliegen, sind plumpe Fälschungen, was zahlreiche Filme wie etwa *„9/11 entschlüsselt – das Megaritual“* anschaulich darlegen. CNN stellte die Bilder bereit, die später das kollektive Erinnern der gesamten Menschheit prägten. Egal, ob Sie die eine oder andere Version der 9/11-Story glauben wollen, das kollektive Gedächtnis ist eine gefährliche Sache, weil es manipulierbar ist und weil es uns vorgaukelt, „Wissen“ zu sein. Wir meinen, etwas zu wissen, weil alle dasselbe sagen, weil alle dasselbe aus dem kollektiven Gedächtnis abrufen, aber echtes „Wissen“ kommt aus der eigenen Erfahrung und nicht vom „Hörensagen“ oder vom Annehmen urbaner Mythen oder Überlieferungen.

Unser Erinnern, unser Gedächtnis also, ist manipulierbar, von anderen, aber auch von uns selbst. Wir haben nämlich so etwas wie ein *selektives Gedächtnis*, wir erinnern uns also oft nur an das, woran wir uns erinnern wollen. Unangenehmes rutscht so vom expliziten ins implizite Gedächtnis. Es wird verdrängt. Auch im kollektiven Gedächtnis. So wird daraus ***kollektives Vergessen***.

Wir haben vergessen, wer wir sind. Wir haben vergessen, dass alles um uns herum von uns selbst erschaffen wurde, dass wir die Schöpfer von Himmel und Erde sind, dass wir es in der Hand haben, alles so zu erschaffen, so zu verändern, wie wir es wollen – in jedem Augenblick aufs Neue!

> *„Wer hat all die Lichter am Himmel geschaffen? Wer entwarf die lieblichen Blumen und die prachtvollen Bäume? Und wer entwarf das Rätsel und Wunderwerk genannt Mensch? Es war nicht Gott, die Totalität allen Lebens. Ihr wart es, die Götter, die wunderbaren Söhne eines allliebenden Vaters, die alles erschufen, was ist. Alles! Der Vater ist die Substanz, die Gedanken-Masse, aus der alle Dinge kommen. Ihr aber, die ihr die Fähigkeit besitzt zu denken, die Fähigkeit zu fühlen und die göttliche Essenz des freien Willens, seid die höchsten Schöpfer im Leben.“*[(117)]
>
> Ramtha (geistige Wesenheit)

Um uns selbst zu finden, um uns an unser wahres Selbst zu erinnern, müssen wir nicht nur unsere eigenen Gedanken kennen und kontrollieren, sondern auch unser Gedächtnis. Wir leben, um zu lernen, um bestimmte Erfahrungen zu sammeln. Um gewisse Erfahrungen nicht ständig wiederholen zu müssen, ist es wichtig, uns vom kollektiven Gedächtnis abzukoppeln und uns unsere eigenen, individuellen Erinnerungen bewusst zu bewahren. Das kollektive, von außen bewusst gesteuerte Vergessen der kosmischen Gesetze und des wahren Wesens der Menschheit war der Grund dafür, dass wir uns wirtschaftlich, gesellschaftlich, spirituell immer wieder im Kreis drehten und nicht vorankamen. Daher ist es wichtig, das ganze Bild zu sehen, nicht nur das Angenehme zu betrachten, sondern – wenn nötig – auch da hinzuschauen, wo es weh tun kann, ohne jedoch im Negativen, im Schmerz zu verharren.

Manche Menschen sind, wenn sie den schönen Schein unserer dreidimensionalen Wirklichkeit zum ersten Mal als Illusion erkennen so geschockt, dass sie wie das Kaninchen vor der Schlange erstarren und nicht mehr weiter wissen. Alles bricht in ihnen zusammen, sie fallen vom Glauben ab. Aber in einer dualen Welt gibt es nun mal Gegensätze, es gibt auch das Finstere, das weniger Schöne, das, was uns zurückzuhalten versucht. Sobald wir es erkennen und entlarven, nehmen wir ihm die Macht, die es über uns hatte. Sobald wir uns an unser wahres Selbst erinnern, nehmen wir unser Leben wieder in die eigenen Hände. Auch wenn die dunkle Seite der Macht oft übermächtig scheint, sie ist es nicht. Oder genauer gesagt, ist sie es nur, wenn wir ihr diese Macht im Geiste einräumen, wenn wir uns klein und unterlegen fühlen wollen. Die Gedanken sind frei, die Überzeugungen auch! Licht besiegt immer die Dunkelheit!

Wer etwas macht, hat Macht!

DER FREIE WILLE

> *„Freiheit bedeutet Verantwortlichkeit. Das ist der Grund, warum die meisten Menschen sich vor ihr fürchten."*
>
> George Bernhard Shaw (britischer Politiker und Pazifist)

Die Frage: *„Hat der Mensch einen freien Willen, und wenn ja, in welchem Ausmaß?"*, ist eine der kontroversesten und am meisten diskutierten Fragen in der Philosophie, aber ebenso in der Naturwissenschaft und in den einzelnen Religionen. Ich persönlich gehe davon aus, dass wir so etwas wie einen freien Willen haben, denn ansonsten würde sich alles andere eigentlich erübrigen. Wäre ich ein reiner Spielball meines Schicksals oder einer höheren Ordnung, müsste ich mir über nichts mehr Gedanken machen, müsste keine Anstrengungen welcher Art auch immer unternehmen, um etwas zu verändern oder zu erreichen, denn dann wäre alles von anderer Stelle vorgeschrieben. Oder es wäre alles zufällig. Dann könnte ich auch nicht für meine Handlungen zur Rechenschaft gezogen werden. Wir müssten also unser Rechtssystem ändern, denn jeder Gesetzgeber setzt den freien Willen des erwachsenen Menschen voraus: Keinen freien Willen hat demnach etwa in Deutschland nur (§ 104 f. BGB) *„wer nicht das siebente Lebensjahr vollendet hat"* und *„wer sich in einem die freie Willensbestimmung ausschließenden Zustand krankhafter Störung der Geistestätigkeit befindet, sofern nicht der Zustand seiner Natur nach ein vorübergehender ist"*. Wer also Herr seines Geistes ist, dem wird vor dem Gesetz ein freier Wille unterstellt, er gilt somit als „geschäftsfähig". Und das ist gut so.

Freiheitsskeptiker und Deterministen (unter ihnen zum Teil Physiker, Psychologen und Hirnforscher) bestreiten dennoch die Existenz eines freien menschlichen Willens. Sie gehen davon aus, dass individuelles Handeln stets das Ergebnis einer mehr oder minder ausgedehnten Kette von Wirkungsursachen ist, die menschliches Bewusstsein in diese oder jene Richtung steuern. Der individuelle Entscheidungsprozess sei nur scheinbar; der Ausgang stehe von vornherein fest.

John-Dylan Haynes am *Berliner Bernstein Zentrum für Computational Neuroscience* hat mittels Kernspintomographen Menschen beim Denken beobachtet und kam zu dem Schluss, dass der Denkprozess im Gehirn bereits etwa 10 Sekunden vorher einsetzt, ehe der Mensch sich dessen bewusst wird, dass er ein Entscheidung trifft – was aus seiner Sicht die Theorie von *Benjamin Libet* bestätigt, dass wir keinen freien Willen hätten, sondern uns das Denken quasi „passiert". Haynes folgert daraus:

> *„Unsere Gedankentätigkeit ist mit einem Eisberg vergleichbar. Was uns bewusst wird, ist nur dessen Spitze. Neunzig Prozent liegen unter Wasser – das sind die unbewussten Prozesse in unserem Gehirn. Aber die Spitze gehört ja zum Eisberg dazu, beide bilden eine Einheit... Alle unsere Handlungen sind die Überlagerung von Tausenden von kleinen Ursachen – Erfahrungen in Kindheit und Beruf, unsere Kultur, die Menschen, mit denen wir uns umgeben, die Medien, die wir zurate ziehen und so weiter. Auch unbewusste Prozesse folgen einer Logik. Doch diese können wir in uns selbst nicht beobachten. Und die bewussten Gründe, die wir dafür angeben, stimmen oft nicht.*"[(118)]

Die Erkenntnis, dass unser Körper schon reagiert, bevor wir uns einer Entscheidung bewusst sind, ist jedoch nur bedingt aussagekräftig. Wenn bei einem Fußballspiel ein Elfmeterschütze den Ball auf den weißen Punkt legt, dann weiß bereits das gesamte Stadion, dieser riesige brodelnde Organismus, dass demnächst eine Entscheidung fällig ist – nämlich die, in welche Ecke der Schütze schießen wird. Das bedeutet aber nicht, dass der Schütze keine freie Wahl hat, sondern jemand oder etwas anderes für ihn entscheidet. Selbst wenn er sich bereits Tage vorher vorgenommen hat, auf jeden Fall in die linke untere Ecke zu schießen, so kann er sich im letzten Moment noch umentscheiden – etwa weil er das Gefühl hat, dass der Torwart nach links hechten wird.

Auch der Torwart hat den freien Willen zu reagieren, wie er möchte. Er wird jedoch von der Körpersprache und den Bewegungen des Schützen sowie vom dem, was er über den Gegner aus Recherchen weiß, beeinflusst. Die Frage ist also: Wie sehr kann er sich von allem, was er weiß, frei machen, um tatsächlich intuitiv und spontan im Moment zu entscheiden? Das wiederum hängt von seiner Konzentrationsfähigkeit, von seiner mentalen Stärke ab.

Warum ist es wichtig, etwas so schwer Greifbares definieren zu wollen? Weil wir geistig nur wachsen können, wenn wir Verantwortung für uns selbst übernehmen. Den freien Willen zu bestreiten, ist aus meiner Sicht nichts anderes, als sich der eigenen Verantwortung zu entziehen. Dieses nihilistische geistige Prinzip beruht auf Angst, auf der Angst, der eigenen Verantwortung nicht gewachsen zu sein oder den eigenen Ansprüchen nicht zu genügen. Diese Geisteshaltung ist eine perfekte Entschuldigung für unmoralisches Verhalten, weil es die Existenz von Moral abstreitet. Diese Form des Denkens reiht sich wieder nahtlos ein in den Gedanken der Eugenik und der Genom-Religion: alles sei so, wie es ist, sei vorgegeben und unabänderlich. Aus meiner Sicht kann die Frage nur lauten: ***Wie viel*** freien Willen habe ich?

Generell ist diese Frage nur so lange von Bedeutung, solange wir uns in den unteren Bewusstseinsebenen unseres Seins bewegen, solange wir von einem „Ich“ ausgehen, das von allem anderen getrennt ist. Somit ist die Frage untrennbar mit unserem Ego verknüpft. Sobald wir uns über die Grenzen des irdischen Denkens erheben, den Zustand von „Samadhi“ erreichen, also freiwillig das Denken einstellen und eins sind mit allem, was ist, wird diese Frage bedeutungslos. Da die meisten von uns diesen Zustand aber bestenfalls gelegentlich in Meditationen oder in seltenen glücklichen Augenblicken erreichen, bleibt die Frage von geringerer Bedeutung. Denn um in den Samadhi-Zustand zu gelangen, müssen wir uns bewusst dafür entscheiden. Dafür brauchen wir einen freien Willen.

> *„Nehmen wir an, Sie hätten einen freien Willen. Es wäre ein Wille, der von nichts abhinge: ein vollständig losgelöster, von allen ursächlichen Zusammenhängen freier Wille. Ein solcher Wille wäre ein aberwitziger, abstruser Wille. Seine Losgelöstheit nämlich würde bedeuten, dass er unabhängig wäre von Ihrem Körper, Ihrem Charak-*

ter, Ihren Gedanken und Empfindungen, Ihren Phantasien und Erinnerungen. Es wäre, mit anderen Worten, ein Wille ohne Zusammenhang mit all dem, was Sie zu einer bestimmten Person macht. In einem substantiellen Sinn des Wortes wäre er deshalb gar nicht Ihr Wille.“[119]

Peter Bieri (Schweizer Philosoph und Schriftsteller)

Natürlich haben wir keinen völlig uneingeschränkt freien Willen. Dieses, in der Philosophie *unbedingte Willensfreiheit* genannte Konzept, würde voraussetzen, dass wir frei von Erziehung, Erfahrung und äußeren Umständen sind, dass wir keine Wünsche oder Bedürfnisse haben, dass wir nicht von den Gedanken und Energien anderer beeinflusst würden, was natürlich nicht realistisch ist. Aber wir haben die Freiheit, das Maß an Selbstbestimmung oder die Form der Fremdbestimmung selbst zu wählen. Ich kann frei wählen, ob ich in der Stadt (umgeben von Millionen von Einflüssen) lebe oder in der Abgeschiedenheit. Ich kann frei wählen, ob ich täglich meditiere, um mir möglichst viel Klarheit zu bewahren oder ob ich mich völlig einer virtuellen Welt hingebe, die mich immer weiter von mir selbst entfernt. Und selbst wenn wir in manchen Bereichen vermeintlichen Zwängen unterworfen sind, so haben wir die Freiheit, diese abzulehnen oder anzunehmen.

„Das Glück besteht nicht darin, dass du tun kannst, was du willst, sondern darin, dass du immer willst, was du tust!“

Leo N. Tolstoi (russischer Schriftsteller, 1828-1910)

Es gibt in jedem einzelnen Moment unseres Seins unendlich viele Möglichkeiten dessen, wie dieser Moment aussehen kann. Sie alle existieren gleichzeitig und parallel zueinander, auch wenn wir nur einen davon bewusst erleben können. Unsere Wahrnehmungsfähigkeit ist in der irdischen Inkarnation extrem begrenzt. Unser Auge etwa ist träge und sieht nur einen sehr kleinen Teil dessen, was da ist. Unsere Ohren hören nur einen ganz kleinen Teil des Schallspektrums. Dasselbe gilt für unseren Geist. Aus all den unendlichen Möglichkeiten, die mir jeder Moment des Lebens bietet, kann ich nur aus jenen wählen, die mein

Geist fassen kann. Was ich mir gedanklich nicht vorstellen kann, existiert für mich nicht. Ich habe also nur den freien Willen, aus dem zu wählen, was ich mir vorstellen kann. Damit ist das Maß meines freien Willens auch von meiner geistigen Offenheit abhängig.

Es steht außer Zweifel, dass das Universum, und alles in ihm, nicht auf Zufall beruht, sondern einer gewissen Ordnung unterliegt. Daher sind auch unsere Gedanken nicht zufällig oder willkürlich. Sie sind das Ergebnis unserer Erfahrungen und der Auseinandersetzung mit uns selbst. Entscheidend für den Grad unserer Freiheit ist unser Grad an Bewusstheit.

Insofern bedeutet freier Wille nicht, dass wir absolute Kontrolle über uns und unser Leben haben, denn wir stehen immer in Interaktion mit anderen und werden auch von deren freiem Willen beeinflusst. Da jedes Lebewesen auf diesem Planeten, die Erde selbst, das Universum Einfluss auf das Ganze haben, ist unser persönlicher Einfluss auf das Ganze beschränkt, somit auch unser freier Wille. Das wiederum beweist uns, dass wir nicht getrennt voneinander sind, sondern letztlich alle eins. Im Grunde sind wir alle nur unterschiedliche Aspekte ein und desselben großen Ganzen. Jedes Teilchen für sich hat Auswirkung auf das Ganze, aber das Ganze hängt von allen Entscheidungen aller seiner Teile ab.

Wie all diese Zahnräder (bildlich gesprochen) ineinander greifen, und wer sie justiert und schmiert, weiß ich nicht, aber ich finde es immer wieder beeindruckend, wie sich meine eigenen Gedanken manifestieren, selbst wenn ich das Ergebnis der Manifestation im Detail nicht vorhersehen konnte. Manchmal materialisieren sich meine Gedanken auf eine Art und in einem Tempo, die meine Vorstellungskraft übersteigen, doch je weniger ich das „Wie“ zu definieren versuche, desto schneller zeigen meine Gedanken Wirkung. Das bedeutet wiederum: Je weniger ich darüber nachdenke, wie genau sich ein Gedanke konkret manifestiert, desto weniger schränke ich die Schöpfung ein, desto mehr Möglichkeiten erlaube ich mir, was wiederum ein schnelleres Ergebnis möglich macht.

Nun könnte ein Skeptiker argumentieren, dass ich damit eingestehe, keinen freien Willen zu haben, weil ich alles dem Zufall überließe. Aber das Gegenteil ist aus meiner Sicht der Fall: Denn es ist meine freie Entscheidung, der Schöpferkraft zu vertrauen, weil ich erkenne, dass ihre Möglichkeiten vielfältiger sind als alles, was ich mir je vorstellen kann. Zu vertrauen ist mein freier Wille. Demgegenüber steht das Misstrauen mancher Menschen, der Zwang, alles kontrollieren zu wollen. Das ist ein Zustand, der jede Kreativität tötet, alles berechenbar und vorhersehbar macht. Das ist „Malen nach Zahlen".

Egal, ob ich ein Bild male, ein Buch schreibe oder ein Lied komponiere, es gibt im Arbeitsprozess nichts Berauschenderes, als sich im richtigen Moment fallen zu lassen, die kreative Welle zu reiten, angebunden zu sein an die kreative, schöpferische Kraft der Urquelle, des Universums, der kosmischen Intelligenz – von manchen auch „Gott" genannt. Viele Schaffende kennen diesen Zustand, in dem sie nicht mehr bewusst denken, sondern alles nur noch aus ihnen heraussprudelt, durch sie geschieht, sie nur noch Kanal oder Werkzeug sind. Das „Wollen" aufzugeben und „es geschehen zu lassen", ist ein Zustand, der dem Samadhi schon sehr nahe kommt. Manche Menschen würden einen solchen Zustand (weil sie ihn selbst nie erlebten) als „Kontrollverlust" bezeichnen, diejenigen aber, die ihn bewusst geschehen lassen, erleben ihn als beglückenden Moment der Freiheit.

Wenn meine Seele über den Tod hinaus Bestand hat und ewig lebt, dann müsste sie sich doch auch freiwillig entscheiden können, wie und wann sie wieder in menschlicher Gestalt inkarniert, oder? Tatsächlich gibt es Menschen, die sich daran erinnern können, sich vor ihrer Geburt bewusst ihre leiblichen Eltern ausgesucht zu haben. Ich kenne einen solchen Menschen. Ich selbst kann mich daran nicht erinnern, aber ich halte es für sehr wahrscheinlich, dass unsere Seele sich aussucht, unter welchen Umständen sie wieder zur Erde zurückkommt – abhängig von den Erfahrungen, die sie bereits gemacht hat und noch machen möchte. Ich persönlich hatte in jungen Jahren einen schweren Autounfall, bei dem ich aus meinem Körper austrat, mein gesamtes Leben nochmals durchlebte und die Wahl hatte, zu gehen oder noch zu bleiben. Ich entschied mich dafür zu bleiben, weil ich meine Aufgabe in diesem Leben noch nicht erfüllt hatte. Ich hatte in diesem Alter eine gewisse Todessehnsucht, deshalb manifestierte sich diese Gelegenheit für mich, aber ich nutzte meinen freien Willen, um im letzten Moment umzukehren. Wenn ich die freie Wahl hatte, mein Leben zu beenden, warum sollte ich nicht die Wahl haben, es auch nach meinen Vorstellungen neu zu beginnen?

Der tibetische Lama *Shibok* erzählte mir die Geschichte eines bekannten spirituellen Lehrers, Lama *Longtok*, der kurz vor seinem Tod seinen Klosterbrüdern im Kloster *Kilong* einen Brief übergab mit der Anweisung, ihn erst zehn Jahre nach seinem Tod zu öffnen. Kurz darauf verstarb der Lama. Zehn Jahre später öffneten die Klosterbrüder den Brief, wie ihnen aufgetragen worden war. Darin fanden sich genaue Angaben darüber, wann und wo Longtok wiedergeboren würde und wie seine Eltern hießen. Bei der angegebenen Adresse fanden die Klosterbrüder tatsächlich einen achtjährigen Jungen vor, der sie auf der Stelle wiedererkannte und sich sehr über das Wiedersehen freute.

> *„Übernimm Verantwortung für deine Gedanken, Worte und Taten. Es gibt den freien Willen, und es ist durchaus deine freie Wahl, dich dafür zu entscheiden, Gutes zu tun. Es ist deine freie Entscheidung in der Gegenwart, die dein künftiges Schicksal bestimmt, und es waren deine früheren Entscheidungen, die dein gegenwärtiges Schicksal bestimmen. Daher steht es dem Menschen absolut frei, sein Unterscheidungsvermögen zu verfeinern und sich nach seinem Willen für jede beliebige Tat zu entscheiden. Es steht dir frei zu denken, was du möchtest; es steht dir frei, positive und konstruktive Gedanken und Wünsche zu haben.“*
>
> Swami Muktananda (indischer Yoga-Meister, 1908-1982)

Es gibt zahlreiche Menschen, die sich permanent im Kreis drehen, weil sie nicht in der Lage sind, Entscheidungen zu treffen. Sie haben Angst vor den Folgen und Konsequenzen möglicher Entscheidungen, deshalb verharren sie oft in einem Sein, das nicht erfüllend für sie ist.

Dabei ist der Ausweg aus einem negativen Zustand sehr einfach, denn es gibt in jeder Situation immer nur drei konstruktive Möglichkeiten: ***love it, change it, or leave it!***

Entweder ich ändere meine Betrachtungsweise, lerne einen Zustand oder eine Person zu lieben und gebe meinen Widerstand gegen die Situation auf, oder aber ich ändere den Zustand. Oft kann man eine andere Person nicht ändern, wohl aber die Beziehung zu ihr, indem man Dinge anspricht und Klarheit schafft. Wenn man die eigene Perspektive nicht ändern mag und die Situation sich nicht verbessern lässt, bleibt nur die Variante zu gehen. Wer nicht im Gefängnis sitzt oder sonst irgendwo eingesperrt ist, hat immer die Möglichkeit zu gehen.

Aber natürlich gibt es noch eine vierte Möglichkeit, nämlich die, alles beim Alten zu lassen und sich weiter im Kreis zu drehen, aber das ist wenig konstruktiv. Wer jedoch seinen freien Willen dazu nutzen möchte, diese Erfahrung besonders lange und intensiv auszukosten, dem steht natürlich genau das frei.

Wenn eine bestimmte Situation nicht meinen Vorstellungen entspricht, dann kann ich entweder – wie viele Menschen es tun – verärgert oder wütend darauf reagieren oder aber ich kann versuchen, der Situation mit Gelassenheit oder Humor zu begegnen. Das steht mir frei. Wenn ich Widerstand leiste, also mich ärgere, werde ich die Situation noch intensivieren. Wenn ich ihr mit Humor begegne, wird sich die Situation leichter in Wohlgefallen auflösen. Ich habe die Wahl! Viele Menschen – vor allem in Deutschland – haben oft die Befürchtung, dass ihnen ein leichter, humorvoller Umgang mit schwierigen Situationen als Schwäche, als unseriöses Verhalten ausgelegt wird. Deshalb bemühen sie sich oft, besonders ernst zu sein und grimmig zu gucken. Das Gegenteil ist aber der Fall. Schwierige Situationen bewusst und freiwillig zu de-eskalieren, zu entspannen, zeugt von Macht, Reife und wahrer innerer Stärke. Ärger hingegen ist immer ein Zeichen von Angst und Unsicherheit. Das Ego fühlt sich bedroht und schlägt um sich. Jeder von uns kann wählen, wie er wann und wo reagiert. Wir haben den freien Willen!

GEFÜHLE & EMOTIONEN

Kaum etwas anderes ist so schwer zu beschreiben, wie das *Gefühl*, früher auch oft als das *Gemüt* bezeichnet. Das Gefühl ist ein subjektives Empfinden, das stark mit bestimmten Schwingungen verknüpft ist. Es kann sowohl aus mir selbst heraus wie auch aus der Reaktion auf andere und anderes entstehen. Letzteres wird auch oft als *Emotion* bezeichnet oder von C. G. Jung auch als *Affekt*. Jung unterscheidet zwar zwischen Gefühl und Affekt, aber er sieht die Übergänge als fließend an. Er definiert „Fühlen" als eine von vier psychologischen Grundfunktionen neben Denken, Empfindung und Intuition. Aber diese Begriffe sind schwammig und werden von unterschiedlichen Menschen unterschiedlich definiert. In der Psychologie wird „Gefühl" häufig auch als die Interpretation einer Emotion bezeichnet, es kann aber auch ein rein neurologisches Empfinden sein, wie etwa das Gefühl von Taubheit in einem Körperteil. Fest steht nur eins: Gefühle und Emotionen sind die Interpretation eines Zustandes. Diese Interpretation hängt von meinem Grad an Bewusstheit und von meinen Erfahrungen ab.

Das Wort *Gefühl* leitet sich von *fühlen* ab, also vom Tastsinn. Es bedeutet also, etwas wahrzunehmen, das dem bloßen Auge verborgen bleibt. Ich kann das Gefühl haben, dass *etwas nicht stimmt*, was so viel bedeutet wie, dass ich etwas wahrnehme, was auf der materiellen Ebene nicht eindeutig erkennbar ist. Das Gefühl beruht auf einer Schwingung, die nicht sichtbar, aber sehr wohl wahrnehmbar und messbar ist. Ein bestimmtes Bild etwa kann in jedem Betrachter unterschiedliche Gefühle hervorbringen, abhängig von den Erfahrungen und dem Gemütszustand des Betrachters. Die Wahrnehmung geht also über die Form und die Farbe des Bildes hinaus. Musik aber – die reine Schwingung ist – erzeugt bei den meisten Menschen dieselben Gefühle.

Ein bestimmtes Gefühl *nicht loszuwerden* bedeutet, dass ich immer wiederkehrend denselben Eindruck von etwas habe, das der äußeren Erscheinung eines Zustandes widerspricht. Dies kann man auch als *Intuition* oder *Bauchgefühl* bezeichnen – dieses speist sich wiederum aus den

Erfahrungen, die ich im Laufe meiner Existenz gesammelt und in der Seele abgespeichert habe.

Die *gefühlte Temperatur* oder die *gefühlte Inflation* sind Wahrnehmungen, die der reinen Mathematik oder der objektiven Messung widersprechen. Man kann Gefühle für etwas oder für jemanden hegen, also kann man Gefühle auch pflegen und vertiefen, indem man sich mit ihnen auseinandersetzt und ihnen vertraut. Schmerz etwa ist kein Gefühl, aber man kann ihn fühlen.

Ich kann gegenüber einer Person, der ich wissentlich noch nie zuvor begegnet bin, das Gefühl von Vertrautheit haben, was bedeutet, dass diese Person genau auf meiner Wellenlänge schwingt, unabhängig von ihrer äußeren Form. Das könnte vielleicht bedeuten, dass ich diese Person aus einem früheren Leben kenne, dass ich sie intuitiv wiedererkenne, ohne dass mein Verstand dazu in der Lage wäre, weil er darauf nicht trainiert ist. Da jedes Gehirn, jeder Mensch eine ganz eigene, spezifische Schwingung hat, kann es aber auch bedeuten, dass dieser andere Mensch einfach meiner persönlichen Schwingung sehr nahe ist, also „auf meiner Wellenlänge“ schwingt, was mir *ein gutes Gefühl* geben kann, weil wir wie zwei Musiker, die dasselbe Stück spielen, im Gleichklang schwingen.

Man kann auf die eigenen Gefühle hören, oder man kann sie unterdrücken, indem man sich auf den reinen Verstand zurückzieht. Man kann Gefühle aber auch auskosten. Und wenn man nicht lernt, auf sein *Bauchgefühl* zu hören, dann kann man ein *Wechselbad der Gefühle* erleben. Gefühle können erwidert werden oder auch nicht, sie können falsch oder richtig interpretiert werden, was wiederum vom Grad der Bewusstheit des Interpreten abhängt.

Fühlen muss nicht erlernt werden, denn jedes höhere Lebewesen ist von Haus aus mit der Fähigkeit zu fühlen ausgestattet. Aber wie bei allem ist der Umgang mit den eigenen Gefühlen eine Frage der Erziehung und der äußeren Einflüsse. Wenn ich etwa als Kind von klein auf immer wieder für meine Gefühle oder für das Zeigen meiner Gefühle verlacht werde, wenn also mein subjektives Empfinden ins Lächerliche gezogen wird, dann werde ich, um nicht immer und immer wieder verletzt zu werden, meine Gefühle unterdrücken und mir antrainieren, vorwiegend über den Verstand, also über die Logik zu funktionieren. Das bedeutet, dass ich einen großen Teil dessen, was mich zum Menschen macht, ausschalte und im Grunde nur noch wie eine Maschine funktioniere. Das, was uns Menschen von Maschinen, von Computern oder Robotern unterscheidet, ist unsere Fähigkeit, Gefühle zu empfinden. Im logischen Denken sind wir ihnen unterlegen. Das, was den bewussten Menschen vom „bewusstlosen" Menschen unterscheidet, ist die Fähigkeit, die eigenen Gefühle von denen anderer zu unterscheiden und sie kontrollieren zu können.

> *„Es gibt keine Grenzen. Nicht für die Gedanken, nicht für die Gefühle. Die Angst setzt die Grenzen."*[(120)]
>
> Ingmar Bergmann (Regisseur, 1918-2007)

Alles, was ich erlebe, wird in gefühlter Form in meiner (nicht materiellen) Seele als Erfahrung abgespeichert. Darauf kann ich später jederzeit wieder zurückgreifen – vorausgesetzt, ich höre auf mein Bauchgefühl, lasse mich beseelen und werde nicht von meiner Ratio kontrolliert. Wer ausschließlich seinem Verstand vertraut, hat keinen Zugang zur eigenen Seele und verwehrt sich somit selbst einen großen Teil seiner eigenen Persönlichkeit, seines eigenen Selbst und seines eigenen Erfahrungsschatzes.

Es gibt in unserer modernen Gesellschaft die Tendenz, Gefühle abzutun, zu unterdrücken, zu negieren. Wir leben in einer Zeit, die vom Glauben an die Wissenschaft, also an das „Beweisbare" geprägt ist. Wir nehmen und verabreichen Medikamente gegen das Fühlen, wir stumpfen uns mit Drogen wie Alkohol, Crack oder Marihuana ab, oder wir nehmen Aufputschmittel wie Kokain, Ritalin oder Dopingdrinks, um das Gefühl von Müdigkeit zu unterdrücken. Wir nehmen Pillen gegen Traurigkeit, und wenn jemand sehr empfindsam ist, dann etikettieren wir ihn als schwach oder gar als verrückt. Wir leben in einer Welt, in der Gefühlskälte immer mehr zum Status quo wird. In Wahrheit aber ist Gefühllosigkeit ein massiver Mangel an Menschlichkeit.

Immer mehr Menschen beschleicht das Gefühl, dass mit unserer Gesellschaft etwas nicht stimmt, aber da wir verlernt haben, unseren Gefühlen zu trauen, glauben diese Menschen irgendwann, dass mit ihnen selbst etwas nicht stimmen würde. Sie haben oft Angst davor, „verrückt zu werden". In Wahrheit ist es aber so, dass gerade diejenigen, die noch Gefühle haben, die Empfindsamen unter uns, die einzig Normalen sind.

Leider sprechen wir immer weniger über Gefühle, weil die nicht mehr salonfähig sind. Es ist so, dass eine kleine Gruppe gefühlskalter Machtmenschen, eine vermeintliche Elite, die Kontrolle über unsere Gesellschaft, über unsere Staaten und über unsere Wirtschaft hat. Diese Roboter in Menschengestalt dominieren alles, und sie züchten eine ganze neue Generation von Robotern heran, von Menschen, die völlig von ihrer Gefühlswelt abgeschnitten sind. Da diesen kalten Menschen Gefühle nicht mehr geheuer sind, flüchten sie sich in eine virtuelle Welt, in eine Welt ohne wahre Gefühle, ohne Verantwortung. In dieser Scheinwelt können sie nicht verletzt werden, weil sie alles mittels Maus oder Joystick steuern und immer alles ein- und wieder ausschalten können, wie es ihnen gerade beliebt.

Die meisten Menschen begnügen sich heute damit, anderen dabei zuzusehen, wie sie etwas erleben. Der moderne Mensch lässt sich lieber große Gefühle vorgaukeln, als sie selbst zu erleben. Immer mehr Menschen beziehen ihr Erleben aus dem Fernsehen oder aus Videospielen, aus Illustrierten oder aus Romanen. Da diese Erlebnisse aus zweiter Hand aber im Vergleich zum wahren Erleben nur wenig Gefühl hervorrufen, müssen diese Stellvertreter in Film, Fernsehen und Buch immer extremere Situationen durchleben. So wird in der „Unterhaltungsbranche" zu immer drastischeren Mitteln gegriffen, es wird immer mehr getötet, immer detaillierter gefoltert und misshandelt, es gibt ständig Großaufnahmen von klaffenden Wunden und spritzendem Blut zu sehen – nur damit der Konsument überhaupt noch etwas spürt. Diese Gefühlskälte ist mittlerweile zum Normalzustand geworden, vor allem auch in der Wirtschaft und in der Politik.

„Menschen, die keinerlei Einfühlungsvermögen haben, sind die besten Investoren. Die Wallstreet züchtet Personen ohne Empathie, die Entscheidungen treffen und Geschäfte abwickeln, ohne jegliche Gewissensbisse, ohne je darüber nachzudenken, dass diese ihre Mitmenschen beeinflussen könnten. Man züchtet diese Roboter, diese seelenlosen Wesen. Nun, da sie die nicht mehr bezahlen wollen, schaffen sie echte Roboter, algorithmische Händler.“[(121)]

Max Keiser (Ökonom und Publizist)

Die Frage ist also, was machen diese seelenlosen, gefühlskalten Wesen, wenn sie ihren Job an einen Computer verlieren und keine Spielwiese mehr für ihr Ego haben? Wo geht die Reise hin? Wir steuern auf eine Ära emotionaler Verarmung zu, wenn wir nicht die Kurve kriegen und wieder dahin zurückkehren, uns unseren Gefühlen zu stellen – und sie als etwas Wertvolles zu betrachten! Auch wenn das manchmal schmerzhaft sein mag.

Da immer mehr Arbeitsplätze wegfallen, weil Menschen durch Maschinen ersetzt werden, sind die Arbeitnehmer bereit, immer mehr einzustecken, immer mehr über sich ergehen zu lassen, nur um nicht unter die Räder zu kommen. Sie funktionieren wie Roboter, ohne menschliche Regungen. Man kann sich zwar selbst eine gewisse Zeit lang etwas vormachen, aber man kann seinen Körper und seine Seele auf Dauer nicht betrügen. „Burnout“ ist keine Krankheit im eigentlichen Sinne, sondern ein Zustand von Überforderung und Erschöpfung, der aggressiv um sich greift.

Kinder definieren sich dadurch, dass sie sich in anderen, vor allem in Erwachsenen spiegeln. Je mehr Aufmerksamkeit sie bekommen, je mehr sie sich selbst und ihre Gefühlswelt entdecken dürfen, ohne ruhiggestellt zu werden, desto einfühlsamer und mitfühlender werden sie mit anderen. Gerade in Deutschland werden spontane Gefühlsausdrücke – wie wir sie aus südlichen Ländern kennen – verpönt, ja oft sogar als verhaltenskrank angesehen. Dadurch wird spontane Freude gehemmt und im Laufe eines Lebens immer mehr verlernt. Gerade diese spontane Freude aber ist es, die uns zu Menschen macht. Freude und Begeisterung sind die wichtigsten Lebenselixiere.

> *„Wichtig ist, dem Kind die Gelegenheit zu geben, sich zu zeigen. Das geht am besten im freien Spiel – also ohne Vorgaben der Eltern. Jedes Kind müsste möglichst viel Zeit haben, alles Mögliche zu erkunden. Dadurch betreiben sie die Auskundung ihrer Potentiale. Dadurch zeigen sie, welche Talente und Begabungen sie haben. Das kriegt man aber nicht mit, wenn man sie dauernd unterrichtet und von einer Förderveranstaltung zur nächsten schickt. Freies Spielen (auch mit anderen Kindern), gemeinsames Singen, basteln, Märchen vorlesen, sind die wichtigsten Zutaten für eine gesunde Entwicklung. Arbeiten am Computer wird nie das begeisterte Vorlesen einer Geschichte ersetzen können.“*[(122)]
>
> Prof. Gerald Hüther

Wir müssen wieder dahin kommen, dass es uns egal ist, was andere von uns denken, wir müssen uns um uns selbst, um unsere eigenen Gefühle kümmern. Dafür müssten wir aber lernen, zwischen unseren eigenen und fremden Gefühlen zu unterscheiden. Vieles, was wir als Gefühl erleben und mit uns selbst assoziieren, hat in Wahrheit nichts mit uns selbst zu tun. Wir übernehmen nicht nur die Überzeugungen und Gedanken anderer Wesen, sondern wir übernehmen oft auch deren Gefühle. Das ist uns meist selbst nicht bewusst, weil wir nicht gelernt haben, zwischen echten (eigenen) und falschen (fremden) Gefühlen zu unterscheiden. Wie auch, es gibt in der Schule kein Fach „Fühlen“. Sollte es aber!

Eine der zentralen Kernlehren im Buddhismus ist die Des-Identifikation von fremden Gefühlen. Wir alle haben es schon erlebt: Plötzlich überfällt uns große Traurigkeit, und wir wissen nicht warum. Sie kann aus dem Nichts kommen, ohne Vorwarnung. Wir betreten gut gelaunt einen Raum mit vielen Menschen, und oft braucht es nicht viel, und im Handumdrehen ist die gute Laune wie weggeblasen. Meistens würden wir dann sagen: *„Ich bin jetzt traurig!“* Damit identifizieren wir uns mit dieser Traurigkeit, obwohl sie eindeutig von jemand anderem auf uns übertragen wurde. Wir sind sozusagen ungeschützt in die Falle gegangen. Wenn man das regelmäßig tut, dann wird diese Traurigkeit (oder welches Gefühl auch immer) Teil der eigenen Persönlichkeit. Man wird selbst zur Traurigkeit.

Dabei könnte man in derselben Situation genauso sagen: *„Da ist Traurigkeit!"* Man würde diese Traurigkeit nicht bekämpfen oder verurteilen, aber man würde sich nicht mit ihr identifizieren. *„Da ist Traurigkeit, aber es ist nicht meine Traurigkeit!"* Sobald ich diesen Satz sage, lasse ich die Traurigkeit los, ich halte nicht an ihr fest, mache sie nicht zu einem Teil von mir. Ich bemerke und akzeptiere sie, aber ich identifiziere mich nicht mit ihr. Das ist, als ob eine Brise durch mein Haar fährt und es zerzaust. Niemand denkt: *„Da ist mein Wind!"* Niemand identifiziert sich mit dem Wind.

Gefühle können aus uns selbst heraus entstehen, aber sie können auch in uns hervorgerufen werden. Das können wir zulassen oder aber auch nicht. Um es jedoch zu verhindern, müssen wir uns der Tatsache und der Wirkungsweise von künstlich erzeugten Gefühlen bewusst werden. Musik etwa, die nichts anderes als Schwingung ist, kann völlig unmittelbar ein bestimmtes Gefühl in uns hervorrufen. Bei großen Popkonzerten etwa kann man erleben, wie ein Lied – manchmal auch nur wenige Takte eines Liedes – in tausenden Menschen gleichzeitig ein und dasselbe Gefühl einschaltet, ihnen allen ein und dasselbe Gefühl überstülpt. In unterschiedlichen Gemütszuständen höre ich unterschiedliche Musik. Entweder, weil ich ein bestimmtes Gefühl erzeugen möchte – etwa um mich aufzuheitern –, oder weil ich ein bestehendes Gefühl verstärken möchte. Dann lasse ich mich fallen, ergebe mich willentlich einem bestimmten Gefühl und koste es aus. Solange ich das bewusst tue, ist das wunderbar, weil es meine Erfahrungen bereichert.

Wenn ich etwa bei einem Konzert mit hunderten oder tausenden anderen Menschen zusammenkomme, dann haben wir alle dasselbe Ziel, somit in etwa die gleiche Schwingung. Unsere Schwingungen potenzieren sich also, verstärken sich, lösen in uns ein sehr viel stärkeres Gefühl aus, als wir es meist allein erspüren können. Das kann zu absoluter Euphorie und zu Glückszuständen führen.

Wenn ich aber hingegen in ein öffentliches Verkehrsmittel steige, dann befinde ich mich mit sehr vielen unterschiedlichen Menschen mit unterschiedlichen Zielen und Gemütszuständen auf engstem Raum. Unsere völlig unterschiedlichen Schwingungen überlagern sich ebenfalls, aber sie schwingen nicht als eine große Welle, sondern sie kämpfen gegeneinander, konkurrieren, brechen sich gegenseitig ab – alles vorausgesetzt, ich bin nicht in der Lage, meine ***Aura***, also meinen energetischen Körper zu schützen. Je mehr ich gelernt habe, mein eigenes Energiefeld zu schützen, desto weniger anfällig bin ich für Störungen von außen.

Da die meisten Menschen aber sehr ungeübt darin sind, ihre Aura (und ihre Schwingung) „zu halten", versuchen sie sich dadurch zu schützen, dass sie die Energie anderer dadurch übertrumpfen, dass sie sich einkapseln und mittels Kopfhörern sehr laute und rhythmische Musik hören. Damit verstärken sie ihre eigene Schwingung. Leider führt dies aber oft zur Störung anderer Fahrgäste und somit wieder zu Reibung und Widerstand. Es führt also im Grunde kein Weg daran vorbei, sich seiner Aura bewusst zu werden und sie zu kontrollieren. Wenn ich zulasse, dass andere in mir Gefühle erzeugen, dann mache ich mich zu deren Spielball. Das kann so simpel sein, wie dass ich mich provozieren lasse, wütend werde, wenn andere Menschen bestimmte Dinge tun oder sagen. Es kann aber auch so heimtückisch sein, wie gewollte, verdeckte Beeinflussung meiner Gefühle – etwa durch Werbung oder durch bestimmte immer wiederkehrende „traurige Nachrichten".

Eine solche Manipulation findet im Westen im großen Stil seit Jahrzehnten statt. So setzen Regierungen oder Regierungsorganisationen etwa bestimmte Wellen und Frequenzen ein, um Gefühle wie Hass oder Angst zu schüren. Bei Demonstrationen werden wir oft mit Wellenlängen beschallt, die Müdigkeit und Friedfertigkeit erzeugen.

In den USA kommen militärische Fahrzeuge zum Einsatz, die mit der 40-fachen Strahlenstärke einer normalen Haushaltsmikrowelle auf eine Entfernung von bis zu 500 Metern eingesetzt werden können. Sie dringen nur wenige Millimeter unter die Haut, erhitzen sie aber stark, was sich äußerst unangenehm anfühlt, erklärt Dr. Fred Bell, ein früherer Mitentwickler solcher und ähnlicher Waffen für die US-Regierung.[(123)] Demnach werden seit Anfang des neuen Jahrtausends „Stör-Waffen" (confusion weaponnary) verwendet, die mittels bestimmter Frequenzen den Körper völlig durcheinanderbringen, kurz darauf entwickelte man die Neuro-Stimulation über große Distanzen.

Die Düsseldorfer *Rheinmetall-DeTec-Gruppe* soll bereits seit Jahren Mittelenergielaserwaffen (MEL) und Hochleistungsmikrowellenwaffen (HLM) produzieren, wie der Mitarbeiter und „Defence"-Experte Dr. Gerd Wollmann berichtete.[(124)]

Das *Long Range Acoustic Device* (LRAD), auch *Schallkanone* genannt, ist ein Produkt der amerikanischen Firma *American Technology Corporation*, das gesichert im Irak und gegen somalische Piraten eingesetzt wurde. Es kann über die Distanz von einem Kilometer extrem laute und schmerzhafte Töne ausstrahlen.[(125)]

Wir werden darauf trainiert, auf bestimmte Situationen in bestimmter Weise zu reagieren. Solche Situationen können dann gezielt herbeigeführt werden, um uns in bestimmte Gefühlszustände zu versetzen. Es braucht dafür im Grunde aber noch viel weniger als äußere Ereignisse, um in Menschen, auch in einer großen Anzahl von Menschen, ein bestimmtes Gefühl zu erzeugen. Es braucht nichts weiter als eine bestimmte Strahlenfrequenz. Bereits 1977 hatte die CIA Margaret Thatcher die detaillierten ELF-Frequenzen übergeben, mit denen Menschen unter gezieltem Beschuss paranoid, depressiv oder aggressiv gemacht werden können. Diese Frequenzen sind dieselben, die im menschlichen Gehirn produziert werden, nur in konzentrierter Form.[(125b)]

Durch Messungen der Gehirnströme eines Menschen mittels eines Elektro-Enzephalographen (EEG) kann man feststellen, dass das Gehirn elektromagnetische Wellen produziert, die im Bereich zwischen 1 und 40 Hertz liegen. Man unterteilt dieses Spektrum in der Medizin in insgesamt vier Bereiche, die mit unterschiedlichen Bewusstseinszuständen einhergehen:

1. Delta-Wellen (1-3 Hertz) sind charakteristisch für Tiefschlaf und komatöse Zustände.

2. Theta-Wellen (4-7 Hertz) sind charakteristisch für den Traumschlaf.
3. Alpha-Wellen (8-12 Hertz) treten im entspannten Wachzustand auf, etwa in einer Meditation oder kurz vor dem Einschlafen, kurz nach dem Erwachen.
4. Beta-Wellen (13-40 Hertz) herrschen im normalen Wachzustand vor.

Die Schumann-Frequenz bildet die Grenze zwischen Theta- und Alpha-Bereich. Die Gehirne von Hellsehern, Medien und Heilern haben bei der Arbeit eine Frequenz von 8 Hz. Das wäre auch die beste Frequenz für Patienten während Operationen. Bei dieser Frequenz verspüren sie keine Schmerzen. Es gibt so viele Möglichkeiten, dieses Wissen positiv einzusetzen, aber leider geschieht oft das Gegenteil. Vielleicht aber erreicht dieses Buch ja den einen oder anderen Arzt und kann ihn inspirieren?

Gefühle können in einzelnen Menschen gezielt ausgelöst werden, indem man sie isoliert bestrahlt. Man kann aber auch mittels Massenbestrahlung ganze Bevölkerungsteile, ja sogar ganze Völker manipulieren. Diese Wellen können auf drei unterschiedliche Arten ausgestrahlt werden: mittels Satellit, Kabel oder Antenne. Die größten Antennenparks sind HAARP in Alaska, MUOS in Süditalien und der LOIS in Südschweden. Aber auch in Deutschland, Norwegen und Russland gibt es ähnliche Anlagen, als Sammelbegriff EISCAT genannt, mit deren Hilfe man unsere Gedanken und Gefühle beeinflussen kann.

Die Reichweite dieser Sendeanlagen spielt heute eigentlich keine Rolle mehr, es genügen kleinste Antennen, denn ihre Signale können mittels Handysendemasten – von denen es mittlerweile Millionen gibt – gleichmäßig verstreut werden. Unsere Mobiltelefone dienen als Empfänger oder Verstärker, mit denen wir diese Strahlung aufnehmen – Wellen also, die uns unbewusst, aber sehr massiv beeinflussen. Wenn ich also mein Mobiltelefon ständig am Körper trage und niemals ausschalte, dann mache ich es möglichen Manipulatoren sehr einfach, nach Belieben mit meinen Gefühlen zu spielen. Gleichzeitig mache ich es mir selbst nahezu unmöglich zu erkennen, was meine eigenen „echten Gefühle“ sind und was fremde Beeinflussung. Deshalb trage ich persönlich mein Handy auch nur selten am Körper und schalte es auch nur ein, wenn es wirklich nötig ist, was sehr selten der Fall ist.

Ich schreibe dies nicht, um Sie zu ängstigen, sondern um ein Bewusstsein dafür zu schaffen, welchen Widrigkeiten wir ausgesetzt sind. Es ist sehr wichtig für jeden Einzelnen von uns, sich für die persönliche Entwicklung solche Umstände bewusst zu machen, um selbständige und bewusste Entscheidungen treffen zu können. Wer seine eigenen Gefühle kennen und erkennen möchte, kann dies am besten ohne den Einfluss von technischen Geräten tun, draußen in der Natur, in der Stille, in der Meditation. Um auf meine Gefühle hören zu können, muss ich für Stille sorgen. Dafür muss ich Orte und Umstände suchen oder erschaffen, die mir diese Stille ermöglichen, die es mir möglich machen, in mich selbst hineinzuhören. Erst dann kann ich meine eigenen, persönlichen, echten Gefühle entdecken und pflegen. Daher gilt es, so oft und so weit wie möglich, Stress zu vermeiden. Dies wird vielleicht nicht immer und überall möglich sein, wir sollten es uns aber zur Gewohnheit machen, immer wieder regelmäßig innere Einkehr zu halten, um zu uns selbst zurückzufinden und nach Möglichkeit auch bei uns selbst zu bleiben.

> *„Viel Leid und viel Unglück entstehen, wenn du jeden Gedanken, der dir durch den Kopf geht, für die Wahrheit hältst. Situationen machen nicht unglücklich. Sie mögen physische Schmerzen verursachen, aber sie machen nicht unglücklich. Deine Gedanken machen dich unglücklich. Deine Interpretation, die Geschichten, die du selbst dazu erfindest, machen dich unglücklich.“*[(126)]
>
> Eckhart Tolle

In der Psychologie spricht man von sogenannten **Grundgefühlen** (auch Primäraffekt oder Basisemotion). Dies sind Gefühle, die als wesentlicher Bestandteil jeder menschlichen Existenz angesehen werden und in allen Kulturen gleichermaßen anzutreffen sind. Beispiele für Basisemotionen sind Freude, Angst, Liebe oder Hass. In zahlreichen Theorien wird etwa die Liebe nicht als Grundgefühl angesehen – was sehr viel über den Zustand der Wissenschaft aussagt. Der Anthropologe Paul Ekman will beispielsweise sieben Basisemotionen nachgewiesen haben, die kulturunabhängig erkannt werden: Freude, Wut, Ekel, Furcht, Verachtung, Traurigkeit und Überraschung. Menschen können diese Gefühle also weltweit entschlüsseln, unabhängig davon, wo sie erzogen und sozialisiert wurden. Alle anderen Gefühle gelten demnach als sekundäre Gefühle, also als Gefühle, die sich aus einem Grundgefühl heraus entwickeln.

> *„Liebe ist stets der Anfang des Wissens, so wie Feuer der Anfang des Lichts ist."*
>
> Thomas Carlyle (schottischer Historiker, 1795-1881)

Liebe kann sich entweder auf eine bestimmte Person, ein bestimmtes Lebewesen beziehen oder aber in ihrer reinsten Form – *Agápe* genannt – alles mit einschließen, selbst die „Feindesliebe" – was durch die Worte Jesu am Kreuz symbolisiert wird: *„Herr, vergib ihnen, denn sie wissen nicht, was sie tun!"* In dieser reinen Form ist Liebe bedingungslos, sie entsteht aus uns selbst heraus, weil wir alles, was ist, so akzeptieren, wie es ist. Wahre Liebe ist wie eine Quelle, die immer weiter sprudelt und nicht versiegt. Zu lieben ist meine freie Entscheidung, sie ist der höchste Ausdruck meines freien Willens. Liebe muss nicht erlernt werden, jedes Kind liebt seine Eltern ganz von selbst. Wenn diese Liebe jedoch nicht erwidert wird, dann kann diese Liebesfähigkeit verkümmern, so wie die Augen erblinden, wenn sie jahrelang kein Licht sehen. Es ist so viel leichter, selbst zu lieben, wenn man geliebt wird. Wer Liebe hingegen selbst nie erfahren hat, der wird Angst vor diesem Zustand haben, weil er ihn mit Kontrollverlust gleichsetzt.

> *„Die Liebe ist langmütig und freundlich, die Liebe eifert nicht, die Liebe treibt nicht Mutwillen, sie bläht sich nicht auf, sie verhält sich nicht ungehörig, sie sucht nicht das Ihre, sie lässt sich nicht erbittern,*

sie rechnet das Böse nicht zu, sie freut sich nicht über die Ungerechtigkeit, sie freut sich aber an der Wahrheit; sie erträgt alles, sie glaubt alles, sie hofft alles, sie duldet alles. Die Liebe hört niemals auf...[127]

Das Hohelied der Liebe (1. Korinther 13)

Anders als Liebe, die ein gleichförmiger Zustand ist, der ewig währen kann, hat **Verliebtheit** immer einen Anfang und ein Ende. Es gibt Höhen und Tiefen, Ekstase und Schmerz. Verliebtheit ist von einer anderen, ganz bestimmten Person abhängig, und sie beruht darauf, dass diese Person etwas Bestimmtes für mich verkörpert – egal ob real oder nur in sie hineinprojiziert. Verliebtheit ist ein flüchtiges Gefühl, denn sobald es verfliegt, hinterlässt es eine Leere. Um dieser nicht begegnen zu müssen, verlieben sich manche Menschen immer und immer wieder, was zu einer Art von Sucht werden kann und dazu führt, dass man tiefe Gefühle wie echte Liebe nicht zulässt. Verliebtheit braucht einen anderen Menschen, ein Subjekt der Begierde, Liebe hingegen kann aus sich heraus entstehen und wachsen. Sie ist nicht auf Menschen allein beschränkt.

Wenn wir uns verlieben, entfacht sich ein Feuerwerk hormoneller Vorgänge in unserem Körper. Es werden Endorphine freigesetzt, Glücksbotenstoffe, die uns schlagartig verändern. Mit einem Mal fällt aller Ballast von uns ab, alles gelingt wie von selbst, wir schweben mit einem breiten Grinsen von Wolke zu Wolke, und nichts kann uns mehr aus der Ruhe bringen. Unser Schmerzempfinden wird verringert, Ängste sind wie weggeblasen. Wir befinden uns in einem Rauschzustand. Das einzige Problem dabei ist, dass dieser Zustand irgendwann zu Ende gehen wird – wie jeder Rausch.

Umso wichtiger aber ist es, uns an dieses Grundgefühl zu erinnern, an diesen Zustand des Glücks, den wir alle suchen. Dieser Zustand ist sehr eng mit dem der Freude verwandt.

Freude ist ein wichtiges, wunderbares Gefühl, es hält uns jung und vital, wirkt lebensverlängernd und öffnet uns anderen Menschen gegenüber. Gesteigerte Freude nennt man **Enthusiasmus** oder **Begeisterung,** manchmal auch **Leidenschaft** – dieses Wort jedoch impliziert bereits einen gewissen negativen Ausgang, also etwas, das „Leiden schafft". Aber Leiden bedeutet, sich nicht mit der Realität abzufinden, Widerstand zu leisten gegen das, was ist. Wenn ich etwas anders haben möchte als es ist, es aber nicht dahingehend verändere oder verändern kann, dann schaffe ich Leiden.

Freude, Begeisterung oder Enthusiasmus fördern ähnliche chemische Prozesse wie die Verliebtheit. Begeisterung aber ist etwas, das wir selbst herstellen können, für das wir keine andere Person brauchen. Wir müssen einfach nur Dinge tun, die wir wirklich von Herzen gerne tun, und dafür dankbar sein, dass wir sie tun können. Liebe, Freude und Begeisterung sind eng miteinander verbunden. Ich kann mich nicht in die Sonne verlieben, aber ich kann mich begeistern, wenn sie scheint oder wenn sie in sattem Orange untergeht. Es ist meine eigene Entscheidung, Liebe, Freude oder Begeisterung zu empfinden. Deshalb unterscheidet man im Buddhismus auch zwischen Liebe und ***Anhaftung***, also einem Zustand, der mich von einer anderen Person oder einem Gegenstand abhängig macht.

> *„Leider können sich Erwachsene nur vereinzelt an ihre ersten Kindheitserlebnisse erinnern – erinnern an dieses Glücksgefühl, mit dem sie sich als kleines Kind auf den Weg gemacht haben, die Welt zu entdecken. Sie können sich kaum entsinnen an diese unglaubliche Offenheit, Gestaltungslust und Entdeckerfreude. Sie haben nur eine getrübte Vorstellung von dieser, den ganzen Körper durchströmenden Begeisterung über sich selbst und über all das, was es damals zu entdecken und zu gestalten gab. Wären diesen Erinnerungen präsenter, wären viele Sorgen, Probleme und Nöte des Erwachsenseins gar nicht existent.*"[(128)]
>
> Prof. Gerald Hüther

Das Wort Enthusiasmus bedeutete ursprünglich so viel wie „göttliche Eingebung" oder „Inspiration". Im Zustand von Enthusiasmus oder Begeisterung kommt es zur Aktivierung der emotionalen Zentren im Gehirn, die über Umwege neuroplastische Botenstoffe ausschütten, was zur verstärkten Bildung bestimmter Eiweiße führt, die neue Verknüpfungen in unserer Schaltzentrale schaffen und alte am Leben erhalten. Begeisterung stimuliert unser Gehirn und erhält unsere geistige Fitness!

> *„Jeder kleine Sturm der Begeisterung führt gewissermaßen dazu, dass im Hirn ein selbsterzeugtes Doping abläuft. So werden all jene Stoffe produziert, die für alle Wachstums- und Umbauprozesse von neuronalen Netzwerken gebraucht werden. So einfach ist das: Das Gehirn entwickelt sich so, wie und wofür es mit Begeisterung benutzt wird. Deshalb ist es entscheidend, sich als Heranwachsender oder Erwachsener diese Begeisterung zu bewahren."* [129]
>
> Prof. Gerald Hüther

Hass ist ein Gefühl, das aus tiefer Ablehnung gegen eine Person oder einen Zustand entsteht. Hass richtet sich aber nicht nur gegen das Subjekt oder Objekt des Hasses, sondern auch unbewusst gegen denjenigen, der hasst. Wenn wir hassen, sind wir angespannt, chronisch gereizt und feindselig, haben Schlafstörungen, sind unkonzentriert, finden keinen inneren Frieden. Nach dem Gesetz der Resonanz ziehen wir das Gefühl, die Schwingung, die Wellenlänge an, die wir aussenden.

> *„Der Hass ist die Liebe, an der man gescheitert ist."*
>
> Søren Kierkegaard (dänischer Philosoph, 1813-1855)

Hass entsteht meist aufgrund einer tiefen seelischen Verletzung, wie etwa einer Trennung oder Verlusterfahrung, gegen die man sich vermeintlich nicht wehren kann. Man fühlt sich also total hilflos und ohnmächtig und gleichzeitig tief verletzt oder angegriffen. Hass setzt voraus, dass man mit dem, was ist, nicht einverstanden ist. Oft zeigt sich dieser Widerstand gegen einen Zustand, die Welt an sich oder das eigene Leben auch in Form von Selbsthass. Oder wie der irische Nobelpreisträger für Literatur, G. B. Shaw, es ausdrückte: *„Hass ist die Rache des Feiglings dafür, dass er eingeschüchtert ist."* Die Leicht-Versionen von Hass sind **Wut** und **Ärger**. Wobei Wut sich mehr gegen andere richtet, Ärger gegen einen selbst.

„Andererseits basiert Ärger auf einem Gefühl der Unsicherheit und erzeugt Furcht in uns. Wenn wir etwas Gutem begegnen, fühlen wir uns sicher. Wenn uns etwas bedroht, fühlen wir uns unsicher und werden dann ärgerlich. Ärger ist ein Teil unseres Geistes, der sich selbst vor dem verteidigt, was unser Überleben gefährdet. Aber Ärger (sorgt dafür, dass wir uns schlecht fühlen und ist daher letztendlich) schlecht für unsere Gesundheit.“[(130)]

Dalai Lama

Angst ist das, was in unserer heutigen Gesellschaft leider das dominierende Grundgefühl zu sein scheint. Im Unterschied zu **Furcht**, die sich auf eine ganz konkrete Situation bezieht, ist Angst ein dumpfes Gefühl, das sehr allgemein auftreten kann oder in vielen Fällen sogar ständiger Begleiter von Menschen ist. Wir kennen Ängste vor Spinnen, Hunden oder Pferden, Ängste vor engen Räumen oder weiten Flächen, Ängste vor Prüfungen oder ganz allgemein Versagensängste. Während Angst im Laufe der Evolution einmal ein wichtiger Selbstschutzmechanismus war, weil sie etwa in bedrohlichen Situationen für den Reflex der Flucht sorgte, so ist sie heute vielfach zu einem lähmenden und krank machenden Grundzustand geworden, der bis hin zu Panikattacken führen kann. Solche Attacken dauern meist nur wenige Minuten, sind dafür aber umso heftiger und meist unvorhersehbar. Sie sind Ausdruck dafür, dass der Betroffene in seinem tiefsten Inneren völlig aus dem Gleichgewicht ist. Er hat Angst, das, was er für sein Selbst hält, also seine vermeintliche Identität, zu verlieren. Panikattacken sind also eine extreme Reaktion auf extreme Verlustängste oder auf die generelle Angst vor der Leere, also vor der Sinnlosigkeit unseres Daseins, die durch verschiedene äußere Einflüsse hervorgerufen werden kann.

In den Jahren seit der Jahrtausendwende, ganz konkret seit dem 11. September 2001, sind wir alle aber noch mit ganz anderen Ängsten konfrontiert, die im Grunde nichts mit uns selbst zu tun haben, sondern künstlich erschaffen wurden, wie etwa die dubiose und völlig schwammige Angst vor einem angeblichen islamischen Terror. Deshalb nenne ich die Jahre nach 9/11 auch das „Jahrzehnt der Angst“.

Neben der diffusen Angst vor Terror gibt es die vor einer angeblichen globalen Erderwärmung oder vor Seuchen oder Grippeepidemien. Solche Szenarien werden künstlich von Regierungen und deren Organisationen geschaffen, um die Masse der Menschen klein und in ständiger Angst zu halten, damit sie nicht aufbegehren. Oder sie werden von Pharmakonzernen geschürt, um Geld mit Präparaten gegen die Angst zu machen – sehr viel Geld! 2009 wurde, dank medialen Terrors, die Angst vor einer Schweinegrippe-Pandemie geschürt, die es nie gab. Die WHO empfahl *Tamiflu* als Mittel der Wahl, und die meisten staatlichen Gesundheitsbehörden folgten dem Aufruf – und deckten sich mit dem Mittel ein. Schon damals bezweifelten unabhängige Forscher des Cochrane-Forschungszentrums, dass dieses Grippemittel überhaupt einen Nutzen hat. Die Bevölkerung wurde aufgefordert, sich flächendeckend impfen zu lassen, aber viele durchschauten das falsche Spiel und verweigerten die Impfung. Dennoch fielen immer noch Millionen von Menschen dem Spiel mit der Angst zum Opfer! Dabei bezeichnete Professor Gianfranco Domenighetti vom Tessiner Gesundheitsdepartement bereits 2006 Tamiflu als „politisches Medikament".

> *„Mit dem Grippemittel Tamiflu hat Roche bis heute einen weltweiten Umsatz von über sieben Milliarden Dollar erzielt. Nach Angaben von Roche haben über 90 Millionen Menschen Tamiflu geschluckt."*[(131)]

Von den Medien werden diese angsteinflößenden Szenarien ständig am Leben erhalten und somit ein ständiges Unbehagen geschürt. Nur die Wahrheit kann Menschen vor völlig unbegründeten, absichtlich geschürten Ängsten bewahren:

> *„Die Zahl der Opfer von Terroranschlägen* ***weltweit*** *betrug 2004 etwa 1.900. Genaues weiß man nicht, weil die Amerikaner sich nicht sicher sind, wie sie zählen sollen! Im selben Jahr starben allein* ***nur in Deutschland*** *laut statistischem Verkehrsamt 5.844 Menschen* ***bei Verkehrsunfällen****! Das sind mehr als dreimal so viele! Schätzungen gehen von 1,2 Millionen Verkehrstoten pro Jahr weltweit*

aus! Die Zahl der Terroropfer soll in 2003 625 betragen haben. Jährlich sterben mehr als 150 Menschen durch herabfallende Kokosnüsse! Bedeutet das, dass Kokosnüsse das Zweitgefährlichste auf der Welt sind?“[132]

Angst zerstört unser Immunsystem und ist der Auslöser für viele Krankheiten. Angst lähmt den Menschen, führt zu Anspannung, zu Atembeschwerden, zu Schlaflosigkeit und zahlreichen anderen Beschwerden, die sich negativ auf unsere Gesundheit und unsere Lebenserwartung auswirken – unabhängig davon, ob diese Angst begründet ist oder nicht, unabhängig davon, ob sie bewusst ist oder nicht. IN DEN ALLERMEISTEN FÄLLEN IST ANGST UNBEGRÜNDET! Vertrauen und Zuversicht sind die wirksamsten Waffen gegen Angst. Vertrauen in die göttliche Führung lässt uns völlig unbeschadet durch die schlimmsten Situation gehen. Vertrauen und Liebe sind die stärksten Waffen des Menschen!

„Je mitfühlender unser Geist ist, desto besser funktioniert unser Gehirn. Wenn sich in unserem Geist Angst und Ärger ausbreiten, funktioniert unser Gehirn nicht mehr so gut. Einmal habe ich einen Wissenschaftler getroffen, der über 80 Jahre alt war. Während wir über seine Erfahrungen sprachen, sagte er, dass, wenn wir Ärger gegenüber einem Objekt entwickeln, uns dieses Objekt sehr negativ erscheint. Aber 90% dieser Negativität seien unsere eigenen geistigen Projektionen. Er sprach aus seiner eigenen Erfahrung heraus. Im Buddhismus wird dasselbe gesagt. Wenn sich negative Emotionen entfalten, können wir die Wirklichkeit nicht sehen. Wenn wir eine Entscheidung treffen müssen und der Geist wird von Ärger dominiert, dann ist die Wahrscheinlichkeit groß, dass wir die falsche Entscheidung treffen. Niemand möchte eine falsche Entscheidung treffen. Aber in diesem Augenblick funktionieren die Teile unseres Verstandes und unseres Gehirns, die zwischen richtig und falsch unterscheiden und die beste Entscheidung treffen müssen, sehr schlecht. Selbst herausragende Führungspersönlichkeiten erleben das so.“[133]

Dalai Lama

Mitgefühl ist aus meiner Sicht auch ein Grundgefühl, auch wenn es in der Psychologie nicht als solches bezeichnet wird. Es sollte aber in unserer westlichen Welt viel mehr Beachtung erfahren, denn es ist der Schlüssel zu einem friedlichen, liebevollen Miteinander. Mitgefühl, auch **Empathie** genannt, ist die Fähigkeit, sich in andere Menschen hineinzufühlen, also auf emotionaler Ebene zu erkennen, was andere denken und empfinden. Das setzt voraus, dass man sich selbst nicht als isoliert betrachtet. Je mehr man begreift, dass wir alle eins sind, dass wir alle energetisch, geistig miteinander verbunden sind, desto mehr verstehen wir auch, dass es wichtig ist, sich in andere Wesen hineinzuversetzen – nicht um Mitleid mit ihnen zu empfinden, also mit ihnen gemeinsam zu leiden, sondern um mit ihnen zu fühlen, um sie zu sehen, sie ernst zu nehmen, um ihnen zu sagen: *„Du bist nicht allein!"*. Mitgefühl, Einfühlungsvermögen führt automatisch zu Verantwortung und zu einem bewussten Umgang miteinander. Mitgefühl bedeutet, andere Wesen, egal ob Mensch oder Tier, als gleichwertig zu akzeptieren und zu respektieren.

Gefühle, angenehme wie unangenehme, sind Teil des Menschseins. Solange sie uns nicht beherrschen, kontrollieren oder einschränken, sind sie ein wichtiger Bestandteil von uns, auch wenn es immer ratsam ist, seine Gefühle unter Beobachtung zu haben, wie etwa in der Meditation, und somit für eine Ausgeglichenheit im Gefühlsleben zu sorgen, damit sich die Gedanken und Gefühle nicht verselbständigen.

> *„Die grundlegenden Bausteine für echtes Glück und tiefe Befriedigung sind Mitgefühl und menschliche Zuneigung, und diese sind aufgrund unserer Biologie vorhanden. Als ein Säugling hängt unser Überleben allein von der Zuneigung und Warmherzigkeit ab. Wenn Zuneigung da ist, fühlen wir uns sicher. Wenn keine Zuneigung vorhanden ist, empfinden wir Angst und Unsicherheit. Wenn wir von unserer Mutter getrennt werden, dann weinen wir. Wenn wir in den Armen unserer Mutter liegen und eng angeschmiegt gehalten werden und es schön warm haben, dann fühlen wir uns glücklich und sind ruhig."*[(134)]
>
> Dalai Lama

Im Grunde entstehen Gefühle durch Beurteilung. Ob etwas gut schmeckt oder riecht, ob etwas als angenehm empfunden wird oder nicht, ob einen etwas in Verzückung versetzt oder einem etwas Angst macht, ist völlig subjektiv. Emotionen entstehen dadurch, dass wir Reize beurteilen, Eindrücke, Situationen bewerten. Diese Bewertung hängt vor allem von der uns umgebenden Kultur und von unseren Erfahrungen ab. Die meisten Menschen, die unter Arachnophobie leiden, tun dies, weil sie die Angst vor Spinnen von ihrer Mutter übernommen oder aus einschlägigen Filmen angenommen haben. Die meisten von ihnen sind noch nie von Spinnen gebissen worden, manche haben noch nie eine aus der Nähe gesehen. Dieses Gefühl ist also kein Selbstschutz, der auf Erfahrung beruht, sondern eine völlig willkürliche von außen angenommene Phobie.

> *„Zu versuchen, all unsere Probleme loszuwerden, wäre unpraktisch; und den Geist dumpf zu machen und unsere Probleme einfach zu vergessen, das funktioniert auch nicht. Wir müssen uns unsere Probleme deutlich anschauen und uns mit ihnen auseinandersetzen. Gleichzeitig bewahren wir aber einen ruhigen Geist, so dass wir eine realistische Haltung haben und in der Lage sind, uns um die Probleme gut zu kümmern und mit ihnen gut umzugehen.“*[135]
>
> Dalai Lama

Wenn uns etwas misslingt oder wir Ablehnung erfahren, dann kann uns das manchmal wütend machen. Dann ist es an uns, diese Wut entweder zu erkennen und loszulassen oder aber sie bewusst, etwa durch Sport oder gezielten Aggressionsabbau zu neutralisieren. In bestimmten Situationen weiß man bereits vorher, dass einen diese Situationen wütend machen werden. Man antizipiert das negative, schädliche Gefühl bereits – das bedeutet im Grunde, dass man sich selbst absichtlich Schaden zufügt, weil Wut ein Gefühl ist, das (ebenso wie Angst) unserer Gesundheit schaden kann. Darüber hinaus nimmt man den Ausgang einer bestimmten Situation bereits vorweg, indem man vorher bereits zu wissen glaubt, wie andere reagieren werden und was als Nächstes passieren wird. Die Tatsache, dass meistens genau das passiert, was man vorhergesehen hat, liegt aber nicht daran, dass es keinen anderen möglichen Ausgang gab, sondern daran, dass wir jeden anderen möglichen Ausgang von vornherein durch unsere negativen Gedanken ausgeschlossen haben.

Somit ist die entscheidende Frage: „*Gebe ich diesem Verhaltensmuster nach oder versuche ich, es zu durchbrechen?*" – entweder dadurch, dass ich bestimmte Situationen, die mich automatisch wütend machen, meide, oder (noch besser) dadurch, dass ich, wann immer ich dieses Verhaltensmuster, also einen bestimmten Automatismus, an mir selbst entdecke, innehalte und meine Reaktion darauf verändere, indem ich tief ein- und ausatme und meinen Fokus auf den Moment lenke, anstatt auf eine nicht existente Zukunft. Im Augenblick präsent zu sein führt automatisch dazu, dass man nichts antizipiert, und somit auch nichts heraufbeschwört.

Das Empfinden von Schmerz etwa ist ein völlig subjektives Gefühl, das auch völlig abtrainiert werden kann. Viele Menschen spüren den Schmerz etwa bereits, bevor der Arzt die Spritze überhaupt in die Haut gestochen hat. Allein das Wort *Spritze* kann in ihnen Schmerz auslösen. Im Grunde ist Schmerz also nichts anderes als Einbildung, er ist eine Erfindung unseres Unterbewusstseins.

Das Empfinden von Freude oder von Hass ist ebenfalls zu ganz großen Teilen Erziehungs- oder Erfahrungssache. Es gibt Gruppen oder Völker, in denen es so gut wie keine nennenswerte Gewalt, somit auch keinen nennenswerten Hass gibt. Was wir fühlen (können), hängt davon ab, was wir zu fühlen gelernt haben. Die Palette reicht hier von völliger Überempfindsamkeit bis hin zu völliger Gefühlskälte.

GEFÜHLLOSIGKEIT

„Mitgefühl hat also zwei Funktionen: Es ermöglicht dem Gehirn, besser zu funktionieren, und es gibt uns innere Stärke. Diese sind dann wiederum Ursachen für Glück. Ich habe das Gefühl, dass dies so ist.“[(136)]

Dalai Lama

Es gibt tatsächlich aber auch Menschen, denen Gefühle oder Emotionen völlig fremd sind. Bedingt durch Krankheiten oder Unfälle, teils aber auch, weil sie völlig abgestumpft sind und ihnen der Zugang zu ihren Gefühlen aberzogen wurde, sind sie völlig **emotionslos**. Diese Menschen haben einen deutlichen Mangel an Mitgefühl, was sie zu einem Problem für andere und für die Gemeinschaft machen kann, aber auch für sich selbst.

Im Jahr 2005 veröffentlichten Neuroökonomen (Baba Shiv, George Loewenstein, Antoine Bechara, Hanna Damasio, Antonio R. Damasio) im Fachblatt *Psychological Science* eine Studie unter dem Titel *Investment Behavior and the Negative Side of Emotion*, die belegte, dass Menschen mit eingeschränkter Gefühlswelt die besseren Investoren an den Finanzmärkten sind. Die Neurowissenschaftler, Psychologen und Ökonomen stellten gemeinsam fest, dass die besten Investoren die sind, die entweder keine Gefühle haben oder aber gelernt haben, sie auszuschalten.[(137)]

In der Studie wurden Testpersonen, die Läsionen (Verletzungen) in dem Teil des Gehirns hatten, das die Gefühlswelt steuert, mit „normalen“ Personen verglichen. Die Testpersonen kannten grundlegende Gefühle wie Angst oder Sorge nicht. Die Läsionen hatten unterschiedliche Ursachen wie Gehirnschläge, Krankheiten oder Unfälle. Der Studie zufolge waren die emotionslosen Teilnehmer den fühlenden weit überlegen, weil sie größere Risiken eingingen, die mit größeren Gewinnen einhergingen. Sie ließen sich nicht von vorangegangenen Verlusten oder Gewinnen beeinflussen, sondern reagierten stets rational, was ihnen –

zumindest in diesen Tests – deutliche Vorteile gegenüber den emotionalen Personen einbrachte.

Einige Neurowissenschaftler sind daher davon überzeugt, dass gute Investoren außergewöhnlich begabt darin sind, emotionale Reaktionen zu unterdrücken. *„Es ist wahrscheinlich, dass Menschen, die hohes Risiko eingehen oder gute Investoren sind, an, wie wir es nennen ‚funktioneller Psychopathie' leiden."*, sagt Antoine Bechara, Professorin für Neurologie an der Universität von Iowa und Co-Autorin der Studie. *„Sie reagieren nicht emotional auf Vorgänge. Gute Investoren können lernen, ihre Gefühle auf bestimmte Weise zu kontrollieren, um wie diese Menschen zu werden."*

Verhaltensökonomen wie Daniel Kahneman untersuchten jahrelang, welcher Teil des Gehirns aktiv wird, wenn Menschen finanziellen Gewinn erwarten, und sie stellten fest, dass finanzielle Verlockungen dieselben Teile des Gehirns stimulieren wie gute Geschmäcker oder Gerüche, angenehme Musik oder süchtig machende Drogen.

Menschen, die in der Lage sind, ihre Gefühle zu kontrollieren, werden weniger von Angst getrieben als andere Personen, die ihren Gefühlen völlig ausgeliefert sind. *„Viele CEOs oder Spitzenanwälte haben solche Eigenschaften"*, sagt Shiv. *„Weniger gefühlsbetont zu sein, ist manchmal auch hilfreich."*[(138)]

Menschen mit „normal" funktionierendem Gehirn reagieren bei Investments oft ängstlich oder vorsichtig, was ihnen die Möglichkeit nimmt, extremen Erfolg zu haben, sie aber gleichzeitig vor totalem Verlust bewahrt. Einige der emotional eingeschränkten Testpersonen hatten im wirklichen Leben bereits mindestens einmal alles verloren, da sie weder in ihrer Einschätzung von anderen Personen noch von Situationen auf ihr „Bauchgefühl" zurückgreifen konnten und, völlig rational gesteuert, keine Angst vor Konsequenzen hatten. Das bedeutet, dass Gefühle oft auch eine Schutzfunktion für uns haben können.

Ursprünglich entwickelten Menschen Furcht als Überlebensmechanismus gegenüber Angreifern. Aber für eine Welt, in der nicht mehr hinter jeder Ecke Angreifer lauern, kann dieses Furcht-System auch zu überempfindlich sein, was zu Reaktionen auf Gefahren führt, die gar nicht existieren und uns somit zu unlogischen Schritten drängt. *„Im Pleistozän gab es keine Aktien"*, sagt George Loewenstein, Wirtschafts-Professor an der Carnegie Mellon Universität und Co-Autor der Studie. *„Der Mensch ist generell risikounwillig! Viele der Mechanismen, die unsere Emotionen bestimmen, sind wirklich nicht allzu gut an das moderne Leben angepasst."*[(139)]

Unter ***Psychopathie*** wird in der Medizin eine sehr schwere antisoziale Persönlichkeitsstörung verstanden, die im Grunde als nicht mehr therapierbar angesehen wird – was jedoch aus meiner Sicht zweifelhaft ist, denn alles ist veränderbar, wenn ich den Willen dazu habe und die Zeit und die Mühe aufbringe, mich zu verändern. Der Begriff *Psychopath* ist bis heute umstritten, aber er bezeichnet Menschen, die man generell als gefühlskalt, abgeklärt und völlig verantwortungslos bezeichnen könnte. Sie sind oft charmant und verstehen es, oberflächliche Beziehungen herzustellen, oft sind sie aber impulsiv, lügen ständig, haben keinerlei Mitgefühl für andere und handeln für fühlende Menschen völlig irrational.[(140)] Experten schätzen die Zahl der Psychopathen in Deutschland auf knapp eine Million. Dazu meint der Tübinger Hirnforscher Niels Birbaumer:

> *„Die Chance, dass Sie in Ihrem Leben schon einmal mit einem Psychopathen zu tun hatten, liegt bei genau 100 Prozent. Einige von ihnen arbeiten in den allerhöchsten Positionen der Geschäftswelt. Hier finden sie alles, was sie interessiert: Geld, Macht, Kontrolle über andere Menschen. Man trifft sie in der Politik, im Gesundheitswesen, den Medien – intelligente Psychopathen sind häufig sehr erfolgreiche Menschen."*[(141)]

Im *„Diagnostischen und Statistischen Handbuch Psychischer Störungen"*, der Bibel aller Psychiater, sucht man den Begriff „Psychopath" bis heute vergeblich. Erst die Arbeiten von Robert D. Hare, emeritierter Professor der Universität of British Columbia, haben in den vergangenen Jahren dazu beigetragen, dieses Krankheitsbild klarer zu umreißen. *„Psychopathen bringen Unglück und Zerstörung über die Menschen in ih-*

rem Umfeld", erklärt Hare. „*Deshalb ist es so wichtig, sie zu erkennen und ihnen begegnen zu können.*" Sie sind nicht dazu in der Lage, Reue oder Mitgefühl mit anderen Menschen zu empfinden, haben buchstäblich kein Gewissen. Robert Hare hat den typischen Psychopathen als „*Raubtier in Menschengestalt*" bezeichnet.[(142)]

Die Zahl der Menschen mit leichteren antisozialen Persönlichkeitsstörungen (APS) liegt etwa 3 bis 4 mal so hoch wie die der klassischen Psychopathen, und sie schließt die meisten verhaltensauffälligen und kriminellen Menschen ein. Für beide Arten der emotionalen Störung wurden lange Zeit die Gene verantwortlich gemacht, neuere Studien haben aber auch hier belegt, dass vor allem mangelhafte Sozialisierung für derartige Persönlichkeitsstörungen verantwortlich ist.

So gibt es einen klaren Zusammenhang zwischen *asozialer Persönlichkeitsstörung* (APS) und fehlender mütterlicher Zuwendung. Antisoziale Persönlichkeiten kommen häufig aus zerrütteten Elternhäusern, in denen entweder Gewalt vorherrschte oder in denen sie vernachlässigt wurden. Dazu kommt ein Mangel an Liebe und Fürsorge, der zu fehlender Orientierung seitens des Kindes führt.[(143)]

Niels Birbaumer spricht davon, dass viele erfolgreiche Machtmenschen, darunter viele Politiker, Psychopathen sind. Das überrascht nicht, wenn man etwa Spitzenpolitiker oder Spitzenbanker betrachtet. Was diese Menschen vereint ist, dass sie keinerlei Mitgefühl mit anderen, keinerlei Interesse an anderen haben, es aber sehr wohl verstehen, den Eindruck von Mitgefühl und Interesse vorzugaukeln. In Wahrheit geht es ihnen aber nur um den eigenen Erfolg und um Anerkennung. Sie sind süchtig danach und gehen dafür im wahrsten Sinne des Wortes über Leichen.

> „*Süchte werden für gewöhnlich mit Drogen in Verbindung gebracht. Aber wenn man das Thema etwas weiter fasst, dann definiere ich jedes Verhalten als Sucht, das durch heftiges Verlangen, kurze Entspannungsphasen und negative Langzeitfolgen gekennzeichnet ist, begleitet von Kontrollverlust und dem Wunsch oder dem Versprechen, dieses Verhalten zu beenden, dies aber nicht schafft. Wenn*

man das begreift, dann erkennt man, dass es wesentlich mehr Süchte gibt, als nur die in Verbindung mit Drogen. Es gibt Arbeitssucht, Kaufsucht, die Sucht nach dem Internet, nach Videospielen. Es gibt die Sucht nach Macht. Manche Menschen, die Macht haben, wollen immer mehr Macht. Nichts ist genug für sie. Menschen oder ganze Unternehmen wollen ständig mehr und mehr besitzen.«[144]

Gabor Mate (Arzt und Autor)

Psychopathen neigen zu sexuellen Ausschweifungen, zu Lügen, zu Skrupellosigkeit und zu kriminellem Verhalten. Ein gutes Beispiel dafür ist der frühere italienische Ministerpräsident Silvio Berlusconi. Aber auch zahlreiche andere Spitzenpolitiker werden oft in Zusammenhang mit sexuellem Extremverhalten, mit Ausschweifungen und Orgien gebracht. Die Frage ist also, warum wir immer wieder völlig kranke Menschen als unsere Vertreter wählen? Warum lassen wir unser Leben dermaßen von Psychopathen und Süchtigen bestimmen? Wann werden wir endlich diesen endlos wirkenden Kreislauf durchbrechen, der darauf beruht, dass sich in unserer Gesellschaft diejenigen durchsetzen, die besonders skrupellos agieren, die eben wieder genau solche Kinder hervorbringen, die dank ihres Reichtums und dank ihrer Machtstellung automatisch wieder in einflussreiche Positionen in unserer Gesellschaft gelangen – in Positionen, die sie mangels besserer Vorbilder und mangels besseren Wissens wieder ausnutzen werden? Wann werden wir als Kollektiv endlich genug davon haben und diesem Treiben einen Riegel vorschieben? Ich bin der Meinung, es ist jetzt an der Zeit zu handeln!

„...jene Menschen sind süchtig, süchtig nach Profit. Sie sind so davon abhängig, dass sie völlig verdrängen, welche Auswirkungen ihr Tun hat. Das ist typisch für Süchtige: Verdrängung. Aber dieses Verhalten wird geduldet. Es wird akzeptiert, profit-süchtig zu sein, koste es, was es wolle. Was in unserer Gesellschaft geduldet und akzeptiert wird, und was nicht, ist ein vollkommen willkürlicher Prozess. Man könnte sagen: Je folgenschwerer die Auswirkungen einer Sucht sind, desto eher wird sie respektiert.«[145]

Gabor Mate

Was die Politik weltweit zwischen 2008 und 2013 getan hat, war nichts anderes, als das alte System der Ungleichheit und Ungerechtigkeit zu verteidigen und zu stützen. Es gab einige wenige Bauernopfer, und es wurde allgemein schwammig auf „die Märkte" eingeprügelt, ohne jedoch die wahren Schuldigen zu nennen und sie für ihr skrupelloses, von Gier und Gefühllosigkeit getriebenes Handeln zur Rechenschaft zu ziehen. Im Grunde haben sich die Psychopathen gegenseitig geschützt. Sie haben ein System aufgebaut, in dem Menschen mit Mitgefühl auf der Strecke bleiben und die Roboter unter uns sich durchsetzen.

Die Tatsache, dass einige wenige Menschen innerhalb der Finanzbranche mit dem Geld, der Existenz und der Zukunft ganzer Nationen gespielt und diese verzockt haben, ohne dafür gerade stehen zu müssen, zeugt nicht nur von einem kranken Wirtschafts- und Rechtssystem, es sendet auch ein gefährliches Signal an junge Menschen aus, die, anders als viele ältere Mitbürger, nie etwas anderes als das gegenwärtige System kennen gelernt haben. Sie wachsen in einer Welt auf, in der es an Moral und Anstand mangelt; in einer Welt, in der eiskalte Skrupellosigkeit in unvorstellbarem Ausmaß finanziell entlohnt wird und in der Menschen mit moralischem Anspruch auf der Strecke bleiben.

Die Psychopathen sind zwar im Grunde eine Minderheit, aber sie sind schillernd und auffällig und bestimmen so die Glitzerwelt unserer Gesellschaft. Die allgegenwärtigen Promi-News und Celebrity-Magazine beeinflussen unsere Gesellschaft mehr, als wir wahr haben wollen. Der weitaus größte Teil der Menschheit ist nämlich in der Lage, Gefühle zu empfinden und mit anderen mitzufühlen. Daher ist es wichtig, dass wir uns nicht von einer kranken und kalten Minderheit, die sich in den Vordergrund spielt, anstecken lassen und emotional verarmen, um uns an eine vermeintliche Norm anzupassen. Denn jede Gesellschaft, die emotional verarmt, verarmt zwangsläufig auch geistig. Wir können diesen Prozess ganz leicht stoppen. Wir müssen uns nur dessen bewusst sein, dass diese Roboter mit ihrer blinkenden, schillernden Konsumwelt, diesem Barbie-Land für nicht erwachsen werden wollende Zombies versuchen, uns auf ihr Niveau herunterzuziehen, auf einen Level, auf dem sie viel mehr zuhause sind als wir fühlenden Menschen das je sein werden. Nichtbeachtung ist die einfachste und effektivste Form, nach Aufmerksamkeit schreiende Egomanen in die Schranken zu weisen.

SCHMERZ

Grundsätzlich kann man zwischen körperlichem und seelischem Schmerz unterscheiden. **Körperlicher Schmerz** ist im Grunde ein Warnsignal unseres Körpers an unseren Verstand, wenn wir etwas tun, was dem Körper schadet oder ihn überfordert. Die Intensität kann von unangenehm bis unerträglich reichen – je nachdem, was wir unserem Körper zumuten. Wenn körperlicher Schmerz zu einem Dauerzustand wird, dann spricht man vom *Chronischen Schmerzsyndrom*, umgangssprachlich als „chronische Schmerzen" bezeichnet.

Eine besondere Form des körperlichen Schmerzes ist der **Phantomschmerz**. Er bezeichnet schmerzhafte Empfindungen in Körperteilen, die nicht mehr vorhanden sind. Zwischen 50 und 80% der Patienten mit Amputationen haben Empfindungen in Bereichen, die den physisch amputierten Gliedmaßen entsprechen. Patienten, denen ein Arm amputiert wurde, spüren, dass sie beim Sprechen immer noch gestikulieren, dass sie nach Dingen greifen, obwohl da kein Arm mehr zu sehen ist.[(146)]

Die Wissenschaft versuchte früher, sich dieses Phänomen mit entzündeten Nerven-Enden zu erklären, was meist dazu führte, dass noch weiter zurückamputiert wurde, wodurch der Phantomschmerz meist noch stärker wurde. Heute neigt man zu der Ansicht, es handle sich um „Fehlschaltungen" im Gehirn. Die Möglichkeit, dass wir mehr sind, als das Auge sehen kann, dass wir nicht nur in physischer Form, sondern gleichzeitig auch in ätherischer Form existieren, wird von der Wissenschaft ausgespart. Das würde alles nur unnötig komplizieren. In Wahrheit ist alles, was physisch entfernt wird, natürlich energetisch immer noch vorhanden. Deswegen kann es auch Empfindungen hervorrufen.

Aber das zu verstehen scheint für „die Freunde des gepflegten Beweises“ noch ein Weilchen hin zu sein.

> *„Es scheint, dass die Natur, welche die Organe unseres Körpers so weise zu unserem Glück eingerichtet hat, uns auch den Hochmut gegeben hat, um uns den Schmerz der Erkenntnis unserer Unvollkommenheit zu ersparen.“*
>
> François de La Rochefoucauld, „Reflexionen“

Der Schmerz aber, der uns hier vor allem interessiert, ist der psychische oder **seelische Schmerz**. Diese Empfindung entsteht aus einer gesteigerten Einsamkeit, aus extremer Leere und Verzweiflung heraus. Sie ist eng mit Angst verbunden. Im Grunde könnte man sagen, dass Angst immer zu Schmerz führt. Wenn du etwa ständig Angst (Furcht) hast, dein Partner könnte dich verlassen, dann prägt diese Angst deine Gedanken, die immerfort ums Verlassenwerden kreisen, bis es dann so weit ist und du es erfolgreich manifestiert hast. Dann setzt der Schmerz ein – der Schmerz über den Verlust, den du selbst erschaffen hast. Das ist der perfekte Kreislauf aus Negativität. Murphy's (missverstandenes) Gesetz: Alles, was schiefgehen kann, wird auch schiefgehen! *Ich hab's doch gewusst!*

Der Schmerz ist eine unglaubliche Triebfeder. Zahlreiche Menschen, unter ihnen viele Künstler und Kreative, sind nur dann dazu in der Lage, Großes zu vollbringen, wenn sie ausreichend leiden. Wie viele Gedichte und Lieder wurden schon über den Schmerz einer verlorenen Liebe geschrieben? Wie viele Menschen fühlen sich nur dann wirklich wohl, wenn sie tiefen Schmerz empfinden? Sie wiederholen immer und immer wieder ein und dieselbe Verhaltensweise, von der sie wissen, dass sie schmerzhaft ist. So suchen sich manche Frauen etwa absolut zielsicher immer wieder Partner, die sie schlagen. Viele Männer suchen sich immer wieder Frauen, die sie angeblich ausnutzen. Sie leiden darunter, aber sie kehren beim nächsten Mal wieder zum selben Typ Frau zurück. Das Leiden, der Schmerz sind ihnen so vertraut, dass sie im Grunde gar nichts anderes kennen. Er ist Teil ihrer Persönlichkeit, ihres Selbstbildes. Aus dem Teufelskreis auszubrechen, scheint ihnen unmöglich.

„Der Schmerz ist der große Lehrer der Menschen. Unter seinem Hauche entfalten sich die Seelen.“

Marie von Ebner-Eschenbach, „Aphorismen“

Seelischer Schmerz ist oft der Grund für körperlichen Schmerz. Beide entstehen aus einer Disharmonie, aus Unzufriedenheit, aus Leere, aus Angst, aus Ablehnung dessen, was ist. Schmerz ist die spürbare Folge von Widerstand. Jeder Schmerz, jede Negativität verändert deine Schwingung, macht dich stumpfer, langsamer, träger, undurchlässiger. Wo Schmerz ist, kann kein Mitgefühl sein. Aber Schmerz führt oft zu Mit-Leid oder zu Selbst-mit-Leid. Schmerz entsteht durch das vermeintliche Gefühl der Trennung, durch das Gefühl von Einsamkeit. Dualität, die Trennung von allem-was-ist, führt zwangsläufig zu Schmerz.

Oft lassen wir alten Schmerz nicht los, gleichzeitig erschaffen wir aber bereits neuen. Der psychische Schmerz kann so stark, so dominant werden, dass er deine gesamte Aura erfasst und dauerhaft verändert. Der spirituelle Lehrer und Buchautor Eckhart Tolle bezeichnet dies sehr plastisch als ***Schmerzkörper***, als Sammlung von Schmerzen, die so stark ist, dass sie schon fast als eigenes, feinstoffliches Wesen zu bezeichnen ist. Die meisten von uns können den Schmerzkörper eines anderen Menschen nicht sehen, aber wir können ihn dennoch wahrnehmen, wie einen energetischen Begleiter seines Erschaffers.

„Solange du dir keinen Zugang zur Kraft der Gegenwart verschaffen kannst, werden emotionale Verletzungen, die dir widerfahren, einen Restschmerz hinterlassen, der in dir weiterlebt. Er vermischt sich mit altem Schmerz, der bereits da ist, und bleibt in Verstand und Körper hängen... Diese Ansammlung von Schmerz ist ein negatives Energiefeld, das deinen Körper und deinen Verstand besetzt. Wenn du es dir als ein unsichtbares Wesen mit einer eigenen Persönlichkeit vorstellst, dann kommst du der Wahrheit ziemlich nahe. Das ist der emotionale Schmerzkörper.“ [147)]

Eckhart Tolle

Schmerzkörper können sehr unterschiedliche Temperamente haben, ebenso wie ihre Erschaffer. Sie können sich gegen andere richten oder gegen den „Besitzer" selbst. Dies endet oft in sehr negativen Gedanken, die Negatives erschaffen, was wiederum zu neuem Schmerz führt. Manche Schmerzkörper können ihren Wirt bis in den Selbstmord treiben. Manche sind ständig aktiv, andere schlafen zeitweise und erwachen plötzlich, wenn sie von außen aktiviert werden. Dann können sie plötzliche Wutausbrüche oder Tobsuchtsanfälle hervorrufen. Oft ist der Betroffene selbst von „sich" (also von seinem vermeintlichen Ich) überrascht und hat selbst keine Erklärung dafür. Die Identifikation mit dem Schmerz, mit negativen Gefühlen ist es, was den Schmerzkörper nährt und am Leben erhält: *„Mein Schmerz"* oder *„Du hast mir so wehgetan!"* sind perfektes Futter für den Schmerzkörper, der nichts anderes ist als eine Krankheit, die sich zu einem eigenen Wesen ausgewachsen hat. Heilung davon kann nur schwer aus dem rein mentalen Bereich, aus dem Intellekt funktionieren, daher ist die klassische Schulmedizin unfähig, mit diesem Krankheitsbild umzugehen. Alles, was ihr dazu einfällt, sind Schmerzmittel und Psychopharmaka. Es gibt so viele Menschen, die unentwegt an schweren seelischen Schmerzen leiden und ihr Heil bei Ärzten suchen, die nicht einmal die Existenz von seelischem Schmerz als Krankheit anerkennen. Weder mit Medikamenten noch mit Vernunft und Logik ist dem Schmerkörper beizukommen.

> *„Eine der Hauptaufgaben des Verstandes ist es, diesen emotionalen Schmerz zu bekämpfen oder zu beseitigen. Das ist einer der Gründe für seine unablässige Aktivität, aber alles, was er jemals erreichen kann ist, ihn zeitweise zu überdecken. Je stärker der Verstand tatsächlich darum kämpft, den Schmerz loszuwerden, umso größer wird dieser. Der Verstand wird die Lösung nie finden, denn er ist selbst ein maßgeblicher Teil des ‚Problems'. Stell dir einen Polizeichef auf der Suche nach einem Brandstifter vor, wenn der Brandstifter der Polizeichef selber ist. Du wirst nie frei von diesem Schmerz sein, bis du aufhörst, dein Selbstgefühl aus deiner Identifikation mit dem Verstand, dem Ego zu beziehen."*[(148)]
>
> Eckhart Tolle

Heilung von dieser „Krankheit" kann nur aus einem erwachenden Bewusstsein kommen, das dafür sorgt, dass dieses Monster künftig keine Nahrung mehr erhält. Der alte, bereits vorhandene Schmerz aber kann nur durch Arbeit an sich selbst aufgelöst werden. Es gibt zahlreiche Techniken, um alten, seelischen Schmerz – der auf energetischer Ebene in unserem Körper und in unserer Seele gespeichert ist – effektiv aufzulösen, wie etwa *Geistheilung*, *Prana-Heilung* oder *Familienstellen nach Bert Hellinger*. Wer sich dafür interessiert, sollte dabei aber auf einen verantwortungsvollen und erfahrenen Therapeuten achten.

Aus eigener Erfahrung halte ich die *Plejadische Lichtarbeit*[149] für eine sehr effektive und komplexe Technik zur Auflösung von Schmerz und Blockaden auf geistiger und seelischer Ebene. Außerdem beschleunigt sie den spirituellen Wachstumsprozess und hilft, karmische Muster, falsche Glaubenssätze und unbewusste energetische Verbindungen zu anderen Personen aufzulösen.

> *„Die Plejadische Lichtarbeit heilt nicht nur körperliche und geistige Symptome, sondern löst auch die zugrunde liegenden Ursachen auf. Sie wirkt auf allen Ebenen gleichzeitig. Das heißt, eine Problematik, auch wenn sie sich bereits als physische Krankheit manifestiert hat, wird auf emotionaler, mentaler, spiritueller, physischer und karmischer Ebene aufgelöst, sodass das Symptom verschwindet. Diese tiefe Heilung auf allen Ebenen bringt den Menschen gleichzeitig Schritt für Schritt wieder in sein wahres Selbst, wodurch sich sein Leben nachhaltig positiv verändern kann."*[149]
>
> Ute Bretthole (spirituelle Heilerin und Channel-Medium)

Aber auch manuelle Techniken wie die *Cranio-Sacral-Therapie*, *Akupunktur* oder *Akupressur* können alten Schmerz, der sich auf körperlicher Ebene festgesetzt hat, ablösen und die Energiebahnen im Körper wieder aktivieren und harmonisieren. Aus meiner Sicht ist eine Kombination aus manueller Therapie und geistiger Arbeit immer die beste Lösung.

Tatsächlich ist es durchaus möglich, auch ohne Schmerz, ohne Reibung kreativ zu sein, allerdings wird das Ergebnis dieser Kreativität anders aussehen. Es braucht keinen Schmerz, um schöpferisch tätig zu sein. Dieses alte Prinzip von *Pleasure & Pain* (Vergnügen & Schmerz), oder vom „süßen Schmerz", das besagt, dass es ohne Schmerz keine Freude geben kann, ist Unsinn. Zwar kann uns (wenn wir unachtsam sind) immer wieder Schmerz begegnen oder widerfahren, aber wenn wir uns nicht mit ihm identifizieren, ihn nicht festhalten, dann ist er ein kurzes Ereignis, das unser Leben nicht länger beeinträchtigt.

> „*Wenn mir ein Schmerz widerfahren ist, fasst mich immer ein doppeltes Verlangen nach Leben – nie eigentlich Resignation.*"
>
> Franziska zu Reventlow, „Tagebücher"

GEWALT

> „*Gewalt ist nicht universell, sie ist nicht gleichmäßig über die gesamte Menschheit verteilt. Es gibt eine riesige Schwankungsbreite im Ausmaß von Gewalt in unterschiedlichen Gesellschaften. Es gibt Gesellschaften, in denen es quasi keinerlei Gewalt gibt. Es gibt andere, die sich selbst zerstören.*"[(150)]
>
> Richard G. Wilkinson (Epidemologe)

Das Thema „Gewalt" ist so alt wie die Menschheit selbst. Auf den Menschen bezogen ist Gewalt das Durchsetzen eigener Interessen mit aller Macht, ohne jegliche Rücksicht und ohne Berücksichtigung der Bedürfnisse des oder der anderen.

Wir kennen aber auch das staatliche Gewaltmonopol, das heute in allen Staaten mehr oder weniger vorherrscht und bedeutet, dass die Bürger selbst auf die Ausübung von physischer Gewalt verzichten, also keine Selbstjustiz ausüben, sondern das Recht der Gewaltausübung (Bestrafung) ausschließlich den staatlichen Organen überlassen. Diese

Organe wiederum unterliegen der Gewalten-Teilung, der Gesetzgebung (Legislative), Vollziehung (Exekutive) und Rechtsprechung (Judikative), um eine zu große Machtkonzentration zu verhindern und um gegenseitige Kontrolle zu gewährleisten.

Wir kennen den Begriff von „Naturgewalten", also von Vulkanausbrüchen, Feuersbrünsten, Wirbelstürmen oder Ähnlichem. Dabei handelt es sich um nicht zu bändigende, gewaltige Kraftdemonstrationen der Natur, die dem Menschen die Grenzen seiner Fähigkeiten aufzeigen.

Die für uns hier relevante Form aber ist die Gewalt, die Menschen einander antun, sei es physisch oder psychisch. Das Ausmaß der Gewalt in unserer Gesellschaft hat in den vergangenen 10 Jahren beträchtlich zugenommen und es wird zu einer sehr ernsten Bedrohung. Die oft geäußerte Meinung, dass Gewalt zu allen Zeiten und in allen Gesellschaften vorkam und Teil der menschlichen Natur sei, ist völlig falsch. Es gab und gibt immer wieder Gesellschaften, die ohne jegliche Ausübung von Gewalt auskamen und weiterhin auskommen, weil sie das dafür nötige Bewusstsein haben und sich absichtlich dafür entscheiden. Bei einigen der anababtistischen Gruppen (Täufer, Wiedertäufer) – den Amischen, den Mennoniten oder Hutterern etwa – gibt es keine bekannten Fälle von Mord. In Kriegszeiten haben sie den Wehrdienst verweigert und sind stattdessen ins Gefängnis gegangen. Gewalt ist also eine Frage der Entscheidung – sofern man das nötige Bewusstsein erlangt hat, um freie Entscheidungen treffen zu können. Darauf werde ich im letzten Teil des Buches („Was wir tun können") näher eingehen.

Als ***strukturelle Gewalt*** bezeichnet man alle Formen krasser Benachteiligung von Menschen, die ihnen das Lebensnotwendige (oft absichtlich) vorenthält. Das reicht von der Unterdrückung bestimmter Bevölkerungsteile bis hin zur Benachteiligung ganzer Länder, etwa in Afrika, Asien und Südamerika. Damit sind wir wieder bei Maslows Bedürfnis-Hierarchie.

> *„Die Hungersnöte im 20. Jahrhundert traten nicht aus einem Mangel an Nahrung auf, sondern wegen relativer Armut. Die wirtschaft-*

lichen Ressourcen waren so ungleich verteilt, dass die Armen schlicht nicht genug Geld hatten, um die vorhandene Nahrung zu kaufen. Dies ist ein Beispiel für strukturelle Gewalt... Gandhi sagte: ‚Die tödlichste Form von Gewalt ist Armut!', und das ist absolut richtig. Armut tötet weitaus mehr Menschen als jeder Krieg, als alle Kriminellen zusammen... Strukturelle Gewalt tötet mehr Menschen als alle verhaltensbedingten Formen von Gewalt zusammen genommen und sie ist gleichzeitig der Grund für alle verhaltensbedingten Formen von Gewalt."[(151)]

James Gilligan (Psychiater)

Gewalt ist im Grunde ein Zeichen von Schwäche, von Überforderung, von Angst und Hilflosigkeit. Wo Gewalt ist, kann kein Mitgefühl sein. Wenn ich stark, sicher und bewusst bin, dann werde ich nichts tun, was anderen schadet.

Physische oder **körperliche Gewalt**, auch „aktive Gewalt" genannt, reicht von der Ohrfeige, über Schläge, bis hin zu Folter, die bis heute bei Gefangenen in weiten Teilen der Welt angewandt wird. Auch **sexuelle Gewalt** – bis heute weitgehend ein Tabuthema – ist weltweit verbreitet.

„*Jedes Jahr werden in Deutschland laut Statistik des Bundeskriminalamtes über 15.000 Kinder unter 14 Jahren sexuell misshandelt. Kindesmissbrauch kommt so häufig vor, dass man davon ausgehen kann, dass in jeder Kindergartengruppe, in jeder Schulklasse, in jeder Nachbarschaft oder Verwandtschaft misshandelte Kinder zu finden sind. Fast immer handelt es sich dabei um einen sexuellen Missbrauch.*"[(152)]

Vor allem der sexuelle Missbrauch von Kindern – im familiären Umfeld wie auch organisiert – hat ein Ausmaß, das unser aller Vorstellungskraft weit überschreitet. Diese zutiefst gestörte und verabscheuungswürdige Form der Gewalt ist – gegen die weit verbreitete Meinung – nicht abhängig von der sozialen Schicht, sondern zieht sich durch alle Gesellschaftsschichten. Sie ist aber vor allem dort häufig anzutreffen, wo sich viele Psychopathen und emotional gestörte Menschen treffen. In Deutschland werden etwa 8% bis 15% der Frauen im jungen Erwachsenenalter vergewaltigt, die Zahl der versuchten Vergewaltigungen ist fast doppelt so hoch.[153] Dies sind lediglich die offiziellen Zahlen. Die Dunkelziffer ist deutlich höher. Zwei Drittel aller Opfer kennen ihre Vergewaltiger. Aber nicht nur Frauen, sondern auch Jungen werden regelmäßig zu Opfern sexueller Gewalt. Die jüngst bekannt gewordenen Ausschweifungen in der katholischen Kirche sind da nur die Spitze des Eisberges. Manchmal finden solche Verbrechen auch in Form von **ritueller Gewalt** statt, etwa bei Satanisten, den Freimaurern, dem Ku-Klux-Klan oder ähnlichen Gruppierungen.

Psychische oder **seelische Gewalt**, oft auch „passive Gewalt" genannt, reicht von der Bedrohung, privat oder am Arbeitsplatz, bis hin zu Mobbing, Diskriminierung, Einschüchterung und Verleumdung, in seltenen Fällen auch zu Stalking (Verfolgung/Belästigung). Oft kommt seelische Gewalt oder Grausamkeit sehr subtil daher, in Form kleiner Spitzen, durch das Herabwürdigen oder Lächerlichmachen des anderen, aber auch durch Einschränkung und Eifersucht oder durch gezielte Zurückweisung. Die Besonderheit der seelischen Gewalt ist zum einen, dass sie im Gegensatz zur körperlichen Gewalt schwerer zu erkennen und zum anderen auch schwerer nachzuweisen ist. Psychische Gewalt kann auch mit einer körperlichen Gewaltausübung einhergehen.[154] Die Formen, Ausprägungen und Überschneidungen der einzelnen Formen von Gewalt sind nahezu unendlich. Physische Gewalt findet oft in Beziehungen oder im Familienkreis statt, und sie wird oft als Sorge um den anderen getarnt, als Eifersucht oder als „harte Hand" gegen Kinder, damit sie nicht „zu übermütig werden".

„Je mehr Zeit eine Frau in einer Beziehung mit einem Gefühlstäter verbringt, desto mehr wird sie anfangen, an sich selbst, ihren Handlungen und ihrem Glauben zu zweifeln. Es ist das Ziel eines emotionalen Täters, sie glauben zu machen, dass sie seine Grausamkeiten verdient und dass sie eine Veränderung im Beziehungsgeschehen nur durch eine Änderung ihres Verhaltens bewirken kann. Es ist sei-

ne Absicht, ihr das Gefühl zu vermitteln, dass sie der Grund für beinahe alle Beziehungsprobleme ist, dass SEIN missbräuchliches Verhalten lediglich eine Reaktion auf IHRE (fehlerhafte) Person sei und somit akzeptabel ist."[155]

Die meisten Gewalttäter begründen ihre Handlungen mit dem Verhalten der anderen. Somit liefern sie sich letztlich völlig dem Verhalten anderer Menschen aus, was sie ohnmächtig macht. Genau diese Ohnmacht erzeugt in ihnen aber letztlich all die negativen Gefühle, die sie dann an anderen auslassen. Der einzige Weg aus dieser Endlosspirale ist, sich dem eigenen Verhalten zu stellen, sich seiner Selbst bewusst zu werden, die eigenen Gedanken und Gefühle zu erkennen und zu verändern. Aber das erfordert oft sehr viel Mut. Dieser Mut fehlt oft gerade Männern. Dabei können Therapien und Selbsthilfegruppen für Täter wie für Opfer wertvolle Hilfe leisten. Beratungszentren gibt es in jeder größeren Stadt.

Daher ist es wichtig, versteckte Gewalt dort, wo man sie erkennt, offen anzusprechen, wenn nötig auch, sie öffentlich zu machen. Gewalt mit Gewalt zu begegnen, ist sinnlos – außer sie dient dazu, eine Person aus einer Gewaltsituation akut zu befreien und vor größerem Schaden zu bewahren. Ansonsten aber ist das effektivste Mittel gegen körperliche Gewalt immer Deeskalation, also das Beruhigen einer Situation. Oder um es mit Mahatma Gandhi auszudrücken: „*Auge um Auge – und die ganze Welt wird blind sein!*"

Von Jesus kennen wir das Prinzip, „*die andere Wange hinzuhalten*". Dies ist kein Ausdruck von Masochismus, sondern von Bewusstheit. Auf Gewalt mit Ruhe und Mitgefühl zu reagieren, nimmt dem Gewalttäter die Befriedigung, die er sonst aus seiner Tat erhält, wenn er sich überlegen fühlen kann. Nicht mit Wut und Aggression auf einen Angriff zu reagieren, sondern die andere Wange hinzuhalten, verändert schlagartig die Energie, die Schwingung einer Situation. Es versetzt den Angreifer in einen ihm völlig fremden Zustand, was eigentlich immer dazu führt, dass er von seinem Opfer ablässt und sich zurückzieht. Ein solches Verhalten ist jedoch nicht immer leicht und muss meist antrainiert werden.

Was man mit gewaltfreiem Widerstand alles erreichen kann, führte uns *Mahatma Gandhi* (1869-1948) eindrucksvoll vor, als er die britischen Besatzer in Indien durch sein mutiges Eintreten für friedliche Veränderungen letztlich zum völligen Rückzug bewog.

> *„Stärke wächst nicht aus körperlicher Kraft – vielmehr aus unbeugsamem Willen.“*
>
> Mahatma Gandhi (indischer Revolutionär, 1869-1948)

EGO

Die Begriffe *Ego* und *Ich* sind in der Wissenschaft sehr umstritten und werden oft missverständlich benutzt. Ich persönlich würde das EGO als das falsche Selbst-Bild meines ICHs bezeichnen, als den falschen Schein dessen, was ich wirklich bin, als großes Missverständnis. Das Ego definiert sich durch Besitz (*mein Haus, meine Frau, mein Auto,...*), also durch seine Unterschiede, seine Abgrenzungen zu anderen; es speist sich aus Konflikt, aus Bewertungen, wie *richtig* und *falsch*, *gut* und *böse*. Das Ego ist ein Konstrukt, ein falsches Abbild der Wirklichkeit. Das Ego ist wie ein Hochstapler, der sich sehr überzeugend für mich ausgibt. Es lebt von der Dualität, von einem falschen Verständnis des Universums. Das wahre ICH, also die wahre Essenz meines Selbst, versteht sich als Teil des Ganzen, als ein Aspekt von allem, was ist. Das Ego ist die Trennung, das wahre Selbst ist die Einheit. Das Ego ist Krieg, das Selbst ist Friede.

> *„Das, was wir zu verlieren fürchten, wenn der Tod eintritt, ist die Struktur, die das Denken als ‚Ich' aufgebaut hat, die Form, der Name und die Gebundenheit an die Form und an diesen Namen.“*
>
> Jiddu Krishnamurti (indischer Philosoph, 1895-1986)

Einer der Eckpfeiler unseres Egos ist unser Name, weil wir von unserem ersten Tag an immer wieder damit verbunden werden, so lange, bis wir ihn wiederholen können und uns damit identifizieren. Er ist aber nichts weiter als ein Etikett. Er ist austauschbar. Man kann ihn sogar gesetzlich ändern oder durch Heirat ablegen oder sich einen Künstlernamen zulegen. Dennoch ist dieses uns von anderen vollkommen willkürlich auferlegte Etikett sehr prägend für unsere Vorstellung unseres Selbst, und wenn man jemand fragt: „*Wer bist du?*", dann erhält man als erste Antwort immer dessen Namen. Jeder Name hat eine bestimmte Bedeutung, eine bestimmte Schwingung, die sich jedes Mal, wenn sie ausgesprochen wird, immer tiefer in das Fundament unseres Egos eingräbt. Irgendwann ist man dann davon überzeugt, dass man *Franz Huber* ist oder *Anna-Sabine Müller-Lüdenscheidt*, man identifiziert sich mit einem Etikett, also auch mit der Geschichte eines Namens, eines Stammbaumes, was im Grunde völlig absurd ist. Oft bezeichnet man dies dann als „Erbe" oder „Tradition" – im Grunde ist es aber einfach nur eine weitere Hürde auf der Suche nach sich selbst. Der lateinische Spruch „Nomen est omen" bedeutet übersetzt: „Der Name ist ein Zeichen." oder freier übersetzt: „Der Name ist Programm."

Nun wird aber jeder Name in einem anderen Land anders ausgesprochen, anders betont, er hat unterschiedliche Bedeutungen, Menschen assoziieren ganz andere Geschichten damit, was seine Schwingung verändert und somit auch das Ego und dessen Schwingung beeinflusst. Das ist ein anschauliches Beispiel dafür, dass unser Ego nichts mit unserem wahren Selbst zu tun hat – weil unser wahres ICH nicht durch ein Etikett veränderbar ist.

> *„Unsere größte Angst ist nicht, dass wir ungenügend sind, unsere größte Angst ist, über das Messbare hinaus kraftvoll zu sein.*
> *Es ist unser Licht, nicht unsere Dunkelheit, das uns am meisten Angst macht.*
> *Wir fragen uns, wer ich bin, mich brillant, großartig, talentiert, phantastisch zu nennen? Aber wer bist Du, Dich nicht so zu nen-*

nen? Du bist ein Kind Gottes. Dich selbst klein zu halten, dient nicht der Welt. Es ist nichts Erleuchtetes daran, sich so klein zu machen, dass andere um Dich herum sich nicht unsicher fühlen.
Wir sind alle bestimmt zu leuchten, wie es die Kinder tun. Wir sind geboren worden, um den Glanz Gottes, der in uns ist, zu manifestieren. Er ist nicht nur in einigen von uns, er ist in jedem einzelnen. Und wenn wir unser Licht erscheinen lassen, geben wir anderen Menschen die Erlaubnis, dasselbe zu tun.
Wenn wir von unserer eigenen Angst befreit sind, befreit unsere Gegenwart automatisch andere."[(156)]

Nelson Mandela (südafrikanischer Freiheitskämpfer)

Es gibt Erfahrungsmodelle, die sich über die Evolution des menschlichen Bewusstseins heraus kristallisiert haben und die wir „geistige Gesetze" nennen. Das *Gesetz des Karmas*, auch *Gesetz von Ursache und Wirkung* genannt, besagt, dass jede Aktion eine energetisch entsprechende Reaktion auslöst.

Durch das *Gesetz der Resonanz* zieht unsere Aura magnetisch jene Gedanken (Schwingungen) an, die mit unserem momentanen Bewusstsein im Einklang sind – „*Gleich und Gleich gesellt sich gern!*" Solange wir nicht das nötige Bewusstsein haben, um alles Ungewollte energetisch abzuschirmen, gelangen aber auch noch andere Frequenzen zu uns hindurch, die in die linke obere Hälfte des Großhirns gelangen, wo sie intellektuell bewertet werden. Sie werden mit unserem jeweiligen Verständnis von der Welt mit unseren Erfahrungen und Überzeugungen abgeglichen. Dieser Teil des Gehirns weigert sich, Gedanken aufzunehmen, die nicht mit dem Bewusstsein der Masse (gesellschaftliches Bewusstsein) kompatibel sind. Sobald er mit etwas konfrontiert wird, das ihm neu und radikal erscheint, schreit er erst einmal kategorisch: „*Nein!*"

Deswegen ist es schwierig, Gott oder sich selbst als Teil Gottes zu begreifen. Dieser Teil unseres Gehirns ist der am engsten mit dem Ego verflochtene. Jede radikale neue Idee wird daher erst einmal vom Ego „abgeschossen". Vielleicht haben Sie das ja selbst schon während der

Lektüre dieses Buches erlebt? Wenn Sie aber trotzdem weiter gelesen und den inneren Konflikt überwunden haben, dann haben Sie eine erste Hürde überwunden und werden feststellen, dass Ihr Ego schnell klein beigibt. Im Grunde ist es nämlich extrem ängstlich und feige. Es gibt lieber klein bei, als den Konflikt zu suchen, weil es dann nämlich Gefahr laufen würde, komplett ausgeschaltet zu werden. Das ist es, was das Ego am meisten fürchtet: nicht beachtet zu werden.

Man kann dem eigenen Ego freundlich, aber bestimmt befehlen, sich zurückzuziehen. Wann immer Wut, Zorn, Konflikt hochkommt, dann ist das Ego daran beteiligt. Sobald wir ein solches Gefühl wahrnehmen, können wir innerlich mit dem Ego Kontakt aufnehmen und ihm mitteilen, dass seine Dienste im Moment nicht gebraucht werden und es sich zurückziehen kann. Das funktioniert. Die Tatsache, dass es anerkannt und wahrgenommen wird, reicht ihm üblicherweise bereits.

Jedes Mal, wenn Sie einen solchen „Kampf" gegen das Ego gewonnen und eine weitere geistige Hürde übersprungen haben, verändert sich das eigene Bewusstsein und damit auch Ihr Gehirn, Ihr Gedächtnis und Ihre Gedanken. Wie Buddha sagte: *„Alles hängt mit allem zusammen. Das Eine enthält das Viele und das Viele enthält das Eine."* Und alles ist veränderbar!

In der Wissenschaft kennt man noch den Begriff des *Alter Ego*, was so viel bedeutet wie, sich mit dem Ego eines anderen zu identifizieren, anstatt mit dem eigenen. Das passiert vielen jungen Menschen, wenn sie Idole anhimmeln, gewissermaßen deren (vermeintliche) Identität annehmen. *Als ob das eigene Ego nicht verwirrend genug wäre!?*

In der Psychologie kann *Alter Ego* auch für ein „zweites Ich", also für eine gespaltene Persönlichkeit stehen. Es bezeichnet eine Person, die zwei verschiedene Leben lebt. Bekannte Beispiele dafür wären *Dr. Jekyll und Mr. Hyde*, aber auch Figuren wie Superman oder Batman, die zwei parallele Leben leben.(157)

Jede Form von Ego-Bewusstsein ist eine Ablenkung vom eigenen, wahren Selbst. Unsere Angst vor dem Tod ist nichts anderes als die Angst, unsere „Persönlichkeit" zu verlieren, die Rolle, die wir spielen, jenes falsche Bild von uns selbst, mit dem wir uns identifizieren. Solange wir uns selbst mit unserem Ego, unserer irdischen Existenz verwechseln, einer Existenz, die vorwiegend auf materielle Dinge aufgebaut ist, also auf Gegenstände, die vergehen werden, solange haben wir Angst zu vergehen. Erst wenn wir wirklich aus tiefstem Herzen wissen, dass wir reines Bewusstsein sind, unterschiedliche Aspekte von Gott, der seine Schwingung verlangsamt hat, um in eine dreidimensionale Form zu passen, müssen wir keine Angst mehr vor dem Tod haben, weil wir wissen, dass wir selbst ewig sind und niemals sterben können. Was sterblich ist, ist nur unsere Hülle, die Ausdruck unserer irdischen Rolle ist.

> *„Der Augenblick, in dem wir erstmalig die Wirklichkeit hinter der vom Ego geschaffenen Maske entdecken, reicht aus, die emotionale Verwirrung zum Kurzschluss zu bringen, so dass wir für den Bruchteil einer Sekunde Weisheit erfahren."*
>
> Gendün Rinpoche (tibetischer Lama, 1918-1997)

BEWUSSTSEIN

Wenn man das Wort „Bewusst-sein" betrachtet, dann erklärt sich seine Bedeutung von selbst. Bewusst zu sein heißt, Herr über meine eigenen Gedanken und Handlungen zu sein, zu wissen, wann mein Ego aktiv ist und wann mein eigentliches Selbst. Das Bewusstsein ist das Bindeglied zwischen dem Sichtbaren (Materie) und dem Unsichtbaren (geistige Ebenen). Das Bewusstsein prägt die Energie meiner Gedanken, gibt ihnen die Form und Schwingung, damit sie sich – mit Hilfe von Gefühlen – zu Materie verdichten können. Das ist es, was man den „Schöpfungsvorgang" nennt.[(158)]

Vom Grad des jeweiligen Bewusstseins, also der geistigen und seelischen Entwicklung eines Menschen, hängt auch der Grad seiner Selbstbestimmung und seiner Freiheit ab. Je bewusster ich bin, je mehr ich verstehe, wie alles funktioniert – mich eingeschlossen –, desto freier bin ich. Ängste und Schmerzen sind Erzeugnisse des Unterbewusstseins, also jenes Teils von uns, der unbewusst ist, den wir nicht steuern können. Je mehr Bewusstheit wir erlangen, desto weniger Angst und Schmerz erleben wir.

Wir kennen den Begriff „Bewusstsein“ auch aus der Medizin. Dort steht er für den Grad der Aufmerksamkeit, der Orientierung, des Denkens, der Erinnerung und des Handelns einer Person, was sich also ziemlich mit meiner Definition deckt.[(159)]

„Bewusstlos“ ist demnach (auch in der Medizin) jemand mit geringer Aufmerksamkeit, schlechter Orientierung und mangelndem Denkvermögen.

Bewusst zu sein bedeutet, sich der Absurdität von Vergangenheit und Zukunft, von Zeit, gewahr zu sein und das „Jetzt“, den gegenwärtigen Moment, als die einzig wahre Realität zu erkennen. Dieses „Höhere Bewusstsein“ ist Ausdruck unseres „Höheren Selbst“, also jenem Aspekt von uns, der auf einer höheren Ebene (als auf der rein materiellen) existiert und untrennbar eins ist mit allem-was-ist. Dieses „Höhere Bewusstsein“, die Verbindung zum „Höheren Selbst“, kann man jederzeit erfahren und vertiefen, wenn man alle Ablenkungen im Außen ausschaltet und sich ganz gezielt in sich selbst zurückzieht.

In der Meditation können wir unser *„Höheres Selbst“* rufen und uns mit ihm verbinden, indem wir es bitten, ganz mit unserer irdischen Form (unserem Körper) und mit unserem irdischen Verstand zu verschmelzen. Dieses Eins-werden mit dem wahren ICH ist immer wieder aufs Neue ein Erlebnis, weil es uns erlaubt, die Grenzen unseres Körpers aufzulösen und über die sichtbaren Grenzen der körperlichen Hülle hin auszuwachsen.

(Anmerkung: *Höhere-Selbst*-Meditationen sind ein Bestandteil fast aller spirituellen Lehren. Wenn man selbst keine Erfahrung damit hat und keine kontinuierliche spirituelle Arbeit gemeinsam mit anderen pflegt, aber dennoch die Erfahrung mit dem *Höheren Selbst* machen möchte, gibt es eine Vielzahl von CDs mit geführten Meditationen im Fachhandel zu kaufen.)

Was uns am meisten von unserem „Höheren Selbst" trennt, ist Zeit, denn unser Höheres Selbst existiert in einer Dimension, in der lineare Zeit nicht existent ist. Die Höhere-Selbst-Verbindung herzustellen und zu vertiefen, ist ein wichtiger Schritt hin zu Freiheit.

> *„Sage immer ‚Ja' zum gegenwärtigen Moment. Was könnte sinnloser, wahnsinniger sein, als inneren Widerstand gegen etwas aufzubauen, das bereits da ist? Was könnte verrückter sein, als sich dem Leben selbst entgegenzustellen, das jetzt und immer jetzt ist? Gib dich dem hin, was ist. Sage ‚Ja' zum Leben – und schau, wie das Leben plötzlich beginnt, für dich zu arbeiten, anstatt gegen dich."*[(160)]
>
> Eckhart Tolle

Das Ziel aller wahren spirituellen Lehren besteht darin, den Einzelnen bewusster zu machen, ihm also mehr Macht über sein Denken und Handeln zu verschaffen, ihm das Tor zwischen dem Sichtbaren und dem Unsichtbaren zu öffnen und ihm seine Verbindung zu Gott (der Quelle, dem Kosmos, dem Alles-was-ist, dem Ursprung oder wie auch immer man es nennen mag) zu ermöglichen.

Demgegenüber steht das Ziel der meisten Kirchen und Geheimorganisationen, aber auch vieler Gurus, die versuchen, das Bewusstsein des Einzelnen niedrig zu halten, um leichter Macht über ihn ausüben zu können, um ihn steuerbar zu machen. So verschließt die katholische Kirche etwa dem Kleinkind bei der Taufe das dritte Auge mit dem Kreuzzeichen auf der Stirn – ein symbolischer Akt, der auf der energetischen Ebene starke Wirkung hat und dazu führt, dass die Hellsichtigkeit (Drittes Auge = 6. Chakra) des betreffenden jungen Menschen eingeschränkt wird. Gurus verschließen hingegen oft (meist unsichtbar) das 7., das Kronen-Chakra ihrer Schüler, womit sie deren Anbindung an Gott verhindern, auch wenn sie meist das Gegenteil behaupten.

Die Freimaurer etwa verpflichten ihre Mitglieder in Aufnahmeritualen – unter Androhung harter Strafen bei Zuwiderhandeln – zu absolutem Gehorsam. All das hat das Ziel, die einzelne Person klein zu halten und ihre Entwicklung einzuschränken oder nur in einer bestimmten, vorgegeben Richtung zuzulassen. Bewusst zu sein bedeutet auch, sich nicht auf das Niveau anderer hinunter ziehen zu lassen. Wer sich seines wahren Selbst bewusst ist (Selbstbewusstsein), braucht weder Schwüre noch Rituale, um sich geborgen und beschützt zu fühlen.

> *„So gesehen sind Gefühle wie Güte, Liebe oder Mitgefühl einem Freimaurer völlig fremd – er könnte sonst seinen Befehlen nicht gehorchen. Durch den Ritus der okkulten Initiation wird das neue Mitglied dieser Gefühle ‚beraubt', weil es gewissermaßen einen Pakt mit den dämonischen (luziferischen) Mächten eingeht. Unglücklicherweise sind sich die meisten Betroffenen dieses Rückschritts gar nicht bewusst."*[(161)] Radu Cinamar, „Transylvanian Sunrise"

Solche Menschen sind bewusst-*los*! Je schwächer sie sind, desto besser sind sie als Mitglied, weil sie sich leichter „führen" lassen. Manche sind an einem bestimmten Punkt sogar bereit, für die Belange der Organisation zu töten, ähnlich wie in anderen kriminellen Organisationen auch. Sie unterwerfen sich bis zur Bewusstlosigkeit, nur um ihrem Leben einen vermeintlichen Sinn zu geben, um eine Leere zu füllen, ihr Ego zu füttern. Damit fügen sie ihrer eigenen Seele großen Schaden zu. Diese Menschen tauschen die Chance, ihr wahres Selbst zu entdecken, gegen den schönen Schein von Macht und Geld, von Ruhm und Einfluss. Diese Menschen sind zutiefst krank, ohne es zu wissen. Und die Zahl dieser Psychopathen und Soziopathen hat in den letzten Jahrzehnten leider rasant zugenommen.

Unser Bewusstsein ist die Tür zu unserem Höheren Selbst. Durch „Erziehung", durch schulische und studentische „Bildung", wird diese Türe meist zugemauert. Irgendwann haben wir dann vergessen, dass sie überhaupt je existierte. Manche von uns haben das Glück, „zufällig" wieder auf diese verborgene Türe zu stoßen. Sie erkennen, dass die Wand, die sie verdeckt, hohl ist. Die meisten Menschen überlegen vielleicht kurz, lassen die Wand aber dann aus Angst vor dem Unbekannten stehen und machen weiter wie bisher. Bei einigen aber siegt die Neugier, oder sie halten ihren Zustand der Unbewusstheit einfach nicht mehr aus. Einige kratzen dann lange und sehr vorsichtig an der Wand herum, sie nehmen einen Stein nach dem anderen aus der Mauer, bis sie schließlich in sich zusammenfällt. Dann stehen sie lange und zögerlich vor der Tür, weil sie ahnen, dass diese zu öffnen ihr Leben nachhaltig verändern würde. Das macht wiederum vielen Menschen Angst, weil sie fürchten, ihre Identität zu verlieren. Sie haben Angst vor der Leere. Das Absurde ist, dass aber genau das Öffnen der Tür ihnen ihre Angst nehmen würde, weil Bewusstheit das Gegenteil von Angst ist, aber das können sie nicht wissen, solange sie Bewusstheit nicht erlebt haben.

Einige wenige Menschen aber nehmen einen Vorschlaghammer und reißen die Mauer des Vergessens nieder, sie hauen alles kurz und klein, weil sie ihr Ego nicht mehr ertragen. Sie reißen die Tür zu ihrem Höheren Selbst auf und erwachen aus ihrer Bewusstlosigkeit. Der Lohn für ihren Mut – der oft der Mut der Verzweiflung ist – ist Freiheit. So beschreibt Eckhart Tolle (am Beginn seines bemerkenswerten Buches „Jetzt“, dass er die ersten dreißig Jahre seines Lebens *„in einem Zustand fast ununterbrochener Angstgefühle, unterbrochen von Phasen lebensmüder Depression“* verbrachte, ehe er eines Morgens erwachte und nicht mehr weitermachen konnte:

> *„‚Ich kann mit mir selbst nicht weiterleben.' Dieser Gedanke kreiste endlos in meinem Verstand. Plötzlich wurde mir bewusst, was für ein sonderbarer Gedanke das war. ‚Bin ich einer oder zwei? Wenn ich nicht mit mir selbst leben kann, dann muss es zwei von mir geben: das ‚Ich' und das ‚Selbst', mit dem ‚ich' nicht mehr leben kann.' ‚Vielleicht', dachte ich ‚ist nur eins von beiden wirklich.' Ich war so fassungslos über diese seltsame Erkenntnis, dass mein Verstand anhielt. Ich war bei vollem Bewusstsein, aber es waren keine Gedanken mehr da. Dann fühlte ich mich in eine Art Energiewirbel hineingezogen. Zuerst war die Bewegung langsam, dann beschleunigte sie sich. Ich wurde von heftiger Angst ergriffen, und mein Körper begann zu zittern. Wie aus dem Inneren meiner Brust hörte ich die ‚Worte: ‚Wehre dich nicht.' Ich fühlte, wie ich in eine Leere hineingesaugt wurde. Es fühlte sich an, als sei die Leere in meinem Inneren, nicht außen. Plötzlich war keine Angst mehr da, und ich ließ mich in diese Leere hineinfallen. Ich habe keine Erinnerung daran, was danach geschah.“*[(162)]

DUALITÄT

„Das ganze Leben über bist du ganz aus dem Häuschen, weil du es für selbstverständlich hältst, dass es ‚dich' und ‚die anderen' gibt: Du trägst dick auf, um aus der Menge herauszuragen. Doch in Wirklichkeit gibt es weder ‚dich' noch ‚die anderen'. Aber das wirst du erst verstehen, wenn ‚du' stirbst."

Kodo Sawaki (japanischer Zen-Meister, 1880-1965)

Dualität ist ein Konzept der Trennung, der Teilung, der Abgrenzung, der Gegensätze. Es ist die Matrix, in der unser Ego und all die rein irdischen Aspekte von uns selbst existieren. Dualität beschreibt die Überzeugung, dass wir von allem anderen, was existiert, getrennt sind, dass wir also im Grunde allein sind. „Ich" und „die anderen", „wir" und „die", links oder rechts, oben oder unten, schwarz oder weiß, lebendig oder tot! *„Du bist entweder für mich oder gegen mich!"*

Auf der materiellen Ebene werden wir von den beiden Erdpolen (Nord- und Südpol) bestimmt, aber selbst in unserem Gehirn ist bereits die elementare Dualität ‚männlich/weiblich' angelegt, denn es besteht aus zwei getrennten Hemisphären, der linken und der rechten Gehirnhälfte. Unser linke Hirnhälfte (lat.: *ratio*) ist verstandesorientiert, rational und erfolgsbedürftig, männlich, sie beheimatet unsere Ich-Orientierung und steuert unsere komplette rechte Körperseite. Unsere rechte Hirnhälfte (lat.: *emotio*) führt unsere Gefühle, Emotionen, Intuitionen, ist weiblich- und wir-orientiert und steuert unsere komplette linke Körperseite. In den esoterisch-spirituellen Bereichen spricht man dabei von *Yang* und *Yin* und nach Prof. Dr. C. G. Jung von *Animus* und *Anima*.

Alle Menschen tragen diese Dualität in sich und führen ein entsprechendes Leben, denn diese begleitet uns ein Leben lang. So ist unsere heutige Welt überwiegend linkshirnig, verstandesorientiert, ich-geprägt und männlich-patriarchalisch geworden und damit leider auch viel zu einseitig. Dabei ist das sehnsüchtige Ziel unserer Seele die Vereinigung beider Seiten – auf allen Ebenen.

Auf einer höheren geistigen Ebene hat diese Trennung, wie wir sie kennen, nie stattgefunden, dort ist alles eins und untrennbar miteinander verbunden. Jeder von uns kennt diese Bewusstseinsebene zumindest in Ansätzen: im Zustand tiefer Meditation oder aber im Zustand von Verliebtheit oder in Momenten überwältigenden Glücks, wenn man am liebsten die ganze Welt umarmen würde, wenn man sich unendlich glücklich fühlt und eins ist mit allem, was ist.

Aber jeder von uns kennt auch den Zustand gefühlter Isolation, gefühlter Einsamkeit, das Gefühl, allein gegen den Rest der Welt zu stehen. Im Leben vieler Menschen überwiegt leider der zweite Zustand.

Aus dem Erleben dieser Dualität, dieser Gegensätze, entsteht der Irrglaube, dass der Mensch Konkurrenz braucht, sie sucht, durch sie wächst – ein Prinzip, das wir bereits als falsch entlarvt haben. Dieses Konkurrenz-Konzept widerspricht nicht nur der göttlichen Ordnung, sondern auch den Gesetzen der Natur und der Physik, weil in Wahrheit alles untrennbar mit allem verbunden ist, unabhängig davon, ob wir in der Lage sind, dies zu begreifen oder nicht. Unbewusst haben wir alle das Bedürfnis nach Harmonie und Einheit, aber im Außen werden wir immer wieder in die Konkurrenz gezwungen. Aus dieser Diskrepanz oder Disharmonie ergeben sich zahlreiche seelische und physische Leiden. Eines davon ist die Unterteilung in Körper und Geist. Die einen Menschen sind völlig vergeistigt, sie haben keinerlei Bezug zu ihrem Körper, sie behandeln ihn schlecht, manche hassen ihn sogar. Die anderen Menschen sind völlig von ihrem Körper besessen, sie sehen pausenlos in den Spiegel und definieren sich über ihr Aussehen. In Wahrheit aber können wir diese Inkarnation nur meistern, nur zu wahrem Glück finden, wenn wir eine Einheit aus Körper, Geist und Seele herstellen, alles gleich wertschätzen und pflegen. Unsere Seele strebt nach Harmonie und Ausgleich.

> *„Ihr lebt in einem dualistischen Universum... Diese Dualität manifestiert sich im Prinzip der Gegensätze. Entsprechend diesem Prinzip neigen Kräfte dazu, gleich starke, aber gegenläufige Reaktionen aufzuweisen. Dies gilt nicht nur für die physikalischen Gesetze eures*

Universums, sondern auch für die Beschaffenheit des dualistischen Bewusstseins selbst. Die dualistische Beschaffenheit eures Universums wird durch die Zeitbeschleunigung beeinflusst, die ihr gerade durchlebt. Eines der Ergebnisse dieses Prozesses ist eine Zunahme der Dualität – die Polarisierung des menschlichen Bewusstseins. Polarisierte Konflikte zwischen Nationen, Gemeinschaften, Religionen und Einzelpersonen nehmen zu. Dieser bedauernswerte Zustand war zu erwarten, da die planetaren und galaktischen Energien steigen.«[163]

Eine Botschaft der Hathoren (gechannelt durch Tom Kenyon)

Diese neuen Energien, die aus der Tiefe des Alls bis zu uns auf die Erde wirken, verstärken also die Dualität, sowohl in der Erdatmosphäre durch Polsprünge und Sonnenstürme als auch durch ihre subtile Wirkung auf unser Nervensystem und unsere Körperenergie (unser Chi). Diese neue Energie polarisiert also. Sie fordert uns extrem heraus. Sie zwingt uns, Stellung zu beziehen. Manche Menschen neigen deshalb dazu, sich noch stärker abzuschotten, sich gedanklich zu isolieren, was letztlich das Ego stärkt, denn das Ego definiert sich über die Trennung und versucht mit aller Kraft, deren Illusion aufrechtzuerhalten. Je größer die Herausforderungen sind, desto mehr ist unsere Achtsamkeit und Disziplin gefordert, desto höher ist aber auch das Wachstumspotential. *Je höher der Einsatz, desto mehr kann man gewinnen! Oder aber auch verlieren!*

Im Grunde wissen wir aber, dass Trennung in letzter Konsequenz nicht existiert, dennoch handeln wir diesem Wissen oft zuwider.

Auch wenn eine Stadt etwa bestimmte (von Menschen willkürlich definierte) Grenzen hat, so ist sie dennoch nicht isoliert. Wenn diese Stadt etwa ihr Wasser verseucht, dann schlägt sich dies durch das Grundwasser, die Flüsse, die Verdunstung, den Regen auf alle anderen Städte (und deren Bewohner) in einem großen Radius nieder. Wenn in Fukushima ein Kernkraftwerk leckt, dann hat die gesamte Welt etwas davon, weil die Strahlung nicht nur durch die Luft und das Wasser über die gesamte Welt verteilt wird, sondern auch durch Fische, Meeresfrüchte und Algen, die in die Nahrungskette gelangen und dank einer globalisierten Welt rasch am anderen Ende des Globus wieder auftauchen können.

So sehr das prinzipielle Konzept der Globalisierung, also einer einzigen, großen, offenen Welt im Grunde ein vernünftiges Konzept ist, so gefährlich ist es auch, solange die Menschheit im Kopf noch komplett in der Dualität gefangen ist, weil die Globalisierung dann von einigen mächtigen Gruppen für deren Interessen missbraucht werden kann – und bis heute auch wird.

Der Globalisierung unseres Handels und unserer Wirtschaft müsste ein Gefühl der Gemeinschaft und des Einsseins in unseren Köpfen und Herzen vorausgehen. Erst wenn wir alle dieses Konzept der Einheit, Gleichberechtigung, des gegenseitigen Respekts für einander und der Verantwortung für alles Leben auf diesem Planeten zutiefst in unser Bewusstsein aufgenommen haben, es in unseren Genen eingespeichert ist, erst dann stellt die Globalisierung keine Gefahr mehr dar.

Wir wissen, dass im Irdischen das Prinzip von „gut" und „böse" existiert – wenngleich auch nicht ganz so, wie es uns die Kirchen verkaufen wollen. Es gibt zwei Pole, die Dualität auf der materiellen Ebene, die es uns ermöglichen, uns selbst wahrzunehmen und uns weiter zu entwickeln. Ohne Dunkelheit wüssten wir nicht, was Licht ist. Ohne Licht könnten wir keinen Schatten erzeugen. Licht und Schatten stehen im Gegensatz zueinander und gehören auf der materiellen Ebene untrennbar zusammen. Licht wird jedoch immer die Finsternis „besiegen" – niemals umgekehrt! Der Grad unseres Bewusstseins hängt davon ab, wie sehr wir in der Lage sind, das Dunkle zu akzeptieren und zu respektieren, uns aber im Licht aufzuhalten. Das Dunkle will immer verstecken, verschleiern, verhüllen. Das Licht schafft immer Klarheit und Transparenz. Vom Grad unserer Bewusstheit hängt es ab, wofür wir uns entscheiden.

Genau genommen aber existieren „gut" und „böse" nicht, sie sind reine Bewertungen. Wohl aber können wir persönlich und individuell zwischen „richtig“ und „falsch“ unterscheiden, also zwischen dem, was mir hilft, bewusst zu leben, und dem, was mich unbewusst macht, mich also von meinem wahren Selbst weiter entfernt. Wenn ich etwa in einer sehr lauten Wohnung lebe, die es mir unmöglich macht zu meditieren, ruhig zu schlafen, mich zu konzentrieren, dann ist diese Wohnung (das Umfeld, die Nachbarn) nicht „böse“ oder „schlecht“, wohl aber für mein Leben und meine weitere Entwicklung nicht förderlich, also für mich nicht richtig. Die logische Konsequenz wäre demnach, meine Wohnsituation zu verändern und mir ein Umfeld zu suchen, das „richtig“ für mich ist. Es gibt aber natürlich auch die Möglichkeit, mit den Nachbarn zu streiten, mich aufzuregen, Widerstand zu leisten. Jeder muss selbst entscheiden, welche der beiden Optionen in seinem persönlichen Fall die sinnvollere ist. *Love it, change it or leave it!*

> *„Von einer höheren Warte aus gesehen sind die Umstände immer positiv. Oder genauer gesagt: sie sind weder positiv noch negativ. Sie sind, wie sie sind. Und wenn du in völliger Annahme dessen lebst, was ist – die einzige gesunde Art zu leben –, dann gibt es in deinem Leben kein ‚gut' oder ‚böse' mehr. Es gibt nur noch ein höheres Gutes, und das schließt das ‚Böse' ein. Aus der Perspektive des Verstandes gesehen gibt es allerdings gut/schlecht, mögen/nicht-mögen, Liebe/Hass. Deshalb heißt es in der Schöpfungsgeschichte, dass Adam und Eva nicht mehr im ‚Paradies' leben durften, nachdem sie ‚vom Baum der Erkenntnis des Guten und Bösen' gegessen hatten.“*[(164)]
>
> Eckhart Tolle

Die allermeisten Gruppen auf Erden (Kirchen, Sportclubs, Männerbünde usw.) geben ihren Mitgliedern das Gefühl, Teil eines besonderen Kreises zu sein, der sich von anderen klar unterscheidet. Sie fühlen sich erhaben, auserwählt, weil sie zu einer besonderen Gemeinschaft gehören, und sie drücken dies auch, offen oder versteckt, durch Uniformen, Symbole, Lieder oder Ähnliches aus. Damit geben viele Menschen ihrem sonst sinnlosen Leben einen Sinn. Sie können sich mit etwas identifizieren – nämlich damit, anders als die anderen zu sein.

Je mehr sich solche Organisationen nach außen hin abschotten (Logen, studentische Verbindungen, Sekten usw.), desto mehr sprechen sie das Ego ihrer Mitglieder an. Irgendwo dazuzugehören, wo nicht jeder Mitglied sein darf, schmeichelt dem Ego. Es fängt bei Nachtclubs an, die nur „Mitgliedern" zugänglich sind, und es endet bei Terrororganisationen, die Trennung so weit treiben, dass sie einige ihrer Mitmenschen töten wollen – natürlich nur für eine *„gute Sache"*! Das Gefühl, besser zu sein als andere, edler, klüger, frommer, rechtfertigt die absurdesten Handlungen.

Man sollte bedenken, dass alles, was einen an anderen stört, selbst in einem ist, sonst würde man es gar nicht bemerken. Je stärker mich also etwas an einer anderen Person stört, desto stärker schwelt dieser störende Aspekt in mir selbst. Wenn ein Kind noch nie von einer Spinne gehört hat und ihr zum ersten Mal begegnet, dann hat es auch keine Angst vor einer Spinne. Angst und Ablehnung kommen nur aus der negativen Bewertung früherer Begegnungen. Wenn ich also jemand anderen hasse, dann deutet das auf einen gehörigen Selbsthass hin. Menschen, die sich selbst zutiefst lieben, können keinen anderen Menschen hassen. Menschen, die sich selbst zutiefst hassen, können keinen anderen Menschen lieben, weil sie Liebe nicht kennen.

Das Konzept der Dualität wird gestützt durch Vorurteile. *„Afrikaner sind alle faul, Polen kann man nicht trauen, Österreicher sind alle langsam, alle Zigeuner klauen, die Deutschen sind völlig humorlos, usw., usw."* Wenn man dann jemand mit solchen Vorurteilen fragt, wie oft er denn schon von Zigeunern beklaut wurde oder wie viele Betriebe er denn bereits in Afrika besucht hat, dann stellt man schnell fest, dass sein ganzes Weltbild nur auf Vorurteilen oder Vermutungen beruht. Sie speisen sich aus dem kollektiven Gedächtnis, und gleichzeitig nähren und verstärken sie es.

Ich habe in meinem Buch *„Was Sie nicht wissen sollen!"* ausführlich über die Machenschaften der „Illuminati", der Bankenelite und der Geheimbünde geschrieben und streife diese Themen auch in diesem Buch. Ich versuche aufzuklären und Veränderung herbeizuführen, ohne aber zu hassen und zu verurteilen. Das ist nicht immer leicht, aber ich versuche es. Ich weiß, dass ich nicht besser bin als die Menschen, über die ich berichtet habe, denn sie sind ein Produkt ihrer Erziehung und ihrer Umgebung, so wie ich ein Produkt der meinen bin. Ich sehe mich selbst nicht als „gut" und die anderen als „böse" an, auch wenn ich manchmal solche oder ähnliche Worte benutze, um meiner Recherche Nachdruck zu verleihen und meine Leser aufzurütteln. Ich weiß aber, dass ich mich nicht über andere erheben darf, wenn ich etwas erreichen will. Ich muss versuchen, mich auf ihre Augenhöhe zu begeben, mich in sie hineinzuversetzen. Ich halte den Kurs, den die heimlichen Lenker dieser Welt fahren, für falsch, deswegen möchte ich möglichst viele Menschen erreichen, um gemeinsam mit ihnen sanften Druck auszuüben und den Kurs zu ändern. Und ja, ich weiß, dass dies auf einer höheren Ebene vielleicht alles bedeutungslos ist, weil es kein „richtig" oder „falsch" gibt, aber solange ich hier inkarniert und von Dualität umgeben bin, habe ich mich der Aufgabe verschrieben, etwas Positives und Nützliches für diese Erde und ihre Bewohner zu tun. Es ist nicht immer leicht für mich, mich tagein, tagaus mit wenig erfreulichen Dingen, mit Horrormeldungen, mit Leid und Elend zu befassen und gleichzeitig heiter und gelassen zu bleiben, aber es gelingt mir immer öfter. Deshalb versuche ich in diesem Buch auch, Wege aufzuzeigen, die uns aus dem unentwegten Drama befreien, das wir als Menschen kreieren.

Wir müssen den Mut haben, dort hinzusehen, wo Schatten ist, wo es auch mal wehtun kann. Gleichzeitig dürfen wir aber die heiteren Seiten des Lebens, das Schöne, die Ausgelassenheit, nicht zu kurz kommen lassen. Der beste Umgang mit der Dualität ist aus meiner Sicht, die Mitte zu finden, eine Balance herzustellen, ohne uns selbst dabei aufzugeben. Oder um es mit den Worten von Sir Baden-Powell, dem Gründer der Pfadfinder zu sagen: *„Wir wollen versuchen, die Welt ein wenig besser zurückzulassen, als wir sie vorgefunden haben."*

Es gibt dutzende christliche Gemeinschaften, die alle davon ausgehen, dass die Menschheit untergehen wird und nur 144.000 Personen, nämlich die besten und nobelsten unter ihnen, überleben werden. Natürlich geht jede einzelne Gruppe davon aus, dass sie selbst die Auserwählten sind. Da sie aber alle selbst jeweils weit mehr als 144.000 Mitglieder haben, gibt es einen internen Kampf darum, wer überleben und aufsteigen wird. Jede Gruppe ist sich sicher, dass die anderen ohnehin nicht gut genug sind. Interessanterweise nennen alle diese Gruppen sich christlich. Alle sprechen von Liebe und Nächstenliebe. Im Grunde sind sie aber völlig verblendet. Wer kann ernsthaft an einen Gott glauben, der alle Menschen geschaffen haben soll, aber nur ein paar von ihnen lieb hat? Wer kann ernsthaft glauben, dass es nur *eine* Art des Glaubens, nur *eine* Art des Gebetes geben kann? Das Prinzip der Dualität, der Abgrenzung, führt die Menschen völlig in die Irre!

Die berühmten 144.000 Auserkorenen, die Johannes in seiner Offenbarung (14,1-5) beschreibt, sind eine symbolische Zahl, die aus der hebräischen Zahlensymbolik (zwölf mal Zwölftausend) kommt. Die „12" ist in dieser Lehre die Zahl der Vollkommenheit:

> *„Und ich sah, und siehe, das Lamm stand auf dem Berg Zion und mit ihm hundertvierundvierzigtausend, die hatten seinen Namen und den Namen seines Vaters geschrieben auf ihrer Stirn... Und sie sangen ein neues Lied vor dem Thron und vor den vier Gestalten und den Ältesten; und niemand konnte das Lied lernen außer den Hundertvierundvierzigtausend, die erkauft sind von der Erde."*

Dieser Teil der Bibel strotzt nur so vor Symbolen und märchenhaften Bildern. Darin ist nicht die Rede von einer bestimmten Glaubensgruppe. Die zwölf mal Zwölftausend sind die Vollkommensten der Vollkommenen, also die Menschen, die das höchste auf Erden mögliche Bewusstsein erreicht haben, die also wahre Meisterschaft erlangten. Das Lied, das außer ihnen keiner hören kann, ist offenbar eine besondere Frequenz, die unbewusste Menschen nicht hören können. Wer sehr eng mit seinem Höheren Selbst verbunden ist, kann oft einen sehr hohen Ton, eine Art Rauschen oder Flimmern wahrnehmen, das man als die „Vibration der Stille" bezeichnen könnte.

„Jemand hat einmal angemerkt, dass Menschen, die sich in diesem Kampf (zwischen Wissenschaft und Religion) engagieren, oft sagen: ‚Weil ihr nicht wisst, was den Urknall bewirkt hat, ist der Gottesbeweis erbracht.' Das Gleiche wurde früher über Krankheiten, Wetter und Blitze gesagt. Theologisch und religiös denkende Menschen, die so etwas sagen, bringen sich in Gefahr, denn wenn man hieraus die Konsequenz zieht, ist ihre Religion in diesem Sinn nur die Summe unseres gesamten Nichtwissens."(165)

Nahum Arav (Astrophysiker)

Der Gedanke der Trennung erschafft die Hölle auf Erden. Diese Hölle ist kein physischer Ort, sondern ein Geisteszustand. Je weiter ich mich von meinem Höheren Selbst (meinem höchsten Bewusstsein) wegbewege, je mehr ich in die Tiefen der Dualität hinabsteige, desto mehr verliere ich mich in meiner eigenen Hölle.

Der Versuch, die Erlösung im Ego zu finden, indem man ihm immer mehr Futter gibt, es mit immer mehr materiellen Verlockungen, mit mehr vermeintlicher „Macht", mit mehr Reichtum füttert, ist das „Fegefeuer", in dem wir verbrennen. Die meisten „Kirchenfürsten" waren und sind sich auch heute noch der wahren Bedeutung dieser Worte bewusst, doch lassen sie diese im Dunklen. Sie führen ihre „Schäfchen" absichtlich hinters Licht, um sie weiter klein zu halten und zu kontrollieren. Entweder wir werden diesen absoluten Wahnsinn gemeinsam als Menschheit überwinden oder wir werden gemeinsam als Menschheit untergehen. Dazu der Astronom *Nahum Arav*, Professor für Astrophysik an der Universität von Colorado:

„Was ich mit dem Prinzip der spirituellen Gleichwertigkeit zu vermitteln versuche, ist ein simpler Gedanke, aber von großer Tragweite: dass es Menschen spirituell besser geht, wenn sie weniger urteilen und weniger spalten. Gleichwertigkeit würde eine moralische Verbindung und eine gleichförmigere Beziehung zu allen anderen Spiritualitäten schaffen. Wir müssen unsere Glaubensüberzeugungen an objektiven Kriterien messen und das ‚Gute' akzeptieren, das in jeder religiösen Tradition zu finden ist. Das ist produktiver, als die Un-

terschiede und ‚allein selig machenden Wahrheiten' zu finden, nach denen Meins richtig ist und Deins falsch."[166]

Wenn man sich als Einzelner einer Gruppe anschließt, dann beeinflusst diese das Denken und Handeln des Einzelnen – sowohl auf bewusster Ebene (Regeln) als auch auf unbewusster Ebene (energetisch). Jede Gemeinschaft beeinflusst die eigene Schwingung und hinterlässt Spuren in der Aura, aber auch im Ego, also im falschen Selbstbild. Je länger wir dem kollektiven Feld anderer ausgesetzt sind, desto tiefer graben sich deren Energien in uns ein. Daher sollte man sehr vorsichtig damit sein, sich Gruppen anzuschließen, die darauf beruhen, sich von anderen abzugrenzen oder gar gegen das Wohl und die Interessen anderer zu handeln. Wir sind ein einziger, großer Organismus und können uns nur kollektiv weiterentwickeln. Solange es nur Wenige sind, die ihr Bewusstsein erweitern, werden sie immer wieder auf das Niveau der anderen herabgezogen. Wir brauchen einander, sind voneinander abhängig und füreinander verantwortlich. Erst wenn ein bestimmter Prozentsatz der Menschheit dieses Bewusstsein erreicht, dann erreichen wir den *Tipping Point*, also den Punkt, an dem das Bewusstsein aller in die andere Richtung kippt. Dann haben wir die Möglichkeit, Gleichheit und Fairness für alle zu erreichen. Das ist der viel zitierte „Himmel auf Erden"!

Doch immer mehr Menschen träumen vom „Aufstieg", davon, mit ihrem Höheren Bewusstsein für immer zu verschmelzen und die Illusion von Ego, Hölle und Zeit hinter sich zu lassen. Das „Gesetz der Wenigen" besagt, dass schon eine kleine Gruppe, wenige Prozent der Menschheit, alles verändern kann, wenn diese Wenigen sehr klar, stark, bewusst und zielgerichtet sind. Wenn 144.000 diesen „Aufstieg" vollzogen haben und endgültig „erleuchtet" sind, dann wird sich dieses Bewusstsein der 144.000 einzelnen Individuen so multiplizieren, dass es das Energiefeld der unbewussten Masse erhöht, was zu dem oft prognostizierten Quantensprung im Bewusstsein der Menschheit führt.

VERANTWORTUNG

Verantwortung ist ein Begriff, der ursprünglich aus der Rechtslehre kommt, aber auch als Rechenschaft gegenüber Gott oder anderen Instanzen verstanden wird. Wir sprechen oft von Verantwortung gegenüber der Gesellschaft oder der Familie. Der Vorstand eines Unternehmens muss seine Entscheidungen gegenüber den Aktionären und den Mitarbeitern verantworten. Seltener jedoch sprechen wir über die Verantwortung, die wir uns selbst gegenüber haben. Diese Form der Verantwortung beruht auf dem Prinzip des freien Willens und des freien Handelns – beide bedeuten ein bestimmtes Maß an Macht, und *„mit großer Macht kommt große Verantwortung!"*. Die größte Verantwortung haben wir also für uns selbst, für den Zustand unseres Bewusstseins, unseres Geistes, für unsere eigenen Gedanken und Handlungen.

> *„Was vor uns liegt und was hinter uns liegt, ist nichts im Vergleich dazu, was in uns liegt. Und wenn wir das, was in uns liegt, nach außen in die Welt tragen, geschehen Wunder."*
>
> Henry David Thoreau (US-Philosoph, 1817-1862)

Das Wort *Ver-Antwortung* bedeutet, „auf etwas zu antworten". Im Englischen wird es noch deutlicher, denn *responsibility* bedeutet „the ability to respond", also die Fähigkeit zu antworten, zu reagieren. Diese Fähigkeit hängt vom Grad meiner Bewusstheit, von meiner Klarheit ab.

Wenn ich an Reinkarnation glaube, also daran, dass der Tod nicht das Ende des Lebens ist, sondern nur ein anderer Aggregatzustand, dann gehe ich davon aus, dass alles, was ich tue, in meiner Seele gespeichert wird und künftig Teil meines Wesens, meiner Erfahrungen, meiner Persönlichkeit sein wird (oder ist). Ich werde also immer für alles, was ich tue, in gewissem Sinne Verantwortung tragen, weil es mich für immer prägt, für immer ein Teil von mir ist.

Wenn ich hingegen davon ausgehe, dass ich nur *ein* Leben habe und der Tod das Ende ist, dann habe ich natürlich mir selbst gegenüber keine Verantwortung, weil mein Handeln nach dem Tod keine Konsequenzen mehr hat. Verantwortung ist also ein relativer Begriff, der damit zu tun hat, wie wir *Leben* und *Tod* definieren.

> *„Wir werden also durch unsere Gesellschaft geformt, durch unsere soziologischen, metaphysischen und linguistischen Einflüsse. Unsere Gesellschaften bestimmen, ob wir daran glauben, dass das Leben von Sünde bestimmt wird oder von Schönheit, ob wir im Leben nach dem Tode die Rechnung für dieses Leben bekommen oder ob es egal ist. Grob gesagt, kann man große Gesellschaften in individualistische oder kollektivistische Gesellschaften unterteilen, die sehr unterschiedliche Menschen und Denkmuster hervorbringen und, wie ich annehme, auch sehr unterschiedliche Gehirne.“*[(167)]
>
> Dr. Robert Sapolsky (Neurowissenschaftler)

Es ist an uns zu entscheiden, wer wir sein wollen, wie wir leben, wie wir miteinander umgehen. Wenn wir mit dem, wie unsere Gesellschaft ist, nicht einverstanden sind, dann macht es keinen Sinn, Veränderung von anderen einzufordern, wir müssen sie selbst herbeiführen. Wenn wir uns verändern, verändern wir damit die Welt. Unser Beispiel hat Auswirkung auf andere, vor allem auf die nachkommenden Generationen. Wir geben Antworten in einer Welt voller Fragen. Wir übernehmen Verantwortung.

> *„Sei Du selbst die Veränderung, die Du Dir für diese Welt wünschst.“*
>
> Mahatma Gandhi

Es geht deutlich schneller, mich selbst zu ändern als andere. Verantwortung zu übernehmen bedeutet, mit leuchtendem Beispiel voranzugehen. Immer wieder erleben wir, dass Spitzenmanager oder Politiker extremes Fehlverhalten an den Tag legen, Millionen oder Milliarden an Steuergeldern verschwenden, krasse Fehlentscheidungen treffen, die schwerwiegende Konsequenzen für andere haben, dass sie aber keinerlei Reue oder Einsicht zeigen und regungslos weitermachen, als sei nichts gewesen. Dann fragen wir uns oft: *„Ja, haben die denn überhaupt kein Gewissen, keinen Anstand?“* Die einfache Antwort lautet: Nein, diese

Menschen kennen so etwas wie Verantwortungsbewusstsein nicht, weil sie nicht in der Lage sind mitzufühlen. Sie sind nicht bewusst, haben kein weitreichendes Bewusstsein – auch nicht für Verantwortung. Diese Menschen sind völlig mit ihrem Ego identifiziert. Sie sind Psychopathen. Solche Menschen gehören nicht in Spitzenpositionen, sondern in psychologische Betreuung. Sie brauchen Hilfe.

Wenn jemand sich seines Handelns nicht bewusst ist, dann kann er dafür – in gewisser Weise – auch nicht verantwortlich gemacht werden. Das bedeutet jedoch nicht, dass er nicht mit den Konsequenzen seiner Taten wird leben müssen. Selbst wenn man mit „negativen Handlungen" vor dem Gesetz und vor sich selbst davonkommt, so wird man doch dafür „büßen" müssen, weil man genau das, was man ausgesandt hat, auch wieder zurückbekommen wird – in diesem und/oder in weiteren Leben. So gesehen kann sich niemand vor der Verantwortung für sich selbst drücken.

Generell ist es wohl so, dass das Ausüben eines hohen öffentlichen Amtes prinzipiell das Ego stärkt und einer Erweiterung des Bewusstseins im Wege steht, weil es einem wenig Raum lässt, allein zu sein, sich mit sich selbst in Ruhe und Stille zu befassen. Umso wichtiger wäre es, nur Menschen in öffentliche Ämter zu wählen, die bereits ein sehr hohes Bewusstsein haben, die sich nicht von Glanz und Schein beeindrucken lassen, die nicht käuflich sind. Aber solche Persönlichkeiten sind rar – wenngleich sie auch existieren, wie das Beispiel von Mahatma Gandhi zeigt.

> *„Wir leben in einem gefährlichen Zeitalter. Der Mensch beherrscht die Natur, bevor er gelernt hat, sich selbst zu beherrschen."*
>
> Albert Schweitzer (Arzt und Pazifist, 1875-1965)

Begriffe wie *Verantwortung*, *Anstand* oder *Moral* sind Ausdruck einer geistigen und emotionalen Reife. Anstand geht über gutes Benehmen und Umgangsformen hinaus. Anstand bedeutet, andere Menschen zu respektieren und dafür zu sorgen, dass auch ihr Wohl in Betracht gezogen wird. Moral ist ein Begriff aus der Ethik, eines Zweiges der

Philosophie, der sich mit Werten und Tugenden befasst, also damit, wie wir unser Zusammenleben jeweils definieren, welche Spielregeln wir dafür aufstellen. Im Grunde könnte man sagen, dass Mitgefühl automatisch zu verantwortungsvollem, ethisch einwandfreiem Handeln führt. Alles ist eine Frage der Erziehung, des guten wie des schlechten Beispiels, und eine Frage des unablässigen Willens zur eigenen Vervollkommnung.

Wir haben mit Beginn der großen Weltwirtschaftskrise, die 2008 offen ausbrach, ohne Zweifel das Ende eines großen Wirtschaftszyklus erreicht. Ein solches Ende geht immer mit großen sozialen Verwerfungen und Umverteilungen einher, sei es durch Krieg oder durch eine lange, massive wirtschaftliche Talfahrt. Unser gesamtes System wird sich ändern, weil es sein natürliches Ende erreicht hat. Das sehen wir im wirtschaftlichen wie auch im sozialen Bereich. Wir können gegenwärtig große Verwirrung, große Unsicherheit auf allen Ebenen und bei allen Völkern erkennen. Das alte System hat ausgedient, aber das neue ist noch nicht funktionsfähig. Wir sitzen alle zwischen den Stühlen. Jetzt ist die Zeit zu definieren, was wir eigentlich wollen! Wie wollen wir leben? Warum wollen wir leben? Woran glauben wir? Es ist Zeit, Verantwortung für uns selbst und für diese Erde zu übernehmen. Dieser Planet hat uns alles gegeben, wir hingegen haben nur genommen. Jede Beziehung kann langfristig nur zufriedenstellen, wenn Geben und Nehmen sich die Waage halten. Es ist also Zeit, unsere Vernunft zu benutzen, um mehr Mitgefühl zu entwickeln, was automatisch zu einem verantwortungsvolleren Umgang mit unserer Erde und mit der Natur führen wird.

Alles ist stets in Bewegung und verändert sich unaufhörlich. Nichts bleibt, wie es ist. Es gibt keinen dauerhaften Zustand in diesem Universum. Was viele Menschen aber tun, ist der Versuch, an etwas festzuhalten, was man lieb gewonnen hat oder zumindest an etwas, das einem vertraut ist, das man kennt. Für manche muss das nicht einmal etwas sein, das ihnen angenehm ist. Hauptsache, sie müssen sich nicht verändern. Der Mensch neigt zu Trägheit. Aber Veränderung findet mit oder ohne uns statt. Wir können uns dagegen stemmen oder sie aktiv mitgestalten. Wir können sie bestenfalls verzögern, aufhalten können wir sie nicht.

> *„Wir werden in dieser Welt nie Frieden erlangen, solange wir die innere Welt vernachlässigen und keinen Frieden in uns selbst finden. Weltfrieden muss aus innerem Frieden heraus entstehen.“*
>
> Dalai Lama

Es ist interessant zu beobachten, dass vor allem Menschen, die an nichts glauben, sich besonders vehement gegen Veränderung stellen. Sie glauben nicht an ein Leben nach dem Tod, aber sie wollen auch in diesem nichts Neues ausprobieren. Sie entscheiden sich früh für einen einzigen, bestimmten Weg und bleiben darauf, koste es, was es wolle. Diese Menschen belügen sich selbst. Was aber noch viel schlimmer wiegt: Sie belügen ihre Kinder. Sie weigern sich, Verantwortung für ihre Kinder und deren Erziehung zu übernehmen, indem sie ihnen einbläuen, dass Sicherheit und Stabilität das Wichtigste im Leben wären. Doch wer sich nicht von der Stelle bewegt, der wird sich selbst nie kennen lernen. Wir werden Sicherheit nie im Außen finden können. Je reicher Menschen sind, desto mehr Angst haben sie vor anderen, davor bestohlen oder entführt zu werden. Deshalb schotten sie sich ab und bleiben nur unter Ihresgleichen. Daher leben sie in einem Gefängnis.

Es ist also an jedem Einzelnen von uns, Verantwortung für sich selbst zu übernehmen, aber es ist auch hilfreich und wichtig, die Auseinandersetzung mit dem Begriff hinaus in die Welt zu tragen und darüber aufzuklären, da dies in unseren Schulen und an unseren Universitäten nicht ausreichend geschieht. Ein Beispiel von vielen ist etwa der US-amerikanische Autor *Stephen Smoke*, der seine Gedanken zum Thema in Form eines kleinen Buches festgehalten hat, das er kostenlos an Lehrer und Schüler verteilt und auf dessen Basis er kostenlos Vorträge an amerikanischen Schulen hält. Seine „*Teen Bill of Responsibilities*“ ist ein kleiner Beitrag, der aber große Wirkung für die nächste Generation haben könnte. Seine oberste Prämisse lautet: *„Ich habe das Recht, mich* *selbst zu verwirklichen. Aber ich habe auch die Verantwortung, zu erkennen, dass dieses Recht dort endet, wo es das der anderen beschneidet!"*

Jeder Mensch ist dazu bestimmt, zu leuchten und andere dazu zu ermutigen, ebenfalls ihr Licht scheinen zu lassen. Das ist unsere größte Verantwortung!

ZEIT

> *„War denn nicht alles Leiden Zeit, war nicht alles Sich-quälen und Sich-fürchten Zeit, war nicht alles Schwere, alles Feindliche in der Welt weg und überwunden, sobald man die Zeit überwunden hatte, sobald man die Zeit wegdenken konnte?"*
>
> Hermann Hesse, „Siddhartha"

Es ist nicht einfach, Zeit zu definieren. Das Einzige, was sicher zu sein scheint, ist, dass Zeit relativ ist. Zwar kennen wir seit jeher die Zeit als physikalische Größe, die berechenbar und messbar ist, dennoch wissen wir, dass selbst die Messbarkeit bedeutungslos ist, weil unser subjektives Empfinden die messbare Größe relativiert. Die lineare Zeit, die sich immerfort in nur eine Richtung bewegt, wird oft mit einem reißenden Fluss verglichen, der unweigerlich alles mit sich reißt. Das stimmt, wenn wir daran glauben, dass diese lineare Zeit die einzige Realität ist. Und dennoch gelingt es den meisten von uns gelegentlich, meist unbewusst, diesen reißenden Strom anzuhalten und mit einem Schlag völlig auszutrocknen. Wir alle erleben gelegentlich Momente, in denen die Zeit still steht.

> *„Zeit ist an sich ein trügerischer Begriff. Natürlich hat Zeit eine sehr feine Form von Energie, aber deren Beschaffenheit ist abhängig von unserem Bewusstsein oder unserer Wahrnehmung. Zum Beispiel wird dasselbe Zeitfenster, sagen wir eine Stunde, von unterschiedlichen Personen unterschiedlich wahrgenommen, da für einige die ‚Zeit schnell verstreicht', für andere aber ‚langsam'... Die Wahrneh-*

mungen sind unterschiedlich, auch wenn das Zeitfenster dasselbe ist. Das menschliche Bewusstsein erlebt die Illusion der Vergangenheit und der Zukunft nur aufgrund der bruchstückhaften Wahrnehmung, die gewöhnliche Menschen von Zeit haben."[(168)]

Radu Cinamar, „Transylvanian Sunrise"

Zwar ist die lineare Zeit (konstante Bewegung von A nach B), die wir mit Uhren messen und an der wir uns täglich orientieren, um Termine einzuhalten, tatsächlich real, weil wir daran glauben, dass sie existiert, dennoch gibt es auch andere Formen von Zeit, die zahlreiche Menschen zumindest gelegentlich erleben, wenn ihr Ego und ihr Verstand völlig aussetzen. Das passiert meistens durch einen großen Schock, etwa im Zuge eines Unfalls. Menschen, die durch äußere Einflüsse plötzliche Todesangst erleben, werden fast immer Zeuge dessen, dass die Zeit „stehen bleibt". Wenn man aus dem linearen Zeit-Raum-Kontinuum aussteigt, dann erlebt man, dass alles gleichzeitig stattfindet. Dann kann man auf der Zeitachse beliebig vor- oder rückwärts spazieren, da alles, was ist, ohnehin immer nur im Jetzt ist. Man kann auch zwischen einzelnen parallelen Zeitebenen wechseln. Die folgende Nachricht stammt von einer interdimensionalen Wesensgruppe, die sich die *Hathoren* nennt. Diese Nachricht wurde von dem Medium und Klangheiler *Tom Kenyon* am 3. August 2010 gechannelt:

„Eurem Planeten steht eine völlige Verwandlung unmittelbar bevor. Diese Transformation findet auf vielen Ebenen statt, und es hängt von euch – als Kollektiv – ab, wie diese Entwicklung verläuft. In einigen dieser möglichen Zeitlinien erfüllen sich die Prophezeiungen planetarer Zerstörung und Reinigung. In anderen Zeitlinien, anderen Ausdrucksformen eures Seins, verläuft die Entwicklung ganz anders. Eine plötzliche, unerwartete Veränderung im menschlichen Bewusstsein könnte die Kontrolleure, die einen so negativen Einfluss auf euer Schicksal ausgeübt haben, in die Knie zwingen. Und zwischen diesen beiden Polaritäten gibt es noch Hunderte von anderen möglichen Zeitlinien. Es gibt in eurer Gesellschaft Gruppen, die ein starkes Interesse daran haben, eure Hypnose aufrechtzuerhalten

und euch auch weiterhin glauben zu machen, ihr wäret auf eine einzige Zeitlinie, eine einzige Lebenserfahrung beschränkt. Doch ihr verfügt über die natürliche Fähigkeit, sogar noch bis zum letzten Augenblick eines Ereignisses, Zeitlinien zu wechseln und Wahrscheinlichkeiten zu verändern – sei es persönlich oder kollektiv.«[169]

Eine Botschaft der Hathoren (gechannelt durch Tom Kenyon)

(Anmerkung: Unter *Channeling* versteht man das Empfangen von Nachrichten anderer, nicht physischer Wesen, also so etwas wie die telepathische Verbindung mit Geistern, Verstorbenen, Außerirdischen oder etwa dem Höheren Selbst eines Menschen. Meist werden solche Nachrichten von den Channeling-Medien in Trance oder Halbtrance empfangen.)

Bei dem einen oder anderen Leser sehe ich jetzt ein großes Fragezeichen über dem Kopf schweben! Manche Dinge sind sehr schwer zu erklären, man muss sie erleben. Dafür müssen wir unseren Verstand und unser Ego ausschalten. Das Problem dabei ist jedoch, dass wir dann zwar alles erleben können, jedoch keine Möglichkeit haben einzugreifen, weil das aktive Erleben unserer dreidimensionalen Welt nur in der linearen Zeit stattfindet. Dies ist das sogenannte Raum-Zeit-Kontinuum.

„Die Welt – und mit ihr Raum und Zeit – entsteht also durch Gedanken. Raum und Zeit sind das ‚Gerüst', in das wir unsere Gedanken hineinspinnen... Was wir wahrnehmen, ist das, was als die Welt bezeichnet wird. Und diese besteht aus Materie in ihren vielfältigen Formen. Seit Albert Einsteins Relativitätstheorie weiß man, dass Raum und Zeit nicht unabhängig voneinander existieren können – wir kennen hierfür den Begriff ‚Raum-Zeit-Kontinuum' – und dass auch Raum und Zeit nicht unabhängig von Materie existieren können. Wahrnehmung bedingt also Materie und Raum und Zeit als voneinander abhängige Faktoren.«[170]

Hermann R. Lehner (spiritueller Autor)

Wir müssen also lernen, zwischen den einzelnen Zeitachsen zu wechseln, um in die einzelnen dreidimensionalen Realitäten an bestimmten Punkten ein- und wieder auszusteigen – je nach Bedarf. Jeder Moment birgt unendlich viele Möglichkeiten davon in sich, wie der nächste Moment aussehen wird. Alle existieren gleichzeitig, aber wir können in der dritten Dimension nur eine wählen, da unsere Wahrnehmung hier sehr begrenzt ist. Welche wir wählen, hängt von unserem Bewusstseinsstand und von den Umständen ab. Aber egal welche Realität wir wählen, die anderen existieren weiterhin, auf anderen Zeitlinien. Sie sind jedoch für den Ungeschulten unsichtbar.

Stellen Sie sich vor, Sie würden vor mehreren Bildschirmen sitzen, und auf jedem liefe ein anderer Film. Sie könnten sich aber immer nur einen Film richtig ansehen, weil Sie einfach mehr nicht bewältigen können. Die anderen können Sie aus dem Augenwinkel irgendwie weiter erahnen, und wenn da etwas passiert, was Ihnen ins Auge sticht, dann können Sie zu dem betreffenden Bildschirm wechseln und den Film mittels Fernsteuerung anhalten. Dann können Sie zurückspulen und sich diesen Film – entweder ganz oder in Teilen – ansehen. Auf diese Art wechseln wir etwas vereinfacht erklärt zwischen verschiedenen Realitäten und Zeitlinien hin und her. Im wahren Leben erscheint das dem einen oder anderen jedoch etwas komplizierter, aber was hätte wohl ein Mensch vor hundert Jahren gedacht, wenn man ihm erklärt hätte, dass er gleichzeitig mehrere Filme auf mehreren Bildschirmen laufen lassen kann und die Möglichkeit hat, mittels Fernsteuerung hin und her zu schalten und vorwärts und rückwärts zu spulen. Das Konzept hätte vor hundert Jahren jeden völlig überfordert, heute ist es bereits völlig veraltet. Unterschiedliche Zeitlinien haben eben unterschiedliche Qualitäten und Realitäten.

„Die Zeit ist ein großer Lehrer. Unglücklicherweise tötet sie all ihre Schüler.“

Hector Berlioz (französischer Komponist, 1803-1869)

Lineare Zeit basiert auf dem Konzept einer Vergangenheit und einer Zukunft, wobei die Gegenwart meistens als die Trennlinie zwischen den beiden verstanden wird. In Wahrheit können wir aber nichts anderes als die Gegenwart (oder verschiedene Gegenwarten) erleben, denn alles andere wären „Zeitreisen". An denen wird spätestens seit den 1960er-Jahren weltweit fieberhaft in geheimen militärischen Anlagen gearbeitet – angeblich auch mit Erfolg –, den meisten von uns aber hilft das wenig. Unter normalen Umständen sind wir nicht dazu in der Lage, physisch in der Zeit zu reisen, bestenfalls im Geiste. Wir existieren immer nur im „Jetzt". Also sind Vergangenheit und Zukunft gewissermaßen nichts anderes als Einbildung, reine Gedankenkonstrukte, denn alles, was ist, ist immer jetzt.

Und dennoch haben fast alle von uns schon einmal oder mehrere Male unbeabsichtigt die Zeitachsen gewechselt und sozusagen eine ungewollte Schleife gedreht. Dieses Phänomen nennt man „Déjà-vu". Von Psychologen wird es als eine Fehlschaltung im Gehirn abgetan oder als Fehlinterpretation einer Situation, die einer früheren ähnelt. Aber ich habe selbst schon mehrfach Situationen erlebt, in denen ich bis ins letzte Detail genau wusste, was die beteiligten Personen als Nächstes sagen und tun würden, und genau das trat auch ein. Echte Déjà-vus sind keine Einbildung, sondern ein Fehler in der Matrix, ein Fehler im Raum-Zeit-Kontinuum. Sie sind für uns nicht beherrschbar oder steuerbar, aber sie geben uns einen Einblick in eine andere Realität und lassen uns erahnen, dass viel mehr möglich ist als das, was wir sonst wahrnehmen.

> *„Was ist also die Zeit? Wenn mich niemand danach fragt, weiß ich es, wenn ich es aber einem, der mich fragt, erklären sollte, weiß ich es nicht; mit Zuversicht jedoch kann ich wenigstens sagen, dass ich weiß, dass, wenn nichts verginge, es keine vergangene Zeit gäbe, und wenn nichts vorüberginge, es keine zukünftige Zeit gäbe. Jene beiden Zeiten also, Vergangenheit und Zukunft, wie kann man sagen, dass sie sind, wenn die Vergangenheit schon nicht mehr ist und die Zukunft noch nicht ist?"*
>
> Aurelius Augustinus (Philosoph, 354-430)

Wir leben in einer Zeit großer Veränderung, in einer Zeit des Umbruchs, in einer Zeit spirituellen Erwachens. Diese Art von Zeit ist nicht in Stunden, Minuten oder Sekunden messbar, sondern sie beschreibt einen Zustand, also eine „Zeitqualität".

Die Illusion linearer Zeit verzögert die Manifestation unserer Gedanken. Je mehr wir auf die lineare Zeit fixiert sind, je öfter wir auf die Uhr sehen, je weniger wir im Augenblick leben, desto größer sind die Abstände zwischen unseren Gedanken und deren materieller Ausformung. Je länger dieser Zeitraum aber ist, desto weniger erkennen wir den Zusammenhang zwischen Ursache und Wirkung. Daraus resultiert der Zweifel an diesem Prinzip. Wenn sich etwas ereignet, das ich vor Jahren gedacht hatte, dann werde ich mich vermutlich überhaupt nicht mehr daran erinnern können. Selbst wenn ich es kann, ist ein direkter Zusammenhang für mich nur schwer zu akzeptieren. Wenn sich ein Gedanke aber im selben Augenblick materialisiert, dann ist der Zusammenhang viel einfacher zu erkennen und zu akzeptieren.

Der Zweifel ist eines der größten Hindernisse auf dem Weg zum bewussten Schöpfertum. Vertrauen hingegen stärkt die eigene Schöpferkraft – Vertrauen in uns selbst und in das Universum.

Wenn wir die Vergangenheit abschließen, indem wir alles loslassen, was uns bislang zurückhielt, indem wir vergeben und uns entschuldigen, indem wir die Zukunft als reine Illusion anerkennen, transzendieren wir die lineare Zeit – Jetzt!

ATMUNG

Unser **Atem** reguliert und steuert unsere Lebensenergie, und er hilft uns, unseren physischen Körper wahrzunehmen und zu benutzen. Je tiefer und kontrollierter ich ein- und ausatmen kann, desto mehr Energie führe ich meinem Körper und meinem Geist zu. Jeder Sportler weiß, wie wichtig richtiges Atmen ist. Sehr deutlich wird das etwa beim Tennis, wo Spieler bei jedem Schlag (also immer zum Zeitpunkt größter Anstrengung) laut ausatmen, manchmal sogar schreien. Wenn ich zu flach atme – also nur wenig Sauerstoff inhaliere –, dann störe ich damit meine Körperfunktionen und meine Leistungsfähigkeit, ich mache mich selbst klein und schwach. Tief und beherzt ein- und auszuatmen hingegen bedeutet, das Leben zu bejahen, sich den Raum, die Energie zu nehmen, die man zur eigenen Entfaltung und Selbstverwirklichung braucht.

Flache Atmung (Brustatmung) führt zu Anspannung und zu Angst. Tiefe Atmung (Bauchatmung) hingegen – bei der sich sowohl der Brustkorb als auch der Bauch beim Einatmen deutlich ausdehnt und beim Ausatmen wieder zusammenzieht – beruhigt und zentriert. Gesteuert wird die Atmung durch das Zwerchfell, die Muskelplatte zwischen Brusthöhle und Bauchhöhle.

Jeder von uns hat schon die Erfahrung gemacht, dass sich bei großer Anspannung oder Angst der Körper verkrampft, wodurch auch das Zwerchfell nicht mehr richtig arbeiten kann und die Atmung immer flacher wird. Die flache Atmung ihrerseits verstärkt wieder die Anspannung. Irgendwann können wir dann nicht mehr klar denken. Dann versucht der Körper durch immer schnellere Atembewegungen genug Sauerstoff zu bekommen, was wiederum zum Hyperventilieren führen kann, also zu einem Mangel an CO_2 und zu einem starken Anstieg des pH-Wertes. Wer sich der Bedeutung des Atems bewusst ist, kann in solch heiklen Situationen durch Aufmerksamkeit, und damit durch gezieltes Beruhigen der Atmung wieder rascher zu Ruhe kommen. Nicht umsonst sagt man, wenn jemand sehr aufgeregt ist: „*Jetzt atme erst einmal tief durch!*"

In allen asiatischen Philosophien und Lehren war man sich der Bedeutung der Atmung seit jeher bewusst. Dort nennt man die Energie, die wir einatmen – diese alles durchdringende, unsichtbare Substanz, die das gesamte Universum zusammenhält –, ***Prana***, *Chi*, *Ki*, *Qi* oder auch *OM*. Wir nennen sie *Orgon* oder auch den *„Heiligen Geist"*. In Indien nennt man den Zustand, bei dem jemand wahre Kontrolle über seine Lebensenergie hat, ***Pranayama***, also die Meisterschaft über den Atem (das Geheimnis des Lebens). Das Meistern der Lebensenergie ist nicht nur wichtiger Bestandteil des Yoga, sondern für jeden von uns entscheidend für unsere körperliche und geistige Gesundheit und für unseren Erfolg.

Alles, was ist – sichtbar oder unsichtbar –, ist Energie. Energie ist im Überfluss vorhanden, sie kann nicht verloren gehen, sie kann bestenfalls ihren Aggregatzustand verändern. Beim Verbrennen von Benzin wandeln wir Erdöl in Wärme um, die wiederum zu Bewegung wird. Energie ist überall, auch in der Atmosphäre, in der Luft. Egal, ob sie steht und für uns unsichtbar ist oder in Form von Bewegung (Wind, Blitze) sichtbar wird, sie ist immer vorhanden und kann als solches auch immer und überall genutzt werden.

Das ist nicht neu. Schon der kroatische Erfinder und Entdecker des Wechselstroms, Nikola Tesla (1856-1943), wusste, dass Schwingungen niemals ruhen können. Er war der erste, der die Nutzung dieser frei verfügbaren Energie („Freie Energie") für den Antrieb von Maschinen propagierte. Es ist, in abgeschwächter Form, dieselbe Energie, die Menschen nutzen, die sich von „Licht" ernähren – was wir übrigens alle tun, manche von uns jedoch bewusster, gezielter und direkter als andere.

Prof. Dr. Fritz-Albert Popp hat bereits im vergangenen Jahrtausend bewiesen, dass unser Körper nicht von Vitaminen und Inhaltstoffen lebt, sondern von den darin enthaltenen Informationen, also von Energie, von *Lichtquanten*, auch *Biophotonen* genannt:

> *„Man kann es nicht oft genug betonen: Wir sind primär nicht Kalorienfresser, auch nicht Fleischfresser, Vegetarier oder Allesfresser, sondern Ordnungsräuber und Lichtsäuger. (...) So manch einer mag*

noch Zweifel daran hegen, dass wir uns tatsächlich von Licht ernähren. Bei Pflanzen ist das aber unbestreitbar so. Sie beziehen ihre Energie direkt von der Sonne. Die Photosynthese, wirksamster Sonnenkollektor und gleichzeitig das einzige Nahrungsmittel aller Pflanzen, verwandelt den Lichtstrom in biologisch verfügbare Energie (...), indem sie Kohlendioxid und Wasser durch das Sonnenlicht zu Glukose verschweißt. In Tieren und beim Menschen – die direkt oder indirekt von Pflanzen leben – werden die Zuckermoleküle wieder aufgeknackt in Kohlendioxid und Wasser. Das gesamte Kohlendioxid wird über die Lunge, das Wasser über die Haut oder mit dem Urin wieder ausgeschieden. Übrig bleibt in den Organismen die Sonnenenergie, die die Lebewesen auf bisher nicht vollständig verstandene Weise antreibt, versorgt und ordnet."[171]

Das Wichtigste sind also „Informationen" – in jeder Hinsicht. Wissen ist Macht. Bereits in den Prophezeiungen der Hopi hieß es: *„Es wird eine Zeit kommen, da werden die Menschen vor vollen Tellern sitzen und dennoch verhungern!"* Sie haben vorhergesehen, was wir erst in den letzten Jahren wieder so langsam zu begreifen scheinen, nämlich, dass es nicht um das Aussehen, die Hülle geht, sondern um den Inhalt. Eine unreif geerntete und später begaste, große, glänzende, gen-manipulierte Tomate, die in Steinwolle gezogen, mit Kunstdünger aufgepäppelt, und von Maschinen geerntet wurde, hat nun einmal nicht den gleichen Energiegehalt, die gleiche Schwingung, wie eine sonnengereifte, frische Tomate, die von einer Pflanze stammt, die in gesundem Boden wächst und mit Freude handgepflückt wird. Es geht nicht um das Aussehen, sondern um den Inhalt. Die Bio-Bewegung der letzten Jahre zeigt uns, dass immer mehr Menschen begreifen, dass sich auf dem Gebiet der Ernährung etwas ändern muss. Wir alle können uns daran erinnern, dass Gemüse früher besser schmeckte als heute. Wenn man es bei Oma im Garten pflückte, dann war das eine Freude für alle Sinne. Wenn wir es heute in Plastik verpackt im Supermarkt kaufen, dann ist das eine einzige Enttäuschung. Es geht nicht um die Form, das Aussehen, den Namen, es geht bei allem einzig und allein um die darin enthaltene Information, also um Energie. Wer diese Energie, das Prana steuern kann, hat Macht über sein eigenes Leben. All das ist kein Hirngespinst der New-Age-Bewegung, sondern seit jeher ein Bestandteil jener Geheimlehren, die wiederum vorwiegend einer kleinen Elite unter dem Namen „Esoterik“ bekannt waren. Dieser Begriff wurde absichtlich mit dem Aufkommen einer rasch wachsenden spirituellen Bewegung entstellt und in Misskredit gebracht. Ursprünglich stand der Begriff *Esoterik* für das Wissen darüber, wie der Mensch und das Universum funktionieren. Gerade heute – in einer Zeit, in der sich das Universum auf der energetischen Ebene massiv verändert – ist dieses Wissen wieder von größter Bedeutung für uns. Dieses alte Wissen wird seit Jahrhunderten von Kirchen und geheimen Bünden vor der Menschheit versteckt, um die Macht und den Einfluss dieser Organisationen zu bewahren, und um Menschen in Abhängigkeit zu halten. Doch diese Machtstellung gerät immer mehr ins Wanken.

Man lehrte uns lange und eindringlich, dass wir ohne Nahrung sterben müssen. Es gibt aber zahlreiche lebende Gegenbeispiele, Menschen die sich von nichts anderem als *Prana*, reiner kosmischer Energie, ernähren – und das teilweise seit vielen Jahren. So etwa *Ram Bahadur Bomjon* (Palden Dorje) auch bekannt als *Buddha Boy*. Der buddhistische Mönch aus Nepal meditierte ab dem Jahr 2005 – ab dem Alter von nur fünfzehn Jahren – immer wieder monatelang am Stück, ohne sich zu bewegen, ohne zu essen oder zu trinken. Dies zog tausende Touristen an, die ihn beobachteten. Dutzende Fernsehkameras filmten ihn für Wochen, ohne Unterbrechung. Tausende Menschen bestätigten dieses Phänomen, wenngleich natürlich die Wissenschaft es als Scharlatanerie und Taschenspielertricks abtat.[(172)]

Ein anderes Beispiel ist die Österreicherin *El An Rea*, die seit 1998 nicht gegessen hat. „*Das kann jeder behaupten*“, wird der eine oder andere vielleicht denken. Ich kann es aber persönlich bezeugen, weil ich sie lange und gut kenne, und ein mir sehr nahe stehender Mensch zwei Jahre lang mit ihr unter einem Dach wohnte. Dieses Phänomen ist nichts Ungewöhnliches, denn tibetische und indische Yogis kennen diesen Zustand, der auch als „Breatharianismus“ oder „Liquidarismus“ bezeichnet wird, seit tausenden von Jahren. In Tibet, Nepal und Indien sollen einige Meister leben, die mehrere hundert Jahre alt sind und sich immer wieder für lange Perioden von Monaten oder Jahren zur Meditation in versteckte Höhlen zurückziehen, wo sie weder essen noch trinken und ihre Körperfunktion auf ein Minimum herunterfahren.

Diese Phänomene werden von den meisten Wissenschaftlern nach wie vor bestenfalls belächelt, da das Eingeständnis dieser Vorgänge alles Bisherige in der Wissenschaft ad absurdum führen würde. Die Folgen für die Industrie wären ebenfalls gravierend: Was, wenn es in unser aller Bewusstsein einsickern würde, dass wir nicht mehr essen müssen? Das würde zahlreichen Konzernen gar nicht gefallen. Es muss Menschen geben, die hungern und verhungern, und wir müssen auch stets in den Medien daran erinnert werden. Nur so kann sich der allgemeine Konsens halten, dass wir ohne Nahrung verhungern würden, dass wir von der Nahrungsmittel-, der Getränke-, der Gesundheitslobby abhängig sind.

> *„Die Körperbatterie des Menschen wird nicht nur von grobstofflicher Nahrung (Brot) erhalten, sondern auch von der vibrierenden kosmischen Energie (dem Wort, OM), jener unsichtbaren Kraft, die durch das Tor des verlängerten Marks in den menschlichen Körper einströmt... Das verlängerte Mark – eines der wichtigsten Organe, weil es die kosmische Lebensenergie (OM) in den Körper einströmen läßt... wird im siebenten Zentrum, dem Gehirn, eingelagert, wo sie ein Reservoir unerschöpflicher Möglichkeiten bildet (in den Veden ‚tausendblättriger Lotos des Lichts' genannt). In der Bibel wird OM als Heiliger Geist bezeichnet; es ist die unsichtbare Lebenskraft, welche die ganze göttliche Schöpfung aufrechterhält. ‚Oder wisset ihr nicht, dass euer Leib ein Tempel des Heiligen Geistes ist, der in euch ist, welchen ihr habt von Gott...' (1. Korinther 6, 19)?“*[(173)]
>
> Paramahansa Yogananda (indischer Yoga-Meister, 1893-1952)

„Aber warum ernähren sich dann die Armen, die Hungernden dieser Welt nicht von Prana, von Licht, wenn es denn so leicht geht?“, wird dann von den Zweiflern immer wieder – oft abschätzig – gefragt. Nun, die Antwort ist einfach: weil es ein bewusster Prozess sein muss, ein Rei-

fungsprozess, der erst im Kopf einsetzen muss, ehe er sich im Körper manifestieren kann. Er muss erst als Überzeugung reifen, sich verfestigen, ehe er in jede Zelle unseres Körpers eindringen und unsere Gene verändern kann. Es muss die Schwingung des eigenen Körpers erhöht werden, um ihn in die Lage zu versetzen, ausreichend feinstoffliche Energie aus der Umgebung aufnehmen und verwerten zu können. Etwas, woran man Jahrzehnte lang geglaubt hat, in kürzester Zeit zu verändern, bedarf sehr großer Willenskraft! Aber es ist machbar.

Früher trauten sich die Menschen nicht, aufs offene Meer hinaus zu segeln, weil sie dachten, dass es am Horizont zu Ende wäre und man hinabfallen würde ins Nichts. Bis einer davon überzeugt war, dass das Unsinn ist und allen das Gegenteil bewies.

Für den „Lichtnahrungsprozess“ braucht es zum einen das Wissen um die Möglichkeit, zum anderen aber auch die Ruhe, die Zeit und den Raum, um einen solchen Prozess – unter geschulter Anleitung – erfolgreich durchzuführen. Es bedarf eines höheren Bewusstseinsgrades, sich über die vermeintlichen Gesetze der Naturwissenschaften hinwegzusetzen. Auf Nahrung zu verzichten, heißt aber auch, dass man sie prinzipiell haben kann – anderenfalls ist es keine bewusste Entscheidung, sondern ein Mangel. Jemand der hungert, ausgemergelt und verängstigt ist, kann keine weitreichende, tiefgreifende, alles verändernde Entscheidung fällen, weil sein Geist vom Gefühl der Angst vernebelt und sein Körper vom Gefühl der Armut und des Hungers geschwächt ist.

(Anmerkung: Dieser *Lichtnahrungsprozess* ist keine Diät und keine Fastenkur! Es ist ein sehr radikales Konzept, das einen klaren Kopf und ein sehr hohes Bewusstsein erfordert. Falsch oder schlecht vorbereitet kann ein Verzicht auf stoffliche Nahrung dem Körper durchaus ernsthaften Schaden zufügen. Ich selbst habe diesen Prozess nie durchlaufen, aber ich kenne persönlich mehrere Menschen in meinem Freundes- und Familienkreis, die dies taten und teils – nach vielen Jahren – immer noch tun. Ich bin daher davon überzeugt, dass es möglich ist! Wer sich eingehender damit befassen möchte, dem sei der Film „Am Anfang war das Licht“ von Peter-Arthur Straubinger empfohlen.)

„Nun sagte aber schon Albert Einstein: ‚Die Probleme dieser Welt kann man nicht mit denselben Mustern lösen, mit denen man sie erzeugt hat!' Deshalb machen wir jetzt etwas, das wir schon seit Jahrhunderten gemacht haben, aber wir kommen jetzt damit an ein Ende. Wir haben nur gelernt, Ressourcen zu finden und auszunützen, aber jetzt gilt es, Potentiale zu entfalten, dafür muss man begeistern und ermutigen."[(174)]

Prof. Gerald Hüther

Es ist unser Atem, der steuert, wie viel Lebensenergie wir zu uns nehmen. Hirnforscher bestätigen, was viele spirituelle Meister seit Jahrtausenden wissen, dass nämlich Meditation die Denkfähigkeit stärkt und in der Lage ist, Schmerzen zu lindern und Krankheiten zu heilen. Wer regelmäßig meditiert, kann sich besser konzentrieren, kann seine Emotionen besser kontrollieren, empfindet weniger Stress, stärkt sein Immunsystem – und kann seinen Atem kontrollieren. 2009 verglich eine Studie an der Universität von Kalifornien (UCLA), Los Angeles, Menschen, die seit langem meditierten (vorwiegend *Zazen*, *Samatha* und *Vipassana*)[(174b)] mit gleich vielen Menschen, die nicht meditierten und maß deren Hirnstrukturen mittels Magnetresonanztomografie, was all diese Effekte bestätigte.[(175)]

Andere Studien haben bewiesen, dass Achtsamkeitsmeditationen einen größeren Einfluss auf das Gehirn haben als reine Entspannungstechniken. *Judson A. Brewer* von der Yale Universität bestätigt, dass sich das regelmäßige Meditieren positiv auf die Gesundheit auswirkt: *„Es hilft gegen Schmerzen, Depressionen und Angststörungen, unterstützt Raucher und andere Süchtige beim Entzug und kann sogar Krankheiten wie der Gürtelrose vorbeugen*", sagt der Forscher.[(176)]

Was in der Meditation geschieht ist, dass ich mich selbst erkenne, weil ich nur auf mich, meinen Körper, mein Atmen konzentriert bin. Ich bin völlig im Hier und Jetzt, verschwende keinen Gedanken mehr an gestern oder an morgen – im Idealfall habe ich überhaupt keine Gedanken mehr. Ich bin einfach präsent. Ich bin Zeuge meines Selbst.

Wenn ich aufhöre zu denken, wenn ich völlig klar und ruhig bin, dann gibt es kein Gefühl von Angst oder Minderwertigkeit, keine Reue oder Einsamkeit. Alles ist, was es ist. Im Zustand völliger Konzentration und gleichzeitiger Entspannung gibt es keine Probleme. Alles fließt und alles ist, wie es ist, ohne Wertung.

Meditation ist ein Werkzeug, um zumindest zeitweilig inneren Frieden zu erleben. Es ist dieser Moment, in dem das Denken aufhört, den alle Menschen suchen und nach dem manche sogar süchtig werden. Die einen erleben diesen Moment der Präsenz, der völligen Klarheit, in der Meditation, die anderen indem sie mit dem Auto oder dem Motorrad mit 300 km/h über die Autobahn rasen. Andere wiederum springen an ein Gummiseil gebunden von Brücken oder mit Fallschirmen aus Flugzeugen, wieder andere finden diesen Moment, in dem das Denken aussetzt, diesen Moment der Befreiung, indem sie Drogen oder große Mengen von Alkohol konsumieren.

Viele Menschen fühlen sich unentwegt matt und müde, ausgelaugt und überfordert. Durch die richtige Atemtechnik würde sich ihr Zustand schlagartig verbessern, aber sie argumentieren meist damit, dass sie keine Zeit zum Meditieren haben. Aber sie werden doch wohl noch genug Zeit zum Atmen haben, oder?

Eine ganze simple Übung für Unerfahrene, um die Auswirkung des Atems auf den Geist zu spüren, ist folgende:

Sitze aufrecht (egal ob im Lotus- oder Schneidersitz oder auf einem Hocker), schließe deine Augen, ziehe deine Aufmerksamkeit aus dem Außen zu dir heran, nimm den Raum wahr, in dem du dich befindest, dann deinen Körper. Spüre, wie der Atem fließt. Verändere ihn nicht, bewerte ihn nicht, nimm ihn einfach nur wahr. Wie tief oder wie flach ist er? Was macht das Zwerchfell?

Dann gehe dazu über, dass du bewusst atmest. Teile deine Atemzüge in vier Teile ein. Atme drei Sekunden (zähle 21, 22, 23...) lang ein, so dass sich dein Brustkorb und dein Bauch nach außen wölben und der Körper mit Luft angefüllt wird. Halte diese Luft für 3 Sekunden (zähle 21, 22, 23...), atme drei Sekunden lang gleichmäßig aus, bis alle Luft entwichen ist und dein Bauch und dein Brustkorb sich wieder zusammen ziehen. Halte diesen Zustand für drei Sekunden, ehe du wieder von Neuem einatmest...

Bereits ein oder zwei Minuten dieser Übung zeigen deutlichen Erfolg. Man kann die Intervalle auch langsam steigern, auf je vier oder fünf Sekunden. Man kann diese Übung immer und überall machen, auch in der U-Bahn oder im Auto, wenn man an der roten Ampel wartet. Bereits wenige Atemzüge genügen, um den Geist und den Körper zu entspannen und um sich zu sammeln.

Wie heißt es so schön: *In der Ruhe liegt die Kraft!*

KARMA

„Vergnügen und Schmerz entstehen aus deinen eigenen früheren Taten (Karma). Deshalb ist es einfach, Karma in einem einzigen kurzen Satz zu erklären: Wenn du gut handelst, wird alles gut sein, und wenn du schlecht handelst, wird alles schlecht sein.“[(177)]

Dalai Lama

Das Wort *Karma* stammt aus dem Sanskrit und bedeutet so viel wie „Wirkung“ oder „Tat“. Es ist eng mit dem Begriff *Samsara* (Wiedergeburt) verknüpft, also damit, dass wir die Auswirkungen unserer Taten immer zu spüren bekommen.

Die Vorstellung, dass Menschen die einzigen höheren Lebewesen im gesamten, unendlichen Universum sind, ist absurd und lächerlich. Ebenso die Vorstellung, dass nach unserem physischen Tod alles, was wir je getan haben, ausgelöscht wird. Tatsächlich leben zahlreiche höhere, nicht-terrestrische Wesen unter uns, einige sichtbar und in menschlicher Gestalt, andere in nicht-physischer Form. Ignoranz und Angst führen jedoch dazu, dass viele von uns diese Wesen nicht wahrnehmen können oder wollen. Der Grund für dieses Verschließen des Geistes vor der Realität ist die Anhaftung an materielle Güter und das daraus resultierende Karma, das wir über Jahrtausende hinweg, sowohl als Individuen als auch als Kollektiv, aufgebaut haben.

Nun ist *Karma* ein umstrittener Begriff, der vor allem in östlichen Philosophien fest verankert ist, aber er hat sich in den letzten Jahrzehnten auch in der westlichen Welt immer mehr etabliert. So glauben etwa 2/3 aller Deutschen an ein Leben nach dem Tod, an Auferstehung oder Wiedergeburt, also an Reinkarnation, wie eine Studie der Bertelsmann-Stiftung belegt. Dabei glauben junge Menschen mehr daran als alte, und die Menschen im Westen deutlich mehr als die Menschen im Osten.[(178)]

Im Grunde bedeutet Karma nichts anderes als die Tatsache, dass jede Aktion auch eine Gegenreaktion auslöst, dass man also erntet, was man sät. Wir müssen die Suppe, die wir uns selbst eingebrockt haben, auch selbst wieder auslöffeln. Diese Redewendung ist den meisten von uns geläufig, dennoch handeln viele von uns so, als würde es dieses physikalische Gesetz von Ursache und Wirkung nicht geben. Um es nochmals klar zu sagen: Alles, was wir tun, hat große Auswirkung auf das große Ganze, auf den gesamten Kosmos und auf alle, die in ihm leben – und das sind viel, viel mehr Zivilisationen, als dem einfachen menschlichen Geist gegenwärtig bewusst ist.

Das Universum funktioniert nach Gesetzmäßigkeiten und deshalb auch alles in ihm. Das Gesetz der Resonanz ist für jeden täglich sichtbar und erlebbar. Alles, was wir tun, wird in unserer Seele individuell abgespeichert, aber auch gleichzeitig als Information im großen Feld des kollektiven Bewusstseins. Somit müssen wir letztlich nicht nur unsere eigene Suppe auslöffeln, sondern in einem bestimmten Maße auch die Suppe aller.

Niemand entkommt dieser „ausgleichenden Gerechtigkeit“, aber wir alle können unser individuelles „Schicksal“ dadurch bestimmen, dass wir unserer Seele Informationen hinzufügen, die den Einfluss des kollektiven Karmas auf uns selbst verringern. Einfacher gesagt: Es schwirren „da draußen“ „positive“ und „negative“ Energiefelder umher. Wenn wir „Negatives“ tun, dann schließen wir uns dem „negativen“ Feld an – und müssen damit leben. Dieses Feld verstärkt das „Negative“ in uns, was wieder in unserer Seele gespeichert wird. Wir verstärken wiederum das „negative“ Feld. Wenn wir also das nächste Mal inkarnieren, dann kommen wir mit negativen Erfahrungen zur Welt, und sie werden diese neue Inkarnation prägen und beeinflussen. Wenn wir „Positives“ tun, dann werden diese entsprechenden Informationen in unserer Seele gespeichert, wir schließen uns dem „positiven“ Feld an, und unsere nächste Inkarnation wird somit einen „günstigeren“ Ausgangspunkt haben. Wir werden durch das Gesetz der Resonanz „Positives“ anziehen. Das ist einer der Gründe, warum manchen Menschen alles in den Schoß fällt, während andere es so schwer haben. Je mehr Menschen also Positives tun, desto mehr tragen sie zum Neutralisieren des großen „negativen“ Feldes bei.

Damit sind wir wieder beim Anfang des Buches. Je mehr wir dafür sorgen, dass sich die Lebensbedingungen für alle Bewohner dieses Planeten verbessern, desto geringer wird das kollektive „negative“ Karma, desto leichter wird es demnach für jeden einzelnen Menschen, sein persönliches Karma abzutragen, weil es nicht mehr so viel Resonanz erfährt.

Selbst denjenigen, denen die Vorstellung von *Wiedergeburt* widerstrebt, müsste mittlerweile klar sein, dass sie dennoch durch alles, was sie tun, den Fortbestand der Welt, in der wir leben, beeinflussen. Wer jedoch das Buch bis hierhin gelesen hat, der wird vielleicht – selbst wenn er vorher die Vorstellung des ewigen Lebens abgelehnt hat – mittlerweile zumindest in Betracht ziehen, dass dieses gegenwärtige irdische Leben nicht sein einziges ist.

Kann man Karma auflösen?

Karma ist kein endloser Kreislauf von Trübsal und Leid, sondern die logische Konsequenz unseres irdischen Denkens und Handelns. „Negatives“ Karma aufzulösen ist leichter als die meisten denken, da die Zeitqualität, in der wir momentan leben, alles beschleunigt und verstärkt – in jede Richtung. Es gibt viele Möglichkeiten, sich von „negativem“ Karma zu befreien. Manche mögen im ersten Moment schmerzhaft sein (Erstverschlimmerung), weil sie darauf beruhen, sich seinen Taten und Handlungen aus diesem und aus früheren Leben zu stellen, um sie danach bewusst aufzulösen und loszulassen. Andere sind weniger schmerzhaft, weil sie darauf beruhen, einfach zu vergeben – sowohl sich selbst als auch anderen. Das Wichtigste ist dabei, sich selbst zu verzeihen und nicht in Gedanken von Schuld zu verharren. Sich schuldig zu fühlen, erschafft neues Karma. Sich selbst aus tiefstem Herzen zu vergeben fällt vielen Menschen aber überraschend schwer, weil sie so an ihr persönliches Drama gewöhnt sind, dass sie sich darüber definieren, und (meist unbewusst) Angst haben, es loszulassen. Wer aber den Schritt schafft, sich und anderen wirklich zu vergeben, der verspürt unglaubliche Erleichterung und Befreiung.

Der einfachste Weg, kein neues Karma mehr zu erschaffen ist, sich selbst nicht mehr mit irdischen Dingen zu identifizieren, seien es materielle Güter oder auch Taten und Zustände. Keine Anhaftungen zu haben, das, was ist, nicht zu bewerten, wird in der Bhagavad Gita (eine der ältesten und kraftvollsten spirituellen Lehren) *Karma Yoga* genannt, „der Pfad der geweihten Handlung“.

Alles, was wir jemals getan haben, taten wir zu jenem Zeitpunkt, weil wir es nicht anders konnten. Gut oder schlecht – es ist, was es ist. Das muss nicht heißen, dass wir nicht wussten, dass es nicht „richtig“ oder ideal war, aber wir können immer nur das tun, wozu wir in einem gewissen Moment (mit dem jeweiligen Stand unseres Bewusstseins) in der Lage sind. Wenn es später betrachtet nicht „gut“ genug war, dann haben wir zwei Möglichkeiten: Entweder wir sagen der anderen Person, die es betraf, dass es uns leid tut (Entschuldigung) oder (und) wir machen es beim nächsten Mal, in ähnlicher Situation einfach besser. Zu begreifen, dass jeder immer nur das tut, wozu er gerade im Stande ist, bedeutet, alles so anzunehmen, wie es ist – und somit kein weiteres Karma mehr aufzubauen. Das ist höheres Bewusstsein. Vergeben ist eine starke Waffe gegen den Schmerz. Sich selbst und anderen zu verzeihen und gleichzeitig alles in jedem neuen Moment besser zu machen als in vergangenen Situationen, ist der schnellste Weg raus aus „negativem" Karma.

Wenn wir uns bei anderen nicht in persona entschuldigen können – etwa, weil sie nicht mehr unter uns weilen –, dann können wir es immer noch mental, also im Geiste tun. Das Ergebnis ist dasselbe, da es sich um denselben Gedanken, um dieselbe Energie handelt. Selbst wenn ein anderer eine Entschuldigung nicht annehmen kann, weil er nicht das nötige Bewusstsein dazu hat, so habe ich mich durch meine Entschuldigung (wenn sie aus tiefstem Herzen ehrlich war) dennoch entschuldet. Schuld bedeutet im kosmischen Sinne nicht, etwas getan zu haben, sondern es nicht einzusehen, es zu leugnen, zu verdrängen. Im juristischen Sinne mag das ein wenig anders gelagert sein, aber das spielt für das große Ganze eine untergeordnete Rolle.

Karma ist das kosmische Prinzip, das uns zwingt, bewusst zu sein, bewusst zu denken und zu handeln. Es zwingt uns in die Bewusstheit, ob wir wollen oder nicht. Einfacher ist es, wenn wir uns für die Bewusstheit entscheiden. Daraus folgen verantwortungsbewusstes Denken und Handeln von allein.

> *„Ich habe drei Schätze, die ich hüte und hege. Der eine ist die Liebe, der zweite ist die Genügsamkeit, der dritte ist die Demut. Nur der Liebende ist mutig, nur der Genügsame ist großzügig, nur der Demütige ist fähig zu herrschen."*
>
> Lao-tse (chinesischer Philosoph, 6. Jahrh. v.Chr.)

Stellen Sie sich vor, dass jeder Ihrer Gedanken sich sofort und vor Ihren Augen materialisiert! Sie müssen nur an etwas denken, und schon ist es auf der physischen Ebene Wirklichkeit! Nun stellen Sie sich vor, dass alle Menschen gleichzeitig diese Fähigkeit hätten und sie auch nutzten. Wenn Sie jemandem Schmerz wünschten, würde er sich vor Ihren Augen vor Schmerz am Boden winden, wenn Sie ihm Freude wünschten, würde er im selben Moment jubilieren und Sie voller Begeisterung umarmen. Und nun stellen Sie sich vor, dass Sie dasselbe mit sich selbst täten. Wenn Sie schmerzvolle Gedanken hätten, dann würden Sie auf der Stelle zusammenzucken und nicht erst Tage, Wochen oder Monate später zum Arzt laufen müssen, nein, Sie spürten das Resultat sofort! Schöne Gedanken würden Sie auf der Stelle in Verzückung versetzen. Würde diese Gabe etwas an Ihrem Verhalten ändern? Tatsächlich hat jeder von uns diese Gabe, denn alles, was wir geistig erschaffen, erschaffen wir auch materiell. Solange wir jedoch der Illusion linearer Zeit unterliegen, hindern wir uns selbst daran, diese Kreationen direkt wahrzunehmen. Wir machen uns also nur etwas vor. Wir alle können die Illusion linearer Zeit transzendieren. Wir müssen es nur zulassen. Jetzt!

TEIL 3 – WAS WIR TUN KÖNNEN

Die eigene geistige und spirituelle Entwicklung voranzutreiben, ist wichtig, gleichzeitig gibt es auch viel, was wir praktisch tun können und sollten, um diese Welt positiv zu verändern. Darüber gibt dieser dritte Teil des Buches einen Überblick. Ich schneide hier viele unterschiedliche Themen an, die ich nicht bis ins Detail ausloten kann. Vielmehr möchte ich Ihre Fantasie anregen, Lust für bestimmte Themen wecken, einige neue Informationen liefern und Sie anspornen, selbst weiter zu recherchieren und in die Tiefe zu gehen.

Manche Menschen haben das Gefühl, dass sie selbst zu klein sind, zu unbedeutend, um etwas verändern zu können. Sie halten ihren eigenen Einfluss für zu gering – aber das ist definitiv falsch! **Jeder von uns kann Entscheidendes bewirken!**

Dabei ist es wichtig, sich vor Augen zu halten, dass niemand alles alleine schaffen kann. Aber das ist auch nicht nötig. Zum einen sind wir stärker und schlagkräftiger, wenn wir uns in Gruppen zusammentun, zum anderen reicht es, wenn jeder sich mit dem beschäftigt, was ihm am meisten liegt, wovon er am meisten versteht. Wir teilen die Verantwortung und die Kompetenzen in Gruppen auf. Teamwork ist gefragt!

Wenn wir uns den Berg dessen, was noch alles zu tun ist, ansehen, dann können wir darüber leicht verzweifeln. Es scheint noch sooooo viel zu sein! Deshalb ist es immer ratsam, sich nur einen oder einige wenige Aspekte des Aufgaben-Berges herauszunehmen und zu bearbeiten. Ein Marathonlauf oder eine Bergbesteigung wird nicht in den Beinen, sondern im Kopf entschieden. Wenn ich den ganzen Berg oder die gesamten 42 Kilometer vor mir sehe, dann bin ich davon von vornherein erschlagen. Wenn ich mich stattdessen aber immer nur auf die nächste Etappe, den nächsten Kilometer, die nächsten 100 Meter oder den Weg bis zur nächsten Biegung konzentriere, dann ist das Ziel erreichbar. Wenn ich es erreicht habe, dann kommt der nächste Abschnitt. **Machen Sie kleine Schritte, stecken Sie sich kleine Ziele!** Das erhöht die Chance auf Erfolgserlebnisse, die wiederum Mut geben weiterzumachen. Viele kleine Erfolgserlebnisse sind motivierender, als ewig auf den ganz großen Wurf zu warten.

Jede einzelne kleine „gute Tat" erhöht die eigene Schwingung und die unseres Planeten. Wahrheit ist das, was wir dafür halten. Sie wird durch unsere Gedanken und Überzeugungen erschaffen. Visionen sind eine Erweiterung unserer Wahrheit (oder Realität). Visionär zu sein bedeutet, den eigenen Gedanken keine Grenzen zu setzen, das eigene Ideal, die eigenen Träume, Wünsche, Vorstellungen von etwas nicht nur für möglich zu halten, sondern mit aller Kraft, mit aller Begeisterung und Überzeugung zur Wirklichkeit zu machen.

Visionen entstehen, wenn wir uns erlauben, unsere Alltagsrealität gedanklich zu verlassen, wenn wir über das Bestehende hinauswachsen und jegliches Wenn und Aber hinter uns lassen. Visionen sind der erste und wichtigste Schritt hin zur Veränderung. Da es keine Zukunft gibt, kann Veränderung auch nicht in der Zukunft stattfinden. Veränderung findet jetzt statt, ausgelöst durch mutige, uneingeschränkte Gedanken. Visionäre sind bewusste Menschen, die sich nicht von anderen in deren begrenztes gedankliches Korsett zwängen lassen. **Visionäre verändern die Welt! Jetzt! Seien Sie einer von ihnen!**

Alles, wirklich alles, ist möglich, wenn wir es wollen! Jeder einzelne Zweifel aber trägt dazu bei, dass alles so bleibt, wie es ist. Jedes *„Ja, aber..."* ist Begrenzung und Unfreiheit. Die Welt wird dadurch zu einem lichtvolleren Ort, dass wir uns lichtvolle Gedanken erlauben und unseren Fokus darauf halten. Freiheit bedeutet, dass ich mir von anderen nichts vorschreiben lasse – weder bewusst noch unbewusst. Freiheit bedeutet auch gleichzeitig, dass ich anderen nichts vorschreibe, oder um es mit Rosa Luxemburg zu sagen: *„Freiheit ist immer die Freiheit der anderen!"*

> *„Der Buddha sagte: ‚Wenn ein weiser Mensch leidet, so fragt er sich: ‚Was habe ich bisher getan, um mich von meinem Leiden zu befreien? Was kann ich noch tun, um es zu überwinden?' Wenn aber ein törichter Mensch leidet, so fragt er: ‚Wer hat mir das angetan?'"*
>
> Thich Nhat Hanh, „Das Herz von Buddhas Lehre"

Wir waren als Erwachsene in der Vergangenheit so sehr mit dem Überleben oder mit dem Verteidigen unserer vermeintlichen materiellen Errungenschaften beschäftigt, dass wir unsere eigene Weiterentwicklung völlig vergessen haben – und somit auch die der nachkommenden Generationen. Die meisten Eltern wollten ihre Kinder möglichst gut auf die harte Realität des Alltags vorbereiten – eine Realität, die wir selbst durch unser Denken und Handeln erschaffen haben. In dem Moment, wo wir einen Alltag erschaffen, der von Freude, Begeisterung und Offenheit geprägt ist, wird sich Schule von selbst verändern, weil sie Kinder automatisch an diese neuen Werte anpasst und sie darauf vorbereitet. Dann ist der Punkt erreicht, an dem wir als Kollektiv wachsen und unser Bewusstsein automatisch auf die nächste Ebene gehoben wird. Eine solche Veränderung muss also im Kleinen, von möglichst vielen einzelnen Individuen geschaffen werden. Jeder einzelne Gedanke, jede einzelne Tat, ist dafür wichtig und entscheidend.

Wenn ich immer wieder erwähne, was aus meiner Sicht falsch läuft, dann tue ich das nicht, weil ich mich darin verstrickt habe, sondern weil wir Finsternis nur mit Licht erhellen können. Wir müssen nach vorne sehen und uns auf das Positive konzentrieren, aber wenn Dinge schieflaufen, dann dürfen wir auch nicht wegsehen oder sie ignorieren, denn sie ändern sich nur dadurch, dass wir sie offenlegen und als das entlarven, was sie sind. All die Skandale der letzten Jahre haben dazu beigetragen, dass das herrschende Unrecht ans Tageslicht kommt und sich die Zustände verbessern.

> *„Der einzige Unterschied zwischen der Vergangenheit und jetzt ist, dass mittlerweile die Mehrheit der Menschen weiß, was wirklich vor sich geht. Zum Beispiel, dass Frauen in Indien vergewaltigt werden. Das wurden sie schon immer! Der Zustand unserer göttlichen Welt ist oft deprimierend, erschütternd und wirkt oft hoffnungslos, aber er ändert sich! Wenn genügend Menschen der beinharten Realität ins Gesicht schauen, dann ändert sie sich. Und so ist es!“*[(179)]
>
> Barbara Hand Clow (spirituelle Autorin)

Wir müssen der Realität ins Auge sehen. Nicht nur das, was wir tun sondern auch das, was wir *nicht* tun, hat Konsequenzen. Wegzusehen, wenn Unrecht geschieht, ist gleichwertig damit, Unrecht zu tun. Wir müssen uns unserer Verantwortung für uns selbst, unsere Mitmenschen, diesen Planeten und das gesamte Universum bewusst werden. Das mag nach einer sehr, sehr großen Aufgabe klingen, aber wir alle wachsen mit den Aufgaben!

Die Alternative wäre, so lange weiter im Status quo zu verharren, bis wir es alle miteinander nicht mehr aushalten. Doch dieser Weg führt erneut zu weiterem Schmerz, zu weiterem Leid, und er würde wieder zu neuen Konflikten und Kriegen führen, die wieder neues „negatives" Karma erschaffen und ein Leben in Frieden und Freiheit auf die lange Bank schieben. Es gilt, die Täter-Opfer-Kette endlich zu sprengen, und ein solches Leben ist möglich! Jetzt!

Ich persönlich bevorzuge eindeutig den ersten Weg, und ich weiß, dass ich nicht der Einzige bin, was mir Mut und Zuversicht schenkt. Veränderung findet so oder so statt, weil sie unabwendbar ist. Es ist an uns zu entscheiden, wie langsam oder wie rasant sie vonstatten geht. Entweder wir überlassen es weiterhin einigen wenigen, die das Prinzip verstanden haben und es ausschließlich zu ihrem eigenen Vorteil nutzen, oder wir verbreiten das Wissen und handeln danach, um die Veränderung zum „Positiven" bewusst voranzutreiben.

> *„Das Universum folgt keinem festen Plan. Sobald Sie eine Entscheidung treffen, arbeitet es damit. Es gibt kein Richtig und kein Falsch, nur eine Vielzahl von Möglichkeiten, die sich mit jedem Gedanken, jedem Gefühl und jeder Tat verändern."*
>
> Deepak Chopra, „Das Buch der Geheimnisse"

BEWUSSTER WANDEL

Wenn wir uns heute einen Film aus den 1980er-Jahren ansehen, dann fällt uns – abgesehen von lustiger Kleidung und bizarren Frisuren – vor allem eines auf: Die Menschen hatten damals unendlich viel Zeit! Alles war deutlich ruhiger, langsamer und entspannter. In nur dreißig Jahren hat sich alles um uns herum gewaltig beschleunigt. Genau diese Beschleunigung macht vielen von uns zu schaffen, denn sie fordert uns heraus. Deshalb spaltet sich die Menschheit zusehends in zwei große Lager. Die einen drohen von den gewaltigen Veränderungen überrollt zu werden. Sie sind völlig überfordert und reagieren darauf sehr gereizt und verstört. Die zweite Gruppe scheint zwar momentan zahlenmäßig noch deutlich kleiner zu sein, aber sie wächst stetig. Dies ist die Gruppe, die die Herausforderung einer neuen Zeit, einer neuen Schwingung, eines neuen Bewusstseins angenommen hat und sich den Gegebenheiten anpasst. Es handelt sich dabei um jene Menschen, die bereits daran sind, an sich zu arbeiten, sich weiterzuentwickeln. Das erfordert oft sehr viel Disziplin und auch einigen Mut, denn man muss sich quasi immer wieder neu erfinden. Man muss dafür offen sein, was einen manchmal angreifbar und verletzlich macht. Aber wer sich einmal auf diesen Weg begeben hat, wer einmal hinter jenen Schleier der Illusionen geschaut hat, der uns so lange den Blick auf die Wirklichkeit verstellte, der kann ohnehin nicht mehr zurück. Wer einmal erkannt hat, dass er selbst der Schöpfer der eigenen Realität ist, der kann nicht mehr in das alte Fahrwasser des Opfertums zurück. Viele Menschen fühlen sich, als wären sie aus einem langen, intensiven Traum erwacht und als würden sie die Welt mit neuen Augen sehen. Oft fühlen sie sich noch einsam und isoliert. Aber das sind sie nicht. Es gibt viel mehr Gleichgesinnte als man glauben würde. Nach dem Gesetz der Resonanz finden sie einander und schließen sich zusammen. Alles ist in stetiger Bewegung und Veränderung. Gemeinsam sind wir dabei, eine neue Welt zu erschaffen!

> *„2012 war Halbzeit. So kann ich es nennen, weil unser ‚Platonisches Weltenjahr' mit seinen 25.920 Erdenjahren und seiner elliptischen Umlaufbahn genau am 21.12.2012 um 12:12 Uhr seinen entferntesten Umlaufpunkt erreicht hatte. Wir spielen also bereits in der zweiten Halbzeit des Platonischen Weltenjahrs – die gleichen Spieler, doch der Ball geht jetzt in die Gegenrichtung. Gemäß des Hinduis-*

mus' wirkt jetzt das ,Einatmen Brahmas', und bei uns Christen erwartet uns der ,Vater' mit offenen Armen (im Gleichnis vom verlorenen Sohn)."[180]

Johannes Holey (Neujahrsgruß 2012 „Prosit Neue Zeit")

Das *Platonische (Welten)Jahr* nennt man den Orbit des gesamten Sonnensystems. Darin eingebettet ist die Präzession, die „Kreiselbewegung" der Erde. Wenn man einen Spielzeugkreisel dreht, sieht man, dass sich der Kreisel nicht nur um die eigene Achse dreht, sondern dass zusätzlich die Achse selbst in einer relativ langsamen Bewegung einen Kreis beschreibt. Ebenso rotiert die Erdachse um sich selbst und bewegt sich zusätzlich in einem Kreis. Die Erde dreht sich, und mit ihr die Tierkreiszeichen. Diese Sternbilder sind aber Fixsterne, somit verschiebt sich der gesamte Tierkreis alle 2.160 Jahre um ein Sternbild. In der westlichen Astrologie sprechen wir von der „Wanderung des Frühlingspunktes durch die Ekliptik". Solche Übergänge sind stets fließend, doch Ende 2012 soll das Fische-Zeitalter langsam ausgeklungen sein. Wir sind nun also endgültig im Wassermann-Zeitalter mit seiner deutlich höheren Schwingung angekommen.

Seit der industriellen Revolution versuchte die Menschheit, sich gegen die Natur, gegen den Kosmos, gegen die Gesetze des Universums zu stellen. Wissenschafts- und Technikhörigkeit haben mit dem 21.12. 2012 ihren Höhepunkt erreicht. Nun bewegen wir uns astrologisch und astronomisch wieder in die Gegenrichtung, was eine Hinwendung zum Intuitiven, Emotionalen bedeutet. Immer deutlicher erkennen wir, dass wir so, wie bislang, nicht mehr weitermachen können. Also besinnen wir uns eines Besseren. Es ist ohne Zweifel eine neue Zeit angebrochen, eine Zeit, die von Harmonie und Respekt für alles Leben geprägt sein wird. Wer dazu bereit ist, wird Erleichterung verspüren, weil die Schwingungserhöhung, die mit der Wintersonnenwende 2012 einherging (und weiter sukzessiv stattfindet), für jene, die offen sind, unterstützend wirkt. Wer sich gegen diese Zeitqualität stemmt, wird hingegen sehr viel Reibung erleben. Niemand wird jedoch diese neue Energie aufhalten können, genauso wie wir weder Stürme noch den Lauf der Gestirne aufhalten können.

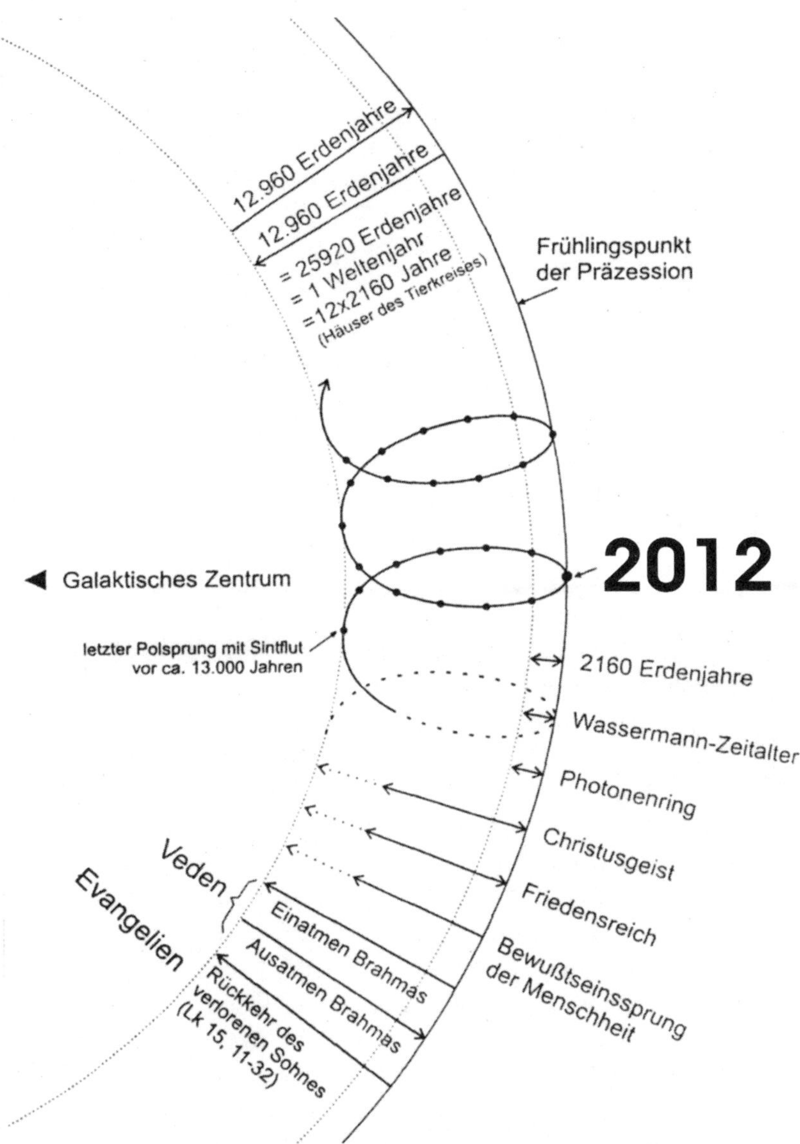

Das Vorrücken von Tagundnachtgleichen in 25.920 Erdenjahren, dem platonischen Weltenjahr

Abb.4:
Unser Sonnensystem bewegt sich in einer ellyptischen Bewegung immer wieder zum Galaxiszentrum (Urzentralsonne) – rechts angedeutet – hin und entfernt sich auch wieder davon.

„Aufgrund der Sonnenwende und galaktischen Ausrichtung, die am 21. Dezember 2012 stattfand, erlebt ihr zurzeit einen erhöhten Zustrom katalytischer evolutionärer Energien. Dieser Zustand kann sich wegen der zunehmenden Polarisierung der Menschheit sowohl inspirierend und erhebend als auch spaltend und zersetzend auswirken... Als Resultat des erhöhten Zustroms von spirituellem Licht (erhöhter Schwingung, A.d.V.) *in euer Sonnensystem sind eure höherdimensionalen Aspekte nun in vielerlei Hinsicht deutlich zugänglicher für euch. In Wahrheit waren euch diese Dimensionen immer schon zugänglich, denn sie sind Teil eurer Natur. Aber nun, nach der galaktischen Ausrichtung, heben sich für euch einige Schleier.“*

Eine Botschaft der Hathoren[(181)]

Diese neue Zeitqualität, die mit einem Anstieg der Energie einhergeht, wird auch von Astrophysikern bestätigt. So befinden wir uns derzeit mitten im 24. Sonnenzyklus und steuern 2013 auf sein Aktivitätsmaximum zu. Forscher der japanischen Raumfahrtbehörde *JAXA* sprechen von einer „asymetrischen Polumkehr“, was bedeutet, dass sich nicht wie gewohnt eine Dipol-Struktur (Nord- und Südpol) entwickelt, sondern eine *Quadrupol-Struktur,* die zwei zusätzliche Magnetpole entstehen lässt.[(182)]

Bereits in 2008 entdeckten die fünf NASA Raumstationen *THEMIS* einen Bruch im Erdmagnetfeld, der 10-fach größer ist als alles, was vorher je für möglich gehalten wurde. Sonnenwinde strömen durch die Öffnung ein und laden die Magnetosphäre auf. Es entstehen sogenannte „geomagnetische Stürme“.[(183)]

Der russische Geophyisker *Dr. Alexey N. Dimitriev* verfasste 1997 einen wissenschaftlichen Bericht mit dem Titel „Planetophysical State of the earth and life“, worin er erklärt, dass die im Klima und in der Biosphäre ablesbaren Prozesse hier auf Erden eine Folge der Resonanz auf einen generellen Transformationsprozess in unserem Sonnensystem sind. Wir müssen, seiner Meinung nach, *„endlich unsere Aufmerksamkeit und unser Denken darauf ausrichten zu begreifen, dass die klimatischen Veränderungen auf Erden nur ein Teil, nur ein Aspekt einer ganzen Kette* *von Ereignissen sind, die in unserer Heliosphäre stattfinden*". Somit ist es also an der Zeit, dass wir endlich ein für alle Mal die Mär, dass CO_2 für eine angebliche „Erderwärmung" verantwortlich sei, aus der Welt schaffen. Denn nicht nur auf Erden, sondern selbst auf dem Mars schmelzen die Polkappen.[(184)]

> *„Die gegenwärtigen physikalischen Veränderungen auf unserem Planeten sind irreversibel. Es gibt deutliche Hinweise darauf, dass diese Veränderungen auf hoch aufgeladenes Material und energetische Inhomogenität des anisotropen interstellaren Raumes zurückzuführen sind, die in den interplanetaren Bereich unseres Sonnensystems eingedrungen sind. Dieser Energie-Anstieg führt zu Hybrid-Prozessen und nervösen Energie-Zuständen auf allen Planeten, einschließlich der Sonne. Die Effekte hier auf Erden verdeutlichen sich vor allem in der Beschleunigung magnetischer Polsprünge, in der vertikalen und horizontalen Ausdehnung der Ozonschicht und in einer deutlichen Zunahme von Wetterextremen. Es scheint sehr wahrscheinlich, dass wir uns in eine Phase rascher Temperatur-Instabilitäten hineinbewegen, ähnlich derjenigen, die vor 10.000 Jahren bereits stattfand. Die Anpassungsbemühungen der Biosphäre und der Menschheit auf diese neuen Verhältnisse führen zu einer Anpassung der Artenvielfalt und des Lebens auf Erden. Nur durch ein umfassendes Verständnis für diese fundamentalen Veränderungen, die in der uns umgebenden Natur stattfinden, werden Politiker wie Bürger in der Lage sein, den Prozessen und Zuständen des physikalischen Wandels auf Erden standzuhalten.*"[(185)]
>
> Dr. Alexey N. Dimitriev (Geophysiker)

Diese Theorie bestätigt auch *Dr. Paul LaViolette*, Präsident und Chefforscher der *Stardust Foundation*, einem interdisziplinären wissenschaftlichen Forschungsinstitut. Er hat als Erster nachgewiesen, dass gegenwärtig kosmische Strahlen von einer galaktischen Kernexplosion eines sehr weit entfernten Galaxiekerns eines anderen Sonnensystems unsere Galaxis quasi mit hoher Energie bombardieren. Er prägte dafür das Wort **„Galaktische Superwelle"**.

Veränderung ist nichts, was wir aufhalten können. Wir haben jedoch den freien Willen, uns an die neuen Energien anzupassen oder uns dagegenzustemmen und unterzugehen, wie es vielen Zivilisationen vor uns erging. Also schlage ich vor, wir passen uns an und entwickeln uns bewusst weiter. *Doch wo anfangen?*

Immer deutlicher erkennen wir, dass wir uns selbst heilen können und müssen, dass wir nur dann „heil" sein können, wenn wir uns hingeben und zu allem, was ist, voller Inbrunst „ja" sagen. Die Zeiten, in denen wir wie Schafe jede Verantwortung für uns selbst an Ärzte und die Pharmaindustrie abgegeben haben, sind vorbei. Es ist an der Zeit, Verantwortung zu übernehmen!

Unser Leben ist so viel leichter, angenehmer, erfüllter, wenn wir es mit Freude und Begeisterung leben, wenn wir uns erlauben, alles, was ist, aus tiefstem Herzen zu lieben. Das schließt auch – und ganz besonders – uns selbst mit ein. Und es ist wichtig, dass wir diese Freude und Begeisterung weitergeben, dass wir andere Menschen in unserem Umfeld für das, was sie leisten, loben. Jedes ernst gemeinte *„Dankeschön"* erhöht die Schwingung in uns und um uns herum, und es macht das Miteinander so viel angenehmer.

Diese neue Zeit ist eine Zeit des Gefühls und des Mitgefühls. Insgeheim wissen wir alle, dass Besitz und materieller Erfolg uns nicht glücklich machen. Was uns glücklich macht, ist, uns selbst zu verwirklichen, mit anderen Menschen, ohne Angst, in Harmonie und Frieden leben zu können. Niemand wird geboren, um Geld zu verdienen. Wir sind hier, um uns selbst zu entdecken, uns weiter zu entwickeln, um neue Erfahrungen zu sammeln, um uns selbst zu erkennen und um jeden einzelnen Aspekt unseres Selbst aus tiefstem Herzen anzunehmen und zu lieben. Um keine Missverständnisse aufkommen zu lassen: Ich habe nichts gegen Geld und materielle Güter, sie können uns das Leben sehr versüßen! Sie sollten nur nicht zum Lebensinhalt werden!

„Wir betrachten das Bewusstsein als Kontinuum, von den höchsten Schwingungsebenen, wo die Nicht-Dualität regiert, durch die Dimensionen des Lichts bis hinunter in die materielle Dimension. Na-

türlich gibt es bestimmte Schwingungsgrenzen, aber die materielle Welt ist ebenso ‚heilig' wie die höchsten Ebenen des Lichts und des reinen Bewusstseins. Wenn ihr zu dieser Erkenntnis gelangt, erhaltet ihr Zugang zu allen Dimensionen eures Seins. Dadurch wachsen euer spiritueller Mut, euer Erkenntnisvermögen und eure Kreativität ebenso wie eure Fähigkeit, euch selbst und andere zu heilen.“

Eine Botschaft der Hathoren[(186)]

Natürlich bedeutet eine neue Zeitqualität nicht, dass sich von heute auf morgen alles auf Erden von selbst zum Besseren wendet, aber die Rahmenbedingungen ändern sich ganz eindeutig, was Einfluss auf alles hat. Wir haben den Punkt der größtmöglichen Entfernung von uns selbst überschritten und nähern uns nun wieder an uns selbst an. Das Tempo dieses „Heimkehrens“ können wir stark beeinflussen, indem wir uns möglichst viel Zeit für uns selbst, für unsere persönliche Entwicklung nehmen. Jeder Rückzug aus dem grauen Alltag des Funktionierens ist ein Schritt in diese Richtung – sei es dadurch, dass wir viel Zeit in der Natur verbringen, regelmäßig meditieren oder auch dadurch, dass wir uns immer wieder für längere Zeiträume aus dem Alltagsleben ausklinken. Jeder muss für sich seinen eigenen Weg finden. Das bedarf keiner Religion und keiner anders gearteten Organisation. Für eine solche Weiterentwicklung braucht man kein Geld. Zu meditieren kostet nichts und ein Spaziergang im Wald auch nicht. Es gibt sogar weltweit zahlreiche ***Vipassana-Meditationszentren*** (nach S. N. Goenka), in denen man völlig kostenlos 10-, 20- oder 30-Tageskurse belegen kann, ohne eine Heizdecke kaufen oder einem Guru hinterherlaufen zu müssen.

„Eine immense Zahl unserer heutigen Kinder sind hochentwickelte spirituelle Wesen, die auf die Erde gekommen sind, um uns bei diesem Übergang in eine neue Welt zu helfen. Diese neuen Kinder haben die Fähigkeit, mit außerordentlichen Mitteln den Übergang dieser Welt in eine neue in die Wege zu leiten.“

Drunvalo Melchizedek (spiritueller Lehrer)

Schon immer in der Geschichte gab es dunkle Machenschaften, heimliche Kartelle oder Verschwörungen, die teilweise als Skandale ans Licht kamen. Doch seit Beginn des Neuen Jahrtausends häufen sich diese Skandale in den Bereichen Wirtschaft, Politik, Religion, Sport und Medien. Immer mehr Insider ertragen es nicht mehr, bei dunklen Machenschaften und groß angelegten Betrugsmodellen stumm zuzusehen und selbst mitzuspielen. Sie werden zu sogenannten **„whistle blowern"**, zu „Maulwürfen", die ihr Insiderwissen an Medien weiterleiten, weil sie wollen, dass die Missstände öffentlich gemacht werden. Damit gehen sie ein großes Risiko ein, wie etwa die prominenten Beispiele Julian Assange, Anna Politkowskaja oder Alexander Litwinenko beweisen.

Ich persönlich finde es heldenhaft, wenn jemand den Mut hat, die Wahrheit zu sagen, obwohl er dafür schwerwiegende Konsequenzen zu erwarten hat. Ich finde, dass wir für solch heldenhaftes Handeln gar nicht dankbar genug sein können, weil globale Veränderung zum Positiven nur über Offenheit und über die Aufarbeitung der bisherigen Fehler funktionieren kann. Dafür leisten whistle blower einen sehr wichtigen Beitrag.

2006 wurde ***WikiLeaks***, ein nicht-kommerzieller Zusammenschluss politischer Aktivisten, gegründet. Julian Assange war Initiator und treibende Kraft bei der Gründung des Projekts, das sehr rasch wuchs und Insiderwissen aus den Bereichen Militär, Wirtschaft, Banken und Politik veröffentlichte – teils auch dadurch, dass sie diese dann den klassischen Medien, also großen Zeitungen und Fernsehsendern, zuspielten. Das Material der Veröffentlichungen reichte von Korruptionen der Familie des ehemaligen kenianischen Präsidenten Daniel arap Moi, über interne Dokumente der Julius Baer Bank, von Scientology, der British National Party, bis hin zu einem Entwurf des geheimen Abkommens zwischen der Europäischen Union und den USA zur Auswertung und Weitergabe europäischer Bankdaten an die USA."[(187)]

Einer der größten Coups war hier die Veröffentlichung der ***Climate-Gate****-Protokolle* im Jahr 2009. Dabei wurden (wie bereits oben erwähnt) tausende eMails der *Climatic Research Unit* der *University of East Anglia* veröffentlicht, also jenes Institutes, das für die gefälschten Wetterdaten verantwortlich war, die der Welt die Angst vor einer Klimaerwärmung sowie das lukrative Geschäft mit dem CO_2-Handel einbrachte.[(188)] Der andere große Erfolg war die Veröffentlichung interner Videos und Daten (*Collateral Murder Videos*), die das bestialische Verhalten US-amerikanischer Soldaten im Irak-Krieg zeigten, inklusive der Tötung von Journalisten und der unmenschlichen Behandlung von Gefangenen in Guantanamo.

Sein Engagement für die Wahrheit bezahlte Julian Assange damit, dass er – als alle anderen Versuche, ihn auszuschalten scheiterten – der Vergewaltigung bezichtigt wurde. Um lebenslanger Haft zu entgehen, floh er 2012 in die Londoner Botschaft von Ecuador, wo er sich bei Erscheinen dieses Buches immer noch aufhielt.

Die internationale Hacker-Gruppe **Anonymous** arbeitete mehrere Male intensiv mit WikiLeaks zusammen, vor allem, wenn es um ihren Kampf gegen die *Church of Scientology* ging. Waren ihre Anliegen zunächst auf das Internet beschränkt, so entwickelte sich die Gruppe ab 2008 zu einer politischen und sozialen Bewegung, die basisdemokratisch funktioniert und deren Mitglieder, dem Namen entsprechend, anonym sind. Mittlerweile treten sie nicht nur durch Hackerangriffe auf globale Konzerne und ganze Staaten in Erscheinung, sondern sie zeigen sich auch zu Demonstrationen in der Öffentlichkeit, wobei sie immer schwarze Anzüge und ihre mittlerweile berühmten Guy-Fawkes-Masken tragen.

Seit 1998 engagiert sich das Netzwerk **ATTAC** medienwirksam gegen Globalisierung, gegen die Macht der Banken und gegen die Auswirkungen des Neoliberalismus. Die ***OCCUPY-Bewegung***, die sich 2011 in den USA als Protest-Bewegung gegen die Machenschaften von Banken und Politik gründete (*Occupy Wallstreet*), erhielt durch ihre spektakulären Aktionen und durch ihre teils sehr prominenten Unterstützer, wie etwa den Nobelpreisträger Joseph Stieglitz, sehr viel mediale Aufmerksamkeit. Auch wenn die monatelangen Besetzungen von Parks und ganzen Straßenzügen mit polizeilicher Gewalt aufgelöst wurden, so blieb der Occupy-Gedanke bestehen. Weltweit bildeten sich unter dem Titel *Occupy together* lokale Gruppen, die ihr Betätigungsfeld ständig ausweiten. So startete im April 2013 in den USA die groß angelegte Aktion *Occupy Monsanto*, um gegen die Macht des Chemie-Riesen und gegen gentechnisch veränderte Nahrungsmittel zu protestieren.

Die Occupy-Bewegung wurde auch durch ihre Friedfertigkeit berühmt. Als die Stadtverwaltung von New York City 2011 die Verwendung von Verstärkern und Megaphonen verbot – was die Kommunikation von tausenden von Menschen erschwerte –, bedienten sich die Besetzer einfach des „Human Microphone", dabei wurde jeder Beitrag eines Sprechers von allen Umstehenden als Sprechchor wiederholt, damit auch die Menschen fernab der Bühne oder des Zentrums noch alles hören konnten.

Im Internet entstehen immer mehr Plattformen, die sich der Aufklärung verschrieben haben, einer Aufgabe, die früher einmal investigative Journalisten übernommen hatten. Da eine freie und kritische Berichterstattung in den Massenmedien immer rarer wird, kommt diese Aufgabe heute Internet-Portalen und alternativen Medien wie *Deutsche Wirtschaftsnachrichten, Deutsche Mittelstandsnachrichten, Kopp-online, Raum und Zeit, Goldseiten, Russia Today, Zero Hedge, Safe Haven, WikiLeaks* und vielen, vielen mehr zu. Sich Informationen mit unterschiedlichen Blickwinkeln zu besorgen, war noch nie einfacher als heute. Wir müssen diese Gelegenheiten nur nutzen.

Wir haben über lange Zeit hinweg eine Kultur etabliert, in der es nicht angesagt war, Fehler einzugestehen, weil ein solches Verhalten als Schwäche ausgelegt wurde. Doch das Gegenteil ist der Fall! Es zeugt von absoluter menschlicher Größe zu bekennen, dass man sich geirrt hat, dass man einen Fehler begangen hat. Irren ist menschlich! Wir hätten uns im Laufe der Geschichte so viel Elend ersparen können, wenn wir – vor allem die Männer – gelernt hätten, uns selbst mehr zu hinterfragen, Fehler einzugestehen und daraus die Konsequenzen zu ziehen. Einsicht und Reue sind die Grundvoraussetzungen für nachhaltige Veränderung. Dabei bedeutet „Reue" nicht zu leiden, sich vor Scham zu verkriechen, sondern einfach offen und ehrlich einzugestehen, dass man etwas getan hat, das man so heute nicht mehr tun würde, weil man sich eines Besseren besonnen hat. Sich zu entschuldigen (zu entschulden) ist bedeutend für einen Neubeginn. Zu vergeben – sich selbst und anderen – ist eine der mächtigsten und reifsten Handlungen überhaupt.

> *„Man kann keine vertrauensvollen Beziehungen zu anderen entwickeln, ohne Fehler einzugestehen, ohne Aufrichtigkeit. Und Reue ist eigentlich dem Wesen nach eine Form der Aufrichtigkeit. Sie ist eine Form einzugestehen: ‚Ich weiß, dass ich Fehler gemacht habe. Ich bin nicht vollkommen. Ich könnte versuchen, bestimmte Dinge besser zu machen.' Dass ein solcher Begriff als Bestandteil irgendeiner primitiven, rückständigen Moral gesehen wird, die von außen kommt und den Menschen entmündigt, ist die Tragödie unserer Zeit. Deshalb müssen wir diese materialistische Epoche hinter uns lassen, denn sie hat keine Grundlage außer dem Ego, und das Ego ist einfach nicht genug, um ein glückliches, erfülltes Leben zu führen.“*(189)
>
> Jeffrey M. Schwartz (Hirnforscher)

Der als **VatiLeaks** bekannt gewordene Skandal um die Veröffentlichung heimlicher Dokumente aus dem Vatikan brachte vieles über dunkle Machenschaften des Vatikans und der Vatikan-Bank zutage. Papst Benedikt XVI. trat infolgedessen am 28. Februar 2013 zurück, nachdem er den internen Machtkampf im Vatikan gegen die konservativen Kräfte um die Freimaurerloge P2 und den Opus Dei verloren hatte. Er war acht Jahre zuvor angetreten, um den Sumpf in der Vatikan-Bank trockenzulegen und für Ordnung und Anstand zu sorgen. Doch er war an der dunklen Seite der Macht gescheitert, die angeblich sogar seine Ermordung geplant hatte. Resigniert räumte Benedikt das Feld in der Hoffnung, dass ein anderer es richten könnte.

„Der Rauch Satans ist tatsächlich in den Vatikan eingedrungen“, hatte Papst Paul VI. bereits vor 40 Jahren festgestellt. Sein Nachfolger, Papst Johannes Paul I., war 1978 nach nur 33 Tagen (!) im Amt ermordet worden. Er hatte für Ordnung und Öffnung sorgen wollen, er wollte die internen Machtstrukturen verändern. Seitdem tobt im Vatikan

Krieg. Kardinal Ratzinger war bereits lange, bevor er Papst Benedikt XVI. wurde, immer wieder dadurch aufgefallen, dass er gegen die finsteren Mächte in der Kurie gewettert hatte. *„Mittlerweile haben sich an den teuflischen Rauchschwaden etliche ranghohe Vertreter des Kirchenstaates vergiftet"*, schrieb Andrea Tornielli im Mai 2012 in *Christ & Welt*. Benedikt XVI. hatte mit der Begnadigung seines verurteilten Kammerdieners, eines Bauernopfers der VatiLeaks-Affäre, ebenso wie mit seinem eigenen Rücktritt ein sehr deutliches Zeichen an die Welt gesandt. Offenbar haben es nicht alle Menschen als solches verstanden.

Ganz im Stile von WikiLeaks veröffentlichte *Gerard Ryles*, Direktor des *Internationalen Konsortiums investigativer Journalisten* (ICIJ), Anfang April 2013 Dokumente, die ihm ein Jahr zuvor zugespielt worden waren und nun unter dem Namen **Offshore-Leaks** an die Presse weltweit weitergeleitet worden sind. Zuvor hatte er das Material über Offshore-Paradiese, über Steueroasen und Steuerhinterziehung im Bereich von vielen Milliarden Euro, zusammen mit mehr als 80 Journalisten und Forensikern ausgearbeitet. Darin ging es um 130.000 Personen aus mehr als 170 Ländern, rund 2,5 Millionen Dokumente zu zehn der beliebtesten Steueroasen der Welt.[(190)]

Sebastian Mondial, einer der Offshore-Leaker, sagte dazu: *„Wir hatten Gäste im ersten Meeting, die uns Dinge über die Finanzwelt erklärt haben. Sie selbst wussten aber nicht, worum es in unserer Recherche genau geht. Dass die Geheimhaltung – knapp ein Jahr lang – geklappt hat, ist fast unglaublich. Dass eine multinationale Kooperation so vertraulich funktioniert hat, das ist für mich eine der größten Leistungen des Projekts."*[(191)]

All diese „leaks" (Lecks) bringen Dinge zum Vorschein, die uns im Kern oft nicht überraschen, deren Ausmaß und Vielschichtigkeit aber dann oft doch unsere Vorstellungskraft übersteigen. Dennoch gibt es keinen Grund, Angst vor solchen Enthüllungen zu haben. Ganz im Gegenteil! Um die Welt zu verändern, müssen wir wissen, wo wir stehen. Es ist gut und wichtig, dass all dies an die Oberfläche kommt, dass alle Fakten schonungslos auf den Tisch gelegt werden, und es ist ebenso wichtig, diejenigen, die dafür sorgen, mit unseren individuellen Möglichkeiten zu unterstützen. Das kann durch Verbreitung ihrer Nachrichten, durch finanzielle Unterstützung oder durch aktive Mithilfe geschehen. Es ist unerlässlich, der Wahrheit ans Licht zu verhelfen und die bestehenden Strukturen einer Welt, in der einige wenige die Masse ausbeuten, in das Bewusstsein aller Menschen zu bringen. Schluss mit der Opferhaltung! Wir können und werden das ändern!

Die Form des zivilen Ungehorsams und des Widerstandes gegen Unrecht hat sich durch die Verbreitung von Computern und Handys verändert. Während Menschen früher auf die Straße gingen und demonstrierten, so hat sich der Protest heute mehr ins Internet verlagert, was durchaus auch effektiv sein kann. Nicht nur die Occupy-Bewegung oder die Veröffentlichungen von WikiLeaks nahmen hier ihren Anfang, auch Bürgerbewegungen organisieren sich heute so, mobilisieren, sammeln Unterschriften für Petitionen und klären auf. Für eine der wichtigsten unter ihnen halte ich ***Avaaz***, eine Non-Profit-Organisation, die weltweit Kampagnen zum Schutz der Umwelt, zur Achtung von Menschenrechten sowie zur Verminderung von Armut, Korruption und Krieg organisiert und tatsächlich große Erfolge vorweisen kann. *Avaaz* bedeutet in vielen Sprachen Osteuropas, des Mittleren Ostens sowie Asiens „Stimme".

Avaaz nutzt das Internet, um Tausende von individuellen Aktionen zu bündeln, um mit vereinten Kräften für das Gemeinwohl einzutreten und *„um gemeinsam die Lücke zwischen der Welt, die wir haben und der Welt, die wir uns wünschen, zu schließen"*. Avaaz hat mehr als 21 Millionen Mitglieder in knapp 200 Ländern und tut im Grunde genau das, was die Vereinten Nationen eigentlich tun sollten, aber nie getan haben.[(192)]

> *„Die Avaaz-Bewegung kann wie ein Sprachrohr handeln und die Aufmerksamkeit auf neue Themen lenken; wie ein Blitzableiter, der das zerstreute öffentliche Interesse in eine spezifische und vor allem zielgerichtete Kampagne kanalisiert; wie ein Löschfahrzeug, das rasch zu einem dringenden Notfall eilt; eine Art Stammzelle, die eine passende Form annimmt, um für ein plötzlich auftretendes Problem einzustehen."*[(193)]

So wichtig und erfolgreich Online-Kampagnen sein können, so wichtig ist es dennoch, weiterhin für die eigenen Werte und Überzeugungen auf die Straße zu gehen, um gemeinsam mit anderen die eigene Stimme zu einem Chor oder zu einem Pfeifkonzert zu erheben. Wir sind Menschen, und wir brauchen den Kontakt und den direkten Austausch mit anderen Menschen!

Wir kommen dem *Tipping Point*, dem Umkehrpunkt im globalen menschlichen Bewusstsein immer näher. Wir können alles erreichen! Wir können eine friedliche, freie, gerechte Welt erschaffen, wenn wir es wollen und daran glauben! Grenzen setzt uns einzig und allein unsere Vorstellungskraft. Das Patriarchat hat ausgedient. Es hat uns Krieg, Unterdrückung und Elend gebracht. Es ist Zeit für ein gleichberechtigtes und respektvolles Miteinander beider Geschlechter und aller Kulturen. Gemeinsam können wir eine neue Welt erschaffen! Am Anfang steht immer der Gedanke.

BILDUNG

„Zur Erziehung eines Kindes braucht man ein ganzes Dorf.“

Afrikanisches Sprichwort

Das Wort „Bildung“ kommt unzweifelhaft von dem Wort „Bild“. Je mehr man sich ein Bild von etwas macht, desto besser meint man es zu verstehen. Wer sich bildet, versucht mehr über etwas zu erfahren, seinen Horizont zu erweitern. Ein Bild ist jedoch immer ein starrer Ausdruck von etwas und kann somit nur einen ganz kleinen Aspekt einer bestimmten Sache oder Situation wiedergeben. Jedes gemalte oder fotografierte Bild ist immer eine Anhaftung an die Vergangenheit, somit kann es der Realität nie gerecht werden. Ein Bildhauer erschafft seine Interpretation von etwas, das meist künstlerisch überhöht oder abstrahiert ist. Ein „Bildungswesen“ kann also nur sehr begrenzt dazu geeignet sein, jungen Menschen Wissen und Fähigkeiten zu vermitteln, weil es mehr auslässt, als es abbildet. Das ist wie mit einem Fotoalbum, das versucht, das Leben eines Menschen zu dokumentieren: Alles, was es zeigt, sind einige wenige starre Sekunden aus einem Leben. Der Rest kann nur erraten werden – oder gelebt.

Es ist schwierig, etwas über sich selbst, die Welt und das Leben zu lernen, wenn man tagein, tagaus an ein und demselben Schreibtisch sitzt und Frontalunterricht erfährt. Man hört Menschen dabei zu, wie sie von etwas berichten, das sie selbst nicht erlebt haben, das ihnen ebenfalls nur andere auf die gleiche Weise erzählt haben. Am Ende nennt man das „Wissen". Dieses vermeintliche Wissen – das man eigentlich als „Sage" bezeichnen müsste – muss man dann auswendig lernen und aufsagen oder aufschreiben, um ein Zeugnis zu erhalten, damit man dann weiter tagein, tagaus an demselben Schreibtisch sitzen darf.

> *„Man sollte weniger auf Leistungsdruck und Stress, stattdessen mehr auf Kreativität und Begeisterung setzen. Man hat vor einigen Jahren herausgefunden, dass es nicht richtig ist, dass das Gehirn nur bis in die Pubertät hinein geformt wird und danach so bleibt. Dann fand man heraus, dass es sich auch später noch verändern kann... Der Dünger für das Wachstum und die Entfaltung unseres Gehirnpotentials heißt: Begeisterung."*[(194)]
>
> Prof. Gerald Hüther (Uni Göttingen)

Wenn ich persönlich auf meine schulische Laufbahn zurückblicke, dann betrachte ich einen großen Teil davon als reine Schikane und Zeitverschwendung. Ich weiß, dass ich das meiste, das ich auswendig lernen musste, nach dem Abfragen sofort wieder vergessen habe, weil es mich nicht interessierte und ich intuitiv wusste, dass ich es nie brauchen würde. Ich habe im Laufe meines Lebens zahlreiche unterschiedliche Tätigkeiten ausgeübt. Nicht ein einziges Mal musste ich in meinem Leben ein Zeugnis vorlegen. Es hat nie irgendjemand interessiert, weil die meisten Menschen wissen, dass ein Stück Papier ohne Aussagekraft ist.

Thomas Mann, Nobelpreisträger für Literatur und Meister der deutschen Sprache, hat das Lübecker Gymnasium Katharineum vor dem Abitur verlassen. Zahlreiche berühmte Autoren wie Franz Kafka, Bertolt Brecht und Theodor Fontane hatten ebenfalls eine äußerst unrühmliche schulische Karriere. Die meisten Menschen, die es zu etwas bringen, tun dies nicht, weil sie zur Schule gingen, sondern *obwohl* sie zur Schule gingen – sie waren stark genug, um sich von unserem „Bildungssystem" nicht verbiegen oder einschüchtern zu lassen!

Das, was wir Unterricht nennen, müsste besser „Unterweisung" heißen. Wir wissen, dass die besten Voraussetzungen für nachhaltige geistige Entwicklung Freude, Spaß und Begeisterung sind. Nur daraus können Visionen und neue Ideen entstehen. Wenn Sie an Ihre Schulzeit zurückdenken, wie oft spürten Sie Begeisterung bei Ihren Lehrern und bei sich selbst? Vermutlich nicht allzu oft, oder?

> *„Es wird nichts anderes übrig bleiben, als dass Schulen sich verändern. Die Angepassten werden nicht mehr gebraucht. Unsere Schulen produzieren angepasste Höchstleister, die aber in der Praxis nicht überlebensfähig sind. Menschen, die aus den klassischen Lehranstalten kommen, haben gelernt, auswendig zu lernen, aber sie haben keine zwischenmenschliche Kompetenz, haben nicht gelernt, selbständig zu denken. Im Grunde könnte man sagen, dass die, die unser Lehrsystem bis zum Ende gut aushalten, in der Realität scheitern werden.*"[(195)]
>
> Prof. Gerald Hüther

Kinder müssen in Bewegung sein. Sie *sind* Bewegung. Sie lernen am besten in der Bewegung. Warum müssen sie also in der Schule den ganzen Tag über regungslos am selben Platz verharren? Weil man ihren Willen und ihre Sinne brechen will? Bildung würde bedeuten, dass man möglichst viele unterschiedliche Sichtweisen zu einem bestimmten Thema kennenlernt, um sich seine eigene Meinung bilden zu können. Bildung fängt natürlich nicht erst in der Schule an. Bildung beginnt vom ersten Tag an. Jedes Kind bildet sich dadurch, dass es sich ein Bild von der Welt macht, so wie sie es umgibt. Bildung findet durch „Vorbilder“ statt, durch Bezugspersonen, die für das Kind da sind, wenn es Hilfe braucht oder Fragen hat. Kinder brauchen auch sehr viel Zeit, um sich selbst kennenzulernen, um herauszufinden, was alles geht, wo ihre Talente liegen. Um dies in Ruhe tun zu können, brauchen sie ein sicheres Umfeld. Sie müssen sich beschützt und geborgen fühlen. Sie brauchen auch die Interaktion mit anderen Kindern, um soziale Kompetenzen zu erlernen, um zu erfahren, was „Gruppe“ und „Gemeinschaft“ ist, wie es sich anfühlt, Teil eines größeren Ganzen zu sein. Gemeinschaft ist unendlich wichtig.

Natürlich gehören zur Gemeinschaft auch Regeln und Strukturen.

> *„Jedes Kind braucht jemanden, in dem es sich spiegeln kann, etwa für das Erlernen der Sprache. Deshalb kann man Sprache nicht von einem Computer lernen. Die Ausbildung eines Selbstbildes ist für das spätere Leben bedeutsam. Das geht nur, wenn einem jemand gegenüber steht, den man mag und der einem zeigt, dass man wichtig und bedeutsam ist. Wenn man die einzelnen Kinder nicht individuell sieht, sondern alle gleich behandelt, dann kommt am Ende auch nur Durchschnitt raus. Dass es einem Kind gut geht, erkennt man daran, dass es alleine spielen kann. Wenn Kinder nicht mehr allein spielen können, wenn die Spielfreude verloren geht, dann ist das ein Alarmzeichen.“*[(196)]
>
> Prof. Gerald Hüther

Ich bin der Meinung, dass im Bereich der „Bildung“ alles anders werden müsste. Ich stelle mir Schule folgendermaßen vor: Es gibt jeden Tag mindestens eine Stunde Bewegungsunterricht, der aus Sport, Tanz, Akrobatik und beispielsweise Yoga und Meditation besteht. Es gibt an jeder Schule eines oder mehrere fahrende Klassenzimmer, also Busse, mit denen ganze Klassen mit ihren Lehrern Ausflüge und Exkursionen unternehmen. Um eine bessere Vorstellung von der Welt und den beruflichen Möglichkeiten zu haben, würde ich mit dem Bus möglichst viele Orte, Firmen und Betriebe aller Art besuchen, um zu sehen, wie die Dinge wirklich sind. Darüber hinaus binde ich alle Eltern in den Unterricht ein. Sie müssen sich verpflichten, mindestens einmal im Jahr für eine bestimmte Zeit – sagen wir 20 Minuten – vor die Klasse ihres Kindes zu treten und darüber berichten, was sie beruflich machen, was ihnen an ihrer Arbeit gefällt und was nicht. Jeder hat Spannendes zu erzählen, wenn man ihm die Gelegenheit dazu gibt, egal welchen Beruf er ausübt.

Die Kinder sollten von klein auf selbst Referate halten und über Dinge berichten, die ihnen wichtig sind. So lernen sie, selbständig zu recherchieren und gleichzeitig für ihre eigene Meinung einzustehen, aber auch, sich der Kritik anderer zu stellen – was für den weiteren Lebensweg von großer Bedeutung ist! Jeder Schüler hat das Recht auf seine eigene Meinung! Wenn sie der anderer widerspricht, dann kann man darüber diskutieren, aber man wird sie ihm nie verbieten. Wichtig ist es, die Meinung der anderen zu respektieren! Respektvoller Umgang miteinander ist der Schlüssel zu einem friedlichen Miteinander!

> *„Eine Begabung, ein Talent oder ein Potential in einem Kind ist etwas, das noch nicht da ist, es ist erst angelegt, es ist da versteckt wie ein Schatz. Es wartet darauf, dass es sich entfalten kann. Im günstigsten Fall kann es sich dann entfalten, dann wird daraus eine Fähigkeit. Wenn man meint, man müsse einem Kind im Frühförderunterricht alles Mögliche beibringen, was es bräuchte, um in unserer Wettbewerbsgesellschaft zu überleben, dann läuft man Gefahr, gar nicht das Kind zu sehen mit seinen besonderen Begabungen... Wichtig ist, dem Kind die Gelegenheit zu geben, sich zu zeigen. Das geht am besten im freien Spiel – also ohne Vorgaben der Eltern. Jedes Kind müsste möglichst viel Zeit haben, alles Mögliche zu erkunden... Dadurch zeigen sie, welche Talente und Begabungen sie haben.“*[(197)]
>
> Prof. Gerald Hüther

Nicht nur die ernüchternden Ergebnisse der Pisa-Studien der letzten Jahre, sondern auch unsere eigenen, oft leidvollen Erfahrungen mit Schule führen uns eindringlich vor Augen, dass sich in der Ausbildung und Erziehung kommender Generationen Grundsätzliches ändern sollte. Dafür wäre es nicht nur wichtig, das gesamte Schulsystem zu überdenken, sondern auch den Beruf des Lehrers. Die Tatsache, dass in Deutschland immer weniger ausgebildete Lehrer, sondern immer mehr pädagogisch ungeschulte Quereinsteiger unterrichten, zeigt zum einen, dass der alte, konventionelle Lehrer-Beruf nicht mehr attraktiv ist und ausgedient hat, zum anderen aber auch, dass wir der schulischen Bildung viel zu lange zu wenig Aufmerksamkeit geschenkt haben.

> *„Der Erzieher muss so wirken, dass er gewissermaßen das Wahre, Gute und Schöne dem Kinde nicht bloß darstellt, sondern es ist. Was er ist, geht auf das Kind über, nicht, was er ihm lehrt.“*[(198)]
>
> Rudolf Steiner (Begründer der Anthroposophie, 1861-1925)

Der Neurobiologe und Autor Prof. Gerald Hüther etwa hat mitgeholfen, ein neues Berufsbild zu schaffen: den *Potentialentfaltungscoach*. Dabei handelt es sich um einen Master-Studiengang, den jeder belegen kann, der ein pädagogisches Studium abgeschlossen hat. Dabei lernt er, jeden beliebigen Schüler für etwas zu begeistern, zu interessieren, was den Schüler bis dahin nicht interessiert hat. Außerdem lernt er, aus einem zusammengewürfelten Haufen ein Team zu machen. Mehrere Schulen arbeiten bereits mit ihm und seinem Team zusammen und vermelden großartige Erfolge!

So gründete er auch mit mehreren Pädagogen die Initiative „Schule im Aufbruch“, die ein neues Lernen und Unterrichten fördert und umsetzt.

Immer mehr Eltern erkennen, dass Eigeninitiative gefragt ist und dass sie Macht haben, wenn sie sich mit anderen Gleichgesinnten zusammentun. Immer öfter gründen sie aus Frust über das öffentliche Schulwesen ihre eigene Schule. Allein im Schuljahr 2010/11 kamen etwa 170 neue allgemeinbildende Privatschulen hinzu. Das Spektrum reicht von kleinen Waldorf- und Montessori-Schulen bis zu den evangelischen und katholischen Schulen, die rund die Hälfte aller Privatschulen ausmachen.[199]

Die entscheidende Frage lautet doch: Wie konnte es dazu kommen, dass unser Schulsystem so entglitten ist, dass die meisten Schüler, Lehrer und Eltern frustriert sind, dass immer mehr Kinder verhaltensauffällig und mit ADS diagnostiziert werden?

Eine sehr plausible Antwort darauf liefert der Autor und Kinder- und Jugendpsychiater Michael Winterhoff. Winterhoff glaubt, dass Kinder durch Eltern und Erzieher überfordert werden, da diese in ihnen gleichberechtigte Partner sehen, anstatt auf deren besondere psychische Bedingungen der Kindheit einzugehen. Anders ausgedrückt könnte man sagen, dass Kinder nicht mehr wie Kinder behandelt werden, sondern wie kleine Erwachsene, die sie aber nicht sind. Das hängt zum einen mit der antiautoritären Erziehung und den Spätfolgen der 68er-Bewegung zusammen, zum anderen aber auch mit dem enormen Wohlstand, den wir seit den 1990er-Jahren haben. Dieser Wohlstand macht zum einen träge und saturiert, zum anderen brachte er uns aber auch die eingangs ausführlich beschriebene Cyberwelt (Internet, Computerspiele), in der die Kinder nicht lernen, mit anderen Lebewesen zu agieren. Sie erfahren keine natürlichen Grenzen, lernen nicht, ihren Platz in einer Gemeinschaft zu finden.

> *„Was ich heute sehe, ist das Ergebnis einer Symbiose zwischen Eltern und Kind. Sie wirkt sich viel stärker als die partnerschaftliche Erziehung auf die Psyche der Kinder aus, denn diese bleiben viel früher in ihrer Entwicklung stehen. Wenn Eltern in eine Symbiose rutschen, dann handelt es sich um eine psychische Verschmelzung, dann ist das Kind ein Teil von ihnen, und diese Eltern wollen immer ihr Kind verändern, sie wollen, dass ihr Kind jetzt hört, jetzt schreibt, jetzt liest, jetzt voranmacht. Das hört sich oberflächlich so an wie die traditionelle Erziehung, ist es aber nicht, weil Regeln fehlen, weil die Eltern Widerspruch nicht aushalten, Konflikt scheuen. Das hat zu tun mit dem enormen Wohlstand, den wir seit den Neunzigerjahren hatten. Wohlstand führt dazu, dass man sich um sich selbst dreht,*

dass man glaubt, alle Bedürfnisse erfüllen zu können. Dadurch wird man dem Kind gegenüber noch nachgiebiger und hat noch größere Schwierigkeiten, Nein zu sagen, und dann bleiben die Kinder nicht, wie bei der partnerschaftlichen Erziehung, auf einem Entwicklungsniveau von fünf oder sechs Jahren stehen, sondern auf dem Niveau von zehn bis sechzehn Monaten.“[200]

Michael Winterhoff (Jugendpsychiater)

Ich halte die Tendenz, in Schulen immer früher und umfangreicher Computer einzusetzen, für gefährlich, weil Kinder, die ständig vor dem Bildschirm hängen, keinerlei Bezug zur Natur, zu ihrem eigenen Körper, zu Gemeinschaft entwickeln können – und im Grunde nur in der Matrix leben. Deshalb halte ich Organisationen wie Sportvereine, die Pfadfinder oder alle anderen Vereine, die Kindern die Natur, die Bewegung im Freien, die Gemeinschaft nahebringen, vor allem für Großstadtkinder für enorm wichtig.

„*Anders als noch in den 1970er-Jahren scheinen Kinder, die Abenteuer unter freiem Himmel erleben, die sich schmutzig machen, sich Kratzer holen, eine aussterbende Spezies zu sein. Eine Fülle von Studien bestätigt, was Stadtmenschen wissen, vielleicht ohne es sich bewusst zu machen: Der Aktionsradius der gegenwärtigen Kindergeneration verlagert sich zunehmend auf das Hausinnere. Das Gebiet, in dem sie auf eigene Faust umherstreifen dürfen, hat sich in drei Jahrzehnten so drastisch verkleinert, als lauerten Heckenschützen hinter jedem Müllcontainer. Vor allem kommen Kinder immer seltener in Kontakt mit der Natur.*“[201]

Andreas Weber (Biologe)

Kinder brauchen die Natur ebenso, wie die Natur die Kinder braucht, damit der Mensch in Zukunft besser in der Lage ist, im Einklang mit unserem Planeten zu leben. Kinder brauchen Abenteuer im Freien, sie müssen Zeit und Ruhe haben, um sich selbst, ihren Körper und ihren Platz in dieser Welt zu entdecken. Kinder brauchen Freiräume, also Räume im Freien. *Darum gehen Sie mit Ihren Kindern hinaus in die Natur, wann immer das möglich ist! Sie werden es Ihnen danken!*

Begabungen und Talente sind das Potential, das in einem Kind steckt. Sie sind verborgen wie ein Schatz, den es zu heben gilt. Talente müssen gefördert werden, um zu einer Stärke zu werden. Sie entfalten sich nicht von allein.

Es geht nicht darum, im Frühförderunterricht alles Mögliche in ein Kind hineinzustopfen. Da Kinder ihre Eltern bedingungslos lieben, werden sie beinahe alles tun, um diese glücklich zu machen. Daher sollte Frage immer lauten: Was macht das Kind glücklich? Das kann man nicht im Frontalunterricht herausfinden, sondern ausschließlich im freien Spiel. Kinder brauchen Platz und Zeit, um herauszufinden, was ihnen tatsächlich am meisten Spaß macht, worin sie wirklich gut sind. Kinder wissen selbst, was ihnen am meisten liegt, man muss ihnen nun die Gelegenheit geben, es selbst zu entdecken.

> *„Denn in Wahrheit nimmt der Erzieher, wenn er nur ein ganzer Mensch ist, für sich ebenso viel von dem Kinde, als er dem Kinde gibt. Wer nicht vom Kinde lernen kann, was es ihm als Botschaft herunterbringt aus der geistigen Welt, kann dem Kinde auch nichts beibringen über die Geheimnisse des Erdendaseins.“*[(202)]
>
> Rudolf Steiner

Rudolf Steiners durchaus weise Ansichten über die Kindererziehung spiegeln eine Zeit wider, in der es noch große Autoritäten gab, in der Erziehung mit dem Rohrstock stattfand. Es ist gut, dass Kinder heute in der Schule nicht mehr geschlagen werden, aber wir müssen feststellen, dass das Pendel komplett in die Gegenrichtung ausgeschlagen hat. Wir stellen heute ein völliges Fehlen von Disziplin, dem Anerkennen von Autoritäten und von gepflegten Umgangsformen fest. Die 68er-Bewegung hat ganze Arbeit darin geleistet, alle alten Umgangsformen zu zerstören, was an sich nicht schlimm wäre, hätte sie diese durch neue Regeln ersetzt. Aber genau die fehlen. Es wäre also aus meiner Sicht hilfreich, jungen Menschen neben sachlicher Bildung auch wieder mehr soziale Kompetenz beizubringen, indem man sie wieder in gepflegten Umgangsformen schult, vom Computer wegholt und zu möglichst viel gemeinsamer Arbeit in der Gruppe anhält. Der „Knigge" mag veraltet sein, aber überall hin in Flipflops und zerrissenen Jeans zu schlurfen und einen erwachsenen Menschen mit „*Hi*" oder „*Hey, Alter*" anzusprechen, kann nicht der Weisheit letzter Schluss sein. In weiten Teilen Österreichs etwa hat sich bis heute die Tradition erhalten, dass Jugendliche in die Tanzschule gehen, wo sie neben dem Tanzen auch noch eine aufrechte Körperhaltung und Manieren erlernen.

Gepflegte Umgangsformen, mehr Höflichkeit, mehr Respekt voreinander würden uns allen gefallen und auch gut tun. Es ist an der Zeit, den Fokus wieder weg vom Konsum, vom Schein hin zum Sein, zum Inhalt zu lenken.

> *„Auf der einen Seite gibt es die Tendenz, dass wir es mit immer mehr Jugendlichen zu tun haben, die eher kindlich denken, die eben nicht in Eigenverantwortung gehen; und auf der anderen Seite ist es die Schule, die gut begabte Kinder viel zu wenig fordert, sodass diese Schüler gar nicht eingestellt werden auf ein Leben, das mit Forderungen zu tun hat. Dabei sind Forderungen positiv. Deshalb rate ich bei gut begabten Kindern, früh – sagen wir im dritten Schuljahr – ein Instrument zu erlernen, wobei es mir nicht in erster Linie um die musische Erziehung geht. Wenn ein Kind Klavierunterricht hat, dann macht es die Erfahrung, dass es üben muss, dass es sich ein Stück erarbeiten muss, auch wenn es keine Lust hat, und dass man ein Klavier, wenn Sie so wollen, nicht beherrschen kann."*[(203)]
>
> Michael Winterhoff

Freude am Lernen und Disziplin schließen sich nicht aus – im Gegenteil. Ohne Disziplin werden wir nichts erreichen. Man muss Disziplin dabei nicht mit Härte und Strenge verwechseln, doch je früher man lernt, dass es unterschiedliche Zeiten gibt, Zeiten zum Feiern, Zeiten zum Entspannen, auch Zeiten der Arbeit und der Konzentration, desto früher wird man sich im Leben den jeweiligen äußeren Umständen,

Energien und Zeitqualitäten anpassen können. Kinder, die nur ihren Computer oder ihre Spielekonsole kennen, müssen im Leben scheitern.

> *„Das sind die Kinder, die jetzt auf uns zukommen, die nur lustorientiert sind, sie haben keine Frustrationstoleranz, keine Gewissensinstanz, keine Arbeitshaltung, keine soziale Kompetenz. Sie sind im Freizeitpark ‚Phantasialand' hochleistungsfähig, weil es um Lust geht, und in der Schule eben überhaupt nicht. Sie können sich auch auf nichts freuen, sie leben nur im Moment, suchen unmittelbare Bedürfnisbefriedigung – sie haben das Weltbild, dass sie allein auf der Welt sind und alles steuern und bestimmen können.*"(204)
>
> Michael Winterhoff

Die Aufgaben, die vor unseren Kindern liegen, sind gewaltig. Deshalb ist es wichtig, sie gemeinschaftlich darin zu unterstützen. Am Anfang dieses Kapitels steht der Satz: „*Zur Erziehung eines Kindes braucht man ein ganzes Dorf.*" Das bedeutet, dass wir alle gefordert sind, weil Erziehung keine reine Privatangelegenheit ist. Früher wuchsen Kinder in Großfamilien mit verschiedenen Generationen unter einem Dach auf. Heute sind sie oft allein mit nur einem (oft berufstätigen) Elternteil, und der ist verständlicherweise überfordert.

Wenn Kinder sich in der Gesellschaft nicht adäquat verhalten können – weil sie es nicht gelernt haben –, dann werden sie dennoch mit den Konsequenzen konfrontiert. Manche Eltern denken, dass niemand anderer ihren Kindern etwas sagen dürfte, dass sie das alleinige Erziehungsrecht hätten. Das ist in Ordnung, wenn sie der Erziehung gewachsen sind. Wenn sie es jedoch nicht sind, dann hat auch die Gemeinschaft das Recht und die Pflicht, dafür zu sorgen, dass den mangelhaft erzogenen Kindern Grenzen aufgezeigt werden. Viele Eltern nehmen das dann persönlich und sehen es als ihr eigenes Versagen an, aber man muss sich klar vor Augen halten, dass Kindererziehung in unserer heutigen Welt einfach ein sehr schwieriges Unterfangen ist. Es ist ein Irrglaube, der durch die Medien geschürt wird, dass man alles gleichzeitig, allein und perfekt schaffen kann. Das ist nicht möglich.

Die medialen Idole, die beruflich erfolgreich sind, immer gut aussehen, stets gut gelaunt sind und drei perfekte Vorzeigekinder haben, sind ein Märchen. Entweder ich habe sehr viel Geld und kann alles delegieren, oder ich muss mich auf einige wenige Aufgaben im Leben konzentrieren. Ich bin der Überzeugung, dass die Hochglanzmagazine und das Society-Fernsehen in unserer Gesellschaft großen Schaden angerichtet haben, weil sie falsche Götzenbilder erschufen.

Wir brauchen ganz allgemein wieder mehr Hausverstand, mehr Zivilcourage und Verantwortungsbewusstsein. Kinder brauchen gesunde Reibung ebenso wie Liebe und Verständnis. Bis in die 1980er-Jahre hinein hatte jede Generation gegen ihre Elterngeneration revoltiert. Dadurch entstanden eigene Musik- und Kleidungsstile, es entstand immer wieder eine neue Jugendkultur, um sich von den „Alten" abzugrenzen. Solche „Revolutionen" sind wichtig, um sich selbst zu definieren. „Wer bin ich?" „Was will ich?" Seit den 1990er-Jahren gibt es keine eigenständige Mode, keine eigenständige Musik, keine Revolutionen mehr. Alles, was in den letzten zwanzig Jahren passierte, war ein lauwarmer, hübsch verpackter Aufguss früherer Stile und Trends. Das ist sicher den modernen Medien und der Cyberwelt geschuldet, aber auch einer immer nachlässigeren Bildungspolitik, die junge Menschen zu wenig forderte, sie zu konform und glatt machte, und nur zu Konsumenten ohne eigene Ideale trimmte.

Hier hat ein Bewusstseinswandel eingesetzt, den es zu unterstützen gilt. Es gibt so viele ältere Menschen, denen es an Aufgaben mangelt, die zu viel Zeit allein vor dem Fernseher verbringen. Diese Menschen hätten so viel an Erfahrung, aber auch an Zeit einzubringen. Sie einzubinden, etwa als ehrenamtliche Erzieher, Betreuer, Vorleser, Geschichtenerzähler, Stadtführer usw. wird in der Zukunft eine große Rolle spielen – auch oder gerade, weil sie aus einer anderen Zeit kommen, andere Disziplin, aber auch andere Entbehrungen und Werte kennen gelernt haben. Nicht, dass ich davon alle uneingeschränkt gut finde, aber ich halte die Auseinandersetzung damit für entscheidend. Wir brauchen dringender denn je wieder mehr Austausch zwischen den einzelnen Generationen, weil alle voneinander lernen können!

Eine neue Form der Bildung und der Fortbildung findet durch die Vernetzung mit großen Gruppen, vor allem durch das Internet statt. So erfreut sich der **Massive Open Online Course** (**MOOC**) immer größerer Beliebtheit. Dabei handelt es sich um meist kostenlose, frei zugängliche Onlinekurse mit sehr vielen Teilnehmern. Das bedeutet zum einen, dass ein einziger Lehrer sehr viele Schüler erreicht, es bedeutet aber auch, dass viele einzelne Schüler sich untereinander vernetzen können, was wiederum einer der wichtigsten Aspekte des **Konnektivismus** (Connectivism), einer neuen wissenschaftlichen Disziplin ist, die auf möglichst zahlreiche Verbindungen setzt, die sie als „Knoten“ bezeichnet.

All das ist toll und spannend, aber ich fände es besser, diese „Knoten“ auch, und vor allem außerhalb des Internets zu knüpfen. Wir lernen am meisten von anderen, wenn wir sie in Natura sehen, hören, fühlen und riechen können. Nur in der realen Welt werden all unsere Sinne gefordert und gefördert.

GESUNDHEIT

Die heutige Schulmedizin ist eine Medizin der Apparate und künstlichen Präparate. Sie bekämpft Symptome, aber keine Ursachen. Die Medizin der Zukunft wird eine Medizin sein, die nützliche und hilfreiche Apparate mit dem alten Wissen über die Heilung verbindet. Die kommende Medizin wird den Menschen also ganzheitlich heilen, seinen Körper, seinen Geist und seine Seele mit einbeziehen, unter Berücksichtigung der spezifischen, einmaligen Frequenzen, die jedes einzelne menschliche Gehirn hat, vergleichbar mit einem Fingerabdruck. Jede Disfunktion im Körper, die nicht von einem Unfall herrührt, hat seelische und ernährungsbezogene Ursachen (auch fehlende Bewegung) und stellt gleichzeitig ein Problem der jeweiligen Schwingung dar. Wenn das Aufarbeiten seelischer Altlasten einhergeht mit Gedankenhygiene und dem mechanischen Widerherstellen der perfekten Schwingung, dann wird Heilung viel schneller und effektiver erfolgen – und vor allem ohne „chemische Keulen" auskommen.

Dass die Pharmaindustrie bei dieser Vorstellung nicht gerade jubelt, ist klar, aber sie wird diese Veränderungen nicht aufhalten können – bestenfalls verzögern. Die Pharmakonzerne müssten deshalb nicht zugrunde gehen, sie hätten vielfältige Möglichkeiten im Bereich der Herstellung von Naturpräparaten und Heilpflanzen. Vielleicht würde das ihre Gewinne schmälern und auch mehr „Arbeit" für sie bedeuten, aber es wäre wohl besser als ganz zu verschwinden, oder? Je mehr Menschen ihre Ärzte mit neuen (alten) Heilungsmethoden konfrontieren, je mehr Menschen, die stur traditionelle Schulmedizin hinterfragen, desto schneller wird sich dieser Wandel vollziehen. Und er ist bereits in vollem Gange!

Akupunktur und Akupressur sind Jahrtausende alte Methoden, um den Fluss der Lebensenergie (Chi, Qi) wiederherzustellen. Es ist bewiesen, dass diese Methoden – vor allem bei Schmerzpatienten – um ein Vielfaches wirksamer sind als schulmedizinische Präparate, dennoch weigern sich viele Krankenkassen, solche simplen Heilmethoden zu bezahlen. Stattdessen bezahlen sie Pharmapräparate, die um ein Vielfaches teurer sind und nur noch mehr Leiden verursachen. Warum wohl?

Dabei bewiesen Wissenschaftler der Charité in Berlin durch die weltweit größte randomisierte Studie mit insgesamt 250.000 Patienten und rund 10.000 niedergelassenen Ärzten schon im Jahr 2004, dass Akupunktur extrem hilfreich gegen Schmerzen ist:

> *„...Akupunktur wirkt sicher und dauerhaft auch bei den großen Volksleiden Kopfschmerzen, chronischen Nackenschmerzen (Halswirbelsäulensyndrom) und sogar Heuschnupfen... Neun von zehn Allergikern ging es auch sechs Monate nach der Behandlung noch deutlich besser, drei von vier Patienten mit Kopf- oder Lendenwirbelsäulenschmerzen zeigten ebenfalls nach diesem Zeitraum noch Besserung. Noch höher lag die Rate bei Arthroseschmerzen (85 Prozent), Asthma (82 Prozent) und Dysmenorrhoe (85 Prozent).“*[(205)]

Die Tatsache, dass die Schulmedizin völlig außer Acht lässt, dass der menschliche Körper in erster Linie Energie ist und somit der Energiekreislauf über die Gesundheit entscheidet, macht sie zu einem Auslaufmodell. Immer mehr klassische Mediziner entdecken, dass an vielen alternativen Heilmethoden doch etwas dran sein muss. Immer mehr Schulmediziner bilden sich in Akupunktur und Homöopathie. Psychologen entdecken die Möglichkeiten der Trance, der Feldenkrais-Arbeit und der Meditation. Ärzte helfen ihren Patienten, mit traditioneller chinesischer Medizin und Hypnose unterdrückte Ängste und Sorgen aufzuspüren. Immer mehr Schulmediziner arbeiten mit spirituellen Heilern zusammen, weil sie erkannt haben, dass die Schulmedizin in vielen Fällen nur bedingt heilen kann, in manchen sogar schädlich ist. Vielfach tun sie dies fast im Geheimen, weil sie Angst vor der Pharma-Lobby haben, dennoch tun sie es immer häufiger.

Im Schweizer Kantonsspital in Glarus etwa praktiziert eine Geistheilerin gemeinsam mit den Ärzten. *„Zum Teil mit außergewöhnlichen, schulmedizinisch nicht erklärbaren Heilerfolgen“*, wie der Chefarzt *Professor Kaspar Rhyner* bestätigt.[(206)] Am Fertilitätszentrum der Uniklinik Basel zeigte ein Forschungsprojekt über „geistige Heilung bei ungewollter Kinderlosigkeit" deutliche Erfolge, denn die Hormonwerte und Eierstockfunktionen normalisierten sich bei etwa der Hälfte aller behandelten Frauen. In England und Italien haben anerkannte Heiler als Unterstützung seit Jahren Zugang zu Kliniken. In den USA wird *Reiki* bereits in mehr als 100 Kliniken zur Ergänzung, Unterstützung und Erleichterung schulmedizinischer Maßnahmen eingesetzt – nach Operationen, bei schweren Krankheiten wie Krebs und HIV, bei Unfruchtbarkeit, chronischen Krankheitsbildern, in der Notfallmedizin, Säuglingspflege, Gerontologie sowie gegen Nebeneffekte von Medikamenten und Bestrahlungen.(207)

Allen klassischen Schulmedizinern, die sich weiterbilden, die offen sind, die über ihren erlernten Tellerrand hinausblicken, muss man großen Respekt zollen, denn der Drill an Universitäten, nur die eine Seite der Medaille zu sehen, ist enorm. Umso schöner ist es zu beobachten, dass niemand die Wahrheit auf Dauer unterdrücken kann!

Langsam setzt sich das Wissen darüber durch, dass viele Impfungen mehr Schaden anrichten, als die Krankheit, gegen die sie ursprünglich gedacht waren. Ein gutes Beispiel dafür ist die Impfung gegen Keuchhusten, die sich immer deutlicher als sinnlos entpuppt. In den USA waren die meisten Menschen, die 2012 daran erkrankten, dagegen geimpft:

> *„Wie sich herausstellte, waren 90 Prozent der Opfer der Keuchhustenepidemie, die am 13. Dezember 2012 im US-Bundesstaat Vermont offiziell erklärt wurde, gegen die Krankheit geimpft – manche von ihnen sogar zweimal oder sogar öfter, wie offiziell empfohlen... Dennoch drängen Kelso und andere Vertreter Erwachsene und Kinder noch immer dazu, sich in einer der Polikliniken, die im ganzen Land errichtet wurden, kostenlos gegen Keuchhusten impfen zu lassen. Sie betont, der Impfstoff und der Mehrfachimpfstoff TdaP seien bei Erwachsenen ‚zu 80 bis 90 Prozent wirksam'. Das ist ganz offensichtlich nicht der Fall!"*(208)
>
> Ethan A. Huff (Autor bei naturalnews.com)

Ganz im Gegenteil: Wenn 90 Prozent der Erkrankten geimpft waren, dann ist offenbar die Chance, nach einer Keuchhustenimpfung an Keuchhusten zu erkranken, neun Mal so hoch wie ohne Impfung! Impfen ist ein großes und schmutziges Geschäft. Ein hervorragendes Beispiel dafür ist auch die jährliche Grippeschutzimpfung, die immer noch fleißig von Ärzten empfohlen wird. Und das, obwohl sich regelmäßig Menschen darüber beklagen, dass sie nach einer Impfung den ganzen Winter kränklich waren. Die Impfreaktionen reichen von Unwohlsein bis zu Nervenschmerzen, Krämpfen, Lähmungen, Gefäßentzündungen, allergischen Reaktionen bis hin zu einer Thrombozytopenie. Einer Umfrage der Pharmaindustrie zufolge verweigerten in Deutschland fast 45 Prozent der Grippegeimpften danach eine erneute Impfung mit der Begründung, sie seien trotz der Impfung an Grippe erkrankt."[(209)]

Früher lautete der Rat eines Arztes bei Grippe: „*Bleiben Sie drei oder vier Tage im Bett, ruhen Sie, schwitzen Sie sich aus, trinken Sie viel Tee mit Zitrone, und schonen Sie sich die nächsten Wochen!*" Statt den Körper zu schonen, bombardiert man ihn heute noch zusätzlich mit Medikamenten. Waren Menschen früher überlastet, dann wurden ihnen „Entschleunigung" und „Luftveränderung" verschrieben, sie fuhren zur Kur. Diese Kuren gibt es immer seltener, da sie mit einem Mal zu teuer sein sollen – und das, obwohl viele deutsche Krankenkassen Überschüsse in Milliarden-Höhe erwirtschaften.

Wenn die eigene Krankenkasse keine alternativen Heilmethoden bezahlt, obwohl die meist nicht nur wirksamer, sondern auch deutlich preiswerter sind, dann macht es oft Sinn, nachzuhaken und nicht klein beizugeben. Der eine oder andere Sachbearbeiter kann vielleicht seinen Spielraum ein wenig ausdehnen, wenn man ihm die nötigen Informationen und Argumente vorlegt. Man muss nicht alles widerspruchslos hinnehmen. Steter Tropfen höhlt den Stein, auch im Falle großer und starrer Gesellschaften, wie es Versicherungen sind!

Ich möchte hier niemandem Böswilligkeit unterstellen – zumindest nicht den Ärzten –, aber es ist an der Zeit, die „Götter in Weiß" zu hinterfragen und zu realisieren, dass sie stark von der Pharmaindustrie beeinflusst werden. Dass diese nicht zu unserem Wohle handelt, sondern zu ihrem eigenen, dürfte langsam bekannt sein. Es ist also wichtig, dass wir alle von nun an mehr Verantwortung für uns selbst übernehmen und nicht alles schlucken, was uns jemand vorsetzt, nur weil er „Dr. med." ist und irgendwann einmal – oft vor sehr langer Zeit – irgendwo ein Studium absolviert hat. Deshalb: *Wenn man Ihnen Medikamente oder umfangreiche Behandlungen verschreiben möchte, fragen Sie bitte immer nach, lassen Sie sich umfangreich über die Wirkungen und Nebenwirkungen aufklären, und lassen Sie sich nicht bevormunden! Holen Sie, wenn Sie unsicher sind, immer mehrere Meinungen ein – von verschiedenen Medizinern wie auch von alternativen Heilern!* ***Lassen Sie sich niemals von Ärzten einschüchtern, denn es geht um Ihre Gesundheit, um Ihr Leben!***

Lassen Sie sich nie von Ärzten einreden, dass etwas unumstößlich sei! Unsere Gedanken entscheiden in hohem Maße über unsere Gesundheit. Es gibt tatsächlich immer wieder Ärzte, die schwer kranken Menschen Sätze sagen wie: *„Sie haben nur noch maximal 6 Monate zu leben!"* Ich bin immer wieder fassungslos über solche verantwortungslosen Aussagen! Die Wucht einer solchen Nachricht überrollt jeden Menschen, sie tötet auch noch den letzten Rest von Lebensenergie und Abwehrkraft in einem Kranken. Ärzte sollten sich viel mehr über ihre eigene Verantwortung und über die Macht von Gedanken und Überzeugungen bewusst sein. Die Energie dieses fatalen Satzes hätte auch für einen kerngesunden Menschen fatale Wirkung – vorausgesetzt, dass er dem Arzt uneingeschränkt glaubt, was leider sehr viele Menschen tun.

Wenn jemand schwer krank und die Schulmedizin am Ende ihrer Weisheit angelangt ist, dann sollte man dem Kranken das genau so sagen, ohne ihn aber zum Tode zu verurteilen, denn die Medizin ist keine exakte Wissenschaft, und Mediziner können sich irren. Viele einzelne Fälle weichen von der Norm ab. Es gibt tausende Fälle von Menschen, die schulmedizinisch „austherapiert" waren, denen man also im System nicht mehr helfen konnte, die aber dank ihres Eigensinns und starken Willens dennoch weiterlebten. Ein bekanntes Beispiel dafür ist *Halima*

Neumann, Autorin der empfehlenswerten Bücher *„Stop Krebs, MS, Aids"* und *„Lebenselixiere"*. Im Alter von 30 Jahren erkrankte sie schwer an Krebs und wurde von der Schulmedizin nach erfolgloser Chemotherapie aufgegeben. Damals nahm sie ihr Schicksal selbst in die Hand. Sie beschäftigte sich intensiv mit der Ursachenforschung ihrer Krankheitssymptome und wurde wieder gesund. Nun, mehr als zwei Jahrzehnte später, lebt sie immer noch und hat seitdem zahlreichen anderen schulmedizinisch „zum Tode Verurteilten" geholfen, weiterzuleben. Darum: ***Lassen Sie sich bitte nichts einreden! Sie allein entscheiden über Ihr Leben!*** Ich möchte hier nicht generell gegen Schulmediziner wettern, aber es gibt leider einige, die ihren verantwortungsvollen Beruf ziemlich verantwortungslos ausüben, und dem sollte man dringend Einhalt gebieten! *Es ist nie das letzte Wort gesprochen, es sei denn, Sie wollen es so!*

Es gibt zahlreiche alte wie auch neue Methoden, den menschlichen Körper mittels energetischer und spiritueller (geistiger) Arbeit zu heilen, also ihn wieder in einen Zustand des Heils, der Ganzheit, des Glücks zurückzuführen. „Heil" zu sein ist nicht nur zufällig mit dem Wort „Heiligkeit" verwandt. Es hat denselben Ursprung, letztlich auch dieselbe Bedeutung. Zum Glück wachen auch immer mehr Ärzte und Patienten auf. Sie bilden sich weiter, machen sich eigene Gedanken und akzeptieren, dass der Mensch mehr als eine „unheilvolle" physiologische Maschine ist. So hat etwa der New Yorker Orthopäde *Dr. John E. Sarno* festgestellt, dass Rückenschmerzen bei ca. 90 Prozent seiner Patienten keine körperliche Ursache haben, sondern eine seelische; dass es sich genauer gesagt um verdrängte oder unterdrückte Wut und Angst handelt, die bewirkt, dass sich die Muskulatur so stark verkrampft, dass daraus chronische Rücken- und Schulterschmerzen resultieren. Er nennt dies *Muskelverspannungs-Syndrom* (TMS – Tension Myositis Syndrome) und erklärt, dass die meisten seiner Patienten nie lernten, sich abzugrenzen und „nein" zu sagen. Das ist für die meisten Heiler, Heilpraktiker oder Osteopathen nicht überraschend, für einen Schulmediziner jedoch revolutionär! Und Sarno hat darüber ein Buch geschrieben, das sich auch noch weltweit hervorragend verkauft.[(210)]

Nur wer sich seines Selbst bewusst ist, kann auch dauerhaft heil sein. Wer heil und gesund ist, ist Vorbild und Hilfe für andere. Gesundheit ist nichts, was man isoliert betrachten kann. Niemand kann dauerhaft gesund sein, wenn er sich in ungesunder Umgebung befindet. Im Grunde müssen wir alles umkrempeln, um wieder heil zu werden, um den ursprünglichen, natürlichen Zustand wiederherzustellen, der bestand, bevor der Mensch sich über die Natur stellte. Wir müssen damit aufhören, Menschen, die aus dem Gleichgewicht geraten sind, in „Krankenhäuser" zu stecken, denn das sind Häuser, die krank machen. Wir bräuchten stattdessen „Heilungshäuser", Orte voller Harmonie, voller hoher, positiver Schwingung. Solche Orte brauchten statt Fernsehern Seminare über Gedankenhygiene und Bewusstheit, Gärten der Inspiration und der Schönheit.

Es ist wichtig, dass wir ob der Fülle der Aufgaben, die vor uns liegen, nicht verzweifeln und noch vor dem Start aufgeben. Niemand muss alleine alles umkrempeln. Es reicht, wenn jeder von uns sich einen kleinen Teilbereich vornimmt und einfach irgendwo anfängt. Niemand kann die Welt allein verändern. Aber wenn wir in einzelnen Bereichen mit gutem Beispiel vorangehen, dann werden wir andere inspirieren, und sie werden folgen. *Es gibt nichts Gutes, außer man tut es!*

Ich weiß, dass das Zusammenspiel aus Schulmedizin, Pharmalobby und Krankenkassen im Moment für alle Beteiligten und Betroffenen wie eine unüberwindbare Mauer wirkt. Auch die Berliner Mauer galt jahrzehntelang als unüberwindbar. Sie wurde mit Stacheldraht, Maschinenpistolen und mit Selbstschussanlagen gesichert. Und dann, innerhalb weniger Wochen, war sie plötzlich verschwunden. So ähnlich könnte es der rückwärts gewandten Schulmedizin des 20. Jahrhunderts auch ergehen.

Jahrtausende lang haben die Menschen den Körper als Ausdruck der Seele verstanden und Probleme im Körper auch als seelische Probleme verstanden und behandelt. Bei allen Naturvölkern und Indianerstämmen werden Heilrituale mit tiefen Meditationen und bewusstseinserweiternden Ritualen verbunden, mit Schwitzhütten, um das Negative, die Verstimmung, auszuschwitzen. Rein körperliche Beschwerden werden mit Kräutern und Wurzeln behandelt und geheilt. Denn gegen alles ist ein Kraut gewachsen – außer gegen Ignoranz und Dummheit!

Dem Thema „Medizin“ werde ich ein eigenes Buch widmen, weil es den Rahmen dieses Buches sprengt. Aber ich habe selbst in meinem Buch *„Was Sie nicht wissen sollen!“* dieses Thema bereits gestreift und auch auf *Kolloidales Silber* hingewiesen, da ich damit persönlich hervorragende Erfahrungen gemacht habe. Man kann es sehr leicht selbst herstellen, und die Einsatzmöglichkeiten dieses alten „Hausmittels“ sind vielfältig.

2004 haben die EU-Diktatoren eine *„EU-Richtlinie zur Verwendung traditioneller und pflanzlicher medizinischer Produkte (Richtlinie 2004/24/EG)“* erlassen und diese 2011 („Codex Alimentarius“) nochmals ausgebaut. Das bedeutet, dass seitdem nur noch klinisch getestete „Produkte“ als Medizin verkauft werden dürfen, wobei ein klinischer Test mehrere Millionen kostet, nachdem die Kriterien dazu zuvor von der Pharmalobby verschärft wurden. Umso wichtiger ist, sich fortan selbst über Heilpflanzen und ihre Wirkung zu bilden, denn niemand kann mir verbieten, Kräuter in meinem Garten anzubauen. Wenn ich sie dann anwende, muss ich es ja nicht „Medizin“ nennen, Hauptsache es wirkt! Diese völlig „unheilvolle“ Verordnung ist ein weiteres Beispiel dafür, wie gewisse Kreise versuchen, die Menschen in ihrer Unabhängigkeit, in ihrem geistigen Wachstum und in ihrer Freiheit zu beschneiden, und es wird in Zukunft ein weiteres Beispiel dafür sein, wie sie mit ihren sinnlosen Bemühungen den Fortschritt der Menschheit zu unterdrücken gescheitert sind.

> *„Eine neue wissenschaftliche Wahrheit pflegt sich nicht in der Weise durchzusetzen, dass ihre Gegner überzeugt werden und sich als belehrt erklären, sondern vielmehr dadurch, dass ihre Gegner allmählich aussterben und dass die heranwachsende Generation von vornherein mit der Wahrheit vertraut gemacht ist.“*[(211)]
>
> Max Planck (Physiker, Begründer der Quantenphysik)

Meine Vorstellung von heilvoller Gesundheitspolitik sieht so aus, dass wir bereits in der Schule über die Verbindung von Körper, Geist und Seele aufgeklärt werden. Krankenkassen verordnen zuerst immer alternative Heilmethoden und Meditationskurse, ehe sie chemische Präparate verschreiben. Das führt nicht nur zu mehr Gesundheit, sondern auch zu enormen Kosteneinsparungen. Im öffentlichen, städtischen Raum werden statt Bildschirmen voller Werbung und Unsinn Lautsprecher aufgestellt, um heilende Musik abzuspielen, die alle Menschen in Balance hält. Jeder Handynetzbetreiber müsste über seine Antennen, neben den heillosen Mikrowellenstrahlen auch positive, harmonische Strahlung aussenden, um die negativen Effekte wieder auszugleichen. In weiterer Folge sollten wir sogar lernen, ohne Handys auszukommen und wieder – wie Menschen es schon vor Jahrtausenden taten – mittels bewusster Gedanken zu kommunizieren. Das wird hart für Handyhersteller und Netzbetreiber, doch nur so kommen wir und unsere Kinder zu einer lebenswerten Zukunft!

Utopie? Träumerei? Wer weiß! Als die Eisenbahn erfunden wurde, warnten zahlreiche Ärzte davor, sie zu nutzen, weil sie sich sicher waren, dass der menschliche Körper so hohe Geschwindigkeiten (von mehr als 40 km/h) nicht aushalten könne und bei der Benutzung solcher „Höllenmaschinen“ sterben werde. Nun, wir wissen heute, dass dem nicht so ist. Die Wissenschaft von heute ist der Irrtum von morgen!

Viele körperliche Leiden haben im Grunde sehr simple Ursachen, die zu beseitigen wir keinen Arzt oder Apotheker, sondern nur ein wenig Wissen und Hausverstand brauchen. Viele Beschwerden gehen von selbst weg, wenn wir genug **lebendiges Wasser** – im akuten Fall mindestens 3 bis 4 Liter täglich – trinken. Ein solches Wasser (Heilwasser) mit guter Schwingung kann man entweder in Glasflaschen kaufen oder aber auch selbst aus gefiltertem Leitungswasser herstellen. Zwar gelten in Mitteleuropa vergleichsweise hohe Standards für Leitungswasser, dennoch finden sich darin manchmal immer noch Medikamentenrückstände, Spuren von Urin sowie Schwermetalle und Chemikalien. Mit einfachen Osmose-Filtern kann man bis 99% davon herausfiltern.

Warum ist Wasser so wichtig? Weil der menschliche Körper zum größten Teil aus Wasser besteht. Bei der Geburt bestehen wir noch zu knapp 90% aus Wasser, im Lauf des Lebens aber nimmt der Wassergehalt in den Zellen und im Körper ab – er sinkt ab bis auf etwa 60%!

Die Tatsache, dass wir mit zunehmendem Alter immer mehr gesundheitliche Probleme bekommen, könnte also folglich mit dem abnehmenden Wassergehalt oder mit dem mangelhaften Zustand des Wassers in unserem Körper zutun haben. Denn: Wasser ist Leben! Wasser ist Information! Wasser ist Energie!

Dass dies tatsächlich so ist, hatte der österreichische Förster und Erfinder *Viktor Schauberger* bereits Anfang des 20. Jahrhunderts entdeckt – und zwar nicht nur für den Menschen. Er stellte fest, dass Pflanzen in der Nähe von verwirbeltem, bewegtem Wasser viel üppiger gediehen, als Pflanzen an stehenden Gewässern. Nach langer Recherche entdeckte er, dass verwirbeltes Wasser deutlich mehr Energie enthält als stehendes Wasser, was positive Auswirkungen auf alle davon betroffenen Organismen (Mensch, Tier und Pflanze) hat. Seit Schauberger wissen wir, dass es im Grunde nur zwei Arten von Wasser gibt, die in der Lage sind, die Zellmembranen unserer Körperzellen zu durchwandern und somit die Versorgung der Zelle und die Entsorgung von Abfällen in der Zelle gewährleisten können, nämlich ***ionisiert-basisches Wasser*** und ***hexagonal verwirbeltes Wasser***.

Egal wie gut unser Leitungswasser an seinem Ursprung ist, das was am Ende herauskommt, ist immer leblose Flüssigkeit. Selbst Wasser, das direkt aus den Alpen kommt und lebendigen Quellen entspringt, ist im Regelfall, da es unter sehr hohen Druck gesetzt werden muss, um durch kilometerlange Leitungen zu fließen, am Ende tot, also ohne jede Energie. Diese mangelnde Energie kann man dem Wasser aber wieder zuführen, ja man kann es sogar – verglichen mit seinem ursprünglichen Zustand – noch verbessern. Dafür gibt es unterschiedliche Formen von *Verwirblern*. Wir haben bereits zuvor die Arbeit von Masaru Emoto erwähnt, aber ich möchte an dieser Stelle auch ausdrücklich auf das Kapitel „Freie Energie“ (Seite 306) hinweisen, um ein besseres Verständnis für die Bedeutung von Wasser als Träger des Lebens zu bekommen.

Wer mehr über sauberes und lebendiges Wasser wissen möchte, findet dazu reichlich Informationen im Internet oder in Wassershops.

Sport – vor allem Ausdauersport – ist für unsere Gesundheit von essentieller Bedeutung! Sport härtet nicht nur ab, sondern er beruhigt und harmonisiert auch Körper, Geist und Seele. Er stärkt den Kreislauf, macht uns wacher, leistungsfähiger, und er stärkt unsere Immunabwehr. Wer regelmäßiger Ausdauersport betreibt, ist gesünder, leistungsfähiger und braucht weniger Schlaf. Gerade Sportarten wie Laufen oder Walken kosten im Grunde kein Geld. Alles, was man dazu benötigt, sind ein oder zwei Paar gute Schuhe, die man sich im Fachhandel bei guter Beratung kaufen sollte. Der richtige Schuh ist entscheidend, weil jeder Fuß anders ist und optimale Unterstützung braucht, damit man nicht rasch den Spaß an der Bewegung verliert.

Entscheidend ist auch eine ausgewogene, **gesunde Ernährung**. Jeder Mensch ist anders, hat somit auch andere Bedürfnisse, aber frisches Obst und Gemüse, möglichst in Bio-Qualität, sind für jeden von uns sehr gesund. Es schadet auch nicht, gelegentlich mal auf eine Mahlzeit zu verzichten. Vor allem sollten wir daran denken, dass es nicht täglich Fleisch sein sollte. Nicht nur die Umwelt, sondern auch unser Körper wird es uns danken, wenn wir weniger Fleisch essen. Denn es sind vor allem tierische Eiweiße (wie Fleisch, Wurst, Fisch und Eier), die neben Milch, Sojaprodukten, Süßigkeiten, Teig- und Backwaren, Kaffee, Alkohol und künstlichen Süßstoffen zu einer Übersäuerung unseres Körpers führen, also das pH-Milieu unserer Körperflüssigkeit dauerhaft stark absenken. Doch auch durch Stress, Angst, Sorgen, Ärger und negative Gedanken erzeugen wir emotional bedingt körpereigenes Adrenalin, das uns „sauer“ macht. Ein ausgeglichener **Säure-Basen-Haushalt** ist für unser Wohlbefinden und für unsere Gesundheit eine Grundvoraussetzung. Fachliche Beratung ist empfehlenswert.

> *„Übersäuerung ist ein Zustand, der ganz zu Beginn eines jeden Leidensweges steht. Leider spürt man eine Übersäuerung anfangs nicht. Der menschliche Organismus versucht – oft über viele Jahrzehnte*

hinweg –, eine bestehende Übersäuerung zu kompensieren. Das gelingt auch eine Zeitlang. Wie lange, das hängt von der individuellen Konstitution, dem Lebensstil und den persönlichen Reserven ab. Dann tauchen die ersten Symptome auf. Meistens fühlt man sich anfangs ‚nur' ein wenig energielos, schlapp, müde und ohne jeglichen Antrieb. Im Laufe der Zeit kommen die verschiedensten Leiden und Symptome noch dazu. Da viele Medikamente die bestehende Übersäuerung noch verstärken, droht ein Teufelskreis nahezu ohne Ausweg."[212]

„Die Gesundheit ist ein Zustand des vollständigen körperlichen, geistigen und sozialen Wohlergehens und nicht nur das Fehlen von Krankheit oder Gebrechen", schreibt die Weltgesundheitsorganisation in ihrer Verfassung. Nun, Einsicht ist der erste Weg zur Besserung. Vielleicht wird die WHO ja eines Tages auch nach diesem Credo handeln und dafür sorgen, dass die nötigen Rahmenbedingungen und das nötige Wissen dafür geschaffen werden? Wo ein Wille ist, ist auch ein Weg!

Körperliche Gesundheit bedarf der Hilfe unseres Geistes. Reine Gedanken, heilvolle Gedanken, Freude, Liebe, Begeisterung bringen Gesundheit. Angst vor Krankheit schafft Krankheit. Freude über Gesundheit schafft Gesundheit. Alles ist mit allem verbunden, nichts ist isoliert von allem anderen. *„Achte auf deine Gedanken, denn sie werden deine Worte! Achte auf deine Worte, denn sie werden deine Taten! Achte auf deine Taten, denn sie werden deine Gewohnheiten! Achte auf deine Gewohnheiten, denn sie werden dein Leben!"*

(Anmerkung: Zu meinen etwas saloppen, doch nachweislich zutreffenden Hinweisen gibt es immer mehr ausgezeichnete und hochaktuelle Literatur. Und rein juristisch muss ich hier am Ende des Kapitels „Gesundheit" darauf hinweisen, dass meine Darstellungen den Besuch beim Therapeuten oder Schulmediziner nicht ersetzen, sondern nur ergänzen sollen.)

WIRTSCHAFT

Die Bankenwelt, im Grunde das gesamte Finanzwesen, wurde seit der zweiten Hälfte des zwanzigsten Jahrhunderts von geistigen Robotern und Psychopathen dominiert. Sie stellten Wirtschaftsmathematiker ein, die komplizierte Computerprogramme entwickelten, die nichts mit der realen Welt und den Bedürfnissen der Menschen zu tun hatten und haben, aber die Börsen und die Finanzmärkte bestimmten. Das führte dazu, dass all die Entwicklungen in diesen Sektoren nicht mehr nachvollziehbar waren und sich verselbständigten. Es entstanden völlig absurde, undurchsichtige Finanzprodukte, die letztlich mit zur gegenwärtigen Weltwirtschaftskrise führten und viele Menschen ins Unglück stürzten. Aber auch die Ausbildung der Wirtschaftsstudenten wurde weltweit von dieser *Autistischen Ökonomie* geprägt. Die Studiengänge wurden immer einseitiger, immer mathematischer, immer unmenschlicher. Ideologie ersetzte kritisches Denken. Diese Entwicklung wurde von den meisten führenden Ökonomen kritisiert. So sagten unter anderem der britische Wirtschaftswissenschaftler Ronald Coase: *„Die gegenwärtige Wirtschaft ist ein theoretisches (mathematisches) System, das im luftleeren Raum schwebt und wenig mit dem zu tun hat, was in der realen Welt passiert"*, und der amerikanische Ökonom Milton Friedman: *„Die Wirtschaft hat sich zu einem geheimnisvollen Zweig der Mathematik entwickelt, anstatt sich mit den realen wirtschaftlichen Problemen zu befassen."*

Die Macht dieser blut- und sinnleeren Finanzwelt schien aber übermächtig. Ihre Ideologie bestimmte immer mehr die Politik, wie wir in der EU deutlich erkennen können. So kamen immer mehr Ex-Banker in hohe politische Machtpositionen, allen voran die Goldman-Sachs-Clique, die mit Lucas Papademos, Mario Monti und Mario Draghi die Geschicke Europas bestimmten. Aber an immer mehr Fronten regt sich Widerstand. Und mittlerweile kommt er nicht nur mehr von sogenannten „Verschwörungstheoretikern", sondern von der Basis der Wirtschaft selbst.

Mit dem Slogan *„Vernunft, Humanität und Wissenschaft“* formiert sich eine massive Gegenbewegung, die von den Studierenden selbst ausgeht. Diese Studentenbewegung für eine ***post-autistische Volkswirtschaftslehre*** nahm 2001 ihren Anfang in Paris und schwappte allmählich auf die gesamte westliche Welt über. Unter dem Titel „real-world economics review“ gibt das *Post-Autistic Economics Network* (PAECON) ein vierteljährliches Rundschreiben heraus, das Millionen von Ökonomen und Studenten weltweit erreicht und dabei ist, die Volkswirtschaftslehre und ihre Ausbildung von Grund auf zu verändern.[(213)]

So gibt es mittlerweile in der Wirtschaftswissenschaft neue Strömungen, die den Menschen und nicht das Wachstum oder das Streben nach Gewinn in den Mittelpunkt stellen. Einer dieser neuen Zweige ist die **Glücksökonomie** (Happiness Economics).

> *„Ein Ziel ist es, vom ‚homo oeconomicus' wegzukommen. Die Einstellung vieler Ökonomen, dass wir fleißige Bienchen sind, die vor allem auf Gewinn und Wachstum aus sein sollten, funktioniert nicht mehr. Das Ziel der Glücksökonomie ist, der bisherigen Ökonomie die Variable der Menschlichkeit hinzuzufügen. Größtes Gut kann nicht mehr Wachstum alleine sein, sondern die Lebenszufriedenheit. Dabei ist es wichtig, dass es genauso wenig um eine kurzfristige Glückserhöhung gehen darf, wie um eine kurzfristige Gewinnmaximierung. Man muss lernen, nachhaltig zu wirtschaften.“*[(214)]
>
> Dominik Dallwitz-Wegner (Gründer der GlücksAkademie)

Die Wirtschaft hat sich schon lange von dem Prinzip, wonach die Nachfrage das Angebot bestimmt, entfernt, weil Großkonzerne erst die Nachfrage durch Moden, Trends und Manipulation des Zeitgeistes bestimmen, um sie anschließend zu befriedigen. Dabei setzen sie sich über alle sozialen und ökologischen Standards hinweg und beuten Menschen ebenso aus wie die Natur. Wir verschwenden viel zu viele Ressourcen, was völlig unnötig ist. Deshalb müssen wir uns von dem antrainierten Glauben an ein stetig nötiges Wachstum verabschieden. Unendliches Wachstum ist auf einem endlichen Planeten nicht möglich!

Die Zukunft der Wirtschaft liegt darin, dass wir sie wieder den wahren Bedürfnissen der Menschen anpassen, wobei Menschen nicht als „Humankapital", „Verbraucher" oder als „Konsumenten" gesehen werden dürfen, sondern als intelligente und fühlende Lebewesen! Dazu gibt es sehr viele Überlegungen und Ansätze, die aber alle nur umsetzbar sind, wenn wir auch unseren Beitrag dazu leisten. Zum einen sollten wir nur das kaufen, was wir auch brauchen. Wir sollten bei der Auswahl von Produkten darauf achten, dass sie zu fairen Bedingungen hergestellt wurden und hohen Umweltstandards entsprechen, und zusätzlich bei allem auf möglichst kurze Transportwege achten. Je mehr wir lokale Anbieter unterstützen, je mehr wir uns über die Produkte informieren, die wir kaufen, desto mehr werden wir zu einer neuen, bewussten Ökonomie beitragen.

So spricht etwa der Wiener Wirtschaftsprofessor *Franz Hörmann* davon, dass wir, statt dass Positive immer zu maximieren (Wachstum), lieber das Negative beseitigen sollten. Er plädiert also für Qualität statt Quantität. Während die gesamte Wirtschaft und das monetäre System heute auf *„der kapitalistischen Maximierung positiver Werte basiert, um welche sich dann ein Kampf entfaltet (Knappheitsdenken, Konkurrenz), liegt dem neuen ökosozialen Bewertungssystem die Minimierung schädlicher Aspekte der Produktion zugrunde"*, denn für die Wünsche und Ansprüche der Menschen gibt es keine Obergrenze, die Ressourcen des Planeten sind aber sehr wohl begrenzt. Negative Aspekte wie anstrengende menschliche Tätigkeiten, Umweltbelastungen, Raubbau an Ressourcen, Bedrohung von Tier- und Pflanzenwelt usw. zu beseitigen, hält er für die Grundvoraussetzung zur Schaffung einer *„ökosozialen Gesellschaft"*.[(215)]

> *„Wir unterscheiden in Zukunft daher auch nicht mehr zwischen Arbeits- und Freizeit (die im heutigen System eigentlich eine ‚Konsumzeit' ist), sondern zwischen selbstbestimmter und fremdbestimmter Lebenszeit. Die fremdbestimmte Lebenszeit gilt es zu minimieren, dann wird die selbstbestimmte automatisch wachsen. Und wenn die negativen Einflüsse auf unsere Gesundheit minimiert werden, dann wird sich die Lebenszeit und -qualität automatisch*

erhöhen, auch wenn wir sicher nicht ewig leben werden. Die Maximierung positiver Aspekte in einem begrenzten System ist ein gefährlicher Unsinn, die Minimierung der negativen Aspekte hingegen ein empirisch überprüfbares Erfolgskonzept."[216]

Prof. Franz Hörmann (Wirtschaftsprofessor)

Durch den zunehmenden Einsatz von Maschinen, Computern und Robotern in der Fertigung werden in naher Zukunft immer mehr Arbeitsplätze wegfallen. Arbeit ist aber bislang eine der wichtigsten Quellen für empfundenes Glück und benötigtes Einkommen beim Menschen – vor allem bei uns Männern. Dabei geht es uns vor allem um Anerkennung und Wertschätzung, um Selbstverwirklichung. Im Zuge des Verdrängungswettbewerbs, der dank der Globalisierung stattfindet, wurden die Arbeitsbedingungen für diejenigen, die noch Arbeit haben, seit den 1990er-Jahren aber immer härter. Ein überwältigender Teil der Berufstätigen ist heute im Job unzufrieden und unglücklich. Was fehlt, sind häufig Mitarbeitermotivation, Einfühlungsvermögen von Vorgesetzten und ein klares gemeinsames Ziel innerhalb der Betriebe. Auch hier gilt wie im Bildungsbereich, dass Führungskräfte wieder mehr auf Gemeinsamkeit, auf Begeisterung, auf Ansporn setzen müssen. Wenn man seine Mitarbeiter respektiert, wenn sie sich an- und ernst genommen fühlen, dann sind sie zu wesentlich besseren Leistungen im Stande und auch gewillt! Darum, liebe Manager, sagen Sie Ihren Mitarbeitern doch gelegentlich mal, dass Sie deren Arbeit schätzen, bedanken Sie sich, gehen Sie auf die Menschen zu! Überwinden Sie Ihr Hierarchie-Denken, denn ohne Ihre Mitarbeiter wären Sie nichts! Jede Gruppe ist immer nur so stark, wie ihr schwächstes Glied, daher ist es immer wichtig, die „Schwächsten" – also die am wenigsten motivierten Mitarbeiter – zu fördern! Ein einfaches *„Danke"* kann für einen einzelnen Menschen oft schon viel verändern!

„Ob wir es wollen oder nicht, ob wir es durchschauen oder nicht: Unser Wirtschaftssystem ist von Herzlosigkeit geprägt. Daran kann allerdings jeder von uns jeden Tag etwas ändern!"[217]

Dr. Joachim Rene Zyla (Unternehmensberater)

Das Konzept der „Arbeit“, also das Spezialisieren auf nur eine Tätigkeit zum Zwecke des Geldverdienens, ist im Grunde erst wenige tausend Jahre alt, was geschichtlich betrachtet keine lange Zeit ist. Davor haben Menschen getan, wozu sie Lust hatten, denn sie mussten nur wenige Stunden täglich aufwenden, um sich die nötigen Dinge des Lebens, wie Nahrung und Heizmaterial, zu besorgen. Da es nicht mehr genügend Arbeit für alle Menschen gibt und diese Tendenz sich verstärken wird, werden wir uns wieder dahin zurück entwickeln müssen. Es gilt für uns zu lernen, dass wir unseren Selbstwert, unser Glück und unsere Bestimmung künftig nicht mehr in der Arbeit, sondern wieder anderswo finden, oder wir werden einfach alle unglücklich sein.

Wir wissen aus der Glücksökonomie, dass die Menschen in den Industrieländern über die Jahrzehnte hinweg trotz steigender Einkommen und größeren materiellen Wohlstandes nicht zufriedener wurden – ganz im Gegenteil.[(218)] Dies nennt man das *„Easterlin-Paradoxon“*, benannt nach dem Ökonomen *Richard Easterlin*, der 1974 als Erster diese Zusammenhänge erkannte.

Im Zuge der weltweiten Finanzkrise steigen die Armut und die Arbeitslosigkeit in der westlichen Welt beängstigend an. Gleichzeitig ist immer mehr Geld im Umlauf. Wie also könnte es in unserer Gesellschaft zu denen gelangen, die es am nötigsten brauchen, ohne diese als Almosenempfänger, Schmarotzer oder als Arbeitsscheue abzustempeln? Das klassische Berufsbild, das unsere Eltern noch kannten – *„Such' dir einen guten Job und bleib dort bis zur Rente!“* –, existiert nicht mehr.

Ein für manche zu radikales Modell ist da das **Bedingungslose Grundeinkommen**. Die Idee dahinter lautet, dass jeder erwachsene Bürger monatlich einen bestimmten Betrag (etwa 1.000 € oder 1.500 €) kostenlos vom Staat bekommt, ohne dafür etwas leisten zu müssen – bedingungslos also. Der Betrag sollte so gestaltet sein, dass ein Mensch damit bescheiden leben (nicht nur überleben!) kann.

Kaum ein anderes Modell ist so umstritten wie dieses. Warum? Weil viele Menschen meinen, dass es zum einen unfinanzierbar wäre, zum anderen aber auch die Faulheit der Menschen fördern würde. Warum sollte sich jemand noch anstrengen, irgendetwas zu leisten, wenn er ohnehin genug Geld zum Leben hat?

Nun, dazu kann man nur sagen: Weder ist es unfinanzierbar, noch ist sicher, dass ein solches Grundeinkommen die Masse der Menschen zum Nichtstun animieren würde. Wenn wir uns heute umsehen, dann erkennen wir, dass gerade die Menschen, die eigentlich genug haben, immer mehr wollen. „Zu haben" führt also nicht zu Faulheit. Vielmehr ist es doch so, dass jeder von uns gerne etwas Sinnvolles tun würde. Jeder von uns würde prinzipiell gerne etwas für die Allgemeinheit, für die Umwelt, für benachteiligte Menschen tun. Einfach deshalb, weil es uns ein gutes Gefühl gibt, es uns glücklich macht, anderen zu helfen und Sinnvolles zu tun. Jeder von uns möchte sich selbst verwirklichen. Wie aber bereits der Psychologe Abraham Maslow festgestellt hatte, müssen dafür die Grundbedürfnisse des täglichen Überlebens gesichert sein.

Wie wir im ersten Teil des Buches gesehen haben, sind die meisten von uns aber ihr Leben lang damit beschäftigt, sich ihr Geld für den Lebensunterhalt zu verdienen. Oft tun sie dies jedoch in Berufen, die nicht ihre Berufung sind, in die sie irgendwie „hineingerutscht" sind. Viele Menschen gehen einer Arbeit nach, die sie nicht erfüllt, einfach deshalb, weil sie ihre Miete, ihre Nahrung, ihre Steuern usw. bezahlen müssen. Würde diese Tretmühle wegfallen, dann könnte sich jeder dem widmen, was er eigentlich gerne täte, man könnte sich darauf besinnen, was man am besten kann – unabhängig davon, ob es Geld bringt oder nicht. Und wenn man etwas von Herzen macht, dann macht man es normalerweise auch gut, und dann wird es auch irgendwann Geld bringen. Wem die Grundsicherung jedoch nicht reicht, weil er Luxus braucht, dem steht es ohnehin frei, weiter zusätzlich für Geld zu arbeiten. Aber er *muss* es nicht. Das bedeutet, dass man in Zeiten der Überlastung und Überforderung, in Zeiten inneren Tumults einfach mit seiner Arbeit für eine Weile aussetzen kann. Das bedingungslose Grundeinkommen würde es jedem Menschen ermöglichen, sich mehr Zeit für sich selbst, für die eigene geistige und spirituelle Entwicklung aufzuwenden. Ich persönlich kann mir vorstellen, dass ein solches System ein gewaltiges Potential an Kreativität und Freude in der Gesellschaft freisetzen könnte.

Dass es finanzierbar ist, steht außer Frage, vor allem, wenn wir das Geldwesen in die Hand des Staates legten, denn dann könnte er die Geldmenge nach Belieben bestimmen. Damit würde die gegenwärtige Politik des „billigen Geldes“ nicht mehr nur den oberen 10 Prozent der Gesellschaft zugute kommen, sondern allen. Schon jetzt vermehren Zentralbanken unentwegt die Geldmenge. Bislang aber führt deren „lockere Geldpolitik“ ausschließlich zu steigenden Immobilien- und Rohstoffpreisen sowie zu steigenden Börsenkursen. Stattdessen könnte eine Zentralbank die Privatbanken anweisen, jedem Bürger einen bestimmten Betrag auf dessen Konto gutzuschreiben, was Gleichheit und Gerechtigkeit fördern würde. Klingt simpel, und ist es auch! Wenn man maroden Banken oder verschuldeten Nationen Geld schenken kann, warum nicht auch den eigenen Bürgern?

Aber selbst im jetzigen System wäre es finanzierbar. In 2011 flossen bereits etwa 767 Milliarden Euro in direkte und indirekte Subventionen (Sozialquote) an die Bevölkerung.[(219)] Etwa 40 Milliarden werden im Jahr allein nur für Hartz IV ausgegeben.[(220)] Der Rest für Kinder- und Jugendhilfe, Grundsicherung im Alter, Gesundheitsleistungen, Zuschüsse, Behindertenhilfe und vieles mehr. Wenn man den derzeit etwa 13 Millionen Minderjährigen jeweils 500 Euro monatlich, und den etwa 68 Millionen Erwachsenen jeweils 1.000 Euro monatlich gäbe, dann wäre das insgesamt ein Betrag von etwa 900 Milliarden Euro pro Jahr. Viele der bisherigen Leistungen wie Kindergeld, Hartz IV oder Alterssicherung würden dadurch wegfallen. Die Differenz der bisherigen Sozialausgaben ist also zu den 900 Milliarden nicht so extrem groß, vor allem wenn man bedenkt, wie viel Geld auf Landes- und Bundesebene ständig für Sinnloses verschwendet wird.

Wir müssen auch bedenken, dass es künftig immer mehr Arbeitslose dank Technisierung und fortschreitender Rezession geben wird. Statt sie also den Staat um Almosen anbetteln zu lassen, sollte sich der von sich aus um sie kümmern. Zum anderen würde das Bedingungslose Grundeinkommen den Menschen mehr Geld in die Hand geben, somit könnten sie mehr ausgeben, die Wirtschaft würde angekurbelt, neue Arbeitsplätze entstünden und der Staat hätte am Ende wieder höhere Steuereinnahmen. Dadurch würde es sich also zum Teil wieder selbst finanzieren.

Ich bin mir nicht sicher, ob es wirklich der richtige Weg ist, aber ich finde, dass auch ein solch radikales System ins Gespräch gebracht werden sollte. Schon allein, um die Diskussion über Alternativen zu befeuern.

Wenn wir unsere Gesellschaft ändern wollen, dann müssen wir auch unsere Wirtschaft ändern. Wir müssen die Änderung von den großen Konzernen ebenso einfordern wie von kleinen Betrieben. Wir haben sowohl als Käufer und Verbraucher wie auch als denkender und fühlender Teil der Gesellschaft die Mittel und die Pflicht, den verantwortungslosen und kranken Teil der Wirtschaft abzustrafen und den nützlichen und gesunden Teil zu stärken. Das Ganze nennt sich die „Moralisierung der Märkte". Es gibt Webseiten wie *murks-nein-danke.de, dasselbe-in-gruen.de* oder *Ethical Consumer*, die wertvolle Tipps liefern, schwarze Schafe auflisten oder innovative Unternehmen hervorheben. Das mächtigste Instrument zur Veränderung aber ist immer noch, das persönliche Gespräch mit Verkäufern zu führen oder aber im Falle von Unzufriedenheit mit einem Produkt oder Service deren Vorgesetzten zu verlangen und ihm höflich, aber deutlich zu erklären, womit man nicht zufrieden ist. Selbst bei großen Unternehmen kann man im Falle von Unzufriedenheit mit der Firma oder einem ihrer Produkte immer ganz oben ansetzen. Man findet mit ein wenig Recherche im Internet so gut wie alle eMail-Adressen, selbst die der Direktoren oder Vorstände. Eine offene eMail an diese Herren, die in Kopie auch an die Presseabteilung und alle anderen involvierten Personen geht, kann rasche Wunder bewirken. Falls diese nicht eintreten, bleibt immer noch der Gang zu einer der Verbraucherzentralen, die mit Sachkenntnis, direkter Hilfe oder juristischem Rat helfen können.

Eine wichtige Entwicklung in der Wirtschaft ist die der **Shareconomy**, die auf den Prinzipien von „Gemeinsamkeit" und „Teilen" beruht. Konsum ist nicht alles, nicht jeder von uns muss alles selbst besitzen, man kann bestimmte Dinge auch einfach teilen, was Geld, aber auch Platz und Ressourcen spart. Jeder hat schon vom **Car-Sharing** gehört, bei dem man Mitglied eines Car-Pools wird, von dem man nach Bedarf ein Auto ausleihen kann, für das man nur einen kleinen Betrag, abhängig von den gefahrenen Kilometern, bezahlt. Für Menschen, die nicht täglich ein Auto brauchen und in einer Großstadt wohnen, ist das eine interessante Alternative zum eigenen Auto – auch deshalb, weil man den PKW nach der Benutzung einfach irgendwo parken kann und sich nicht weiter darum kümmern muss. Man kann diese PKWs per Telefon oder Internet buchen, oft auch sehr kurzfristig. Größter Nachteil dabei: An Flughäfen darf man diese Wagen meist nicht abstellen.[(221)] Dorthin braucht man also weiterhin öffentliche Verkehrsmittel oder ein Taxi.

Der Sharing-Trend lässt aber auch Geräteverleihe boomen. Dort kann man von der Bohrmaschine bis hin zu Gartengeräten und Baggern alles nach Bedarf ausleihen. Das spart nicht nur Geld, sondern man bekommt auch kompetente Beratung vom Vermieter, und man vermeidet Müll, denn kaum jemand nutzt seine private Bohrmaschine wirklich aus, dennoch wird sie irgendwann weggeworfen oder gegen eine neue, hübschere ersetzt. Das Ausleihen kann so bis zu 80 Prozent Geräte-Müll sparen.

Bei jungen Leuten ist seit einigen Jahren das *Couchsurfing* nicht nur deshalb so erfolgreich, weil man bei fremden Menschen in fremden Städten oft kostenlos auf dem Sofa – oder oft auch in einem eigenen Bett oder eigenen Zimmer – übernachten kann, sondern weil man dadurch Menschen kennenlernt, was sowohl für den Couchsurfer als auch für den „Vermieter" offenbar interessant ist. Menschen suchen wieder den Kontakt zu anderen Menschen, und dabei gehen sie oft ungewöhnliche Wege.

„Auch ein Entwurf, der sich gegen die Wegwerfgesellschaft und die Verschwendung von Lebensmitteln wendet, hat es auf den Markt der

Smartphone-Apps geschafft. Auf der Website Foodsharing.de (derzeit nur in Deutschland) können User überflüssige Lebensmittel und Einkäufe einstellen. Mit einem Klick können diese gesichert und anschließend abgeholt werden. Die App bietet neben einer Fahrradroute zur Abholadresse auch die Möglichkeit, sich mit anderen zum gemeinsamen ‚Reste'-Kochen zu treffen. Immer wieder heißt es, dass der Konsum der Bevölkerung an seine Grenzen gestoßen ist. Wenn das Vertrauen der Konsumenten in Regierungen erstarrt, wächst das Vertrauen unter den Menschen. Dass die ‚Shareconomy' gerade in diesen Jahren erblüht, mag also keine Überraschung sein. Das ‚gelebte Teilen' zielt unter anderem darauf ab, die Lebensqualität zu erhöhen."[222]

Es ist eine regelrechte Gegenbewegung zum Anhäufen von Besitz, zur Abgrenzung gegen andere, und dieser Idee scheinen keine Grenzen gesetzt. *Öffentliche Bücherschränke*, aus denen sich jeder ein Buch herausnehmen kann, und idealerweise dafür wieder ein anderes hineinlegt, sind so eine Idee. Sie fördern das Lesen, verbreiten Wissen, sparen Geld und Ressourcen, stärken die Nachbarschaft und bringen Menschen ins Gespräch. Es gibt sie mittlerweile in zahlreichen Städten in Österreich, der Schweiz und in Deutschland.[223] Genau das ist es, was wir brauchen!

GELDWESEN

Geld wurde ursprünglich als Tauschmittel geschaffen, um uns den Handel, den Austausch von Waren zu erleichtern. Papiergeld war bis vor etwa hundert Jahren nichts weiter als ein Pfandschein (Banknote) für echtes Geld, also für *Gold*, das bei den Banken lagerte. Dieses Gold, das einen international anerkannten Wert hatte, weil es begrenzt ist, war das eigentliche Tauschmittel gegen Waren, das Papier nur sein Stellvertreter, ein Gutschein für Geld. Heute wird der Gutschein als

„Geld“ bezeichnet, was absurd ist, weil diese Papierschnipsel beliebig vermehrt werden können und keinen realen Wert haben. Heute dient dieses falsche „Geld“ nur noch einem Zweck, nämlich daraus noch mehr falsches „Geld“ zu kreieren. Der „Geldschein“ ist nichts anderes als „Scheingeld“. (siehe „*Was Sie nicht wissen sollen!*“, Teil 1 – Wirtschaft & Geld)

Durch die Abschaffung des Goldstandards gibt es keine Begrenzung mehr für die Geldmenge. Daher wird immer mehr Geld geschöpft, was zu steigenden Preisen und zu Blasenbildungen bei Immobilien, Aktien, und vielem mehr führt. Deswegen müssen diese einzelnen Sektoren der Wirtschaft immer wieder zusammenbrechen, um dann wieder von neuem durch Kredite aufgebaut zu werden. Dabei verlieren immer die ärmeren Menschen, die Besitzer der Banken hingegen gewinnen das, was alle anderen verlieren. Auf diese Art und Weise werden sie immer reicher und mächtiger. Genau diese Macht ist das Problem beim Umbau unseres heutigen Geldwesens.

Geld muss dem Menschen dienen, nicht umgekehrt. Doch heute bestimmt Geld unser aller Leben in einem Ausmaß, das nur noch als krankhaft zu bezeichnen ist. Geld wurde selbst zur Ware. Ganze Industrien beschäftigen sich an geschützten Finanzstandorten wie der Londoner City oder der Wallstreet ausschließlich mit der Vermehrung von Geld und mit der Verschleierung seiner Herkunft. Das muss und wird sich ändern.

> *„Es ist nur gut, dass die Menschen das Währungssystem nicht verstehen, denn wenn sie es täten, dann hätten wir eine Revolution vor morgen früh.“*
>
> Henry Ford (Automobilhersteller, 1863-1947)

Heutiges „Geld“ wird hauptsächlich durch die Kreditvergabe von Zentral- und Privatbanken geschaffen und existiert nur auf dem Papier, sogenanntes „Giralgeld“. Auch die meisten „Zentralbanken“ sind privat und tarnen sich nur als staatliche Organisationen. Selbst wenn sie nicht direkt in privater Hand sind, dann sind sie doch mit ehemaligen Spitzenbankern von Privatbanken besetzt, deren Verbindungen zu ihren früheren Geldgebern nicht abreißen – siehe Mario Draghi (EZB), „ehemals“ Goldman-Sachs.

Giralgeld ist kein gesetzliches Zahlungsmittel, denn es wurde ja nicht vom Staat, sondern von einer privaten Firma frei erfunden. Nur Bargeld ist gesetzliches Zahlungsmittel und muss daher auch von jedem – auch von Banken – als solches angenommen und akzeptiert werden. Banken liegt viel daran, dass die Menschen kein Bargeld nutzen, sondern alle Zahlungen bargeldlos abwickeln, denn der bargeldlose Zahlungsverkehr erhöht ihre Macht und ihren Gewinn. Die physische Geldmenge ist immer begrenzt, die virtuelle nicht! Sie allein wollen bestimmen, was Geld ist! Sie allein wollen es erzeugen dürfen! Deshalb sind sie für die Abschaffung des Bargeldes.

Im Oktober 2012 veranstaltete die Deutsche Bundesbank in Frankfurt am Main ein „Bargeld-Symposium“, auf dem sich hochrangige Vertreter der Bundesbank mit Kollegen aus der Kreditwirtschaft und der öffentlichen Verwaltung austauschten. Dabei ging es um die Abschaffung des Bargeldes! Die Massenmedien verschwiegen dieses Treffen. *Goldseiten.de* berichtete darüber:

> *„...doch tatsächlich geht es um einen in finanzieller Hinsicht völlig gläsernen Bürger. Wer gezwungen sein wird, jeden noch so kleinen Einkauf mit ‚elektronischem Geld' zu bezahlen, hinterlässt zwangsläufig eine Datenspur, die an Genauigkeit und Informationsgehalt das bisher Dagewesene in den Schatten stellen wird! In einigen Ländern sind bekanntermaßen Bargeschäfte ab bestimmten Umsatzgrenzen verboten, und dort gehen praktisch alle Bestrebungen dahin, diese Grenze immer weiter abzusenken. Doch an den Schaltstellen des ‚Zentralkomitees' der Europäischen Union (politisch korrekt müsste man vom Ministerrat und vor allem der EU-Kommission sprechen) hält man ein direktes Bargeldverbot für einen viel zu plumpen Weg, um das Gewünschte zu erreichen. Man denkt dort inzwischen an eine Art ‚Transaktionssteuer', mit der jeder Bargeldbezug von einer Bank belegt werden könnte. Als Testgebiet für diese neue Vorgehensweise hat man Ungarn erkoren.“*[(224)]

Seit 2013 wird jeder Bargeldbezug, gleich ob am Bankschalter oder am Geldautomaten, mit einer Transaktionssteuer in Höhe von zunächst 0,3% belegt. Wer in Ungarn von seinem Konto 1.000 € abhebt, muss dafür also 3 Euro Steuern bezahlen. An dieser Schraube werden die Banker solange drehen, bis sie das Bargeld zumindest nahezu abgeschafft haben. Einen kleinen Teil müssen sie gegen Aufschlag bewahren, denn wie würden sonst die Geheimdienste und das organisierte Verbrechen ihre Drogengeschäfte abwickeln – man kann von den Kunden auf der Straße schwer die Kreditkarte verlangen, oder? Vielleicht ja doch. Denn in Schweden ist genau das seit 2013 der Fall. Dort haben die Banken die Annahme und Ausgabe von Scheinen und Münzen eingestellt. Inzwischen werden auch an schwedischen Würstchenbuden und am Kiosk selbst Kleinstprodukte mit Kreditkarte bezahlt. Wer in Stockholm mit dem Bus fahren will, kann beim Einsteigen nur über das Mobiltelefon eine Karte kaufen.[(225)] Die Handybetreiber freut es.

Da die meisten Menschen völlig uninformiert sind, halten sie den bargeldlosen Zahlungsverkehr für einen Fortschritt. Die EU-Polit-Elite, die vorwiegend aus Ex-Bankern besteht, unterstützt diese Illusion. Das erklärte Ziel der Finanzelite ist eine Weltregierung mit einer Weltwährung. Das Ziel der Menschheit muss die Unabhängigkeit von Banken und von jeder totalitären Kontrolle sein. So verlockend die Vorstellung einer Welt ohne Ländergrenzen in der Theorie ist, so wenig realistisch ist sie, weil sie nur funktionieren könnte, wenn man versucht, alle Menschen gleich zu machen. Dieser Versuch ist schon beim Euro-Experiment gescheitert, weil man Länder wie Griechenland und Deutschland nicht miteinander gleichsetzen kann. Zu verschieden sind deren beider Kultur, Geschichte und Wirtschaft. Wie groß ist erst der Unterschied zwischen Finnland und Mali, zwischen Österreich und Nordkorea? Nein, eine Weltwährung wäre eine Katastrophe und könnte nur funktionieren, wenn alle Menschen komplett versklavt, geknechtet und jeglicher Freiheit beraubt würden.

Das Recht, Geld zu schöpfen, gehört in die Hände des Staates. Wenn der Staat (oder besser die ihn vertretenden Politiker) aber – wie gegenwärtig der Fall – dazu nicht fähig ist, dann muss die Geldschöpfung so umgebaut werden, dass sie direkt in den Händen der Bürger liegt. Das Hauptproblem dabei ist die Kreditvergabe mit Zins durch Privatbanken. Die Zinsnahme war nicht umsonst in den ursprünglichen Gesetzen aller Religionen verboten!

Grob gesagt muss jeder dank des Zinseszins-Effektes (auch die Zinsen werden verzinst) in etwa das Doppelte bis Dreifache von dem zurückzahlen, was er ursprünglich von der Bank bekommen hat. Die Bank aber hat nur die Kreditsumme erfunden, nicht jedoch die Zinsen. Wie also sollen wir zwei bis drei Mal so viel zurückzahlen wie überhaupt existiert? Gar nicht. Es ist unmöglich. Wir stehen für immer in der Schuld der Banken.

Etwa die Hälfte all dessen, was wir erwirtschaften, geht drauf für Zinsen. Diese Zinsen sind in allen Produkten enthalten. Sie entstehen durch die Kredite, über die sich die meisten Betriebe finanzieren – etwa um neue Maschinen oder Rohstoffe einzukaufen. Im Miet- ebenso wie im Kaufpreis einer Wohnung (eines Hauses) sind etwa 80 Prozent Zinsen enthalten. Das bedeutet, dass der eigentliche Wert einer Immobilie nur 20 Prozent des Kaufpreises beträgt. Die anderen 80 Prozent sind eine versteckte Abgabe an die Banken.

Bei den Zahnarztkosten sind durchschnittlich 70 Prozent Zinsen enthalten, bei Getränken zirka 30 Prozent. Im Schnitt sind es etwa 50 Prozent! Der größte Ausgaben-Posten von Staaten, Ländern und Gemeinden sind die Zinszahlungen für bestehende Kredite.

> *„In Zeiten weltweiter Täuschung ist es ein revolutionärer Akt, die Wahrheit zu sagen.“*
>
> George Orwell (Autor des Weltbestellers „1984“)

Wir arbeiten also die Hälfte unseres Lebens für Zinszahlungen, die in den Produkten enthalten sind, die wir konsumieren! Ist das nicht unglaublich? Wenn man die Zinsen abschaffen würde, dann müsste also jeder für den gleichen Lebensstandard nur noch halb so viel arbeiten. Das hieße, dass doppelt so viele Menschen Arbeit hätten, es also keine Arbeitslosigkeit mehr gäbe. Angesichts der Tatsache, dass im Jahr 2013 etwa die Hälfte aller jungen Menschen in Europa arbeitslos ist, ist das doch nicht uninteressant, oder? Also, wir haben folgende Alternativen: ein bedingungsloses Grundeinkommen, die Abschaffung des Zinses oder eine blutige Revolution. Vielleicht ja auch eine Kombination aus den ersten beiden Varianten?

> *„Gebt mir die Kontrolle über die Währung einer Nation, dann ist es für mich gleichgültig, wer die Gesetze macht."*
>
> Mayer Amschel Rothschild (Bankier, 1744-1812)

Ist die Abschaffung von Zinsen realistisch? Ja, natürlich! Wenn wir es wollen! Wir müssen dafür nur unser Geldwesen ändern, sprich die Gesetze verändern, die den Banken so viel Macht geben. So etwas lässt sich sehr einfach über Volksbegehren und Volksabstimmungen, also über die direkte Macht des Volkes lösen. Wir müssen es nur wollen! Wenn Politiker nicht mehr die Interessen des Volkes vertreten, dann müssen sie abgesetzt oder einfach nicht mehr wiedergewählt werden. Wenn es bei einer Wahl keine vernünftige Alternative zu den bisherigen Politikern gibt, dann kann das Volk immer noch ungültig wählen oder die Wahl verweigern, so lange, bis die Politiker begreifen, wer ihr Chef ist – nämlich die Bürger, die ihre Gehälter bezahlen.

Was sind die monetären Alternativen zum herrschenden System?

Die Entmachtung von Privatbanken und die Rückkehr zu einem Goldstandard wäre eine Möglichkeit. Das hieße, dass man insolvente Banken – also fast alle weltweit – pleitegehen ließe. Ja, das würde zu kurzzeitiger Instabilität führen, wäre mir persönlich aber hundert Mal lieber als die Alternativen einer *Weltwährung* oder eines durch Banken *gesteuerten Zusammenbruchs*. Tatsächlich gibt es gegenwärtig eine starke Tendenz hin zu Gold als Währung. Der steigende Goldpreis der letzten Jahre hat nichts mit einer „Wertsteigerung" des Goldes zu tun. Gold hat seit Jahrtausenden die immer gleiche Kaufkraft, weil es das stabilste Geld ist. Steigt sein Preis, dann nur deshalb, weil der Wert unserer Fiat-Währungen dank Inflation sinkt. Um sich gegen diese Inflation zu wehren, setzen also immer mehr Menschen wieder auf Gold (und Silber). In

Vietnam etwa ist Gold eine Parallelwährung, die der Staat seit Jahren zu verbieten versucht, jedoch ohne Erfolg. Selbst beim Arzt oder beim Automechaniker zahlen die Menschen dort lieber mit Gold als mit Papier. In den USA haben seit 2011 ebenfalls bereits mehrere Bundesstaaten Gold wieder als offizielle Währung zugelassen, weil sie dem Dollar der privaten Notenbank FED nicht mehr trauen.

Die meisten Menschen kennen kein anderes System als das bestehende monetäre Schneeballsystem. Das gilt leider selbst für viele Ökonomen. Man hat ihnen an den Universitäten nichts anderes beigebracht. Dabei gibt es zahlreiche Beispiele für andere, hervorragende Modelle in der Geschichte, die nicht auf Gold beruhen. Aber sie alle beruhen darauf, dass Banken kein Geld schöpfen dürfen oder aber darauf, dass sie ihren Kreditnehmern deren Schulden in regelmäßigen Abständen erlassen müssen. Beide Varianten sind für die Besitzer der Banken wenig verlockend. Deshalb werden sie von ihnen bis aufs Blut bekämpft.

So gibt es beispielsweise *umlaufgesichertes Geld*, auch ***fließendes Geld*** genannt. Die Idee dahinter ist die, dass Waren mit dem Alter und der Abnützung an Wert verlieren, während Geld hingegen zeitlos seinen Wert behält (solange es nicht durch Inflation entwertet wird). Der Tausch von Geld gegen Ware ist also ein ungleicher, weil diejenigen, die viel Geld anhäufen, keine Verluste haben. Diejenigen aber, die investieren, erleiden Verluste. Das verführt zum Horten von Geld und somit zu Stagnation. Geld ist dann am effektivsten, wenn es zirkuliert, also möglichst oft den Besitzer wechselt, und nicht dann, wenn es gehortet wird.

Diesen Fluss des Geldes kann man dadurch erreichen, dass man dem Geld nur eine bestimmte Lebensdauer einräumt. Von zirka 1150-1450 n.Chr. haben einige europäische Fürsten Münzen geprägt, die auf einer Seite deren Konterfei, auf der anderen eine Jahreszahl zeigten. Die Münzen waren nur in dem entsprechenden Jahr gültig und mussten im neuen Jahr umgetauscht werden. Für 100 alte bekam man zum Beispiel 80 neue Münzen. Diese sogenannte ***Demurrage*** (Schwundgeld) war die einzige Einnahme des Staates. Es hatte also wenig Sinn, Geld zu horten, weil es regelmäßig entwertet wurde. Man war gezwungen zu investieren. Dadurch entstanden all die wunderbaren Städte und Kirchen des Mittelalters. Niemand sparte, und wer bereits ein Haus hatte, der spendete sein übriges Geld an Institutionen wie die Kirche. Weil bald auch die Kirche nicht mehr wusste, wohin mit all dem Geld, erbaute sie die großen Dome wie den Kölner Dom oder den Wiener Stephansdom. Ohne dieses Umlaufgeld wären all der Prunk und Luxus des Mittelalters nicht möglich gewesen.[(226)]

Umlaufgeld ist ebenfalls der Inflation unterworfen, deshalb wird es auch als „Schwundgeld“ bezeichnet. Diese Inflation (Schwund) wird aber anders als bei unserem heutigen Geldsystem nicht von Banken heimlich und unkontrollierbar erzeugt, sondern von staatlicher Seite ganz offen und für jedermann berechenbar verordnet.

Auch in neuerer Zeit gab es mehrere Beispiele für erfolgreiches Umlaufgeld. Das wohl Bekannteste davon ist wahrscheinlich das, das als „*Wunder von Wörgl*“ in die Geschichte einging. Die Tiroler Gemeinde Wörgl hatte 1932, zur Zeit der Depression, ihr eigenes Geld eingeführt, da es dank der Weltwirtschaftskrise von 1929 zu Geldmangel, zu Deflation, zu erdrückenden Schulden, zu rapide steigender Arbeitslosigkeit und zu wachsender Armut kam – eine Zeit, die der unseren heute nicht unähnlich ist! Die Wörgler führten zusätzlich zum staatlichen Geld ihr eigenes, regionales Schwundgeld ein, was in kürzester Zeit die Wirtschaft ankurbelte und die Arbeitslosigkeit senkte. Dieses Wörgler Notgeld beruhte auf der Freiwirtschaftslehre *Silvio Gesells* und war so erfolgreich, dass die Österreichische Nationalbank sich bedroht fühlte, da das Experiment öffentlich vor Augen führte, wie schlecht das Schuldgeld der Zentralbanken wirklich war – und bis heute ist. Innerhalb eines Jahres hatte Wörgl mit seinem eigenen Geld die Arbeitslosenquote von 21 auf 15 Prozent gedrückt, und die Wirtschaft florierte. Im September 1933 verbot der österreichische Staat die Komplementärwährung wegen zu großen Erfolges.

Auch aktuell gibt es fließendes Geld als Komplementärwährung in Form von **Regionalwährungen**. Bekannt und erfolgreich ist der *Chiemgauer*, der 2003 innerhalb der Landkreise Rosenheim und Traunstein eingeführt wurde. Will man mit dem Chiemgauer zahlen, muss man Mitglied des Vereins Chiemgauer e.V. werden. Man kann den Chiemgauer als Gutschein im Wert von 1, 2, 5, 10, 20 und 30 erwerben, indem man diese gegen dieselbe Menge an Euro an Ausgabestellen tauscht. Will man den Chiemgauer in Euro zurückwechseln, fällt eine Gebühr von fünf Prozent an. Die Gutscheine sind jeweils drei Monate gültig. Nach Ablauf dieser Zeit können die Scheine durch Klebemarken, für zwei Prozent des Wertes, verlängert werden. Ähnlich funktionieren auch *Regio, Sterntaler, Augusta* oder der *Waldviertler (*Österreich) und der *WIR* (Schweiz). Die meisten dieser Komplementärwährungen unterstützen auch immer mit einem bestimmten Prozentsatz (meist 3%) regionale Projekte.

Ein anderes Modell zur Umgehung von staatlichem Geld und somit von Zins und Steuer, die letztlich alle bei den Banken landen, sind die **Tauschbörsen**. Der Tausch ist die älteste Form des Handels überhaupt. Je kleiner eine Gemeinschaft ist, je besser man sich kennt, desto einfacher und übersichtlicher ist der Tausch von Waren und Dienstleistungen.

> *„Im Prinzip funktionieren Tauschplattformen im Internet genau wie Tauschen im richtigen Leben. Bei einigen Plattformen erhält man jedoch für angebotene und vergebene Artikel Tauschpunkte, eine Art virtueller Währung, die je nach Portal einen anderen Namen haben. Mit diesen Tauschpunkten kann man nun wiederum im Portal auf Streifzug gehen und nach CDs, Büchern, DVDs etc. suchen und diese auch ‚erwerben'. Das hat den Vorteil, dass man nicht an Ort und Stelle etwas tauschen muss, sondern bequem suchen kann, bis man etwas von Interesse findet. Es bindet jedoch auch an die jeweilige Plattform und deren Angebot.*“[(227)]

Bekannte deutsche Plattformen sind *Tauschticket.de*, *Swapy.de*, *Fribi*, *Hitflip* oder *Kleiderkreisel.de*. Manche dieser Tauschbörsen sind kostenlos, andere wiederum verlangen für jeden vollzogenen Tausch einen Betrag zwischen 0,50 und 0,99 €. Dienstleistungen werden in Zeiteinheiten (etwa im 15-Minuten-Takt) abgerechnet und getauscht.

In Österreich sind *LETS Wien („Waffeltausch")*, *Talente Tauschkreis Wien*, *KAESCH* und *Swoptime.at* sehr beliebt. Es gibt aber auch noch viele mehr, vor allem kleinere, regionale Tausch-Plattformen. Wer daran Interesse hat, muss in seiner Internet-Suchmaschine nur den Begriff „Tausch" und die jeweilige Region eingeben, um fündig zu werden. Da beim kostenlosen Tausch jedoch keine Steuern anfallen, sind alle Staaten daran interessiert, den Erfolg und die Ausdehnung von Tauschbörsen zu beschränken. Deshalb werden solche selbst verwalteten Initiativen oft mittels fadenscheiniger Gründe verboten. Davon darf man sich aber als Gründer oder Mitglied nicht entmutigen lassen, denn dann gründet man einfach eine neue Plattform. Solange wir kein vernünftiges staatliches Geldwesen haben, wird der Tausch immer beliebter werden. Im Grunde ist er weder kontrollierbar noch zu stoppen. Denn sollte der Staat zu massiv eingreifen, dann wird sich der Tausch künftig eben auf Schwarzmärkten außerhalb des Internets abspielen.

Da unser Leben immer stärker von der virtuellen Welt, also vom Internet bestimmt wird, so entstehen als Gegenbewegung zum Bankengeld auch immer mehr **virtuelle Währungen**, die anders als Tauschbörsen oder Regionalgeld international funktionieren. Die erfolgreichste davon ist die *Bitcoin*, eine Internetwährung, mit der man mittlerweile in vielen Onlineshops, aber selbst in immer mehr „echten Geschäften" bezahlen kann. Vor allem in den USA, in Großbritannien, in Kanada und in Deutschland ist die internationale Währung beliebt. Seit Anfang 2013, speziell seit dem Ausbruch der Staatskrise in Zypern, erfreute sich die Währung immer größerer Beliebtheit bei den Südeuropäern, die offenbar Angst vor dem Ausstieg ihres Landes aus dem Euro und den daraus resultierenden Verwerfungen haben. Am 27. März 2013 erschien auf Focus-online folgender Artikel „Wechselkurse in der Krise":

> *„Die virtuelle Währung Bitcoin hat ein neues Allzeithoch erreicht, sie stand am Mittwoch (17. März 2013) bei 85 Dollar. Binnen zwei Wochen hat sich der Kurs verdoppelt, noch im vorigen Jahr lag er bei nur zehn Dollar... Bitcoin existiert ohne staatliche Kontrolle, Finanzminister können nicht eingreifen – in der Währungskrise gilt das offenbar als Pluspunkt. Das vergangene Jahr über stand der*

Wechselkurs bei rund zehn Dollar und stieg nur langsam. Im Februar lag er dann schon bei 20 Dollar, und innerhalb der vergangenen zwei Wochen hat sich der Kurs auf rund 85 Dollar mehr als verdoppelt. Damit sind derzeit Bitcoins im Gegenwert von mehr als 930 Millionen Dollar im Umlauf, rund 762 Millionen Euro.“

Wenige Tage später lag der Kurs der fiktiven Cyber-Währung sogar bei über $ 200! Das belegt sehr eindrucksvoll, dass die Menschen unserem alten Geldsystem nicht mehr trauen und dass sie bereit sind, neue Wege zu beschreiten. Anders betrachtet verloren Euro und US-Dollar innerhalb eines Jahres 90 Prozent ihres Wertes. Vor allem in Spanien entstand in 2013 ein regelrechter Hype um den Bitcoin. Das schreckte die privaten Zentralbanken der USA und Europas, FED und EZB so sehr auf, dass sie im Oktober 2012 einen 53-seitigen Bericht unter dem Titel „Virtual Currency Schemes“ veröffentlichten, in dem sie Bitcoin in ihrer Verzweiflung und Hilflosigkeit als „Schneeballsystem“ bezeichnen. Das ist deshalb skurril, weil in Wahrheit genau die Währungen, die sie damit verteidigen wollen, nämlich der US-Dollar und der Euro, genau das sind, nämlich Schneeballsysteme. Beide Zentralbanken kündigten im April 2013 an, gegen die Bitcoin vorgehen zu wollen. Prompt kam es wenige Tage später dann auch zu umfangreichen Hackerangriffen auf die Seite, was die Währung wieder schwächer werden ließ. So erklärte der größte Bitcoin-Händler Mt. Gox daraufhin:

„Die Angreifer warten, bis der Preis des Bitcoin eine bestimmte Höhe erreicht, dann verkaufen sie große Mengen, destabilisieren so den Handel, warten, bis alle in Panik verkaufen, und wenn der Preis ein bestimmtes geringeres Niveau erreicht hat, dann beenden sie ihren Angriff und kaufen wieder, so viel sie können. Wiederholt man das zwei oder drei Mal, wie wir es in den letzten Tagen erlebt haben, dann profitieren die davon richtig!“[(228)]

Somit unterliegt der Bitcoin den exakt selben Manipulationen, wie sie auch Gold und Silber oder Aktien regelmäßig erleben. Wenn jemand genug Geld hat, um irgendwo groß einzusteigen, dann kann er auch den Preis beeinflussen und davon profitieren. Dabei ist nicht klar, wer im

Falle von Bitcoin dieser Angreifer war. Waren es Spekulanten, die sich bereicherten, oder waren es Agenten des Bankenkartells und der Notenbanken EZB und FED, die ihre Macht demonstrierten? Vielleicht werden wir das nie herausfinden, aber genau das ist das Problem von virtuellen Währungen, egal, ob sie Bitcoin heißen oder *WIR* oder *SWAP*, wie zwei virtuelle Schweizer Komplementärwährungen: Sie sind zu unsicher! Wenn Geld durch elektronische Schlüssel erzeugt wird, dann kann es niemals sicher sein. Zudem hat Bitcoin dank des großen Zuspruchs in 2013 eine Bankenlizenz samt IBAN-Nummer erhalten. Damit ist Bitcoin also im Grunde eine Bank, mit allen Folgen für ihre Kunden, wie etwa mögliche Enteignung der Einleger von staatlicher Seite, wie es im März 2013 zyprische Bankkunden erlebten. Deshalb würde ich persönlich niemals viel Geld in virtuelle Währungen investieren!

Physisches Gold und Silber sowie Tauschhandel bilden aus meiner Sicht im gegenwärtigen System immer noch die beste aller Alternativen – auch wenn ich hoffe und auch glaube, dass weitere neue Formen von zinsfreiem, anständigem Geld entstehen werden.

Zwar ist es schwer, Banken völlig zu entgehen, denn fast jeder Mensch braucht heute zur Abwicklung seines Zahlungsverkehrs ein Konto, doch gibt es Alternativen zu den oftmals moralisch völlig verkommenen, großen, privaten Bankinstituten, deren Geschäftsgebaren meist undurchsichtig und dubios ist, nämlich Mitgliederbanken. Neben den altbewährten **Genossenschaftsbanken** (wie *Volksbank* und *Raiffeisen*) gibt es eine Reihe neuer Banken, oft **„Grüne Banken“** genannt, die sich als sozial-ökologisch, transparent und ethisch anspruchsvoll bezeichnen. So legen diese Banken zu jeder Zeit all ihre Geschäfte bis ins Detail hin offen, was es für jeden einfach macht zu entscheiden, ob er sich mit diesen Zielen und Geschäften identifizieren kann. Die größte von ihnen ist die GLS-Bank: *„Mit unserem Bankgeschäft tragen wir zur Verbesserung der menschlichen Lebensgrundlagen bei und erhöhen Entwicklungschancen für zukünftige Generationen. Der wirtschaftliche Gewinn ist eine Folge, aber nie alleiniger Zweck unserer Aktivitäten. Wir ge-*

ben Einblick in die von uns vergebenen Kredite, über unsere Eigenanlagen und über unsere Anlagekriterien, und bieten so die Möglichkeit, bewusst und verantwortungsvoll mit Geld umzugehen."[229] Ähnlich sind auch die Nürnberger *Umweltbank*, die *Ethikbank* in Eisenberg und die Frankfurter *Ökobank*. Es gibt also Alternativen!

Eine andere Form der Vermeidung der Knechtschaft durch Zinseszins ist der bereits im Alten Testament verankerte **Schuldenerlass**. So heißt es im 3. Buch Mose (Leviticus 25.8-10):

> *„Du sollst sieben Jahreswochen, siebenmal sieben Jahre, zählen; die Zeit von sieben Jahreswochen ergibt für dich neunundvierzig Jahre.*
> *Im siebten Monat, am zehnten Tag des Monats, sollst du das Signalhorn ertönen lassen; am Versöhnungstag sollt ihr das Horn im ganzen Land ertönen lassen.*
> *Erklärt dieses fünfzigste Jahr für heilig und ruft Freiheit für alle Bewohner des Landes aus! Es gelte euch als Jubeljahr. Jeder von euch soll zu seinem Grundbesitz zurückkehren, jeder soll zu seiner Sippe heimkehren."*

Dieser Schuldenerlass stellte sicher, dass Menschen und ihre Nachkommen nicht zu Schuldsklaven werden konnten. Er verhinderte, dass einige besonders gierige und skrupellose Mitbürger zu viel Macht und Besitz anhäufen konnten. Die Juden nannten diese Einrichtung *Erlassjahr*, die Katholiken *Jubeljahr*. Ich betone „nannten", denn diese Ur-Bräuche gibt es heute nicht mehr. Wie gesagt: Zinsnahme *war* in allen Religionen verboten, heute nur noch im Islam! Die Chinesen etwa erließen jedem Verstorbenen automatisch seine Schuld, was durch das Herausreißen und Verbrennen der jeweiligen Seite im Schuldenbuch symbolisiert wurde. Heute verbrennen sie bei Beerdigungen immer noch Spielgeld, was an diese alte Tradition erinnert.

Es gibt aber auch sehr praktische Überlegungen, Banken völlig zu umgehen und sich das Geld für nötige Investitionen anderswo zu besorgen. Der österreichische Schuhhersteller *Heinrich Staudinger* (GEA) etwa gründete – nachdem ihm Banken keinen ausreichenden Kredit gaben – eine Art „Sparverein“ und sammelte mehrere Millionen Euro bei seinen Lieferanten und Kunden ein. Jedes Jahr zahlt er ihnen 4% Dividende aus, da seine Geschäfte – dank der Investitionen – sehr gut laufen. Das gefiel den Banken natürlich nicht, also hetzten sie ihm die Finanzmarktaufsicht (FMA) auf den Hals. Die warf ihm „Bankgeschäfte“ ohne Bankenlizenz vor und ging juristisch unter Androhung hoher Strafen gegen ihn vor – bis zum Erscheinen dieses Buches jedoch ohne Erfolg. Staudinger erhielt aber dafür die Unterstützung tausender Österreicher, die sich zu einer Art „Bürgerrechtsbewegung“ formieren, und die Macht der Banken brechen wollen.[230]

Es gibt aber auch die Möglichkeit, selbst eine *Genossenschaft* zu gründen, wogegen die Finanzaufsicht nicht viel unternehmen kann. Genossenschaften gibt es in Form von Banken (Raiffeisen) oder in Form von Einkaufsgenossenschaften (Lagerhaus, Bio-Handelsketten) bis hin zur Berliner Tageszeitung *taz*.

Eine neue, innovative Möglichkeit, sich für eigene Projekte ohne knebelnde Bankkredite, ohne Mitglieder und ohne dominante Großinvestoren Geld zu besorgen, ist das **Crowdfunding**. Dabei sammelt ein Unternehmen von vielen privaten Personen (meist über das Internet) kleine Geldbeträge ein. Eine solche Finanzierung wird als „Aktion“ bezeichnet. Das wohl bekannteste Unternehmen in diesem Bereich ist *kickstarter.com*, eine New Yorker Internetplattform zur Projektfinanzierung im Unterhaltungsbereich. Hierüber werden vor allem neue Videospiele, Plattenproduktionen sowie Independentfilme ermöglicht. In Deutschland sind die Plattformen *inkubato, mySherpas, pling, Startnext* und *VisionBakery* führend. Der Schwerpunkt liegt auch hier auf künstlerischen und kreativen Projekten. So sind Kategorien wie Design, Mode, Kunst, Musik, Film und Video, Foto, Events/Ausstellung, Theater und Gastronomie häufig vertreten.[231] Der Gegenwert, den jeder einzelne Crowdfunder für seine Beteiligung erhält, kann finanziell oder ideell sein. Wer etwa die Plattenproduktion seiner Lieblingsband mitfinanziert, kann dafür einen limitierten Tonträger und eine Eintrittskarte zum nächsten Konzert erhalten. Es gibt aber auch Projekte, bei denen der Geldbetrag mit einem kleinen Gewinn zurückbezahlt wird.

Während Crowdfunding also eher als Variante für die Finanzierung von Nischen-Projekten zu sehen ist, entwickelt sich **Crowdinvesting** zu einer Art der Finanzierung von kapitalintensiven Start-up-Unternehmen, also von neuen Unternehmen in der Vorbereitungs- und Gründungsphase. Auch hier werden viele kleine Beträge eingesammelt, die alle Beteiligten zu etwas Ähnlichem wie Aktionäre machen. Auch hier findet jede „Aktion" erst statt, wenn der vom Initiator benötigte Betrag vollständig zusammengekommen ist. Das Tolle ist an beiden Modellen, dass das Risiko für den Einzelnen sehr gering ist, man aber gleichzeitig das Gefühl hat, mit dem eigenen Geld direkt etwas anzufangen, das man persönlich gut findet. Man kann also auch mit geringem Einsatz etwas bewegen!

FREIE ENERGIE

Freier Zugang zu Nahrung, zu Wasser und zu Energie ist heute der Schlüssel zur Freiheit des Menschen. Wir alle hängen in der modernen Welt zu hundert Prozent von Strom ab, Strom, der in Kraftwerken erzeugt wird und aus der Steckdose kommt. Ohne ihn funktioniert nichts mehr, keine Tankstelle, kein Supermarkt, aber auch kein einziges Haushaltsgerät und keine Kommunikation. Für den Transport hängen wir von Erdöl ab, das angeblich immer knapper wird. Es gibt immer mehr Fahrzeuge, wir benötigen also insgesamt immer mehr Benzin oder Diesel, und wir stoßen immer mehr schädliche Abgase aus. Wegen dieser Abhängigkeit von den großen Stromkonzernen und von der Erdölindustrie sind wir erpressbar. Die Energie- und Treibstoffpreise werden daher in den kommenden Jahren weltweit weiter steigen – solange bis wir die Gier nach immer mehr Profit und immer mehr Macht global abgelegt haben – oder bis wir großflächig kostengünstige Alternativen entwickeln, die jedem zugänglich sind.

Bis dahin wird Energie noch teurer werden, auch weil die Zentralbanken der westlichen Welt ihre Geldmengen weiter ausdehnen und dieses zusätzliche Geld weiter die Inflation antreibt und sich irgendwo niederschlagen muss. Die in Deutschland von der Politik immer wieder ausgerufene „Energiewende“ gab es nicht, und es wird sie wohl auf nationaler Ebene auch nicht geben, da die großen Energieversorger mit ihrem Quasi-Monopol sich gegen Veränderungen des Status quo mit *allen* Mitteln zur Wehr setzen. Solange ihre Kern- und Kohlekraftwerke laufen, fahren sie unvorstellbar hohe Gewinne ein. Warum also etwas verändern und viel Geld in Forschung und Entwicklung stecken? Warum sich geistig bewegen?

Die oft totgesagte Solarindustrie blüht weltweit nach wie vor, trotz aller Probleme im deutschen Sektor, die vor allem durch den Preisdruck der chinesischen Konkurrenz entstanden sind. In den USA und in anderen Ländern boomt die Nutzung der **Solarenergie**, dort wird weiter eifrig geforscht und investiert. Aber auch in Deutschland wurden, trotz gekürzter Förderungen 2012, beinahe so viele Solarmodule verbaut wie im Rekordjahr 2011.[(232)] Wir können und werden vermutlich weiter Sonnenkollektoren und Windräder aufstellen. Aber solange wir nicht die entsprechenden Netze haben, die all diese Energie verteilen können, werden sie unrentabel bleiben. Der Ausbau solcher Netze, die den Monopolisten gehören, würde aber Milliarden kosten, und die wollen und werden sie freiwillig nicht investieren.

Was also sind die Alternativen?

Ich bin selbst kein Techniker, ich habe mich jedoch mit einigen echten Experten auf diesem Gebiet ausgetauscht und versuche nun, dieses vorhandene, aber bislang unterdrückte Wissen für Sie zusammenzufassen – in der Hoffnung, Sie dafür begeistern zu können, selbst weiter zu recherchieren, zu forschen oder auch den einen oder anderen Tüftler und Wissenschaftler auf diesem Gebiet selbst zu unterstützen.

Freie Energie: Alles, was ist – sichtbar oder unsichtbar –, ist Energie. Energie ist überall, sie ist im Überfluss vorhanden, sie kann nicht verloren gehen, sie kann bestenfalls ihren Aggregatzustand oder ihren Standort ändern. Diese Energie existiert gleichzeitig in vielerlei Form, sozusagen in unterschiedlichen Stärken und Ausprägungen. Tatsächlich sind alle davon für uns auch nutzbar. Bislang hatten wir uns auf die Nutzung der gröbsten und brachialsten Formen von Energie fokussiert, nun forschen aber weltweit gerade tausende Pioniere an der Nutzung sehr feiner, zarter Formen von Energie, die oft mit dem verwirrenden Begriff **„Freie Energie“** belegt wird. Dabei haben sie bereits einige überwältigende Entdeckungen gemacht, die unsere Welt in naher Zukunft nachhaltig verändern können.

Energie, die in schwacher Form unseren Körper umgibt und erfüllt, ihn lebendig macht, nennt man ***Bioenergie***. Dies ist sozusagen eine schwache, langsam fließende Energieform. Der Teil davon, den wir durch die Nahrung zu uns nehmen, wird *Biophotonen* genannt. Zusätzlich nehmen wir über unseren Körper aber auch noch eine andere Form von Energie zu uns, die man als *Prana*, *Chi* oder *Orgon* bezeichnet. Der sogenannte „Lichtnahrungsprozess“ ist also ein Umsatteln von *Biophotonen* auf *Prana*.

Wir wissen schon sehr lange, dass diese zarte *Bioenergie* nicht nur alles Leben auf unserem Planeten „steuert“, sondern dass wir sie auch darüber hinaus nutzen können, etwa um Maschinen anzutreiben. Diese Technologie ist absolut vorhanden, sie ist bislang aber nur in der Lage, kleinste Mengen an Energie, also im Nano-Watt-Bereich verfügbar zu machen. Somit ist sie aus industrieller wie auch aus privater Sicht bislang wenig interessant – aber es wird intensiv daran geforscht.

Nullpunktenergie hingegen ist ein rein theoretisches gedankliches Gebilde aus der Quantenmechanik, das aussagt, dass Atome, selbst wenn sie stillstehen, immer noch eine Energie haben – die ist aber bislang nicht nutzbar. Was aber höchst interessant ist, ist die Nutzung des „großen Bruders“ der Bioenergie, nämlich der ***kosmischen Energie***, oder auch ***Plasma-Strahlung*** genannt, die oft auch mit der „Nullpunktenergie“ verwechselt wird. Bevor wir uns betrachten, wie man die Plasma-Strahlung nutzen kann, müssen wir vielleicht kurz einige Begriffe klären, weil das Plasma-Prinzip alles, was wir in der Schule über das Weltall lernten, über den Haufen wirft!

Was also ist diese kosmische Energie, diese Plasma-Strahlung?

Nun, spätestens seit den 1970er-Jahren wissen wir, dass alle Galaxien und die weiten Bereiche zwischen ihnen, somit auch unser Sonnensystem, von elektrisch leitfähigem Gas, sogenanntem ***Plasma***, erfüllt sind – wir leben also in einem „Plasmaversum". Das bedeutet, dass die Sonne in Wahrheit kalt ist. Sie strahlt „Energie" ab, aber keine Hitze. Die Wärme, die wir von ihr wahrnehmen, entsteht durch die Reibung der Sonnenstrahlen (der Plasma-Energie-Partikel) mit den Atomen in der Erdatmosphäre. Noch wehren sich zahlreiche Wissenschaftler gegen diese neuen Erkenntnisse, obwohl klar ist, dass Nikola Teslas Versuche zu Ende des 19. Jahrhunderts, „Freie Energie" zu nutzen, gar nicht anders hätten funktionieren können. Dass sie funktionierten, scheint aber außer Frage zu stehen. Das Problem war vorwiegend, dass seine Entdeckungen dem grundlegenden Verständnis der Physik jener Zeit widersprachen. Statt jedoch das Verständnis zu ändern, war es einfacher, seine Entdeckungen als falsch hinzustellen.

„Freie", kosmische Energie, ist in unbegrenzter Menge vorhanden und nutzbar. Viele unterschiedliche Namen, die aber im Grunde dasselbe meinen, sorgen hier jedoch manchmal für Verwirrung. So nennt man die kosmische Strahlung manchmal auch *Neutrino-* oder *Positronenstrahlung* oder auch *radiant energy*. Dank des von *Alexey Dimitriev* zuvor bereits beschriebenen Anstiegs an Plasma-Energie im Weltraum ist davon sogar mehr vorhanden, als uns manchmal lieb sein kann. Der Physiker und Astronom *Dr. Paul LaViolette* (*Starburst Foundation*) nennt diese neue, extrem aktive Weltraumenergie die „Galaktische Superwelle".

Tesla nutzte die Neutrinostrahlung, einen bestimmten Teil der kosmischen Energie, bereits Ende des 19. Jahrhunderts, und er wollte diese Energie der Welt kostenlos zur Verfügung stellen. Dies geschah jedoch zu einer Zeit, als die Eisenbahn das Maß aller Dinge war, die Welt gerade elektrifiziert wurde und man Erdöl für den Antrieb von Motoren als gigantisches Geschäft erkannte. So bestand von der Energie-Lobby ein großes Interesse daran, Teslas Entdeckungen zu vernichten. Und wie der „Zufall" so will, kam es auch genau so. Gier und Einfalt haben uns also im Bereich der Entwicklung sauberer, umweltfreundlicher und kostenloser Energie um hundert Jahre zurückgeworfen.

Trotz der Konfiszierung von Teslas Unterlagen durch die US-Geheimdienste blieben einige seiner Schriften vorhanden und verfügbar. Zahlreiche Tüftler auf der ganzen Welt arbeiten mit seinen Erkenntnissen und nutzen diese „Freie Energie", wenngleich auch vorwiegend in einem kleinen Rahmen, sozusagen „unter dem Radar", um somit am Leben zu bleiben. Denn wenn sich dieses Wissen bei der breiten Masse der Wissenschaftler und auch bei der Bevölkerung durchsetzt, dann werden sich alle Kräfteverhältnisse auf Erden verändern, weil manche große Nationen, deren Vorherrschaft auf der Kontrolle der Energie-Ressourcen auf Erden beruht, plötzlich keine Macht mehr haben werden. Also wird im Bereich der „Freien Energie" mit harten Bandagen gearbeitet, es wird viel Falschinformation gestreut, Menschen, die bahnbrechende Innovationen machen, werden unter Druck gesetzt oder sterben plötzlich, und Erfindungen verschwinden von einem Tag auf den anderen. Bislang kann also keiner dieser Pioniere seine Entwicklungen großflächig vertreiben. Zuletzt versuchte dies die Firma *Inteligentry Ltd.* aus Las Vegas mit einer Serienproduktion eines „Plasmamotors":

> *„Am 05.03.2013 um 10:00 Uhr morgens stürmen 12 bis 14 FBI-Schergen mit gezückten Waffen die Räume von John Rohners Firma. Alle Mitarbeiter wurden im vorderen Büro zusammengetrieben und zum Setzen gezwungen. Ihnen wurde mitgeteilt, dass keiner verhaftet wird, dass sie nur einen Durchsuchungs- und Beschlagnahmebefehl ausführen. Alle, inklusive John Rohner, mussten die Firma verlassen und durften nur ihre persönlichen Dinge, wie Papiere, Geldbeutel usw. mitnehmen. Kein Stück Papier von der Firma durfte mitgenommen werden. Die Aktion dauerte bis 17:30 Uhr. Alle Motoren, Bauteile, Computer, Akten, Fertigungsunterlagen, Pläne usw. bis auf das letzte Blatt Papier wurden beschlagnahmt und abtransportiert. Die Firmenkonten wurden eingefroren, einen Tag später auch das private Bankkonto von Familie Rohner, sodass sie sich weder Essen*

noch Benzin kaufen konnten. ‚Rein zufällig' fand diese Aktion kurz vor der Aktionärsversammlung von Inteligentry Ltd. statt, für die John Rohner die Vorstellung eines laufenden Prototypen angekündigt hatte."[233]

Jeder, der an solchen Innovationen interessiert ist, muss also ein wenig im Internet forschen, sich direkt mit einem dieser Pioniere in Verbindung setzen, ihn besuchen und alles Weitere vor Ort klären.

Teslas zahlreiche Erfindungen wie der Raumkonverter oder der Magnetmotor funktionieren, existieren und werden auch vielfach nachgebaut. Es ist jedoch aus Sicherheitsgründen schwierig, hier Namen von Herstellern zu nennen. Wer Interesse hat, wird ein wenig selbst recherchieren müssen. Das Hauptproblem in der alternativen Stromversorgung von Häusern besteht darin, dass jeder, der in Europa wohnt, im Grunde gezwungen wird, sich an das öffentliche Stromnetz anzuschließen. Selbst wenn man Solarenergie nutzt, so muss man diese (zumindest teilweise) in das Netz einspeisen und bekommt dafür Vergütungen. Sich von den großen Stromversorgern unabhängig zu machen, ist deshalb bislang nur mit viel Geschick und einigem Aufwand möglich. Man kann nicht bei irgend einer Firma anrufen und sagen: „*Stellen Sie mein Haus auf Tesla-Energie um, und ich melde mich von meinem Stromversorger ab!*"

Es ist hier also nur für diejenigen interessant, die abgelegen und an keine öffentlichen Leitungen angeschlossen sind, wie etwa Berghütten oder manche Bauernhöfe. Dort ist es möglich, sich als Selbstversorger mittels „Tesla-Antennen" (die nicht wie klassische Antennen aussehen) und/oder mittels einer Inselanlage, also einer Kombination aus Wind- und Sonnenenergie in Verbindung mit einem Blockheizkraftwerk oder einem Notstromgenerator, zu versorgen. Anders sieht die Situation etwa in Afrika oder in den USA aus, wo man in vielen Bereichen viel mehr Freiheiten hat und wo tatsächlich zahlreiche für uns ungewöhnliche Anlagen in Betrieb sind.

Aufgrund dieser Problematik eines starken „Gegners" (Energie-Monopolisten) und sehr umfangreicher, starrer gesetzlicher Normen und Verordnungen, finden Innovationen nicht im Großen, sondern bislang nur im Kleinen statt – hier vor allem im Bereich des Antriebs von Autos. Denn weder der viel diskutierte **Wasserstoff-Motor** noch das **Elektroauto** werden sich in den nächsten Jahrzehnten auf dem Markt durchsetzen. Warum? Wasserstoff-Motoren funktionieren zwar gut, aber es scheitert bislang an den sehr hohen Kosten für die entsprechenden Tankstellen, da Wasserstoff stark komprimiert werden muss, was gefährlich und teuer ist. Die Hersteller haben die Entwicklung von Wasserstoff-Motoren daher längst eingestellt.

Im Elektroauto-Bereich mangelt es an den nötigen Batterien, denn die derzeit verwendeten haben viel zu geringe Reichweiten und sind viel zu teuer. Das wird sich wohl auch in den nächsten zehn Jahren kaum ändern. Noch viel schwerer wiegt aber das Fehlen von entsprechenden Mechanikern, die auf Hochleistungselektronik geschult sind, denn solche Motoren haben nichts mit dem zu tun, was die Mechaniker bislang in ihrer Ausbildung gelernt hatten. Die entsprechende Umschulung von hunderttausenden von Mechanikern weltweit, aber auch die Neuausstattung aller Werkstätten, würde ebenfalls mindestens zehn Jahre dauern, wenn nicht länger.

Was aber sind die Alternativen? Nun, eine ist ohne Zweifel **Erdgas**. Es ist effektiv und um vieles günstiger als Benzin oder Diesel. Der Einbau einer Zusatzanlage amortisiert sich für Vielfahrer bereits nach etwa zwei bis drei Jahren. Das Problem damit aber ist die Abhängigkeit von denselben Monopolisten, die auch die konventionellen Treibstoffe in der Hand haben. Vor dreißig Jahren war Diesel das heutige Erdgas, denn er war wesentlich günstiger als Benzin. Ab dem Moment aber, als ein großer Teil der Menschen auf Dieselfahrzeuge umgestiegen war, stieg auch der Dieselpreis plötzlich an. Dasselbe würde also mit Erdgas passieren, wenn es sich bei der Masse der Autofahrer durchsetzen würde.

Eine praktische Möglichkeit, um in den meisten herkömmlichen Fahrzeugen Treibstoff zu sparen ist der Einbau eines **Energieeffizienzchips**. Ein solcher Chip überlistet den normalen Steuerchip eines PKWs und ändert die Einspritzung, was zu mehr Leistung (bis zu 25% mehr

PS) bei gleichzeitig geringerem Treibstoffverbrauch (bis zu -20%) führen kann. Das bedeutet also umgerechnet auf das Verhältnis Leistung/Verbrauch, dass man mit einem solchen Chip, der schon für wenige hundert Euro zu haben ist, etwa bis zu einem Drittel an Spritkosten sparen kann. Man kann sich einen solchen Chip ganz regulär im Fachhandel einbauen oder aber auch beim Hersteller den Originalchip umprogrammieren lassen. In beiden Fällen aber verliert man die Herstellergarantie auf das Fahrzeug, was so viel bedeutet, wie dass sich das niemand in einen Neuwagen einbauen lässt, es sei denn er ist „Bastler" oder selbst Automechaniker. Also finden diese Chips vorwiegend in älteren Autos Einsatz.

„Wenn ein solcher Chip so effizient ist, warum programmieren die Hersteller dann ihre Steuerchips dann so, dass sie mehr Sprit verbrauchen – das macht doch in Zeiten von angeblicher Erdölknappheit keinen Sinn, oder?" Nun, das tut es leider doch. Zum einen müssen Hersteller in Europa sehr viele strenge Normen erfüllen. Der durchschnittliche PKW ist ein Fließband-Produkt, das planwirtschaftlich gefertigt wird. Dahinter steckt eine riesige Industrie, die Motoren so einstellt, dass sie damit immer auf „Nummer sicher" geht. Die Einspritzung zu optimieren, also an den Rand des Machbaren zu bringen, könnte vielleicht das Risiko einzelner Ausfälle oder von Reparaturanfälligkeit erhöhen, also werden Autos immer so eingestellt, dass sie zwar mehr verbrauchen als nötig, dass sie dafür aber auch kein Risiko für den Hersteller darstellen. Ein weiterer Grund könnte aber auch die unbestreitbar enge Verflechtung der Automobilindustrie mit der Erdölindustrie sein.

„Gibt es also andere Alternativen?" Ja, die gibt es, und sie haben im weitesten Sinne alle mit **Wasser** zu tun, also mit einem Rohstoff, der bislang sehr wenig kostet und auch nahezu unbegrenzt verfügbar ist. Ist es also Zufall, dass seit einigen Jahren ein Konsortium der größten Wassermonopolisten (allen voran Nestlé, Coca Cola und Veolia) versucht, die Wasserversorgung der gesamten Welt zu kontrollieren, indem man Quellen aufkauft, das private Bohren von Brunnen, aber auch das Sammeln von Regenwasser verbieten möchte? Nestlé-Boss Peter Brabeck-Letmathe wurde 2011 zum Chef der *Water Ressource Group*

ernannt, einem Kartell, das mit Hilfe der Weltbank und der *International Finance Corporation* (IFC) das Wasser auf der ganzen Welt privatisieren und somit kontrollieren und verteuern möchte.[(234)] Dem sollten wir dringend Einhalt gebieten!

„Was hat es mit dem Wasser in Bezug auf die Energiegewinnung auf sich?“ Nun, neben der Wasserkraft, die vor allem in Österreich und der Schweiz Turbinen antreibt, hat Wasser einige phänomenale Eigenschaften, die auch mit dem zu tun haben, was wir zuvor bereits als das „Gedächtnis des Wassers“ bezeichneten. Wasser ist in Wahrheit eben nicht nur H_2O, sondern ein lebender Organismus, in dem ungeheuer viel Energie gespeichert ist und in dem *„ordnende Kräfte“* herrschen, die wir bis heute nur zum Teil verstehen. Wir können ohne feste Nahrung leben, nicht aber ohne Wasser. Wasser ist also einer der Bausteine des Lebens, und es ist auch der Schlüssel zur Energieversorgung der Zukunft.

Zum einen kann man Wasser in seiner bekannten Form nutzen und mittels *Verwirblern* in Verbrennungsmotoren zusätzlich zum Treibstoff einspritzen, was etwa 30% Sprit einsparen kann. Die Kosten für eine solche zusätzliche Anlage sind gering, sie amortisieren sich rasch. Das Problem besteht eher darin, eine Zulassung beim TÜV zu bekommen, was nicht ganz einfach ist, da solche Organisationen in starren Normen denken und Neues nicht gerade mit offenen Armen empfangen. Aber solche Verwirbler funktionieren und sind auch in Betrieb. Nicht nur im PKW-Bereich, sondern auch etwa bei Ölheizungen.

> *„Die Wissenschaft steht vor einem Rätsel: Sollte es wirklich gelungen sein, mit einem Gemisch aus einer Einheit Rapsöl und drei Einheiten Wasser unter Zuführung von Kohlendioxid ein Blockheizkraftwerk erfolgreich zu betreiben? Der Betreiber des Blockheizkraftwerkes, Stefan Witte aus Hunteburg im Altkreis Wittlage, sagt ‚Ja‘, ein Ingenieurbüro aus Lingen bestätigt es und steht vor einem Rätsel. Die Entwicklung soll jetzt weitere Schritte vorangekommen. Das Gemisch ist entstanden durch einen sogenannten* ***Wirbelwandler****, den die Papenburger Firma ‚EGM international‘ entwickelt hat. Dieser ‚Papenburger Kraftstoff‘, der mit einer Technik zur Bindung*

von Kohlendioxid-Bestandteilen in Wasser beziehungsweise Öl erstellt wurde, ist jetzt erstmals bei einem Probelauf an einem Heizkraftwerk eingesetzt worden.«[235]

Wer Interesse an dieser Innovation hat, möge sich also an die Firma *EGM International* in Papenburg wenden oder im Internet nach weiteren Herstellern recherchieren. Die Möglichkeiten sind vielfältig, aber mit ein wenig Eigeninitiative und Pioniergeist verbunden. Dr. Hans Wiederkehr aus Winterthur hatte in den 1970er-Jahren bereits große Erfolge, basierend auf dem Prinzip der Vermischung von Wasser und Öl. Was genau bedeutet das? Nun, wer schon einmal den Fehler machte, etwa in der Pfanne Wasser auf brennendes Öl zu kippen, wird bemerkt haben, dass das fatal ist, weil das Wasser „explodiert" und unglaubliche Kräfte freisetzt. Also muss man im Grunde im Kolbenbereich eines Fahrzeuges auf den heißen Diesel Wasser aufsprühen. Das hat Dr. Wiederkehr 1974 erfolgreich mit 70 Postbussen gemacht, dann kamen Vertreter der Ölindustrie und „überredeten" ihn dazu, das wieder zurück zu bauen und nicht mehr weiter zu entwickeln. Die Angst der Ölindustrie scheint also groß zu sein. Dr. Wiederkehr baute die Busse wieder zurück und stellte seine Forschungen ein.

Es gibt die **HHO-Generatoren**, das sind Elektrolyse-Geräte, in die man Wasser kippt, das dann mittels der Batterie oder Lichtmaschine in ein Knallgas-Gemisch umgewandelt wird. Damit kann man 10-20 Prozent Treibstoff sparen, jedoch nicht bei allen Fahrzeugen, weil die Motorsteuerung jedes Wagens den Sauerstoffgehalt der Abgase prüft. Wenn die nicht den *Lambda-1-Werten* entspricht, dann spritzt der Motor wieder mehr Benzin ein. Eine solche Variante ist also im Einzelfall genau zu prüfen. Generell muss man sagen, dass ältere Autos mit weniger Elektronik viel leichter umzubauen sind als neue, hochgezüchtete und extrem anfällige Motoren.

Alle bisher genannten Möglichkeiten sind bereits lange erprobt und bekannt, und sie sparen etwa 10-30 Prozent Energie ein, was angesichts steigender Preise an der Tankstelle nicht zu verachten ist. Nun aber bewegen wir uns in einen Bereich, in dem es wirklich spannend wird, zu den sogenannten **„Wassermotoren“**. Dazu kann man prinzipiell sagen, dass es eine Vielzahl unterschiedlicher Varianten gibt, dass einige davon tatsächlich funktionieren, dass aber der Name „Wassermotor“ verwirrend ist, weil er suggeriert, dass ein Fahrzeug allein mit Wasser fahren kann, was nicht der Fall ist. Entscheidend ist immer die Kombination von Wasser und Stickstoff, denn Stickstoff hat mehr aktive Elektronen als Sauerstoff, der in konventionellen Motoren genutzt wird. Wasser bringt Ladungen mit sich, kurz vor der Explosion verlieren die Moleküle ihre Ladung, es kommt zu einer Plasma-Entladung und zu einer Ausdehnung auf der Molekularbasis. Wenn man Wasser zum Expandieren bringt, entsteht ein Nebel, mit dem man selbst Löcher in Stahl schneiden kann.

Reine Stickstoffverbrennungs-Motoren wären hoch effizient und liefen völlig ohne fossilen Treibstoff. Eine Technologie, bei der ein Motor ohne nukleare oder fossile Treibstoffe angetrieben wird, nennt man *Autothermie*. Da wir aber momentan mit den vorhandenen Motoren arbeiten müssen, bleibt den Entwicklern nichts anderes übrig, als eine Zwischenlösung zu finden, die aus einem Stickstoff-Luft-Wasser-Gemisch besteht und oft mit herkömmlichen, vorhandenen Motoren kombiniert wird. Man kann die vorhandenen Motoren mittels kleiner Zusätze tatsächlich so umrüsten, dass man den konventionellen Sprit nur noch zum Starten oder in Ausnahmefällen, wie bei großer Kälte, braucht. Wenn der Motor mittels Benzin oder Diesel gestartet wurde und läuft, dann wird er mittels eines reinen Stickstoff-Luft-Gemischs weiter betrieben. Dann kann man mit wenigen Litern speziell aufbereiteten Wassers 100.000 Kilometer fahren. Pioniere auf dem Gebiet waren *Daniel Dingel* auf den Philippinen und ***Stanley Allen Meyer*** aus den USA. *Meyer* war schon in den 1970er-Jahren einen Schritt weiter, denn er baute einen eigenen Motor, der dank „Hochspannungselektrolyse“ nur noch eine Stickstoff-Wasser-Mischung verbrannte.

Das heißt, er entlockte dem Wasser und der Luft deren versteckte Sonnenenergie, und er nannte das Ganze „Water Fuel Cell“.[(236)] Als er gerade davorstand, mit seinem neuen Antrieb in Serie zu gehen, wurde er bei einem Geschäftsessen vergiftet und starb. *Peter Graneau* entwickelte Meyers Arbeit weiter und schrieb darüber auch zahlreiche Publikationen, die man im weltweiten Netz finden kann.

Das Aufregendste auf dem Feld der Nutzung des Wassers ist derzeit wohl die ***Joe-Zelle*** (Joe-Cell), die nach ihrem australischen Erfinder „Joe" benannt ist, der 1992 versuchte, sein Auto mittels Wasserdampf (Elektrolyse) anzutreiben. Er versuchte, diesen Dampf mittels hoher Spannungen zu erzeugen und stellte dabei fest, dass das geladene Wasser auch nach dem Abnehmen der Elektroden noch weiter seine Ladung behielt und der Wagen weiterlief.[(237)] Er war „zufällig" auf einen sehr speziellen Effekt gestoßen. Diese Joe-Cell kann also nur mit Wasser und Spannung ein Auto antreiben, was man nur damit begründen kann, dass in einem bestimmten Zustand „ordnende Kräfte" wirken, die sich der bisher bekannten Physik und Mechanik entziehen. Dabei erhitzt sich der Motor nicht, sondern bleibt stets kühl, was wiederum auf die Wirkung von Plasma-Energie hindeutet. An der Weiterentwicklung dieses Phänomens wird derzeit weltweit eifrig geforscht, eine Variante davon ist die ***Moe-Joe-Cell***. Für beide kann man im Internet jede Menge Bauanleitungen finden, man kann sie aber auch für etwa $ 200 bestellen und ganz leicht selbst in den Motorraum des PKWs einbauen.[(238)] Auch hier funktioniert sie mit alten Autos besser, da die sensible, hochgezüchtete Elektronik neuer Wagen mit den noch nicht ganz geklärten Kräften der Joe-Cell oft nicht klarkommt und einfach abschaltet. Es soll Autos geben, die nur mit der Joe-Cell fahren, ich persönlich kenne aber nur solche Modelle, wo sie zusätzlich eingebaut wurde, die Leistung verbessert, Treibstoff einspart und den PKW auf bislang unerklärliche Weise „leichter" macht, was auf eine Veränderung der Masse hindeutet.

Die Entwicklungen auf dem Gebiet der Energie-Nutzung für die Fortbewegung sind also sehr spannend und viel versprechend. Auf dem Gebiet der klassischen Stromerzeugung für Haus und Industrie aber scheint es bislang keine großen durchschlagenden Erfolge zu geben.

Auch hier wird die Verwendung von Wasser und Stickstoff (wie beim Verwirbler) eine große Rolle spielen, aber es könnte noch mindestens zehn, vielleicht auch zwanzig Jahre dauern, bis diese Entwicklungen großflächig einsetzbar sind. Bis dahin bleibt jedem nur die Möglichkeit, auf Sparsamkeit zu setzen, Häuser zu isolieren (dämmen), nicht genutzte Geräte nicht im Stand-By-Modus laufen zu lassen, sondern tatsächlich abzuschalten, was bereits bis zu 20% Ersparnis bei den Stromkosten bringen kann.

Die Zukunft der allgemeinen, flächendeckenden Stromversorgung liegt vermutlich in kleineren Einheiten, in einer dezentralen Energieversorgung. Heute sind Kraftwerke zu groß, sie müssen arbeiten, unabhängig davon, ob der Strom gebraucht wird oder nicht. Abschalten und wieder anfahren ist viel zu teuer. Ein weiterer großer Netzausbau ist ebenfalls zu teuer und wird daher von den Stromkonzernen nicht veranlasst. Es kommt immer häufiger zu Stromausfällen, oft sind sie nur wenige Sekunden lang, manchmal können sie dank Stürmen aber auch länger sein. Im Februar 2013 kam es an der US-Ostküste dank des Kältesturms „Nemo" zu Schäden an den Stromleitungen. Zehntausende Haushalte waren bei extrem eisigen Temperaturen wochenlang ohne Strom. Solche Phänomene häufen sich. Auch in Österreich und Deutschland fällt regelmäßig der Strom aus, manchmal auch wegen Computerfehlern in der Software der Stromversorger, manchmal aber auch wegen Hackerangriffen. Deshalb kann man jedem, der die Möglichkeit dazu hat, nur raten, zumindest für den Notfall einen Holzofen in Haus oder Wohnung zu haben. Denn ohne Strom kann irgendwie jeder überleben, ohne Heizung wird es im Winter in unseren Breiten jedoch schwierig. Generell aber wird das Heizen mit Holz, Holzabfällen und Pellets aus Kostengründen immer attraktiver. Ein ganzes Einfamilienhaus kann man heute mittels eines einzigen Holzofens an der richtigen Stelle für weit weniger als tausend Euro pro Jahr heizen. Darüber hinaus hat brennendes Holz einen höheren Entspannungswert als ein klassischer Heizkörper.

Sonnenstürme und Starkwetterphänomene nehmen dank höherer Plasmaströme im All deutlich zu. Wenn globale Stromnetze zum Erliegen kommen, dann sind die Konsequenzen verheerend. Eine logische Lösung liegt also darin, die Stromversorgung wieder zu dezentralisieren und viele kleine Stromquellen mit unterschiedlichen „Kraftstoffen" zu nutzen, was auch mittlerweile immer mehr kleine Gemeinden tun, indem sie sich mittels Kleinkraftwerken, in denen sie alles verbrennen können, unabhängig machen. Die wahre Energiewende besteht darin, die Last künftig intelligent zu verteilen. In zehn Jahren werden wir vermutlich mehr lokale Versorger haben, dadurch wird der „Transport" von Energie preisgünstiger, und alles wird flexibler. Im Falle eines geringeren Verbrauchs kann man so einzelne Einheiten abschalten, was bislang nicht möglich war. Man wird aber bald auch die kosmische Energie als Zusatz verwenden können. Die gesamte Mikroelektronik, die es zur Nutzung von kosmischer Energie braucht, gab es zu Teslas Zeiten noch nicht. Heute haben wir sie. Daher ist die flächendeckende Verwendung von kosmischer Energie (Plasma) nur noch eine Frage der Zeit. Bis dahin ist Vielfältigkeit im Energiemix ein Schlüssel, also die Nutzung von Biogas, Solar, Holz, Wasser und Wind.

Wer mehr zu dem Thema wissen möchte, der wird vielleicht Anregung bei einer der jährlichen *Tesla-Konferenzen* finden, oder er kann sich an eine der erwähnten Personen wenden. Es gibt im Internet sehr viele Seiten, die Abhandlungen sowie Baupläne liefern, wobei man sagen muss, dass nicht alle wirklich richtig sind und Sinn machen. Die von mir hier erwähnten Technologien sind jedoch alle getestet und funktionieren – wenngleich auch vermutlich nicht bei jedem, der im Netz etwas behauptet. Selbst recherchieren lohnt sich. Bitte unterstützen Sie Pioniere auf diesem Gebiet, auf welche Art auch immer. Wir werden die Macht der großen Strom- und Erdölkonzerne nur einschränken können, wenn wir aktiv mithelfen, Alternativen zu fördern. Es fahren tatsächlich weltweit bereits tausende Autos mit solchen alternativen Antrieben, aber wenn es erst einmal einige Millionen sind, dann werden die jetzigen Machthaber umdenken müssen.

IM EINKLANG MIT DER NATUR

Die Natur ist das Maß aller Dinge. Sie ist unser Partner und unser größter Lehrmeister. Nur wenn wir mit der Natur arbeiten und von ihr lernen, werden wir als Menschheit überleben können. Die Natur ist ein großer, komplexer, lebendiger Organismus, der in direkter Verbindung mit dem gesamten Universum steht. Die Natur wird maßgeblich vom Magnetfeld der Erde beeinflusst, das wiederum von den Aktivitäten und Veränderungen im Weltraum abhängig ist. Gleichzeitig strahlt sie aber in eben dieses Magnetfeld und in das gesamte Universum zurück, weil alles miteinander verbunden ist und sich gegenseitig bedingt. Jeder Eingriff in die Natur ist daher ein Eingriff in den gesamten Kosmos, in die gesamte Schöpfung.

Trotz aller beachtlicher technischer Errungenschaften hat der Mensch nichts hervorgebracht, was auch nur annähernd dem entspricht, was die Natur tagtäglich erschafft. Eine einfache Spinne sondert aus ihrem Leib einen Faden ab, dessen Tragkraft fünfmal größer ist, als die eines gleich starken Stahlseils. Das tut sie bereits seit Jahrmillionen, lange bevor es Menschen gab. Sie muss dafür weder riesige Löcher in die Erde sprengen, um Eisen abzubauen, noch braucht sie dafür Hochöfen, die Abgase erzeugen. Sie tut es geruch- und geräuschlos. Damit ist sie dem Menschen weit überlegen. Solche und ähnliche „Phänomene" der Natur versucht der Mensch nun seit Jahrzehnten in der *Bionik* technisch zu kopieren, was interessante Ergebnisse brachte, jedoch nie das volle Potential entfalten wird, solange die Herangehensweise weiter rein technisch bleibt.

Auch in den Bereichen Natur und Landwirtschaft geht die Schere der „Naturfreunde" und der „Roboter" immer weiter auseinander. Im April 2013 gelang es einem breiten Bündnis aus Naturschutzorganisationen, gegen den Willen der weltgrößten Chemie-Multis (Monsanto, DuPont, BASF, Dow Chemical, Syngenta, Bayer) bei der EU ein für zwei Jahre **befristetes Verbot der drei schlimmsten *Neonicotinoide*** – das sind aggressive Pestizide, die für das weltweite Bienensterben verantwortlich gemacht werden – zu erwirken. **Das ist ein großer Teilerfolg!** Unser aller Bemühung, für einen Fortbestand der Bienen zu sorgen, und somit ein dauerhaftes **Verbot aller chemischen Pestizide** zu erwirken, muss weitergehen. Denn ohne die Biene gibt es keine Blütenbestäubung – und somit keine Früchte! Das Ende der Biene ist das Ende der Natur, wie wir sie kennen. Ohne die Biene würde der Mensch aussterben – es sei denn, er kann die Natur überlisten, wie es gerade massiv versucht wird. So hat das *Harvard Microrobotics Lab* eine künstliche Biene, einen Bienenroboter mit dem Namen *Mobee (*Monolithic Bee), entwickelt. (siehe Abb. 5)[(239)]

Die Idee dahinter ist einfach und logisch: Wenn die Biene wegen des massiven Einsatzes von Chemikalien ausstirbt, dann sollen Milliarden dieser kleinen fliegenden Roboter die Blüten auf der ganzen Welt bestäuben. Was für ein gigantisches Geschäft für ein paar wenige Menschen auf dem Rücken der gesamten Menschheit!

Das können wir nicht ernsthaft zulassen! Auch wenn manche Gruppierungen auf Erden im *Transhumanismus*, einer völlig abartigen Ideologie, die die Entwicklung des „künstlichen Menschen" unterstützt, die Lösung unserer Probleme sehen (übrigens wirbt auch die deutsche *Piratenpartei* dafür ausdrücklich auf ihrer Internetseite!).

Die Lösung für ein weltweites Bienensterben kann nicht der Einsatz künstlicher Bienen sein, die gegen Chemikalien resistent sind. Die Lösung kann nur im Verbot der Chemikalien liegen! Oder aber in der klaren Reaktion der Konsumenten, die einfach nur noch ***Bio-Produkte*** **kaufen**, was die Pestizide von allein, ohne Verbote, eliminieren würde. Wenn wir als Menschen Schwierigkeiten haben, mit dem raschen technischen Fortschritt standzuhalten, dann kann die Lösung doch nicht in der Schaffung eines künstlichen Menschen, eines Roboters in Menschengestalt liegen, auch wenn das für die Führungselite angenehm und praktisch wäre, weil sie „uns" dann nach Belieben (um)programmieren könnte. Der logische Schritt kann doch nur darin liegen, dass wir unsere eigene Entwicklung vorantreiben, dass wir unser Bildungssystem den neuen Herausforderungen anpassen, um geistiges Wachstum zu beschleunigen. Wir dürfen die Geschicke der Welt nicht länger einigen wenigen Großkonzernen und deren Besitzern überlassen! Wir müssen uns gegen den groß organisierten Irrsinn, das natürliche Leben durch

Roboter zu ersetzen, wehren! Am künstlichen Menschen wird bereits mit Nachdruck gearbeitet, und er sollte in wenigen Jahren serienreif sein (siehe Kapitel „Der moderne Mensch“, Seite 22). Künstliche Insekten sind bereits seit Jahren in den USA im Einsatz. Winzig kleine Drohnen, die wie Insekten aussehen und mit Kameras ausgestattet sind, werden etwa bei Demonstrationen oder zur Überwachung von „verdächtigen Personen“ eingesetzt. (siehe Abb. 6)[(240)] Sie können aber auch stechen und Gifte injizieren. Aber auch in Teilen Deutschlands kommen solche *Microdrones* bereits seit Jahren zum Einsatz. Die Deutsche Bahn soll angeblich darüber nachdenken, sie künftig großflächig in Bahnhöfen und auf DB-Grundstücken einzusetzen. Ich denke, wir müssen uns dessen bewusst werden, dass wir es auch im technischen und wissenschaftlichen Bereich mit zahlreichen Psychopathen zu tun haben, und wir müssen unsere Regierungen so weit unter Druck setzen, dass sie solche Technologien weder weiter unterstützen noch erlauben!

Was können wir sonst noch für den Erhalt der Biene und des natürlichen Kreislaufes tun? Unterstützen Sie Umweltschutz-Organisationen, kaufen Sie Bio-Produkte, kaufen Sie echten Honig direkt bei ihrem lokalen Imker – damit unterstützen Sie Ihre Nachbarschaft und schaffen gleichzeitig auch bei sich und Ihren Kindern ein Bewusstsein für den Kreislauf der Natur! Machen Sie mit Ihren Kindern Urlaub auf dem Bio-Bauernhof! Auch möchte ich an dieser Stelle ausdrücklich auf den wunderbaren Dokumentarfilm *„More than Honey“* von *Markus Imhoof* hinweisen.

Abb.5:
künstliche Biene

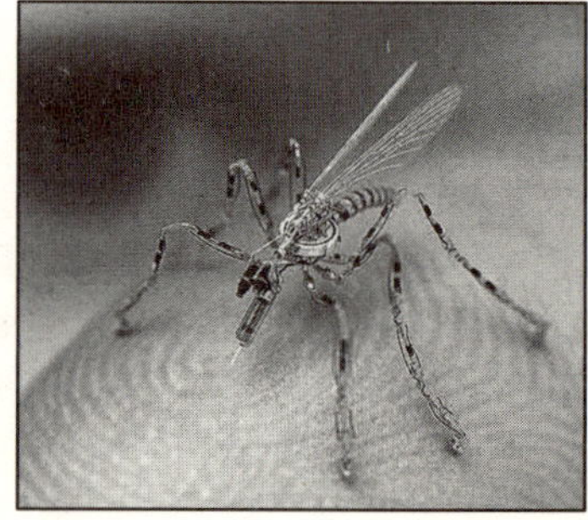

Abb.6:
Spionage-Insekt

Zum Glück verstehen immer mehr Menschen, dass wir uns der Natur und ihren Gesetzmäßigkeiten unterordnen müssen. Mit jeder neuen kleinen umweltbewussten Gemeinschaft, die entsteht (Ecovillages u.a.), wird auch ein Stück Natur beschützt oder sogar re-naturiert. Renaturierung bedeutet, dass man vom Menschen zerstörte Flächen wieder in einen naturnahen Zustand zurückführt, etwa indem man einen begradigten Bach wieder in seine Urform zurück bringt. Oder man kauft ein Stück Forst und macht daraus wieder echten Wald. Man schlägert, etwa im Falle einer Fichtenmonokultur, die Hälfte aller Baumleichen heraus, schafft Lichtungen und pflanzt Laubbäume, Sträucher und Stauden, die an dem jeweiligen Standort natürlich vorkommen würden. Man schafft Rückzugsgebiete für kleine und große Tiere und greift in den neu entstehenden Wald nur so weit wie nötig ein. Das geschlägerte Holz kann man verkaufen oder selbst nutzen. Letztlich müssen wir also nur zu dem zurückkehren, was wir bis vor 80 Jahren ohnehin gemacht haben.

Einer, der die heimische Natur in- und auswendig kennt und für den gegen alles ein Kraut gewachsen ist, ist der Ethnobotaniker *Wolf-Dieter Storl*, der sein reiches Wissen über Heilpflanzen in Büchern, Seminaren und Vorträgen zur Verfügung stellt. Er hat bereits zahlreichen Großstädtern dabei geholfen, wieder eine *„lebendige, erlebte, gefühlte Beziehung zur Natur herzustellen, die für ihn aus beseelten, feinstofflichen Wesen besteht“*. Im Magazin SEIN (4/2013) schrieb Jörg Röttger über ihn:

> *„Die wilde, ursprüngliche Natur, Wildpflanzen und Tiere waren immer schon eine Quelle der Inspiration für ihn und formten seine Lebensphilosophie. Von den Cheyenne-Indianern und anderen traditionellen Völkern in Asien und Afrika sowie von den Überlieferungen und Erzählungen europäischer Bauern und Kräuterkundiger erfuhr er viel über das Wesen der Pflanzen, über ihre ‚spirituellen' Dimensionen. Pflanzen sind für ihn keine botanischen Gegenstände, sondern haben in ihrer Wechselbeziehung mit den Menschen auch eine kulturelle, sprachliche, heilkundliche und mythologische Identität. Wenn Storl mit Leidenschaft und Begeisterung über Pflanzen und Tiere, über alte Sagen und Mythen spricht, wenn er fundiertes Wissen mit persönlichen Anekdoten mischt, dann spürt man seine*

Liebe zu diesen Themen, und immer springt ein Funken auf seine Zuhörer über.“

Die von *Bill Mollison* in den 1970er-Jahren entwickelte Idee der ***Permakultur*** findet heute nicht nur in der Landwirtschaft immer mehr Nachahmer, sondern wird mittlerweile auch auf Wohnprojekte und ganze Dörfer angewendet. Mollison, Träger des „Alternativen Nobelpreises“, beschrieb den Begriff „Permakultur“ als *„einen Tanz mit der Natur, bei dem die Natur führt“*. Dabei werden natürliche Landschaften nachgebildet, tote Böden wiederbelebt, Wert auf Biodiversität (Artenvielfalt) und Nachhaltigkeit gelegt. Wer etwa den Agrarrebellen und Permakultur-Guru *Sepp Holzer* auf seinem Bauernhof im südlichen Salzburg besucht, der wird feststellen, dass in einer der kältesten Gegenden Österreichs auf über 1700m Höhe Zitrusfrüchte und Kiwis zwischen Kartoffeln und Rüben wachsen. Wie das möglich ist? Indem man auf die Natur hört und klug mit ihr umgeht. In der Permakultur hat jede Pflanze, jedes Gestaltungselement, vielfältigen Nutzen. So wird ein Baum nicht nur als Träger von Früchten angesehen, sondern auch als Schattenspender (etwa für Pilzzuchten) und als Rückzugsgebiet für Vögel und Insekten. Die Permakultur ist eine Geisteshaltung, die sich auf alles übertragen lässt. Sie ist das Gegenteil von Monokulturen. Deshalb kommt sie auch völlig ohne künstliche Dünger und Pflanzenschutzmittel aus. Wo Vielfalt und Leben ist, bleibt Krankheit fern. Einer von Holzers Grundsätzen lautet: *„Frag' die Natur, frag' dein Land, dein Wasser, deine Tiere, ob sie sich unter deiner Lenkung wohl fühlen.“*

Die Erde ist ein lebender Organismus, über den wir oft noch weniger wissen als über uns selbst. Unser Planet ist nicht nur an seiner Oberfläche bewohnt, sondern auch in seinem tiefsten Inneren lebendig und äußerst komplex. Er besteht aus flüssigen und festen Schichten, die für uns weitestgehend unverständlich das energetische Gitternetz und das Magnetfeld der Erde bilden und in Resonanz mit dem Rest des Universums stehen. So hat auch die Erde eine Aura, ein Energiefeld, das sie umgibt und das von uns allen mit beeinflusst wird.

Die *Geomantie* (Geomantik) war in unseren Breiten früher eine hoch angesehene Wissenschaft, nach der alle großen und bedeutenden Bauwerke wie Tempel, Kirchen, Klöster, errichtet wurden. Im asiatischen Raum ist sie als *Feng Shui* bekannt. Als solche hat sie auch (leider oft verwaschen) in den letzten zwei Jahrzehnten nach Europa gefunden, jedoch in einer Form, die für uns kulturell nur schwer zugänglich ist. War es in früheren Zeiten völlig normal, dass Brunnen an der Stelle gegraben wurden, die zuvor von **Rutengehern (Radiästheten)** bestimmt wurde, so ist dieses Wissen heute nur noch punktuell vorhanden. Doch es erfreut sich seit kurzem wieder neuer Beliebtheit, vor allem im ländlichen Raum. Man erkannte immer öfter, dass die Zusammenarbeit mit der Natur, das Lesen in der Natur, nicht durch moderne Technik und die Kraft von Maschinen ersetzt werden kann. Ein wichtiger Schritt aber wäre die Zusammenarbeit von Architekten mit Radiästheten, um etwa von vornherein natürliche elektromagnetische Störfelder zu umgehen, weil Menschen darauf nur sehr schlecht schlafen können und langfristig davon krank werden.

Wir alle kennen die Filme von Pferdeflüsterern und die Fernsehsendungen von Hundeflüsterern, also von Menschen, die mit Tieren „kommunizieren" können, die ihre Sprache sprechen. Es gibt viele Vorurteile darüber, aber natürlich ist es möglich, mit Tieren und mit Pflanzen zu kommunizieren. Dabei bedarf es keiner menschlichen Sprache, es bedarf nicht des Wortes, obwohl beide auch auf Worte reagieren. Der Austausch findet auf der energetischen Ebene statt, über die Schwingung, über das Gefühl, das hinter den Worten steckt – und das keine Sprachen oder Dialekte benötigt.

Es gibt so viel, was unser menschliches Auge nicht wahrnehmen kann. Viel altes Wissen wurde durch die industrielle Revolution, durch die Dominanz des Sichtbaren zerstört und muss nun von uns wieder mühevoll zusammengetragen und aufs Neue verbreitet werden. Geomantie und Radiästhesie sind nur zwei der alten Künste, die zum Glück erhalten geblieben sind. In manchen Regionen aber hat sich auch über die letzten 150 Jahre hinweg das erhalten, was wir verloren haben, nämlich das Wissen um die Gesetze der Natur und ihrer Bewohner. Wiesen,

Wälder und Gewässer werden nicht nur von Tieren und Menschen bewohnt, sondern auch von Naturwesen. Nicht nur in Fantasiefilmen gibt es Elfen, Feen, Gnome, Trolle und Waldgeister. Auch wenn der moderne, rational geprägte Mensch sie meist nicht sehen kann, so gibt es sie doch überall, und oft können wir zumindest ihre Anwesenheit fühlen oder erahnen. Die meisten Kinder können sie sehen, doch nur wenige erhalten sich diese Gabe bis ins Erwachsenenalter. Egal, ob man Trolle und Feen in physischer Gestalt wahrnimmt oder nur als Energieform, Naturwesen existieren, und sie sind lebendig. Diese Energien zu respektieren und mit ihnen – statt gegen sie – zu arbeiten, bedeutet, eins mit der Natur zu sein, sich dem Fluss des Lebens hinzugeben.

Warum haben eine Milliarde Menschen weltweit die *Harry-Potter-Filme* gesehen, eine halbe Milliarde Menschen die Tolkien-Verfilmung *Herr der Ringe* und *Der Hobbit*? Selbst wenn es nicht rational erklärbar ist, Menschen glauben daran, dass mehr existiert, als wir sehen und beweisen können, weil sie tief in ihrem Inneren wissen, dass es so ist. Selbst die kalte und leblose wissenschaftlich geprägte Erziehung der letzten hundert Jahre konnte dem Menschen sein „Gespür" und seine Intuition nicht völlig austreiben. Es gibt noch so viel (wieder) zu entdecken, und die Zeit ist reif dafür.

Auf Island gibt es seit Jahren die Elfenbeauftragte *Erla Stefánsdóttir*, die für das Bauamt der Stadt Reykjavík die Naturwesen, deren Wohnsitze und Wege in einer „Landkarte der verborgenen Welt" kartographierte. Bei Bauvorhaben von offizieller oder privater Seite wird sie zu Rate gezogen, um Konflikte mit dem (für die meisten Menschen) unsichtbaren Volk zu vermeiden, indem man Straßen um deren heilige Orte herum baut. Der Verlauf von Wegen, auf denen mehrere Unfälle passierten, wurde geändert. Die „Alfholsvegur" („Elfen-Hügelstraße") zwischen Rejkjavík und Kópavogur führt um einen Elfen-Hügel herum. In der Stadt Grundafjördur steht an der Hauptstraße zwischen den Häusern Nr. 82 und Nr. 86 ein Felsen: Nr. 84. Dieser wird von Elfen bewohnt. Über die Stadt Hafnarfjördur heißt es in Stefánsdóttiers Plan: *„Hafnarfjördur ist die Stadt der Menschen und der verborgenen Wesen.*

Sobald man die verborgenen Wesen wahrnimmt, die in jedem Vorgarten hausen, wird die Lava auf ganz besondere Weise lebendig.“(241)

In Irland werden seit jeher beim Bau von Steinmauern kleine bodennahe Öffnungen als Durchgänge für die Feen freigelassen, um ihnen nicht die Wege abzuschneiden. Alle mit der Natur verbundenen Völker und Stämme halten enge Verbindung mit den Naturwesen, auch Naturgeister oder Elementarwesen genannt. Sie feiern ihnen zu Ehren Feste, bringen ihnen Opfergaben dar und erbitten ihre Hilfe in vielen Lebenslagen. Sensitive Menschen, die eine besonders enge Beziehung zur Natur haben und eine Verbindung zwischen ihr und den Menschen schaffen können, nennen wir *Schamanen*, manchmal auch *Medizinmänner*, *Zauberer* oder *Hexen*.

Die meisten unserer heutigen „christlichen“ Feiertage haben sowohl „heidnische“ als auch schamanische Ursprünge. Sie wurden von den modernen Kirchen adaptiert und für ihre eigenen Zwecke entfremdet. So ist die *Tag-und-Nacht-Gleiche* (Äquinoktium) um den 23. September herum ursprünglich ein Toten- und Opferfest, um den Kreislauf der Jahreszeiten, wie auch den Kreislauf des Lebens (Geburt und Wiedergeburt) zu feiern. Unter dem Namen *Mabon* oder *Erntedankfest* diente es der Besänftigung der dämonischen Kräfte, man wollte sich mit den Naturwesen und den Geistern gutstellen. Das in unseren Breiten plötzlich so beliebte *Halloween* ist ein altes keltisches Fest namens *„All Hallows' Eve“*, also Abend aller Heiligen. Das ist der Abend, an dem der Schleier zwischen dem Reich der Lebenden und der Toten am dünnsten ist. Man nimmt Verbindung zu seinen verstorbenen Ahnen auf. Wir kennen dieses Fest auch als *„Allerheiligen“*.

Wer sein Bewusstsein erweitert und seine Eigenschwingung erhöht, wird automatisch sensibler für höhere Schwingungen und kann somit feinstoffliche Energien wahrnehmen, die dem rein materialistisch geprägten Geist verborgen bleiben. Wenn wir bewusster werden, dann treten wir automatisch wieder mehr in einen Austausch mit den Kräften der Natur, weil wir nicht umhinkommen, uns selbst als einen Teil von ihr wahrzunehmen. Wer mit seinen Pflanzen und Tieren spricht, kann unglaublich viel von ihnen lernen.

Auch die Entdeckung der Plasmakräfte, der Bioenergie und der „ordnenden Kräfte“ des Wassers deuten an, dass viel mehr hinter allem steckt, als wir bislang wahrnehmen wollten und konnten. Wasser ist nicht nur ein unverzichtbarer Baustein des Lebens, es scheint vielmehr jene geheimnisvolle Intelligenz zu sein, die Leben und alle Funktionen steuert. Deshalb ist es wichtig, dass wir uns mit Wasser befassen und seine Bedeutung für unsere Gesundheit erfassen. Wir müssen die Versuche der Wirtschaft, Wasser zu einem privaten Monopol zu machen, unbedingt verhindern und Bürgerinitiativen wie „Wasser ist ein Menschenrecht“ (*Right 2 Water*) aktiv unterstützen. Ich möchte hiermit jedem, der sie nicht kennt, ausdrücklich die im Internet frei zugänglichen Audio-Vorträge „Wasser & Salz“ von *Peter Ferreira* ans Herz legen, weil sie eindrücklich, heiter und gut verständlich die Bedeutung von Wasser und Salz für den menschlichen Organismus verdeutlichen.

Selbst all jene Menschen, die sich schwer damit tun, die Existenz von Elfen und Feen anzuerkennen, müssen zugeben, dass wir bisher mit unserem völlig infantilen, egoistischen und ignoranten Verhalten der Erde sehr viel Schaden zugefügt haben. Wir dürfen so nicht mehr weitermachen! Wir müssen uns endlich unserer Verantwortung für „Mutter Erde“ gewahr werden, denn wir brauchen sie, sie uns hingegen nicht! Wir müssen dringend die Nutzung der Kernenergie einstellen! Wir haben bereits zu viel nuklearen Abfall erzeugt, ohne zu wissen, wohin damit. Wir belasten damit die Erde über jedes erträgliche Maß hinaus.

> *„Leider ist der Zustand der Erd-Aura äußerst kritisch. Sie gleicht der Aura eines schwerkranken Menschen. In einer solchen Situation ist es nötig, einen Reinigungs-Prozess durchzuführen, um das Leiden zu heilen. Wie ein Mensch wird auch die kranke Erde zittern, Krämpfe oder ähnliche Symptome zeigen, die von den auf ihr lebenden Menschen als apokalyptisch empfunden werden. Daran ist nichts Unnatürliches. Es handelt sich dabei nur um einen Ausgleich der negativen ‚Ladung'. Anders ausgedrückt hat das negative Karma der Erde einen kritischen Zustand erreicht, der nun das Schicksal der Menschheit beeinträchtigt.*“[242]
>
> Radu Cinamar, „Transylvanian Moonrise“

Vielleicht ist also die Zunahme von Energie in unserem Universum und auf Erden ein Weg der Schöpfung, sich des Problems „Mensch“ mittels Naturkatastrophen zu entledigen? Vielleicht hat die Erde Fieber?

Das Klima hat sich jedenfalls immer verändert, weil alles ein lebendiger, dynamischer Prozess ist. So lebten die Wikinger etwa bis ins frühe 15. Jahrhundert hinein auf Grönland und betrieben dort Ackerbau und Viehzucht. Dann verschwanden sie, weil dank der „Kleinen Eiszeit“ die Sommer immer kürzer und die Winter immer länger und härter wurden.[243]

Diese *Kleine Eiszeit* reichte dann bis in das 19. Jahrhundert hinein. Seitdem stiegen die Temperaturen wieder leicht an. Sie sind jedoch immer noch weit davon entfernt, auf Grönland Ackerbau möglich zu machen, zumal sie seit Beginn des neuen Jahrtausends auch nachweislich wieder sinken – was dank mehrerer Rekordwinter hintereinander für die meisten Menschen auch klar erkennbar wird. Der „Klimawandel“, dem in den letzten Jahren so viel Beachtung geschenkt wurde, ist zum größten Teil natürlich – und vermutlich lange nicht so extrem, wie er oft dargestellt wird. Das bestätigt auch **EIKE** (Europäisches Institut für Klima und Energie e.V.), ein Zusammenschluss einer wachsenden Zahl von Natur-, Geistes- und Wirtschaftswissenschaftlern, Ingenieuren, Publizisten und Politikern, die im „menschengemachten Klimawandel“ nichts als einen Vorwand sehen, Wirtschaft und Bevölkerung zu bevormunden und das Volk durch Abgaben zu belasten.

Das eigentliche Problem für die Erde ist unsere anhaltende Negativität und Ignoranz, in Verbindung mit der nuklearen Verseuchung der Umwelt, der Verschmutzung der Meere durch Kunststoffabfälle und der Abholzung der Regenwälder. Wir produzieren zu viel Müll. Jeder Deutsche verursacht jährlich eine halbe Tonne Müll. Wir ersticken nicht nur die Erde, sondern auch uns selbst in Abfall, der hauptsächlich aus nicht kompostierbaren Kunststoffen und Metallen besteht. Wir holzen Regenwälder im Rekordtempo ab, übersäuern die Böden und verpesten sie mit künstlichen Düngern, Pestiziden, Herbiziden und Fungiziden. Wir müssen diesen Wahnsinn jetzt stoppen! Keine Gurke muss einzeln in Klarsichtfolie verpackt werden. Kein Stück Fleisch muss einzeln in einer Plastikschale liegen. Wir als Käufer haben die Macht, diese völlig kranken Zustände zu verändern! Wir müssen damit aufhören, billige Nahrungsmittel zu kaufen, weil billig fast immer automatisch ungesund bedeutet.

Wahrscheinlich kann eine friedliche, gewaltfreie Gesellschaft nur funktionieren, wenn wir keine (oder nur noch sehr wenige) tierischen Produkte mehr essen. Vielleicht ist Vegetarismus oder Veganismus die einzige Chance, die wir haben, um als Menschheit zu überleben. Auf jeden Fall würde es auch schon sehr helfen, wenn alle von uns weniger Fleisch essen würden, als dies momentan der Fall ist. Früher gab es ein oder zwei Mal pro Woche Fleisch, meistens am Wochenende – den sogenannten „Sonntagsbraten". Wenn wir dahin zurückkehrten, wäre schon sehr viel gewonnen – für die Tiere, für die Umwelt und für uns selbst.

Wir haben es geschafft, in vielen Bereichen der Pharma-Forschung ein Verbot von Tierversuchen durchzusetzen, doch wir müssen noch weitergehen. Kein einziges Tier darf mehr zu Versuchszwecken gequält und getötet werden! Es darf keine Masttierhaltung und kein maschinelles Schlachten mehr geben! *Sepp Holzer* hält seine Rinder und Schweine im Freien, auf großen Freiflächen, in der Natur. Wenn er eines seiner „glücklichen Tiere" schlachtet, dann so, dass das Tier nichts ahnt und bis zur letzten Sekunde keinen Stress erlebt, denn das Adrenalin von Tieren, die langsam und qualvoll getötet werden, lagert sich in deren Fleisch ein und wird als Energie vom Konsumenten aufgenommen.

> *„Die Energien und Emotionen, die in diesen Geweben gespeichert waren, werden ebenfalls vom menschlichen Körper aufgenommen. Und diese Energie, die sich im Fleisch der Tiere eingeprägt hat, beeinflusst nun die Stimmung, das Verhalten und das Bewusstsein desjenigen, der dieses Fleisch verzehrt hat. Wenn die Tiere zum Schlachthaus gebracht und dabei mit Gewalt konfrontiert werden, erleben sie Emotionen wie Panik und unermessliche Angst. Diese*

Emotionen werden als negative Energie in ihrem Gewebe gespeichert. Das Fleisch enthält dann die Energie von Gewalt, Angst und Hoffnungslosigkeit.“[244]

Eine Studie der Universität von Texas zeigte, dass häufiger Fleischverzehr – besonders wenn das Fleisch gut durchgebraten oder anderweitig bei hohen Temperaturen zubereitet wurde – das Risiko, an Blasenkrebs zu erkranken, deutlich erhöhte. Einer Studie der Harvard Universität zufolge erhöht der Fleischverzehr aber auch deutlich das Risiko, an Herzerkrankungen und Diabetes zu erkranken.[245]

Menschen müssen endlich die Steinzeit verlassen und somit auch die Hobby-Jagd beenden. Es werden vielerorts viel zu viele Tiere wie Rehe, Hirsche, Wildschweine, Hasen und Fasane gezüchtet und gefüttert, was zu einer Überhege führt und alles aus dem Gleichgewicht bringt. Nur, um dann nach Feierabend als Zeitvertreib, diese Lebewesen mit Gewehren töten zu können. Die Überhege schadet nicht nur dem Wald und der Landwirtschaft, sondern auch allen anderen Wildtieren, die mittlerweile in Zentraleuropa zugunsten der Jagdtiere ausgerottet wurden. Wie kann ich meinen Hund lieben und verhätscheln, gleichzeitig aber den Wolf, seinen Vorfahren, hassen und erschießen? Es ist eine Sache, wenn *Inuid* Wale oder Robben töten, um zu überleben, weil in ihrem Lebensgebiet keine Pflanzen wachsen, die sie essen könnten. Das alte Wort für die Bewohner des ewigen Eises lautet „Eskimo“, was so viel bedeutet wie „Rohfleischesser“. Es ist jedoch eine ganz andere Geschichte, wenn Menschen, die im Überfluss leben, und die Wahl zwischen allen möglichen Lebensmitteln haben, der Jagd zum Zwecke der Trophäensammlung oder des Zeitvertreibes frönen. Die Hege ist wichtig, das Töten von Tieren zum Spaß sollte aber aus meiner Sicht verboten sein.

Während wir im Außen immer mehr Kontrolle erleben, Europa immer zentralistischer wird, unser Alltag immer stärker von monströsen Großkonzernen und -organisationen bestimmt wird, suchen wir im Inneren und im Kleinen immer mehr nach Selbstbestimmung und Eigenverantwortung. Dem unüberschaubaren Zentralismus, der Gigantomanie einiger Machthungriger stehen immer häufiger kleine, einfache, aber sehr effiziente Bewegungen gegenüber, wie etwa das ***Transition Town Movement*** oder Initiativen wie auch ***Voluntary Simplicity*** (Freiwillige Einfachheit) oder ***Downshifting*** (Runterschalten), die sowohl bewusste Akzente im wirtschaftlichen wie im sozialen sowie im Umwelt-Bereich setzen. Immer mehr Menschen geben ihrem Leben so einen neuen Sinn und finden zurück zu den Werten kleiner, überschaubarer Gemeinschaften.

Weltweit gibt es immer mehr Gemeinschaften und „Kommunen", die sich als ***Ökodörfer*** (*Global Eco Village Network* und *Eurotopia*) bezeichnen, sich weitestgehend selbst versorgen, die großes Augenmerk auf das spirituelle Wachstum aller Mitglieder legen und die sich als gewaltfreie Gemeinschaften verstehen. Die Bekanntesten von ihnen sind *Auroville* (Indien), *Damanhur* (Italien) und *Findhorn* (Schottland).

Aber auch ohne Landkauf ist es möglich, direkt in der eigenen Nachbarschaft Akzente zu setzen. Denn nicht jeder möchte sich dem Gruppenzwang unterwerfen, nicht jeder mag esoterische Zirkel, flower power oder orangefarbene Gewänder... Unter dem Namen ***Incredible Edible*** (unglaublich essbar) starteten einige Bewohner der nordenglischen Stadt *Todmorden* (West Yorkshire) im Jahr 2008 ein Projekt, indem sie 70 private und brach liegende öffentliche Grundstücke mit Obst und Gemüse bepflanzten. Die Idee dahinter war, gemeinsam so viel anzubauen, dass genug für alle Bewohner da war und jeder sich nehmen konnte, was er brauchte und wollte. Aus dieser Idee entstand eine Bewegung, die das gesamte Städtchen ergriff. Alle Schulen wurden eingebunden. Seitdem werden nicht nur die Schulkantinen mit frischem, regionalem Obst und Gemüse versorgt, sondern das Gärtnern wurde Teil des Unterrichts, was die Gemeinschaft stärkt und jungen Menschen einen gesünderen Bezug zu ihren Lebensmitteln gibt. Todmorden hat sich, wie viele andere Öko-Dörfer, in kürzester Zeit nahezu zum Selbstversorger gemacht.

Beispiele wie diese sind die besten Alternativen gegen die Globalisierung. Es ist effektiver, es besser zu machen, als sich darüber aufzuregen. *Urban Gardening* ist mehr als ein Protest oder ein Spleen, es ist eine kleine, stille Revolution. So finden sich in Großstädten mittlerweile Bienenstöcke auf Hochhausdächern oder Gemüsebeete und Obststräucher ersetzen korrekt gestutzten Rasen. Es braucht Ideen, nicht Geld, um Akzente zu setzen. Wer etwas macht, hat Macht, wer nichts macht ist ohnmächtig.

Jeder von uns kann einen kleinen, aber entscheidenden Beitrag dazu leisten, die Natur nicht noch weiter zu zerstören. Wir können unsere Gärten und Landwirtschaften naturnaher gestalten oder einfach ein kleines Stück Wald kaufen und wieder renaturieren. Wir können als Konsumenten darauf bestehen, dass wir nur noch Waren ohne unnötige Verpackungen kaufen. Wir können ganz leicht unseren Fleischkonsum reduzieren und regionale Produkte von Bio-Bauern kaufen, was dazu führt, dass es keiner weiteren Abholzung von Regenwäldern mehr bedarf. Jeder noch so kleine Beitrag in unserem Denken und Verhalten wird unserer Erde gut tun, und sie wird es uns danken.

Jeder von uns beeinflusst durch sein Denken und Handeln andere und trägt zum globalen Bewusstsein bei. Das *„Gesetz der Wenigen"* besagt, dass eine kleine Gruppe, wenn sie stark und entschlossen ist, überproportional viel erreichen kann. Bewusste Menschen haben immer mehr Kraft und Macht als unbewusste. Der Moment, an dem der *Tipping Point* (Umkehrpunkt) erreicht ist, an dem der Funke auf die Masse überspringt, ist nie genau vorhersehbar. Es könnte jeden Moment so weit sein. Jeder einzelne Gedanke könnte den Ausschlag dafür geben, dass sich das Bewusstsein der Menschheit als Gesamtheit erhöht und damit auch unsere gemeinsame Schwingung. Wir können uns nicht darauf verlassen, dass alles von selbst gut wird. Wir müssen die dringend nötigen Veränderungen selbst herbeiführen. Wenn jeder auf den anderen hofft, dann passiert gar nichts. Wenn aber jeder an sich selbst arbeitet, dann können wir die Welt im Handumdrehen zum Paradies auf Erden machen!

Immer mehr Menschen erwachen aus ihrem langen Schlaf. Immer mehr Menschen übernehmen Verantwortung! Ich danke jedem Einzelnen von ihnen! Sie sind zu einer umfassenden Bewusstseinsveränderung bereit! Daher ist sie auch nicht mehr aufzuhalten! Gemeinsam erschaffen wir eine neue, bessere, gerechtere Welt, in der wir alle in Frieden, in Liebe, in gegenseitigem Respekt und in Harmonie zusammen leben – im Einklang mit der Natur! So sei es, und so ist es!

GEWALTFREIE GESELLSCHAFT

In den vergangenen zwei Jahrzehnten haben schwere Gewalttaten in Europa sowohl numerisch als auch in deren Intensität „gewaltig" zugenommen. Durch die Öffnung des eisernen Vorhangs in den frühen 1990er-Jahren kam es zu einem Verlust von vertrauten Strukturen und zu einer Vermischung von Kulturen, Sprachen und Religionen. Gepaart mit Vorurteilen und alten Rivalitäten, geht dieses Aufeinanderprallen unterschiedlicher Welten mit der eingangs beschriebenen Verarmung und Spaltung unserer Gesellschaft einher. Zunehmende Verstädterung und Technisierung fügen weiteren Zündstoff hinzu.

Immer mehr Menschen, die weder sich selbst, noch den anderen kennen, leben in Großstädten auf immer engerem Raum zusammen und haben immer mehr Angst vor dem Unbekannten. Diese Angst führt zu Aggression und Gewalt. Dabei wird niemand aus sich heraus, aus Lust und Laune gewalttätig, auch wenn es manchmal auf den ersten Blick so aussehen mag, wenn Gewaltexzesse in den Medien so beschrieben werden, als wären sie aus „heiterem Himmel" entstanden. In Wahrheit aber reagieren die meisten Menschen (einige seltene Fälle ausgenommen) nur auf eine Welt, die ihnen bedrohlich erscheint, wie der Psychiater Martin Kiesewetter und der Kriminologe Martin Killias berichten:

„Die Gewalttäter nehmen die sie umgebende Welt als eine Welt voller Aggressionen wahr. Es gibt niemanden, der die Welt als so aggressiv erlebt wie der Aggressive. Ständig fühlt er sich bedroht. Alle erlebt er sich selber gegenüber als feindselig. Man will ihn fertigmachen, man will ihm etwas verweigern; er kann den Menschen nicht vertrauen. Und dagegen muss er sich wehren. Aggressive Leute sagen immer: ‚Ich bin doch nicht aggressiv, die anderen sind aggressiv.' Sie glauben, dass sie selbst nur auf eine feindliche und bösartige Umwelt reagieren."[(246)]

Genau das ist auch der Fall. Gewalt ist fast immer eine Gegenreaktion auf Gewalt. Kriminalität ist meist eine Folge von Armut, Ungleichheit, mangelnder Bildung und Kindheitserlebnisse. Es handelt sich um eine Endlosspirale. Gewalt ist nicht universell, sie ist kultur- und erziehungsabhängig. Es gibt eine riesige Schwankungsbreite im Ausmaß und der Verbreitung von Gewalt in unterschiedlichen Gesellschaften. Es gibt Gesellschaften, in denen es de facto keinerlei Gewalt gibt. Es gibt andere Gesellschaften und Kulturen, die sich selbst zerstören. Um Gewalt zu verhindern, müssen wir die Ursachen von Gewalt aus der Welt schaffen. Es gibt zahlreiche Menschen, die davon überzeugt sind, dass dies unmöglich sei, aber das ist Unsinn, denn es gab und gibt viele Gruppen, die ohne jegliche Gewalt (egal ob körperlich, verbal oder seelisch) auskommen – einfach nur deshalb, weil sie sich dazu entschieden und dafür verpflichtet haben. In diesen Gemeinschaften gibt es keine Waffen. Der Wehrdienst wird verweigert, selbst wenn das einige Jahre Gefängnis bedeutet. Wenn man Frieden will, muss man friedlich handeln.

Wir alle wissen, dass Gewalt falsch ist, und wir können eine gewaltfreie Gesellschaft schaffen, wenn wir es nur wollen! Am Anfang steht immer der Gedanke! Grundvoraussetzung für das Umsetzen dieser Vision in die Realität ist die Befriedigung der Grundbedürfnisse des Menschen und ein höheres Bewusstsein aller, denn eine gewaltfreie Gesellschaft kann nur aus einer bewussten Entscheidung gegen Gewalt heraus entstehen!

Im November 2000 hat der Deutsche Bundestag den folgenden Paragrafen (§ 1631 II BGB) dem Familienrecht hinzugefügt: *„Kinder haben ein Recht auf gewaltfreie Erziehung. Körperliche Bestrafungen, seelische Verletzungen und andere entwürdigende Maßnahmen sind unzulässig.“* Niemand möchte in ständiger Bedrohung und Unsicherheit leben. Aber viele Menschen sind der fatalen Überzeugung, dass Gewalt ein Teil der menschlichen Natur sei, was vollkommen falsch ist.

Neueste Studien belegen, was jeder Mensch mit Hausverstand ohnehin weiß: *„Du bist, was du isst!“* Wissenschaftler der *Penn State Universität* belegten 2013, dass *„Personen, die ohnehin zur Verstimmtheit neigen, um so schlechter gelaunt sind, je mehr Junk Food sie essen. Dieser Studie zufolge wird ein Stimmungstief nach dem Verzehr von Junk Food verstärkt“*.

Zum gleichen Ergebnis kam Dr. Drew Ramsey von der Universität in Oxford im selben Jahr nach ausgiebigen Tests an Gefängnisinsassen. Er wies nach, dass einseitige Ernährung und Nährstoffmangel die Hauptursachen von Verhaltensauffälligkeiten und Aggression sind. *„Ohne ausreichende Versorgung mit Nährstoffen* (mit den darin gespeicherten Informationen/Biophotonen, A.d.V.) *könne der Körper nicht die nötigen chemischen Substanzen und Hormone bilden, die für klares Denken und ein gesundes Gemüt unabdingbar sind. Die Folge könne irrationales oder gar gefährliches Handeln sein.“*[(247)]

Zucker (außer Fruchtzucker) ist eine der Hauptursachen für Stress, Konzentrationsschwäche und zunehmender Aggression bei Kindern und Jugendlichen, wie bereits zahlreiche Studien belegt haben. Daher ist ein Verzicht von stark gesüßten Getränken und Speisen ein einfacher, aber effektiver Beitrag zu weniger Aggression und Gewalt – und vor allem auch zur eigenen Gesundheit. Wer dennoch auf Süßes nicht verzichten möchte, der sollte sich eingehender mit ***Stevia***, auch Süßkraut oder Honigkraut genannt, befassen. Man kann diese natürliche Süße – die anfangs für manche etwas gewöhnungsbedürftig schmeckt – nicht nur als Pulver oder Flüssigkeit kaufen, sondern man kann Stevia auch ganz leicht selbst anbauen und dann die getrockneten Blätter verwenden. Auch *Honig* ist wesentlich gesünder und wertvoller als Zucker und schmeckt obendrein auch noch um vieles besser. Doch Vorsicht, denn beim Honig gibt es je nach Herkunft und Herstellung große Qualitätsunterschiede. Genaues Hinsehen lohnt sich.

Es gibt mehrere Gesellschaften, die uns Gewaltfreiheit erfolgreich vorlebten und bis heute vorleben, wie etwa die *Täufer (Anabaptisten)*, die *Amischen* und die *Hutterer.* In diesen Gemeinschaften herrscht absolute Gewaltfreiheit. Im Jahr 2009 gab es weltweit etwa 1,6 Millionen Täufer. Historisch ist unter ihnen kein einziger Fall von Mord oder schwerer Körperverletzung bekannt. Amische und Hutterer leben heute fast ausschließlich in den USA. In Deutschland, Österreich, in der Schweiz, Frankreich und den Niederlanden gibt es aber noch kleine Täufer-Gemeinden.[(248)]

Auch die Mennoniten, zahlreiche Baptistengruppen und die Quäker haben sich dem Pazifismus verschrieben. Letztere legen besonders großen Wert auf die eigene Erfahrung der christlichen Lehre, wie ihr Quäkerzeugnis beschreibt: *„Ihr mögt sagen: Christus hat dies gesagt, und die Apostel sagen das – aber was kannst du selbst sagen? Bist du ein Kind des Lichts, und bist du im Licht gewandelt, und was du sprichst, kommt es aus deinem Innersten von Gott?*“[(249)]

In der langen Geschichte des Buddhismus gab es keinen einzigen Fall, in dem ein buddhistisch geprägtes Land einen Angriffskrieg geführt hätte. Erst im 20. Jahrhundert gab es einige Beispiele dafür, dass Buddhisten sich gegen Angriffe von außen zur Wehr setzten, da sie ihre Kultur und ihre gesamte Existenz bedroht sahen.

Es kann keinen „Heiligen Krieg“ geben, weil Krieg nur Unheil bringt. Heilig leitet sich von „heil“ ab, was so viel wie „ganz“ bedeutet. Im Krieg bleibt nichts ganz, weil alles der gewaltsamen Zerstörung anheimfällt.

Der israelische *Kibuzz* ist eine ländliche, selbst verwaltete, basisdemokratische Gemeinde. In den Kibbuzim gibt es so wenig Gewalt, dass israelische Strafgerichte verurteilte Straftäter oft dorthin schicken, um dort zu leben, damit sie die Erfahrung eines gewaltfreien Lebens machen können. Es gibt heute in Israel knapp dreihundert solcher kleiner Gemeinschaften.[(250)]

Natürlich ist es in kleineren Gemeinschaften wie Dörfern oder abgeschlossenen Anlagen einfacher, friedlich miteinander auszukommen, weil jeder jeden kennt und man einander braucht. Jedes Zuwiderhandeln gegen die Gemeinschaft würde zum Ausschluss des Störenfrieds führen, also müssen sich alle miteinander arrangieren und Rücksicht aufeinander nehmen. Doch was im Kleinen möglich ist, sollte auch im Großen funktionieren, vorausgesetzt, dass alle Beteiligten das wollen. Vielleicht ist auch das Zurückkehren zu kleineren Gemeinschaften und das Auflösen von Mega-Cities und riesigen Staaten-Bünden einer der Schlüssel für die Zukunft der Menschheit.

Auch im deutschen Sprachraum entstehen in den letzten Jahren immer mehr kleine Gemeinschaften, die bewusst gewaltfrei leben, sich selbst versorgen und respektvollen Umgang miteinander pflegen. Eins von mehreren Beispielen ist *Schloss Tempelhof* bei Crailsheim: 2010 kauften zwanzig Menschen, die vorwiegend aus München kamen und genug vom Stress der Großstadt hatten, in der Nähe von Crailsheim ein Anwesen mit 31 ha Grund und erbauten darauf ein Selbstversorger-Dorf mit Biogärtnerei und Biolandwirtschaft. Heute leben 65 Erwachsene und 15 Kinder in der offenen Gemeinschaft, die das Dorf und alle angeschlossenen Betriebe als Genossenschaft besitzt und betreibt. Hier ein Auszug aus dem Text „Zukunftswerkstatt Schloss Tempelhof“[(251)]:

> *„Wir entscheiden uns, wirklich in Beziehung zu gehen. Wir kommunizieren offen und aus dem Herzen heraus. Wichtig sind uns achtsamer Umgang, Wahrhaftigkeit, Gewaltlosigkeit und Verbindlichkeit. Uns ist bewusst, dass Worte und die Art ihres Ausdruckes Formen schaffen... Jeder trägt Verantwortung für sich und die Gemeinschaft. Voraussetzung dafür ist die Bereitschaft zur Selbstreflexion. In Achtung und Respekt vor der Schöpfung leben wir als Teil der Natur... Wir wollen, soweit möglich, solidarisch wirtschaften – für die Menschen. Wir sehen Arbeit als Ausdruck unserer tiefen in-*

neren Essenz, für- und miteinander. Im Füreinander entwickelt sich unser soziales Sein, im Miteinander unsere Kraft und Kreativität.“

Solange wir Kriege im Großen wie im Kleinen führen, werden wir uns als Kollektiv nicht weiter entwickeln können, weil wir ständig neues Leid, neues negatives Karma kreieren. Wir schüren immer wieder neuen Hass, neues Leid, neuen Schmerz, die immer wieder zu Gegenreaktionen führen. Solange wir Kriege führen, werden wir unser gemeinsames Energiefeld nie über eine bestimmte Schwelle heben können. Die meisten Soldaten und Soldatinnen, die im letzten Jahrzehnt für die USA, England, Deutschland und für weitere Staaten im Krieg waren, kamen als gebrochene Männer und Frauen zurück. Sie leiden unter unzähligen psychischen und physischen Krankheiten, die dann allgemein als *Posttraumatische Belastungsstörung* (Balkan- oder Golfkriegssyndrom) zusammengefasst werden und wiederum schwere Auswirkungen auf die Familien der „Krieger“ haben. Das bedeutet, dass jeder Krieg nicht nur den „Gegner“, sondern auch die eigene Bevölkerung schädigt.

> *„Der Krieg ist ein Vorgang, bei dem sich Menschen umbringen, die einander nicht kennen, und zwar zum Ruhm und zum Vorteil von Leuten, die einander kennen, aber nicht umbringen.“*
>
> Paul Valéry (franz. Philosoph, 1871-1945)

Das ist nichts Neues. Wir wissen seit Jahrhunderten, dass Krieg falsch ist, aber es gibt eine kleine Gruppe skrupelloser Menschen, Psychopathen, die Kriege schüren, weil sie daraus finanziellen Nutzen ziehen. Es gibt eine kleine Schar gefühlloser Wesen, die alles daran setzen, die Menschen davon abzuhalten, sich zusammenzutun und gemeinsam geistig zu wachsen. Es gibt jedoch immer mehr Menschen, die es leid sind, sich manipulieren und benutzen zu lassen. Das effektivste Mittel gegen Gewalt ist die Weigerung mitzumachen. Frei nach dem Spruch: *„Stell dir vor, es ist Krieg, und keiner geht hin.“*, hat der gewaltfreie Potest wieder an Bedeutung gewonnen. Und man muss es deutlich sagen: Gewalt geht fast immer von Männern aus! Wie oft wurden wir schon von einer Frau am Steuer auf der Autobahn bedrängt? Wie oft haben wir schon erlebt, dass erwachsene Frauen sich wegen einer Meinungsverschiedenheit prügeln? Es würde unserer Gesellschaft sehr gut tun, mehr Frauen und Mütter in Führungspositionen zu bringen, denn wer einmal Leben geschenkt hat, tut sich schwer, es wieder zu nehmen.

Pazifismus ist eine ethische Grundhaltung, die Krieg und alle Arten von kriegerischen Handlungen prinzipiell ablehnt und danach strebt, dauerhaften Frieden zu schaffen. Es gibt unzählige Organisationen und Glaubensgruppen, die sich dem Frieden verschrieben haben und die den Krieg boykottieren. Bis heute führen wir einen Krieg nach dem anderen – Kriege gegen andere Staaten, den Krieg gegen Drogen, den Krieg gegen Terrorismus. Krieg ist immer die einfachste Möglichkeit, um eine festgefahrene politische oder wirtschaftliche Situation wieder in Schwung zu bringen. Krieg ist die primitivste aller Lösungen, weil sie destruktiv ist, Verderben bringt und verhindert, dass man die wahren Probleme löst. Es ist nicht möglich, Finsternis durch Finsternis zu bekämpfen! Was es braucht, ist Licht!

Ich bin der festen Überzeugung, dass eine gewaltfreie Gesellschaft möglich ist, nicht nur, weil es mir als Ideal erscheint, sondern, weil viele Millionen Menschen auf diesem Planeten es bereits vorleben. Die Vorstellung einer friedlichen Gemeinschaft ist berauschend und erfüllend. Nur in friedlicher Umgebung, in einem Gefühl der Sicherheit und Geborgenheit kann jeder einzelne Mensch sein Potential entfalten und sich verwirklichen. In einer gewaltfreien Gesellschaft braucht es auch keine Gefängnisse mehr, weil das Bewusstsein einer hoch entwickelten Masse so viel Kraft hätte, dass es jeden Versuch einzelner Abweichler, wieder zurück in primitive Demonstrationen körperlicher Gewalt zu verfallen, einfach energetisch zunichte machen würde, weil es demjenigen auf geistiger Ebene die Sinnlosigkeit seines Unterfangens demonstrieren würde. Wenn hundertprozentige Gewaltfreiheit bei Millionen von Menschen in kleinen Gruppen schon heute möglich ist, warum soll sie dann nicht für alle Menschen, alle Gruppen, alle Kulturen und Gemeinschaften möglich sein? Natürlich ist sie es, wenn wir es wollen!

Schlusswort

Niemand von uns ist zufällig hier auf Erden. Es gibt im Universum keine Zufälle. Alles ist einer höheren Ordnung unterworfen. Wir sind hier freiwillig an einem sehr besonderen Ort im Kosmos, zu einer sehr besonderen „Zeit“ inkarniert, einer „Zeit“ umfassenden universellen Wandels. Die Energie- und Frequenzerhöhung in unserer Galaxis fordert uns alle heraus, und wir werden als Menschheit nur gemeinsam überleben, wenn wir uns dieser neuen Energie anpassen und lernen, sie zu nutzen. Dafür müssen wir unser Bewusstsein, also uns selbst verändern und unsere Sinne schärfen, um im Einklang mit der Natur aus dem bereits viel zu lange andauernden Kreislauf von Ungerechtigkeit, Ungleichheit, Unterdrückung und Zerstörung auszubrechen. Wir werden die neuen Schwingungen nur bewältigen, wenn wir uns ihnen völlig öffnen, sie mit Liebe, Freude und Begeisterung umarmen und willkommen heißen!

Es gibt vieles, was jeder Einzelne von uns tun kann, um diese Entwicklung zu beschleunigen, um einen „positiven Beitrag“ zu leisten und um den Übergang in das neue Zeitalter aktiv mitzugestalten.

Die erste Welle dieser neuen Energie war die *„Flower-Power-Bewegung“* der *Hippies*, deren Ideale einer liebevollen, friedlichen, toleranten und offenen Welt gegen die gefühlskalten Mächte des auslaufenden Industriezeitalters in den 1980er-Jahren unterlagen. Nun ist es an uns, den nächsten Anlauf zu nehmen, um eine liebevolle, offene, gerechte und ehrliche Welt mit all unserer Kraft und Hingabe zu erschaffen. Viele Menschen sind immer noch in den alten Energien verhaftet und gleichzeitig durch die neuen Energien verunsichert, vor allem die Männer. Die alten Rollenbilder existieren nicht mehr. Es reicht nicht mehr, ausschließlich die linke Gehirnhälfte zu nutzen und wie eine Maschine präzise und zuverlässig zu funktionieren. Mehr denn je sind Einfühlungsvermögen und Intuition gefragt, und es fällt vielen Männern noch schwer, diese nicht mit Schwäche zu verwechseln. Eine rasch wachsende Zahl an Frauen sowie Männern ist bereits in der neuen Energie angekommen. Diese haben gelernt, beide Gehirnhälften gleichermaßen zu nutzen, denken und fühlen, männlich und weiblich, immer mehr zu vereinen und zu harmonisieren. Das neue Zeitalter ist von Harmonie und Ausgleich geprägt!

Es ist wichtig, dass wir wieder lernen, alles Leben auf Erden wertzuschätzen, allem mit Respekt und Demut zu begegnen. Wenn wir andere so behandeln, wie wir selbst gerne behandelt werden wollen, dann haben wir bereits einen sehr großen Schritt getan. Jedes Lächeln, jedes freundliche Wort, das wir anderen schenken, jede Anerkennung und Aufmunterung, ist ein wichtiger Beitrag zu einem friedlichen und freudigen Miteinander aller.

Am 12. Mai 2013, während der Fertigstellung dieses Buches, erschien ein Interview mit dem bekannten amerikanischen Trendforscher *Gerald Celente* unter dem Titel: *„Die neue Renaissance und große nichtstaatliche Trends, die unsere Welt verändern.“*[252] Darin bestätigt er die meisten Themen und Ansichten dieses Buches – von einer spirituellen Revolution, über eine neue Wirtschaft und Bildung, eine neue Beziehung zur Natur und zu Gesundheit, bis hin zur Nutzung freier Energie – als die entscheidenden Themen der kommenden Jahre:

> *„Es kommt zu einer Renaissance. Sie findet bereits statt. Es gibt eine eindeutige Renaissance in der Ernährung. Es gibt eine landesweite Bewegung für regionalen Einkauf, gegen Gentechnik, gegen großindustrielle Landwirtschaft, gegen Pestizide oder Zusatzstoffe – der Ernährungstrend ist unübersehbar, und er ist in vollem Gange. Man braucht nur den Fernseher einzuschalten. Man braucht sich nur all die populären Ernährungs- und Koch-Shows anzusehen: ‚Kauf lokal! Bau selbst an! Iss gesund, um gesund zu bleiben! Wenn du es dir leisten kannst, essen zu gehen, versuche ‚Bio' zu essen, aus Freilandhaltung, ohne künstliche (Wachstums-)Hormone!'... Wir werden erleben, dass sich ein völlig neues Bildungsmodell entwickelt. Das heutige ist ein Modell des industriellen Zeitalters, das nicht nur altmodisch, sondern auch in jeder Hinsicht unzureichend ist. Die Bildung des neuen Jahrtausends wird entscheidend zur Schaffung*

einer Ära der Aufklärung (Erleuchtung) beitragen... Ich glaube auch, dass alternative Energien alles grundlegend verändern werden. Etwas viel Bedeutenderes als Wind, Solar, Geothermie oder Biokraftstoffe. Und sobald es auf dem Markt ist, wird es die Gesellschaft noch nachhaltiger beeinflussen als die digitale Internetrevolution. Alternative Energien werden nicht nur alles verändern, sondern uns auch retten. Sie werden das nächste wirkliche Großereignis, denn sie werden selbst die Nahostpolitik verändern. Sobald die Welt nicht mehr aufgrund von Energie vom Nahen Osten abhängig ist, werden auch die militärischen Interventionen in deren innere Angelegenheiten abrupt enden. Zudem wird eine neue, saubere und unbegrenzt verfügbare Energie weltweites Wirtschaftswachstum befördern... Ich glaube zudem daran, dass es einen ‚Verdi-Faktor' braucht. Ohne die Rolle der Kunst und der Schönheit gebührend anzuerkennen, kann keine wahre Renaissance erblühen. Ich bin der festen Überzeugung, dass Kunst der Weg ist, die wahre Bedeutung des menschlichen Geistes zu erfassen... Schönheit ist für mich das beste Mittel gegen Angst. Deswegen umgebe ich mich mit Schönheit... Die Renaissance des Neuen Jahrtausends könnte auch durch die Rückkehr zu einer tief greifenden Wertschätzung der Handwerkskunst ausgelöst werden. Denn Kunst und Architektur offenbaren die Seele jeder Zivilisation!« [252]

Gerald Celente bestätigt in diesem Interview auch, dass wahre Veränderung immer nur durch einige wenige starke Persönlichkeiten ins Rollen kommt, denn die Masse der Menschen folgt dem Trend. Es ist an jedem Einzelnen von uns, liebe Leserin, lieber Leser, aus vielen kleinen Initiativen und Bemühungen eine einzige große Bewegung zu kreieren, die wie eine unaufhaltsame Lawine alles Mittelmaß, alles Alte und Verbrauchte überrollt und durch ein neues Bewusstsein ersetzt. Den Einwand des Interviewers *Anthony Wile*, dass doch die meisten Menschen sich immer noch über die Massenmedien informieren und nichts von diesem neuen Bewusstsein mitbekommen, schmettert Celente daher ab:

„Die MEISTEN Menschen sind unbedeutend! Das ist kein Zahlenspiel. Was es braucht, ist ein starker Kern. Und ich glaube, dass dieser Kern existiert; er ist nur **noch** *nicht vereint. Würde man alles zusammenlegen, wäre das ein starker Kern. Sehen Sie, sobald es eine Bewegung mit einem starken Kern gibt, werden dieselben Leute, die jetzt den Massenmedien folgen, mitziehen…"*[253]

Es ist also unwichtig, wie träge die Masse ist. Wenn wir alle immer darauf warten, dass andere vorausgehen, dann kommen wir nie vom Fleck. Ich versuche hier, *meinen* Beitrag zu leisten, indem ich dieses Buch schreibe und Menschen mit alternativen Informationen versorge. Andere von uns können sich etwa in den Bereichen Gesundheit, Ernährung, Bildung, Landwirtschaft oder auch Politik und Wirtschaft einbringen – jeder nach seinen Talenten und Möglichkeiten. Es hat nur wenig Sinn, die Masse überzeugen zu wollen, deshalb können wir auch getrost die Massenmedien vernachlässigen. Die Zukunft liegt in kleinen, überschaubaren Gruppen und Gemeinschaften. Die Zukunft liegt in der Eigenverantwortung!

Jeder von Ihnen, der das Buch bis hierhin gelesen hat, trägt bereits Bedeutendes zum Wandel bei, weil allein die geistige Offenheit dafür alles um uns herum verändert! Unsere Gedanken schaffen unsere Realität! Unsere Neugierde und Hingabe ist es, die uns zu Visionären und Pionieren macht. Gemeinsam verändern wir gerade jetzt die Welt!

Es geht nicht darum, das Alte zu bekämpfen, sondern darum, es als das zu entlarven, was es ist, und dadurch dem Neuen zum Strahlen zu verhelfen. Die Leuchtkraft der positiven Veränderung wird die breite Masse anziehen wie die Motten das Licht. Wir müssen also mit Begeisterung, mit Schönheit, mit Ehrlichkeit und Offenheit überzeugen, und nicht wie bisher mit Privilegien und Günstlingswirtschaft. Wir müssen mit leuchtendem Beispiel vorangehen, anstatt uns in den Fallstricken des Alten zu verheddern.

Mir hat sowohl die Recherche zu diesem Buch als auch das Schreiben daran sehr viel Freude bereitet, und ich hoffe, dass sich diese Freude überträgt. Sollte dies der Fall sein, dann hoffe ich, dass Sie diese Freude wiederum an andere weiterreichen. So entsteht eine „Bewegung", eine friedliche Revolution. So können wir einen Sprung im kollektiven Bewusstsein der Menschheit forcieren. Wir können alles in jedem einzelnen Moment verändern, wenn wir daran glauben und uns dessen bewusst sind! Die Zukunft beginnt jetzt! Lassen Sie uns gemeinsam dafür sorgen, die Welt ein wenig besser zurückzulassen, als wir sie vorgefunden haben!

Denn wir sind diejenigen, auf die wir immer gewartet haben!

Zusammenfassung: Was jeder von uns tun kann

TECHNIK

- Schalten Sie Ihr Mobiltelefon aus, so oft Sie können, und tragen Sie es nie direkt am Körper, um die Folgen der Mikrowellenstrahlung zu minimieren.
- Stellen Sie Ihren Laptop nicht auf Ihren Schoß, da dessen Strahlung zu Unfruchtbarkeit und zu Schädigung der inneren Organe führen kann!
- W-Lan-Antennen ausschalten, wenn Sie das Internet nicht benutzen.
- Nicht genutzte Stromquellen ausschalten – keinen Stand-By-Modus!
- Informieren Sie sich über alternativen Energie-Quellen. Unterstützen Sie Pioniere und kleine Firmen, die neue Lösungen anbieten!

KONSUM

- Auf fairen Handel achten und Fair-Trade-Produkte kaufen.
- Darauf achten, nur Unternehmen zu unterstützen, die auch verantwortungsvoll handeln, ihre Mitarbeiter gut bezahlen und Steuern abführen.
- Verkäufer und Unternehmen über die Herkunft und die Zusammensetzung von deren Produkten befragen.
- Unterstützen sie nur Organisationen, die zum Wohle der Konsumenten handeln.
- Kaufen Sie nur das, was Sie wirklich brauchen!

UMWELT

- Bauen Sie soweit wie möglich Ihr eigenes Gemüse und Obst an.
- Kaufen Sie biologische, möglichst reine und unbelastete Lebensmittel!
- Vermeiden Sie den Einsatz jeglicher chemischer Pflanzenschutzmittel in Ihrem Garten und arbeiten Sie dafür mit der Natur (siehe Permakultur).
- Unterstützen Sie ihre lokalen Bauern und Imker!
- Wechseln Sie Ihren Stromlieferanten und vermeiden Sie die Nutzung von Atomstrom!
- Werden Sie so autonom wie möglich (Selbstversorger), auch hinsichtlich Strom.

- Reduzieren Sie Ihren Energieverbrauch so weit wie möglich – etwa durch die Nutzung effizienterer Geräte und durch komplettes Ausschalten aller Geräte, die Sie nicht nutzen.
- Vermeiden Sie unnötigen Müll, vor allem im Bereich von Elektronik. Jede Reparatur eines Altgerätes vermeidet neuen Müll und erspart den Abbau weiterer Metalle, Erze, seltener Erden usw..
- Vermeiden Sie unnötigen Plastikmüll und leisten Sie sich die bewährte Qualität in Mehrweg-Glasverpackungen.

GELD

- Bezahlen Sie bar, wo immer es möglich ist – vermeiden Sie Zahlungen mit EC-oder Kreditkarten.
- Nehmen Sie, wenn möglich, keine Kredite von Banken, sondern leihen Sie sich das Geld anderswo, entweder privat oder über crowdfunding o.Ä.
- Entfliehen Sie dem modernen Konsumrausch und geben Sie nicht mehr Geld aus, als Sie einnehmen!
- Stellen Sie Ihr Geld nicht unnötig den Banken zur Verfügung. Lassen Sie nicht mehr auf dem Konto, als nötig ist, um die laufenden Abbuchungen zu bewerkstelligen.
- Führen Sie Ihr Konto bei einer Bank, die ethisch anständig arbeitet und offen und transparent agiert.
- Unterstützen Sie lokale Banken anstelle renommierter Giganten.
- Setzen Sie sich auch mit Gold und Silber sowie mit alternativen Bezahlmethoden und Währungen auseinander (Komplementärwährungen) und schaffen Sie physische Werte. Verlassen Sie sich nicht auf Banken, Versicherungen oder Versprechen der Politiker!

WIRTSCHAFT

- Kaufen Sie nichts, was Sie nicht brauchen!
- Lassen Sie beschädigte Produkte reparieren, bevor Sie neue kaufen und unnötig Müll erzeugen!
- Achten Sie wieder auf Qualität!
- Vermeiden Sie den Kauf von Produkten mit langen Transportwegen.
- Unterstützen Sie lokale, anständige Handwerker und Händler!

- Wenn Sie Aktien kaufen, dann achten Sie darauf, dass die jeweiligen Unternehmen ethisch und moralisch anständig handeln, dass sie ihre weltweiten Mitarbeiter gut bezahlen, Umweltstandards einhalten und Steuern abführen.
- Wenn Sie Aktien kaufen, dann legen Sie ihr Augenmerk auf Firmen, die Sinnvolles leisten und langfristig denken und auf Firmen, die wirkliche Werte repräsentieren.
- Wenn Sie mit Produkten unzufrieden sind, dann bringen Sie diese zurück und konfrontieren Sie die Verantwortlichen mit den Mängeln!
- Kaufen Sie nur dort, wo Sie gut beraten und ernst genommen werden!
- Vergessen Sie nie, dass Sie als Kunde sehr viel Macht haben!

GESUNDHEIT

- Lassen Sie sich von Ärzten nicht bevormunden.
- Holen Sie im Falle schwerer Krankheit mehrere Meinungen ein, auch von alternativen Heilern, und wählen Sie die Behandlung, die für SIE richtig ist!
- Vermeiden Sie unnötige Impfungen.
- Nichts ist unumkehrbar! Sie allein erschaffen Ihre Realität und sind somit für Ihr Wohlbefinden und für Ihre Gesundheit verantwortlich!
- Es gibt (bis auf ganz wenige Ausnahmen) keine genetisch bedingten Erbkrankheiten – lassen Sie sich von anders lautenden Aussagen nicht verunsichern und negativ beeinflussen!
- Ernähren Sie sich gesund und ausgewogen.
- Trinken Sie reichlich gesundes, lebendiges und kohlensäurefreies Wasser.
- Meiden Sie Fluoride in Ihrer Zahnpflege.
- Meiden Sie Light-Produkte, vor allem, wenn sie das gesundheitsschädliche Aspartam enthalten – auch in den Kaugummis.
- Reduzieren Sie Ihren Zuckerkonsum!
- Verwenden Sie kein ‚Speisesalz' (NaCl) mehr, sondern natürliches Steinsalz oder das gesunde Meersalz.
- Vermeiden Sie Aluminium – vor allem in Deodorants.
- Je öfter Sie glücklich sind, desto gesünder werden Sie sein!
- Suchen Sie Erholung und Ruhe in der Natur.
- Meditieren Sie und treiben Sie regelmäßig Sport und/oder Yoga.
- Essen Sie weniger Wurst und Fleisch.

BEWUSSTSEIN

- Achten Sie auf Ihre Gedanken und Gefühle!
- Erschaffen Sie keinen neuen Schmerz!
- Reduzieren Sie beruflichen und vermeiden Sie privaten Stress.
- Lassen Sie die Vergangenheit los und verzeihen Sie!
- Leben Sie so oft wie möglich im Jetzt! Seien Sie präsent und ‚geerdet'!
- Seien Sie sich Ihrer eigenen Macht und Stärke bewusst!
- Verzichten Sie bewusst auf Gewalt!
- Verhalten Sie sich allen Menschen und Lebewesen gegenüber respektvoll!
- Meiden Sie Umgebungen, die Ihnen spürbar schaden!
- Meiden Sie Umgebungen mit starker Strahlung!
- Seien Sie positiv! Konzentrieren Sie sich auf das, was *Sie* wollen, und nicht auf das, was andere wollen!
- Tun Sie alles, was Sie tun, so oft als möglich mit Freude und Begeisterung!
- Schenken Sie anderen ein Lächeln oder ein nettes Wort! Loben Sie andere Menschen, wenn diese es in Ihren Augen verdienen!
- Seien Sie gut zu sich selbst!
- Schenken Sie Ihrem Körper, Ihrem Geist und Ihrer Seele gleichviel Aufmerksamkeit und Bedeutung!

POLITIK

- Seien Sie unbequem und konfrontieren Sie Ihre Politiker mit Ihren Anliegen und Bedürfnissen – dafür sind sie da!
- Unterstützen Sie sinnvolle, positive politische Protestbewegungen, um Druck auf die etablierte Politik auszuüben!
- Nutzen Sie Ihr Recht zu demonstrieren!
- Wählen Sie nicht aus Gewohnheit oder Tradition, sondern hinterfragen Sie die politischen Parteien und Akteure!
- Messen Sie Politik nicht an den Wahlprogrammen und Ankündigungen, sondern an deren Ergebnissen.
- Engagieren Sie sich selbst auf lokaler politischer Ebene, um Ihre eigenen Anliegen zu vertreten!

Vorträge

- *Wasser & Salz*, Peter Ferreira

Filmliste

- *What in The World Are They Spraying?*, Paul Wittenberger, 2010
- *We feed the world*, Erwin Wagenhofer, 2005
- *Let's make money*, Erwin Wagenhofer, 2008
- *What the Bleep do we know!?*, William Arntz, 2004
- *More than Honey*, Markus Imhoof, 2012
- *Zeitgeist 3: Moving Forward*, Peter Joseph, 2011
- *Das 9/11 Mega Ritual entschlüsselt* www.youtube.com/watch?v=8SQKVmUx3bM
- *Am Anfang war das Licht*, P.A. Straubinger, 2012
- *Monsanto – mit Gift und Genen*, Marie-Monique Robin, 2008
- *Sand – Die neue Umweltzeitbombe*, ARTE-Doku, 2013
- *Water Makes Money*, Leslie Franke, Herdolor Lorenz, 2010
- *Bulb Fiction – die Lüge von der Energiesparlampe*, Christoph Mayr, 2011
- *Ich bin ein Psychopath*, Ian Walker, 2009

Bücherliste

- *Jetzt! Die Kraft der Gegenwart*, Eckhart Tolle
- *2012 - Der Maya Code. Beschleunigte Zeit und das Erwachen des globalen Bewusstseins*, Barbara Hand Clow
- *Permakultur*, Sepp Holzer
- *Wo ein Wille, da ein Weg*, Sepp Holzer
- *Der Selbstversorger*, Wolf-Dieter Storl
- *Heilkräuter und Zauberpflanzen*, Wolf-Dieter Storl
- *Ich bin ein Teil des Waldes*, Wolf-Dieter Storl
- *Die Goldverschwörung*, Ferdinand Lips
- *Politisch unkorrekt*, Jan van Helsing

Literatur- und Quellenverzeichnis

1 www.spiegel.de/netzwelt/web/internet-und-gesellschaft-erschoepft-aber-nicht-geknechtet-a-663296.html

2 www.wz-newsline.de/home/politik/unicef-studie-ueber-kinder-abgesichert-aber-ungluecklich-1.1289090

3 wie (2)

4 www.freies-netz-sued.net/index.php/2013/01/26/staatliche-konto-uberwachung-in-der-brd-steigt-rapide-an/ 26.01.13

5 www.sein.de/gesellschaft/zusammenleben/2013/transhumanismus-die-groesste-gefahr-fuer-die-menschheit.html

6 www.sein.de/gesellschaft/zusammenleben/2013/transhumanismus-die-groesste-gefahr-fuer-die-menschheit.html

7 http://en.wikipedia.org/wiki/Vernor_Vinge

8 https://www.tagblatt.de/Home/nachrichten/wirtschaft/ueberregionale-wirtschaft_artikel,-Lassen-Hersteller-Produkte-absichtlich-kaputt-gehen-_arid,184689.html

9 wie (8)

10 Eric Hobsbawm, www.stern.de/wirtschaft/news/maerkte/eric-hobsbawm-es-wird-blut-fliessen-viel-blut-700669.html

11 Brief von Harold Lewis an Curtis G. Callan, Jr., Princeton Universität, Präsident der American Physical Society vom 6. Oktober 2010

12 www.faszination-regenwald.de/info-center/zerstoerung/index.htm

13 de.wikipedia.org/wiki/Fleisch

14 www.express.de/politik-wirtschaft/vegetarier-fuer-s-klima-aigner--verzichten-sie-mal-auf-fleisch-,2184,1146496.html

15 www.sueddeutsche.de/wissen/umweltzerstoerung-wwf-warnt-vor-schneller-abnahme-der-waelder-1.1090198

16 www.oekosystem-erde.de/html/bodengefaehrdung.html

17 Deutsche Wirtschafts-Nachrichten, veröffentlicht: 26.04.13, Pestizid-Konzerne siegen in Brüssel: Die Biene stirbt aus

18 http://oilgeopolitics.net/Auf_Deutsch/Saatgutbank_des_Bill_Gates_in_/saatgutbank_des_bill_gates_in_.HTM

19 Michael Morris, „Was Sie nicht wissen sollen!“, Amadeus Verlag, Seite 258

20 www.greenpeace.de/themen/atomkraft/atommuell_zwischen_endlager/

21 www.ippnw.de/atomenergie/atommuell/artikel/4504206d82/das-atommuell-problem-ist-ungeloest.html

22 www.uranmunition.ch/allgemein/

23 http://archiv.nostate.net/gib.squat.net/uran/doku.html

24 www.spiegel.de/wissenschaft/technik/fett-recycelt-grundstoff-fuer-kunststoff-und-oeko-sprit-a-859111.html

25 www.wdr.de/tv/quarks/sendungsbeitraege/2010/0511/005_lebensmittel.jsp-www.gesundheitlicheaufklaerung.de/plastik-im-blut

26 Fakten zum Thema Biodiversität, Stand: September 2007, BMU Arbeitsgruppe N I 4 – Internationaler Naturschutz

27 ARTE Dokumentation, „The Brussels Business – Wer regiert die EU wirklich?“

28 wie (10)
29 www.taz.de/!66634/
30 wie (10)
31 www.facing-finance.org/de/2013/02/oecd-report-multinational-companies-pay-almost-no-taxesoecd-bericht-multinationale-konzerne-zahlen-so-gut-wie-keine-steuern/
32 www.bloomberg.com/news/2012-12-10/google-revenues-sheltered-in-no-tax-bermuda-soar-to-10-billion.html
33 www.goldseiten.de/artikel/157636--Deflation-durch-Amazon.html
34 James Gilligan, im Film „Zeitgeist 3 – Moving Forward“, Peter Joseph, USA 2011
35 Joseph Stieglitz, „Der Preis der Ungleichheit“, Siedler-Verlag, Seite 61
36 www.attac.de/aktuell/wsf/wsf-2009/pressemitteilungen/detailansicht/datum////attac-palaver-im-september-umfairteilen/?cHash=f4954c3855d1179d11b3cecca14cf792
37 www.statistik.at/web_de/statistiken/soziales/personen-einkommen/jaehrliche_personen_einkommen/index.html
38 www.armutskonferenz.at/index.php?option=com_content&task=view&id=313&Itemid=142
39 www.blick.ch/news/schweiz/1-prozent-der-schweizer-besitzt-mehr-vermoegen-als-die-restlichen-99-id64125.html
40 www.cicero.de/berliner-republik/die-politik-traegt-schuld/53197
41 wie (35), Seite 50
42 Gabor Mate, im Film „Zeitgeist 3 – Moving Forward“, Peter Joseph, USA 2011
43 wie (42)
44 wie (35), Seite 43
45 Michael C. Ruppert, im Film „Zeitgeist 3 – Moving Forward“, Peter Joseph, USA 2011
46 *„Durchs wilde Kurdistan“*, Kapitel von Bruno Mertens in „Politisch unkorrekt“ von Jan van Helsing, Amadeus Verlag, 2012
47 www.bpb.de/gesellschaft/umwelt/dossier-umwelt/61268/welternaehrung?p=all
48 wie (42)
49 http://blogs.wsj.com/source/2012/03/13/german-ceo-pay-rises-but-lags-u-s/
50 www.polizei.bayern.de/wir/beruf/info/index.html/1853
51 www.spenden-ratgeber.de/deutschland.htm
52 James Gilligan, im Film „Zeitgeist 3 – Moving Forward“, Peter Joseph, USA 2011
53 Muhammad Yunus – www.visionjournal.de/visionmedia/article.aspx?id=1826&rdr=true&LangType=1031
54 Mitteilung vom 22.1.2013, 18:08 Uhr (dpa) http://www.gmx.net/themen/essen-geniessen/essen/36a5hl8-1-3-milliarden-tonnen-essen-landen-jaehrlich-muell
55 www.bpb.de/gesellschaft/umwelt/dossier-umwelt/61268/welternaehrung?p=all
56 wie (53)
57 www.spiegel.de/wirtschaft/soziales/rotes-kreuz-versorgt-millionen-europaeer-mit-lebensmittel-hilfe-a-888114.html#ref=rss
58 www.faz.net/aktuell/wirtschaft/wirtschaftspolitik/schattenbericht-armut-verfestigt-sich-11997731.html
59 Dr. Robert Sapolsky, im Film „Zeitgeist 3 – Moving Forward“, Peter Joseph, USA 2011
60 wie (59)
61 http://de.wikipedia.org/wiki/Metabolisches_Syndrom

62 www.deutsche-mittelstands-nachrichten.de/2013/01/49853/
63 wie (53)
64 www.spenden-ratgeber.de/deutschland.htm
65 www.visionjournal.de/visionmedia/article.aspx?id=1826
66 www.visionjournal.de/visionmedia/article.aspx?id=1824&rdr=true&LangType=1031
67 www.ethicalconsumer.org/boycotts/currentboycottslist.aspx
68 wie (53)
69 wie (53)
70 wie (42)
71 www.bpb.de/nachschlagen/zahlen-und-fakten/globalisierung/52630/anzahl
72 www.bpb.de/nachschlagen/zahlen-und-fakten/globalisierung/52630/anzahl
73 wie (10)
74 www.zeit.de/2009/06/Ende-der-Globalisierung
75 www.zeit.de/2009/06/Ende-der-Globalisierung
76 wie (42)
77 www.gerald-huether.de/populaer/veroeffentlichungen-von-gerald-huether/texte/begeisterung-gerald-huether/index.php
78 Abraham Maslow, „Psychologie des Seins – Ein Entwurf“, 1973, S. 21
79 www.visionjournal.de/visionmedia/article.aspx?id=3692&rdr=true&LangType=1031
80 Erich Fromm, Ein Gespräch mit Jürgen Lodemann und Micaela Lämmle – www.youtube.com/watch?v=huT3Jo-v9-8
81 www.visionjournal.de/visionmedia/article.aspx?id=4134&rdr=true&LangType=1031
82 http://de.wikipedia.org/wiki/Cogito_ergo_sum
83 http://www.visionjournal.de/visionmedia/article.aspx?id=295
84 http://de.wikipedia.org/wiki/Mensch
85 wie (60)
86 www.texthilfe.de/tag/erbgutmolekuel
87 wie (60)
88 wie (42)
89 wie (42)
90 www.zentrum-der-gesundheit.de/genetisch-bedingter-brustkrebs-ia.html
91 www.3sat.de/page/?source=/hitec/129670/index.html
92 wie (42)
93 www.literaturkritik.de/public/rezension.php?rez_id=12711
94 wie (42)
95 www.spiegel.de/wissenschaft/mensch/biologische-umbauarbeiten-wie-die-pubertaet-den-koerper-veraendert-a-556357.html
96 wie (42)
97 http://de.wikipedia.org/wiki/Methylphenidat#Handelsnamen
98 www.zeit.de/campus/2009/02/ritalin/seite-2
99 http://arbeitsblaetter.stangl-taller.at/SUCHT/Ritalin.shtml
100 http://info.kopp-verlag.de/hintergruende/geostrategie/mike-adams/prominenter-schusswaffenhersteller-kommt-bei-mysterioesem-autounfall-ums-leben-nur-wenige-tage-na.html
101 wie (42)e

102 www.visionjournal.de/visionmedia/article.aspx?id=969&rdr=true&LangType=1031
103 Eckhart Tolle, „Jetzt! – Die Kraft der Gegenwart“, Kamphausen, 2011, Seite 28
104 wie (103), Seite 27
105 https://www.google.com/search?q=autosuggestion&ie=utf-8&oe=utf-8&aq=t&rls=org.mozilla:de:official&client=firefox-a
106 Radu Cinamar und Peter Moon, „Transylvanian Sunrise“, skybooks NY, Seite 38 und 39, deutsche Übersetzung von Michael Morris
107 JZ Knight, „Ramtha“, Michaels-Verlag, Seite 81
108 http://gaeste.die-fremden-welten.de/uwe/gedanken-1.php#x3
109 www.youtube.com/watch?v=JJrs-JjEM2Q
110 „Kopfleuchten“, Mischka Popp und Thomas Bergmann, 1998
111 Grazyna Fosar, Franz Bludorf, „Der Geist hat keine Firewall – Neues Bewusstsein trifft Mind Control“, Lotos Verlag, 2009
112 http://gaeste.die-fremden-welten.de/uwe/gedanken-4.php#x32
113 www.planet-wissen.de/alltag_gesundheit/lernen/gedaechtnis/index.jsp
114 http://de.wikipedia.org/wiki/Implizites_Ged%C3%A4chtnis
115 wie (42)
116 wie (42)
117 wie (107) Seite 81
118 www.zeit.de/2008/17/Freier-Wille, Der unbewusste Wille
119 Peter Bieri, „Unbedingte Freiheit: eine Fata Morgana.“
120 http://myzitate.de/stichwoerter.php?q=Gefuhle
121 Film „Zeitgeist 3 – Moving Forward“, Peter Joseph, USA 2011 www.zeitgeistmovingforward.com
122 Prof. Gerald Hüther im Gespräch mit Monika Hebbinghaus, „Gesprächszeit“ Radio Bremen, 26. November 2012
123 Electronic Harassment & Warfare, 22.2.2011
124 http://recentr.com/2013/01/strahlenwaffen-werden-zur-normalitat/
125 http://de.wikipedia.org/wiki/Long_Range_Acoustic_Device
125b www.fourwinds10.net/siterun_data/health/mind_control/news.php?q=1242059570
126 Eckhart Tolle, „Stille spricht“, Arkana Verlag, 2003
127 Das Hohelied der Liebe, 1. Korinther 13,4-8, Luther-Bibel
128 www.gerald-huether.de/populaer/veroeffentlichungen-von-gerald-huether/texte/begeisterung-gerald-huether/index.php
129 www.gerald-huether.de/populaer/veroeffentlichungen-von-gerald-huether/texte/begeisterung-gerald-huether/index.php
130 www.berzinarchives.com/web/de/archives/sutra/level2_lamrim/advanced_scope/bodhichitta/compassion_source_happiness.html
131 www.tagesanzeiger.ch/wissen/medizin-und-psychologie/Zweifel-an-Tamiflu--Der-Druck-auf-Roche-nimmt-zu/story/27195002
132 wie (19), Seite 235
133 www.berzinarchives.com/web/de/archives/sutra/level2_lamrim/advanced_scope/bodhichitta/compassion_source_happiness.html - Mitgefühl als Quelle des Glücks, Seine Heiligkeit der vierzehnte Dalai Lama, Nottingham, England, 24. Mai 2008
134 wie (133)

135 wie (133)

136 wie (133)

137 http://online.wsj.com/article/0,,SB112190164023291519,00.html - Lessons From The Brain-Damaged Investor – Unusual Study Explores Links Between Emotion and Results; ‚Neuroeconomics' on Wall Street – July 21, 2005 – The Wall Street Journal

138 www.gsb.stanford.edu/news/research/finance_shiv_invesmtdecisions.shtml

139 http://online.wsj.com/article/0,,SB112190164023291519,00.html

140 http://de.wikipedia.org/wiki/Psychopathie

141 www.pm-magazin.de/t/gehirn-intelligenz/gehirnforschung/woran-erkennt-man-psychopathen

142 www.pm-magazin.de/t/gehirn-intelligenz/gehirnforschung/woran-erkennt-man-psychopathen

143 http://de.wikipedia.org/wiki/Antisoziale_Pers%C3%B6nlichkeitsst%C3%B6rung

144 wie (42)

145 wie (42)

146 http://de.wikipedia.org/wiki/Phantomschmerz

147 wie (103), Seite 48

148 wie (103), Seite 39

149 Ute Brettholle, Newsletter 3/2012, „Einführung in die Plejadische Lichtarbeit“

150 Richard G. Wilkinson, Film „Zeitgeist 3 – Moving Forward“, Peter Joseph, USA 2011

151 James Gilligan, im Film „Zeitgeist 3 – Moving Forward“, Peter Joseph, USA 2011

152 www.frauenaerzte-im-netz.de/de_kindesmissbrauch-hohe-dunkelziffer_243.html

153 www.frauenaerzte-im-netz.de/de_vergewaltigung-machtmissbrauch-lustgewinn_248.html

154 http://caritas.erzbistum-koeln.de/gewaltlos/informationen/formen_gewalt/

155 www.re-empowerment.de/include.php?path=content/content.php&contentid=33 - (Psychische Gewalt – Emotionale Mißhandlung)

156 Aus Nelson Mandelas Amtsantrittsrede im Jahr 1996 – angeblich von Marianne Williamson geschrieben

157 http://de.wikipedia.org/wiki/Alter_Ego

158 http://gaeste.die-fremden-welten.de/uwe/gedanken-1.php#x3

159 http://de.wikipedia.org/wiki/Bewusstsein#Bewusstsein_in_der_Medizin

160 wie (103), Seite 47

161 wie (106), Seite 173-174

162 wie (103), Seiten 15-16

163 „Eine Botschaft der Hathoren“, 1. Juli 2012, gechannelt von Tom Kenyon

164 wie (103), Seite 186

165 www.visionjournal.de/visionmedia/article.aspx?id=3692 – Interview mit Nahum Arav: „Ein Astronom über Spiritualität“

166 wie (165)

167 wie (60)

168 wie (161), Seite 65

169 „Die Kunst, Zeitlinien zu wechseln“, eine Botschaft der Hathoren vom 3. August 2010, gechannelt von Tom Kenyon

170 www.balance-online.de/243.htm

171 Prof. Dr. Fritz-Albert Popp, „Die Botschaft der Nahrung“, Frankfurt, 1993, S. 55 ff.
172 http://de.wikipedia.org/wiki/Ram_Bahadur_Bomjon
173 Paramahansa Yogananda , „Autobiographie eines Yogi“, Kapitel 39
174 Prof. Gerhard Hüther, aus einem Interview mit RBB-Inforadio am 15. August 2011
174b Zazen, Samatha und Vipassana sind drei einander ähnliche Formen der Meditation in Stille und Versunkenheit (Achtsamkeitsmeditationen), wobei Zazen aus dem japanischen Zen-Buddhismus kommt, während die anderen beiden Formen dem indisch/tibetischen Buddhismus entstammen.
175 www.scinexx.de/wissen-aktuell-9910-2009-05-14.html
176 www.focus.de/gesundheit/ratgeber/psychologie/news/psychische-erkrankungen-meditation-veraendert-das-gehirn_aid_686755.html
177 www.angelfire.com/yt/fairtibet/karma.html
178 www.bertelsmann-stiftung.de/cps/rde/xchg/bst/hs.xsl/nachrichten_94744.htm Gütersloh, 03.04.2009 – Mehrheit der Bürger glaubt an Leben nach dem Tod
179 Barbara Hand Clow, „Getting Smart About Your Choices: Third Uranus/Pluto Square“ – May 20, 2013
180 Johannes Holey, Newsletter, Neujahrsgruß 2013
181 Eine Botschaft der Hathoren vom 20. Februar 2013, gechannelt von Tom Kenyon http://tomkenyon.com/die-transformation-einengender-gedankenformen-und-uberzeugungen
182 http://sonnen-sturm.info/sonnenzyklus-24-kurz-vor-dem-aktivitatsmaximum/
183 www.torindiegalaxien.de/erde08/bruch-mag-feld.html
184 http://tmgnow.com/repository/global/planetophysical.html
185 http://tmgnow.com/repository/global/planetophysical.html
186 Eine Botschaft der Hathoren vom 20. Februar 2013, gechannelt von Tom Kenyon, http://tomkenyon.com/die-transformation-einengender-gedankenformen-und-uberzeugungen
187 http://de.wikipedia.org/wiki/WikiLeaks
188 http://de.wikipedia.org/wiki/WikiLeaks
189 http://www.visionjournal.de/visionmedia/article.aspx?id=295
190 www.spiegel.de/wirtschaft/unternehmen/offshore-leaks-journalisten-des-icij-enthuellen-steueroasen-a-892581.html
191 www.spiegel.de/wirtschaft/unternehmen/offshore-leaks-journalisten-des-icij-enthuellen-steueroasen-a-892581.html
192 www.avaaz.org/de/about.php
193 www.avaaz.org/de/about.php
194 Prof. Gerald Hüther, aus einem Interview mit Inforadio am 15. August 2011
195 Prof. Gerald Hüther, aus einem Interview mit RBB-Inforadio am 15. August 2011
196 www.br.de/radio/bayern2/sendungen/notizbuch/kinderbetreuung-gespraech-mit-hirnforscher-gerald-huether100.html
197 Prof. Gerald Hüther im Gespräch mit Monika Hebbinghaus, „Gesprächszeit“, Radio Bremen, 26. November 2012
198 Rudolf Steiner, Gesamtausgabe Band 36
199 www.zeit.de/2012/06/C-Spezial-Gruendungsgeschichte

200 www.welt.de/kultur/article108939577/Lustorientierte-Kinder-ohne-Frustrationstoleranz.html
201 www.geo.de/GEO/natur/oekologie/kinder-raus-in-die-natur-64781.html
202 Rudolf Steiner, Gesamtausgabe, Band 217, Vortrag vom 15.10.1922
203 www.welt.de/kultur/article108939577/Lustorientierte-Kinder-ohne-Frustrationstoleranz.html
204 wie (203)
205 Weltweit größte randomisierte Akupunktur-Studie liefert wissenschaftlichen Beweis: Akupunktur wirkt und ist sicher, 22.1.2004 www.innovations-report.de/html/berichte/studien/bericht-25038.html
206 www.horusmedia.de/2001-heiler/heiler.php
207 www.koenig-pressebuero.de/?page_id=303
208 http://info.kopp-verlag.de/medizin-und-gesundheit/gesundes-leben/ethan-a-huff/usa-9-prozent-der-opfer-einer-keuchhustenepidemie-sind-gegen-keuchhusten-geimpft.html
209 www.postswitch.de/wissenswertes/pandemie/grippe-impfung-sinnlos-und-gefaehrlich.htm
210 John Sano, „Befreit von Rückenschmerzen: Die Körper-Seele-Verbindung realisieren", Goldmann Verlag, 2006
211 Max Planck, „Wissenschaftliche Selbstbiographie", Johann Ambrosius Barth Verlag, Leipzig, 1948, S. 22
212 www.zentrum-der-gesundheit.de/uebersaeuerung.html
213 www.paecon.net/HistoryPAE.htm, http://www.real-world-economics.de/
214 www.planet-wissen.de/alltag_gesundheit/psychologie/glueck/gluecksoekonomie.jsp
215 http://birdflu666.wordpress.com/2011/09/30/franz-hormann-das-paradies-bei-begrenzten-ressourcen/
216 http://birdflu666.wordpress.com/2011/09/30/franz-hormann-das-paradies-bei-begrenzten-ressourcen/
217 Dr. Joachim Rene Zyla, „Am 8. Tag erschuf der Teufel das Business", Seite 135
218 www.handelsblatt.com/politik/oekonomie/nachrichten/wachsende-kritik-an-happiness-economics-zangenangriff-auf-die-gluecksoekonomie-seite-2/2862324-2.html
219 www.sozialpolitik-aktuell.de/finanzierung-datensammlung.html
220 www.news.de/wirtschaft/855136134/hartz-iv-verschlingt-milliarden/1/
221 www.motor-talk.de/news/update-carsharing-im-vergleich-t3982492.html#top
222 www.orf.at/stories/2165667/2165666/
223 http://de.wikipedia.org/wiki/Liste_%C3%B6ffentlicher_B%C3%BCcherschr%C3%A4nke
224 www.goldseiten.de/artikel/154621--Das-Ende-des-Bargeldes.html
225 www.merkur-online.de/aktuelles/wirtschaft/schweden-schafft-bargeld-2769638.html
226 www.youtube.com/watch?v=1Ks_CAbL4ro&feature=related
227 www.utopia.de/ratgeber/die-wichtigsten-tauschboersen-im-internet-online-tauschboersen-gebrauchte-artikel-tauschen
228 http://rt.com/news/bitcoin-currency-cyber-attack-394/
229 www.gls.de/die-gls-bank/ueber-uns/arbeitsweisen/
230 www.w4tler.at/geaneu/1795/fma-vs-gea/fma-bericht-noen
231 http://de.wikipedia.org/wiki/Kickstarter.com

232 www.sueddeutsche.de/wirtschaft/oekostrom-in-deutschland-solarenergie-boomt-weiter-1.1562777
233 www.slimlife.eu/wordpress/?tag=john-rohner
234 http://blog.gemeingut.org/2011/10/weltbankpartner-nestle-coca-cola-und-veolia-haben-vor-den-wassersektor-weltweit-zu-transformieren/
235 www.noz.de/lokales/32868132/kraftwerk-laeuft-mit-dollem-ding
236 www.wasserauto.de/html/stanley_meyer.html
237 www.sieben-sterngedanken.de/seiten/universelle-energien-verstehen-und-nutzen/items/moe-joe-cell---bauanleitung-freie-energie.html
238 www.moe-joe-cell.com/Moe-Joe-Cell/what_is_the_moe_joe_cell.html
239 http://deutsche-wirtschafts-nachrichten.de/2013/05/06/forscher-entwickeln-bienen-drohne-die-gegen-pestizide-immun-ist/
240 www.techeblog.com/index.php/tech-gadget/insect-sized-spy-drone-robots-unveiled
241 www.ruedigersuenner.de/island4.html
242 Radu Cinamar und Peter Moon, „Transylvanian Moonrise“, skybooks NY, Seite 130 und 131, deutsche Übersetzung von Michael Morris
243 www.spiegel.de/wissenschaft/natur/archaeologie-warum-die-wikinger-aus-groenland-flohen-a-765774.html
244 www.zentrum-der-gesundheit.de/fleisch.html
245 www.zentrum-der-gesundheit.de/fleisch.html
246 www.nzz.ch/aktuell/startseite/wenn-wir-ehrlich-sind-wollen-wir-keine-gewaltfreie-gesellschaft-1.642377
247 http://info.kopp-verlag.de/medizin-und-gesundheit/gesundes-leben/ethan-a-huff/menschen-die-junk-food-essen-sind-wuetend-und-reizbar-sagen-wissenschaftler.html
248 http://de.wikipedia.org/wiki/T%C3%A4ufer
249 http://de.wikipedia.org/wiki/Qu%C3%A4ker
250 http://de.wikipedia.org/wiki/T%C3%A4ufer
251 www.schloss-tempelhof.de
252 Gerald Celente, The New Renaissance and Big Non-State Trends Changing the World, 12.5.2013 by Anthony Wile, www.thedailybell.com, deutsch von Michael Morris
253 wie (252)

Bildquellen

(1) http://de.wikipedia.org/wiki/Maslowsche_Bed%C3%BCrfnispyramide
(2) siehe (1)
(3) http://churchofcriticalthinking.org/missing_link.html
(4) Johannes Holey, www.johannes-holey.de
(5) http://deutsche-wirtschafts-nachrichten.de/2013/05/06/forscher-entwickeln-bienen-drohne-die-gegen-pestizide-immun-ist/
(6) www.techeblog.com/index.php/tech-gadget/insect-sized-spy-drone-robots-unveiled

Namenregister

Aigner, Ilse 39
Anunnaki 113
Arav, Nahum 101, 213
Assange, Julian 252, 253
Baba Shiv 180
Baden-Powell, Sir 211
Bechara, Antoine 180, 181
Birbaumer, Niels 182, 183
Bomjon, Ram Bahadur 229
Celente, Gerald 342, 343
Cinamar, Radu 137, 138, 203, 221, 328
Coué, Émile 135
Dalai Lama 174, 176, 177, 178, 180, 219, 234
Damasio, Antonio R. 180
Damasio, Hanna 180
Darwin, Charles 122
Dawkins, Richard 118
Descartes, René 109
Dimitriev, Dr. Alexey N. 248, 249
Edelman, Gerald 123
Einstein, Albert 22, 138, 222, 232
El An Rea 229
Fromm Erich 97, 98, 101, 102
Gandhi, Mahatma 195, 196, 216, 217
Gansauge, Dr. Frank 117
Gilligan, James 62, 73, 193
Gramling, Dr. Robert 118
Günther, Prof. Dr. Siegwart-Horst 47
Hare , Robert D. 182
Hathoren 207, 221, 222, 248, 251
Haynes, John-Dylan 152
Hesse, Hermann 104, 143, 220
Hobsbawm, Eric 37, 52, 53, 57, 58, 93
Holzer, Sepp 324, 330, 351
Hörmann, Prof. Franz 286
Hüther, Prof. Gerald 140, 164, 172, 173, 232, 259, 260, 261, 262, 263
Kahneman, Daniel 181
Keiser, Max 163
Kenyon, Tom 207, 221, 222
Kissinger, Henry 44, 81
Kurzweil, Ray 30
Lama Longtok 157
Lama Shibok 157
LaViolette, Dr. Paul 249, 309
Lewis, Prof. Harold 37
Loewenstein, George 180, 182
Luther, Martin 94
Marx, Karl 99
Maslow, Abraham 98, 288
Mate, Gabor 66, 67, 70, 92, 96, 116, 119, 122, 123, 127, 145, 146, 184
Mondial, Sebastian 256
Monsanto 44, 45, 120, 121, 254, 320
Morse, Stephen 133
Murphy, Dr. Joseph 136, 140
Neumann, Halima 276
Noveske, John 126
Perkins, John 82
Pfauntsch, Uli 49
Popp, Prof. Dr. Fritz-Albert 227
Pryer, Douglas A. 29
Ramtha 139, 149
Ruppert, Michael C. 68
Ryles, Gerard 256
Sachs, Jeffrey 83
Sapolsky, Dr. Robert 77, 78, 114, 115, 216
Sarno, Dr. John E. 276
Schaar, Peter 29
Siegel, Daniel 127
Smirnow, Igor 141
Smoke, Stephen 219
Staudinger, Heinrich 304
Stefánsdóttir, Erla 326
Steiner, Rudolf 263, 266
Stieglitz, Joseph 63, 66, 253
Stöcker, Christian 26
Storl, Wolf-Dieter 323, 351
Tesla, Nikola 227, 309
Tolle, Eckhart 132, 133, 142, 169, 188, 189, 202, 204, 209, 351
Vinge, Vernor 31
Wiederkehr, Dr. Hans 315
Winterhoff, Michael 264, 265, 267, 268
Wollmann, Dr. Gerd 167
Yogananda, Paramahansa 230
Yunus, Muhammad 75, 76, 80, 84

Sachregister

ADHS 32, 115, 123
ADS 27, 32, 123, 124, 264
Affirmation 136, 140
Akupunktur 190, 271, 272
Aluminium 44, 45, 148
American Indian Movement 69
Amische 337
Anunnaki 113
Angst 17, 28, 77, 91ff, 102, 117, 121, 124, 153, 157, 161, **174ff**, **177ff**, 181, **187**, 197, 199, 203, **204**, 231, 233
Anhaftung 172, 235, 258
ATTAC 253
Aura 107, 166, 188, 198, 214, 324, 328
Autosuggestion 134, 135
Autothermie 316
Begeisterung 11, 32, 119, 129, 140, 164, 171, 172, 173, 239, 242, 250, 259, 260, 282, 286, 323, 341, 349
Benediktiner 88
Biene 321, 322
Bioenergie 308, 328
Biophotonen 227, 308, 336
Bitcoin 301, 302
Black Power Movement 69
Braingate 141
Channeling 222
Chas. T. Main 82
Chemtrails 44
Chi 207, 227, 271, 308
Christus 101, 148, 337
Climate-Gate 37, 38, 252
CO_2 37, 38, 39, 40, 45, 226, 249, 253
Council on Foreign Relations 90
Crowdfunding 305, 306
Crowdinvesting 306
Déjà-vu 224
Demurrage 298
Downshifting 61, 332
EIKE (Europäisches Institut für Klima und Energie e.V.), 329
EISCAT 168
Elektroauto 312
Energieeffizienzchips 312
Erdgas 48, 312
Erlassjahr 304
Ernährung und Landwirtschaft (FAO) 75
Eugenik 30, 115, 153
Europa 21, 40, 46, 50, 57, 58, 62, 65, 66, 67, 69, 70, 76, 80, 86, 297, 311, 313, 325, 331, 334
Fleisch 39, 42, 48, 61, 75, 111, 281, 330, 331, 348
fließendes Geld 298, 299
Freimaurer 91, 202, 203
Freude 12, 19, 22, 34, 95, 129, 132, 140, 142, 163, 170, 171, 172, 179, 191, 228, 239, 243, 250, 260, 267, 282, 289, 341, 345, 349
Fukushima 45, 46, 208
Gebet 135, 140
Gedankenkontrolle 134, 135
Genossenschaft 305, 338
Genossenschaftsbanken 303
gentechnisch veränderter Nutzpflanzen (GVOs) 38
Geomantie 325
geplante Obsoleszenz 33, 34
Gesetz der Resonanz 130, 173, 198, 235, 236, 245
Gesetz der Wenigen 18, 214, 333
Gier 94, 95, 185, 306, 309
Giralgeld 293, 294
Glücksökonomie 284, 287
Gold 292, 297, 298, 302, 303
Grameen Bank 84, 85
Grüne Banken 303
HAARP 168
Hass 68, 99, 147, 166, 170, 173, 179, 209, 339
Hathoren 207, 221, 222, 248, 251
Hutterer 337
Incredible Edible 332
Inflation 54, 58, 66, 160, 297, 298, 299, 306
Inkarnation 111, 154, 206, 236
IPCC 38
JAXA 248
Joe-Zelle (Joe-Cell) 317
Johanniter 89
Jubeljahr. 304
Kartell 33, 314
Keuchhusten 273, 274
Kibuzz 338
Klimawandel 38, 329
Kolloidales Silber 278
Konnektivismus 270
Kredite 53, 73, 75, 79, 82, 85, 293, 296, 304, 348
Krieg 28, 53, 58, 88, 94, 122, 193, 196, 218, 253, 256, 257, 258, 337, 339, 340
Kunststoff 47, 118, 148
Liebe 19, 32, 34, 35, 77, 99, 101, 102, 129, 132, 140, 170, 171, 172, 173, 176, 183, 187, 203, 209, 210, 212, 238, 269, 282, 324, 334, 341
Lobbying 70
Lobbyismus 56
Lobbyisten 55
LOIS 168

Mantra 67, 94, 136
Massive Open Online Course (MOOC) 270
Meditation 142, 168, 169, 177, 201, 206, 230, 232, 233, 261, 272
Mikrowellen 134
Mind-Control 34
missing link 112, 113
Mitgefühl 32, 72, 78, 83, 101, 103, 119, 129, 133, 177, 180, 182, 183, 185, 188, 193, 195, 203, 218
Mobee (Monolithic Bee) 321
Monsanto 44, 45, 120, 121, 254, 320
MUOS 168
NASA 51, 248
Neonicotinoide 43, 320
Neue Weltordnung 30
Nibiru 113
OCCUPY-Bewegung 253, 254, 257
Offshore-Leaks 256
Ökodörfer 332
OM 227, 230
Papiergeld 292
Permakultur 324, 347, 351
Pestizide 41, 320, 321, 342
pH-Wert 41, 45, 226
Plasma-Strahlung 308, 309
Plejaden 113
Plejadische Lichtarbeit 190
Potentialentfaltungscoach 263
Prana 190, 227, 228, 229, 230, 308
Privatbanken 289, 293, 296, 297
Psychopath 182
Quäker 337
Radiästhesie 325
Raffgier 95
Reinkarnation 109, 111, 215, 235
Ritalin 124, 125, 126, 161
Rockefeller 44, 90
Salz 328, 351
Scheingeld 293
Schmerzkörper 188, 189
Schuldenerlass 304
Schuldgeldsystem 21, 73
Schule im Aufbruch 263
Shareconomy 291, 292
Solarenergie 307, 311
Sonnenwinde 248
SSRM Tek 141
Standard Oil 90
Standard Oil Company 90
Stanley Allen Meyer 316
Stevia 336
Stör-Waffen 167
Sucht 86, 95, 96, 171, 183, 184
Täufer 192, 337
Telepathie 137
Tempelritter. 88
The Audio 141
THEMIS 248
Tipping Point 18, 214, 258, 333
Tod 42, 43, 66, 70, 108, 110, 111, 127, 148, 156, 157, 196, 199, 215, 219, 234, 235
Transhumanismus 30, 321
Tschernobyl 45, 46
UN-Organisation 75
VatiLeaks 255, 256
Voluntary Simplicity 61, 332
Wasser 13, 41, 45, 48, 50, 138, 143, 147, 152, 207, 228, 279, 280, 306, 313, 314, 315, 316, 317, 318, 319, 324, 328, 348, 351
Wasserstoff-Motor 312
Water Fuel Cell 316
Weltherrschaft 16
Weltregierung 295
Weltwährung 295, 297
Weltwirtschaftskrise 9, 21, 218, 283, 299
whistle blower 252
WikiLeaks 252, 253, 254, 256, 257
Würde 62, 72, 85, 86, 118, 239, 288, 344
Zentralbanken 289, 293, 299, 302, 306
Zinsen 53, 54, 296, 297
Zinseszins 73, 296, 304
Zisterzienser 88

WAS SIE NICHT WISSEN SOLLEN!

Michael Morris

Einigen wenigen Familien gehört die gesamte westliche Welt – und nun wollen sie den Rest!

Lord Josiah Charles Stamp, der ehemalige Direktor der *Bank of England* und einst einer der reichsten Männer der Welt, erklärte 1937: *„Das moderne Bankwesen produziert Geld aus dem Nichts. Dieser Vorgang ist vielleicht die erstaunlichste Erfindung in der Geschichte der Menschheit. Die Banker besitzen die Erde. Nimm den Bankern die Erde weg, aber lass ihnen die Macht, Geld zu schöpfen, dann werden sie im Handumdrehen wieder genug Geld haben, um sie zurückzukaufen."*

Eine kleine Gruppe von Privatbankiers regiert im Geheimen unsere Welt. Diese Bankiers steuern nicht nur die FED oder die EZB, sondern auch überregionale Organisationen wie die UNO, die Weltbank, den IWF und die BIZ. Sie manipulieren den Gold- und Silberpreis, haben die Immobilienblase und die Bankenkrise bewusst herbeigeführt und stürzen die Welt absichtlich in den Abgrund. Das jahrhundertealte Ziel dieser Geldelite ist kein Geringeres als die Weltherrschaft, genannt die *Neue Weltordnung*! Und dafür nehmen sie jedes Opfer in Kauf. Sie planen sogar ganz offiziell die nach ihrer Meinung nötige Dezimierung der Weltbevölkerung.

Michael Morris erklärt uns: *„Seit mehr als zweihundert Jahren bricht in regelmäßigen Abständen die Wirtschaft zusammen, weil es genau so geplant und gewollt ist. Und genauso geplant ist auch der nächste Börsencrash – und der kommt sehr bald. Denn dadurch werden das Geld und damit die Macht von unten nach oben umverteilt... Immer wieder fallen wir auf dieselben alten Taschenspielertricks herein. Das geht nur deswegen, weil die wenigsten Menschen verstehen, wie unser globales Finanzsystem funktioniert. Es ist derart schwierig gehalten, damit sich kaum einer wirklich damit auseinandersetzt. Und das ist bewusst so gemacht. Dabei ist es im Grunde so simpel!"*

Michael Morris erklärt auf ungewöhnlich einfache und verständliche Weise, wie das Bankwesen und Finanzsystem funktioniert, wie und warum Inflation entsteht und wie sie verhindert werden könnte! Und er zeigt detailliert auf, wer dahintersteckt, wer diese Welt samt den unterschiedlichsten Politikern und Medien regiert. Hat man das einmal verstanden, gehen einem die Augen auf!

Der Autor deckt wie noch keiner zuvor das Geflecht aktueller Firmenbeteiligungen der Rothschild- und Rockefeller-Familien sowie das IWF-Konzept für eine Weltwährung auf. Aber er zeigt auch Alternativen im wirtschaftlichen wie im sozialen Bereich. Spannend, packend, aufrüttelnd und topaktuell!

ISBN 978-3-938656-13-6 • 21,00 Euro

POLITISCH UNKORREKT

Jan van Helsing & Co.

Mit der Schere im Kopf...

...müssen viele Autoren, Journalisten und Verleger arbeiten und schreiben nicht das, was sie gerne möchten und was auch die Bürger interessieren würde, sondern sie unterliegen einem unsichtbaren Diktat – der Politischen Korrektheit!
Wenn Sie bislang der etwas wohlmeinenden Ansicht gewesen sein sollten, dass *„man in Deutschland doch alles sagen darf, da wir doch eine durch das Grundgesetz garantierte Meinungsfreiheit"* haben, dann liegen Sie falsch. Wir dürfen sicherlich mehr sagen als in China oder im Iran oder in Nordkorea, aber bei uns darf man bestimmte Themen nicht ansprechen oder gar publizieren. Ansonsten folgt eine gesellschaftliche – meist durch die Medien angezettelte – Hetze und im Regelfall dann auch eine Bestrafung. Fakt ist, dass den Bürgern entweder Teile einer Nachricht vorenthalten werden, weil sie „politisch unkorrekt" sind und eventuell den „öffentlichen Frieden" stören könnten, oder es tauchen in vielen Fällen die Ereignisse überhaupt nicht in den Nachrichten auf, man hält sie einfach von der Öffentlichkeit fern, um das Volk nicht zu beunruhigen!
In diesem Buch wird hingegen Klartext gesprochen, denn wir Bürger sind reif genug und auch wert, dass man uns reinen Wein einschenkt über die Vorgänge hinter den Kulissen – in Deutschland und weltweit!
Jan van Helsing und 13 weitere Autoren lassen sich den Mund nicht verbieten und bringen in diesem Buch Themen zur Sprache, die womöglich von diversen Kreisen und Medienorganen als „politisch unkorrekt" beurteilt werden, die aber die Autoren als ganz besonders „lesens- und wissenswert" empfinden...

Behandelt werden Themen wie:

- Zensur in den Massenmedien
- Sexualisierung unserer Kinder
- Der Codex Alimentarius
- Migrantengewalt gegen Deutsche
- Ein Illuminat bricht sein Schweigen
- Flugscheiben bei der Bundeswehr
- Wer initiierte die Wirtschaftskrise?
- Die Klimalüge
- Gewalt gegen Polizisten
- Christenverfolgung in der Welt
- Geheimakte Rudolf Heß
- Neue Lügen um 9/11
- Impfen macht krank
- Die 99er-Loge
- Abtreibungskritik
- Das Terror-Trio

Selbstverständlich wird im Buch auch die Frage behandelt, WER denn ein Interesse an dieser Zensur hat und wohin das alles führen soll – denn dahinter steckt ein gut ausgedachter Plan einiger Mächtiger. Wollen Sie denen auch in die Suppe spucken?

ISBN 978-3-938656-60-0 • 24,00 Euro

GEHEIMGESELLSCHAFTEN 3

Jan van Helsing

Halten Sie es für möglich, dass ein paar mächtige Organisationen die Geschicke der Menschheit steuern? Jan van Helsing ist es nun gelungen, einen aktiven Hochgradfreimaurer zu einem Interview zu bewegen, in dem dieser detailliert über das verborgene Wirken der weltgrößten Geheimverbindung spricht – aus erster Hand! Dieser Insider informiert uns darüber: Was die Neue Weltordnung darstellt, wie sie aufgebaut wurde und seit wann sie etabliert ist – weshalb die Menschen einen Mikrochip implantiert bekommen – dass die Menschheit massiv dezimiert wird – welche Rolle Luzifer in der Freimaurerei spielt – dass der Mensch niemals vom Affen abstammen kann – welche Rolle die Blutlinie Jesu spielt – dass es eine Art Meuterei in der Freimaurerei gibt und was im Jahr 2012 aus Sicht der Freimaurer auf die Menschheit zukommt.

ISBN 978-3-938656-80-8 • 26,00 Euro

HITLER ÜBERLEBTE IN ARGENTINIEN

Jan van Helsing & Abel Basti

Augenzeugen kontra Geschichtsbücher

„So ein Unsinn", werden Sie über den Titel denken. *„Hitler ist im Berliner Bunker gestorben. Man hat die verkohlten Leichen von ihm und Eva Braun gefunden, und das dort aufgefundene Gebiss wurde als das von Hitler identifiziert."*

Nun ja, diese Darstellung des Ablebens von Adolf Hitler ist zwar offiziell anerkannt und wurde kürzlich auch recht aufwendig verfilmt, ist aber selbst unter Historikern umstritten – nicht zuletzt deshalb, weil das angebliche Schädelfragment Hitlers im Jahre 2010 untersucht wurde und sich nach einem DNS-Test als das einer Frau herausstellte. Und wieso berichten die größten Tageszeitungen Paraguays im Jahre 2010, dass Hitler lange in Südamerika gelebt hat und auch dort gestorben ist? Nun stellen Sie sich bestimmt die Frage: *„Ja und, was soll's? Jetzt ist er aber bestimmt tot! Was soll ich mich damit noch beschäftigen?"* Richtig, genau das sollte man meinen. Allerdings werden in diesem Buch Personen präsentiert – die namentlich genannt werden –, die nicht nur behaupten, Adolf Hitler persönlich in Südamerika angetroffen zu haben und das über einen längeren Zeitraum hinweg – bis ins Jahr 1964 –, sondern auch, dass er die letzten zwanzig Jahre seines Lebens nicht untätig war – ganz im Gegenteil!

ISBN 978-3-938656-20-4 • 26,00 Euro

HÄNDE WEG VON DIESEM BUCH!

Jan van Helsing

Sie werden sich sicherlich fragen, wieso Sie dieses Buch nicht in die Hand nehmen sollen. Handelt es sich hierbei nur um eine clevere Werbestrategie? Nein, der Rat: **„Hände weg von diesem Buch!"** ist ernst gemeint. Denn nach diesem Buch wird es nicht leicht für Sie sein, so weiterzuleben wie bisher. Heute könnten Sie möglicherweise noch denken: *„Das hatte mir ja keiner gesagt, woher hätte ich denn das auch wissen sollen?"* Heute können Sie vielleicht auch noch meinen, dass Sie als Einzelperson sowieso nichts zu melden haben und nichts verändern können. Nach diesem Buch ist es mit dieser Sichtweise jedoch vorbei! Sollten Sie ein Mensch sein, den Geheimnisse nicht interessieren, der nie den Wunsch nach innerem und äußerem Reichtum verspürt hat, der sich um Erfolg und Gesundheit keine Gedanken macht, dann ist es besser, wenn Sie den gut gemeinten Rat befolgen und Ihre Finger von diesem Buch lassen.

ISBN 978-3-9807106-8-8 • 21,00 Euro

DIE JAHRTAUSENDLÜGE

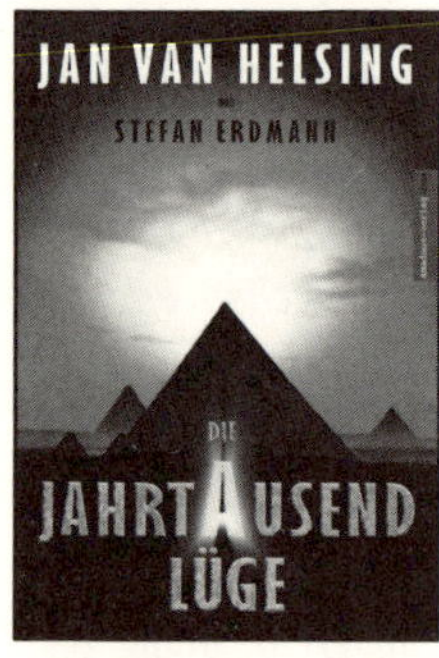

Jan van Helsing & Stefan Erdmann

Seit Jahrtausenden sind die Menschen von den ägyptischen Pyramiden fasziniert, dem letzten der sieben Weltwunder der Antike. Sie strahlen etwas Mystisches, etwas Magisches und Geheimnisvolles aus, und viele haben sich – so wie Stefan und Jan – in der Großen Pyramide aufgehalten, dort gar die eine oder andere Nacht verbracht und können von eigenartigen Erlebnissen, Visionen oder ganz besonderen Eindrücken berichten. Wie passt das zur gängigen Theorie, dass die Große Pyramide von Gizeh ein Grabmal gewesen sein soll? Oder war sie eine Einweihungsstätte, wie manch Esoteriker es annimmt? Was ist denn an solchen Behauptungen dran, was davon ist bewiesen? Oder war die Große Pyramide etwas ganz anderes?

Durch ein geheimes Zusammentreffen mit einem hochrangigen ägyptischen Diplomaten erfuhren Stefan und Jan von neuen, geheimen Grabungen und einer Entdeckung, welche den Sinn und Zweck der Erbauung der Großen Pyramide in ein ganz neues und gänzlich unerwartetes Licht rückt. In diesem Buch präsentieren die beiden ihre Erkenntnisse und vor allem auch Beweise einer abenteuerlichen Recherche – die moderne Wissenschaft macht's möglich...

ISBN 978-3-938656-30-3 • 19,70 Euro

DAS EINE MILLION EURO BUCH

Jan van Helsing & Dr. Dinero

Erkennen Sie die Zeichen?

Glauben Sie an Zufälle? Denken Sie, es ist reiner Zufall, dass ein paar hundert Familien mehr besitzen als der Rest der gesamten Menschheit? Was wissen diese über Geld, was der Rest der Menschheit nicht weiß? Glauben Sie, dass Glück, Reichtum, Geld und Besitz ganz zufällig bei bestimmten Personen landet?

Es ist kein Zufall, sondern es gibt ein besonderes Wissen über den Umgang mit Geld und Erfolg, das man der Masse vorenthält. Jeder kennt den Begriff ‚Erfolgsrezept'. Gibt es denn so etwas wirklich, ein Rezept für Erfolg? Ja, das gibt es tatsächlich! Es gibt für alles einen 'richtigen Zeitpunkt' und einen 'richtigen Ort', den man erkennen muss. Dies gibt es auch im Bereich des Geldes.

ISBN 978-3-938656-99-0 • 21,00 Euro

DER VERHÄNGNISVOLLSTE IRRTUM UNSERER ZEIT

Rudolf Passian

Erfahrungen an der Schwelle zum Jenseits

Wussten Sie, dass der Tod des Körpers kein Ende der Persönlichkeit bedeutet, sondern nur eine Wende in unseren Lebensbedingungen? War Ihnen bekannt, dass zum Sterbevorgang ein riesiges Forschungs- und Erfahrungsmaterial von rund 150 Jahren vorliegt? Und dass wir offenbar eine Art Computer-Festplatte in uns tragen, die all unser Denken und Tun genauestens abspeichert? Ein beim Sterbevorgang ablaufender „Lebensfilm" zeigt uns, dass nichts verlorengeht!

Der mehrfach ausgezeichnete Forscher Rudolf Passian beschreibt in diesem Buch, was Menschen bei ihren faszinierenden „Grenzübertritten" ins Jenseits erlebt haben, was dies in ihrem Leben zur Folge hatte, und erklärt auch, wieso die momentanen Weltreligionen sowie die Wissenschaften und Mediziner kein großes Interesse daran haben, dass die Menschen von dieser „anderen Welt" erfahren.

Nach diesem Buch liegt es an Ihnen: Glauben Sie eher uralten Schriften oder heute lebenden Menschen, die von einer unsichtbaren Welt berichten, aus der wir alle kommen und in der wir uns eines Tages alle wiedersehen – eine Welt, vor der wir keine Angst haben müssen, sondern das Gegenteil?

ISBN 978-3-938656-36-5 • 21,00 Euro

DEN GÖTTERN AUF DER SPUR

Stefan Erdmann

Waren wir bisher der Meinung, dass die Frage nach der Entstehung des Menschen längst geklärt sei? Wenn ja, werden wir durch dieses Werk eines Besseren belehrt. Stefan Erdmann hat auf seinen Expeditionen durch sechs Kontinente – schwerpunktmäßig jedoch durch den afrikanischen – Entdeckungen gemacht, die sehr überzeugend darlegen, dass die ersten Kulturbringer der Menschheit einst von den Sternen kamen und genetisch in die Entwicklung auf der Erde eingegriffen hatten.

Wie ein roter Faden ziehen sich Berichte über diese „Besucher" durch die Geschichte der Menschheit, und wir werden dabei unweigerlich mit der Frage konfrontiert, ob der Mensch wirklich die Krone der Schöpfung ist, wie es das Alte Testament lehrt, oder nur ein evolutionärer Fremdling, der sein Auftauchen der Laune einer Gruppe von „Göttern" zu verdanken hat?

ISBN 978-3-9807106-6-4 • 20,30 Euro

DIE KINDER DES NEUEN JAHRTAUSENDS

Jan van Helsing

Mediale Kinder verändern die Welt!

Der dreizehnjährige Lorenz sieht seinen verstorbenen Großvater, spricht mit ihm und gibt dessen Hinweise aus dem Jenseits an andere weiter. Kevin kommt ins Bett der Eltern gekrochen und erzählt, dass „der große Engel wieder am Bett stand". Peter ist neun und kann nicht nur die Aura um Lebewesen sehen, sondern auch die Gedanken anderer Menschen lesen. Vladimir liest aus verschlossenen Büchern und sein Bruder Sergej verbiegt Löffel durch Gedankenkraft.

Ausnahmen, meinen Sie, ein Kind unter tausend, das solche Begabungen hat? Nein, keinesfalls! Wie der Autor in diesem, durch viele Fallbeispiele belebten Buch aufzeigt, schlummern in allen Kindern solche und viele andere Talente, die jedoch überwiegend durch falsche Religions- und Erziehungssysteme, aber auch durch Unachtsamkeit oder fehlende Kenntnis der Eltern übersehen oder gar verdrängt werden. Und das spannendste an dieser Tatsache ist, dass nicht nur die Anzahl der medial geborenen Kinder enorm steigt, sondern sich auch ihre Fähigkeiten verstärken. Was hat es damit auf sich?

Lauschen wir den spannenden und faszinierenden Berichten medialer Kinder aus aller Welt.

ISBN 978-3-9807106-4-0 • 23,30 Euro

JETZT REICHT'S! 2

Johannes Holey

Rote Karte für Krankheits- und Ernährungsschwindler

Der überraschende Beschluss der Regierungsvertreter Nahrungsergänzungs- und Naturheilmittel zu verbieten, jedoch weiterhin z.B. WLAN, das unsere Gehirne regelrecht ‚grillt', in allen Ecken und Winkeln zu erlauben, weckt Protest. Stellen Sie sich auch manchmal die Frage, wie man in einem solchen Chaos überhaupt gesund bleiben kann? Johannes Holey deckt in seinem 2. Band »Jetzt reicht's!« erneut eine Menge dreister Schwindel für Sie auf. Wussten Sie beispielsweise, dass man mit System die Familien zerstören will oder dass aus Profitsucht gezielt Krankheiten erfunden werden?
In einer Zeit, in der immer mehr Masken fallen und Lügen Beine kriegen, floriert aber auch gleichzeitig ein noch nie dagewesenes Potential an neuen Unterstützungsmöglichkeiten!

ISBN 978-3-938656-09-9 • 19,70 Euro

JETZT REICHT'S!

Johannes Holey

Wie lange lassen wir uns das noch gefallen?
Lügen in Wirtschaft, Medizin, Ernährung und Religion

Sind Sie der Meinung, dass Sie durch Fernsehen und Presse die Wahrheit erfahren? Dann können Sie sich das Lesen dieses Buches ersparen. Der Autor lässt Sie einen Blick hinter all jene Lügen riskieren, die Ihre Gesundheit, Ihr Leben und das Ihrer Kinder bis aufs Äußerste belasten. Seine Recherche in der alternativen Fachpresse und in weit über hundert Wissenschaftsberichten liefert dazu die jeweiligen top-aktuellen Wahrheiten. Dort, wo mächtige Organisationen das Weltgeschehen steuern und die Mainstream-Medien dazu schweigen müssen, suchte und fand er reichlich Aufklärung, auch wenn man darüber teilweise sehr erschrickt.
Johannes Holey demaskiert Lüge um Lüge – von erfundenen Krankheiten, über bewusste Mangelerzeugungen (Vitamin B12, Eisen u.a.), systematische Vergiftungen (Fluor, Übersäuerung u.a.), die lukrativen Ernährungslügen, den Fleisch-, Zucker- und Getränkeschwindel. Die möglichen Krankmacher Mikrowelle, Kunstlicht und Mobilfunk sind mit dabei wie auch das Klimakatastrophen-Märchen und die geplante Währungsreform.

ISBN 978-3-938656-44-0 • 21,00 Euro

NATIONALE SICHERHEIT – Die Verschwörung

Dan Davis

Theorien über eine Verschwörung gab es genug! In diesem Buch finden Sie die Fakten dazu: Adressen, Bilder, Beweise, Interviews!
Viele Menschen sind für diese Aufdeckungen verfolgt und gerichtlich belangt worden, unzählige wurden umgebracht. Und die Uhr tickt!
Der Autor wurde aufgrund unglaublicher Fakten von hochrangigen Politikern der Bundesregierung zu ‚Vier-Augen-Gesprächen' eingeladen, interviewte Opfer der Projekte MK-Ultra und Monarch, sprach mit verschiedenen Insidern und hatte bereits in seiner frühesten Kindheit Bekanntschaft mit Hochtechnologie, die dem Normalbürger gänzlich unbekannt ist.

Das Buch enthält 548 Fotos von geheimen Entwicklungen in Luft- und Raumfahrt!

ISBN 978-3-938656-25-9 • 25,50 Euro

BUCH 3 – Der Dritte Weltkrieg

Jan van Helsing

Ist das Schicksal der Menschheit vorherbestimmt...?

Im Jahre 1871 erstellten die Führer einer Geheimloge einen Plan, wie sie über drei Weltkriege die Welt – sprich die Zentralbanken, das Öl, die Energie- sowie die Wasserversorgung und die Medien – in ihre Gewalt bringen können. Auf dem Weg zur *Neuen Weltordnung* – einer Weltregierung kontrolliert von diesen Schattenmännern – sollte der Erste Weltkrieg inszeniert werden, um das zaristische Rußland in ihre Hände zu bringen. Der Zweite Weltkrieg sollte über die Manipulation der zwischen den deutschen Nationalisten und den politischen Zionisten herrschenden Meinungsverschiedenheiten fabriziert werden, und der Dritte Weltkrieg sollte sich, diesem Plan zufolge, aus den Meinungsverschiedenheiten ergeben, die man zwischen den Zionisten und den Arabern hervorrufen würde. Es wurde die weltweite Ausdehnung des Konfliktes geplant.
Interessiert es Sie, ob es tatsächlich dazu kommt, und wenn ja, wie dieser Krieg ausgehen wird? Die in diesem Buch aufgeführten Prophezeiungen von über einhundert verschiedenen Sehern haben alle genau diesen Dritten Weltkrieg vorausgesehen und die weitere Entwicklung der irdischen Menschheit im Detail beschrieben.

ISBN 978-3-9805733-5-1 • 25,50 Euro

BANKEN, BROT UND BOMBEN – Band 1

Stefan Erdmann

Band 1

Die historischen Hintergründe...

„Es ist egal, ob George W. Bush oder Al Gore Präsident wird – Alan Greenspan ist der Chef der Notenbank...“, las man vor der letzten US-Präsidentschaftswahl in der Süddeutschen Zeitung.
Sicherlich sind die meisten Personen, die heute die Welt steuern, aus dem Wirtschafts- und Finanzbereich. Doch der wahre Grund, warum sie so mächtig sind und die Geschicke der Welt über unsichtbare Fäden lenken, liegt mitunter in ihrer Mitgliedschaft in Geheimlogen.
Wer das ist und was diese Kreise vorhaben, präsentiert hier Stefan Erdmann in seinem Zweiteiler ***Banken, Brot und Bomben***.

ISBN 978-3-9807106-1-9 • 19,70 Euro

GEHEIMAKTE BUNDESLADE

Stefan Erdmann

Was wissen Sie über die Bundeslade? War Ihnen bekannt, dass es sich hierbei um den bedeutendsten Kultgegenstand der Juden und Christen handelt? Doch was verbirgt sich in ihr, was genau ist sie? Waren die zehn Gebote darin aufbewahrt? War es eine technische Apparatur oder gar ein Gerät zur Kommunikation mit den Göttern?
Offiziell ist sie nie gefunden worden. Einige Quellen behaupten, sie sei spurlos verschwunden.
Stefan Erdmann enthüllt in diesem Buch erstmals Details über einen geheimnisvollen Fund der Tempelritter im Jahre 1118, den diese aus Jerusalem nach Frankreich brachten und der die Grundlage für ihren unermesslichen Reichtum wurde. Auf seiner Spurensuche traf er sich unter anderem auch mit Vertretern verschiedener Logengemeinschaften und fand erstmals Verbindungen zwischen den Templern, den Freimaurern, den Zisterziensern und der Thule-Gesellschaft. Diese Verknüpfungen waren die Grundlage für geheime militärische wie auch wissenschaftliche Operationen, und es wurde offenbar, dass das Grundlagenwissen für den Bau deutscher Flugscheiben während des Zweiten Weltkriegs wie auch für das US-amerikanische Philadelphia Experiment im Jahre 1943, zum Teil aus Geheimarchiven der Zisterzienser stammte.

ISBN 978-3-9807106-2-6 • 21,00 Euro